동 서 철 학 의
충 돌 과 융 합

동서 철학의 충돌과 융합

2012년 4월 16일 초판 1쇄 인쇄
2012년 4월 23일 초판 1쇄 발행

지은이 송영배

펴낸이 윤철호
펴낸곳 (주)사회평론

편집 김천희·김태균·박보람·이영은
표지 디자인 이승욱
본문 디자인 김진운
마케팅 박현이

등록번호 제10-876호(1993년 10월 6일)
전화 02-326-1185(영업) 02-326-1543(편집)
팩스 02-326-1626
주소 서울시 마포구 서교동 247-14
이메일 editor@sapyoung.com
홈페이지 http://www.sapyoung.com

이 도서의 국립중앙도서관 출판시도서목록(CIP)은 e-CIP홈페이지(http://www.nl.go.kr/ecip)와 국가자료공동목록시스템(http://www.nl.go.kr/kolisnet)에서 이용하실 수 있습니다.(CIP제어번호: CIP2012001613)

동 서 철 학 의
충 돌 과 융 합

송영배 지음

사회평론

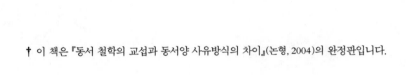

† 이 책은 『동서 철학의 교섭과 동서양 사유방식의 차이』(논형, 2004)의 완정판입니다.

완정판 서문

『동서 철학의 교섭과 동서양 사유방식의 차이』를 2004년 8월에 출판했으며, 그로부터 또 8년의 시간이 지나갔다. 이 책의 중국어 번역본이 중국의 하북인민출판사(河北人民出版社)에서 2006년 12월에 나왔다. 그간 독자들이 보내 준 성원에 깊은 감사를 드린다.

그동안 나는 비슷한 주제로 몇 편의 논문을 더 발표했으며, 이제 그것들을 모아서 완정판을 내놓게 되었다. 그래서 이번에는 책의 제목을 『동서 철학의 충돌과 융합』이라고 고쳤다. 어떤 의미에서 융합의 과제는 아직도 미완이다. 그러나 나는 언제나 동양적 전통에 살면서, 어떻게 21세기의 한국에서 서양철학과 소통하는 한국철학을 할 수 있을지 고민할 것이다. 독자들이 이런 고민의 흔적을 내 글에서 찾아보고, 그것을 이어 나간다면, 무한히 기쁜 일이겠다. 이 방면의 선학과 동료, 후학들의 아낌없는 편달을 기대한다.

끝으로, 이 책을 다시 정리하여 출판해 주신 사회평론의 윤철호 사장과 편집부원들에게 심심한 감사의 마음을 드린다.

2012년 1월 31일
의산당(宜山堂) 송영배(宋榮培)

초판 서문

동서 문명의 교류에는 서로 상대를 철저하게 배제하고 파괴해야만 자신이 살아남을 수 있는 야만적 적대성 이외의 다른 대화의 길은 없는 것일까? 서로 상보적으로 융합하는 대화의 길은 어떻게 처음부터 차단되었을까? 도대체 이런 새로운 대화의 지평은 어떻게, 그리고 어디에서부터 다시 찾아야 할 것인가?

유럽대륙에서 프랑스혁명의 열기와 혼돈(混沌)이 거세게 몰아치는 대변혁의 와중에, 런던에서는 1792년 9월에 이런 공식적인 대화의 장을 열기 위하여 대규모 공식 사절단이 아주 비밀리에 중국으로 파견되었다. 그리고 그로부터 꼭 일 년 뒤인 1793년 9월에는 대영제국을 대표하는 공식 사절인 매카트니 경(Earl Macartney, 1737~1806) 일행이 청(淸)나라 황제의 여름 궁전이 있는 만리장성 밖 '열하'(熱河)의 별궁에서 건륭(乾隆)황제의 알현을 기다리고 있었다. 이들은 당시 영국의 첨단 과학문명을 자랑할 수 있는 각종 문명기기들과 뛰어난 무기들을 세 척의 전함에 탑재하고 이것들을 중국 황제에게 조공으로 바침으로써, 동서의 양 대국 간에 평등한 외교통상관계를 수립하고자 하였다. 물론 인구나 영토는 중국과 비견될 수 없을 만큼 작지만 당시 세계 최강의 선진국이었던 대영제국은, 이렇게 오랜 동양의 문명국이지만 이제는 "낙후된" 중국과 평화적인 정식 통상교역의 문을 열고자 한 것이다.

그러나 이들 서양의 신문명국에서 온 사절단은 중국 황제에 대하여 —그가 아무리 동양의 오랜 문화적 전통 속에서 온 천하의 유일한 절대자로 치부되고 존숭되었다고 할지라도— 그 중국 "황제의 권위"에 복종하고 그 성은에 감읍하는 상징적 의식인 '커토우'(磕頭)를 감당할 수가 없었다. 중국 황제의 "권위"에 대한 이 서양 신문명의 도전은 —아무리 그 신문명의 괴력이 우수하다고 할지라도— 중국의 "오래된 당당한" 문화적 자긍심과 자존심에 결정적인 흠집을 냈다. 이 결과, 당시 동서 양대 문명의 평화적·평등적 교류는 좌절될 수밖에 없었다.

사실 17, 18세기에 —이들 영국 사절의 일행보다 약 한 세기 먼저— 중국에 와서 청조의 강희(康熙)와 건륭(乾隆) 황제의 궁정에서 봉사하던 예수회 신부들은 중국 황제의 "기쁨"을 사기 위하여 70~80여 년에 걸친 정성을 들여서 베르사유(Versailles)나 쉔부르크(Schön-burg) 궁전양식을 모방한 서양식 건축물들을 축조하였고, 이런 "서양(야만인의) 건축물들이" 수많은 호수로 이루어진 아름다운 중국식 정원 속에 잘 어울리도록 설계해 놓았다.

이제 서양인의 "무례"에 몹시 불쾌해진 건륭황제는 바로 자신의 문명적 권위의 상징인 중국 황제의 비원, 즉 '원명원'(圓明園)의 절경을, 프랑스의 유명한 문필가 알랭 페르피트(Allain Peyrefitte)에 의하면, 북경(北京)으로 돌아가는 이들 대영제국의 사절에게 감상하게 하였다고 한다. 그리고 매카트니 경은 이런 동서 문명의 절묘한 "융합"에 찬사를 보내면서 "(각종) 꽃과 약초들과 분수들로 꾸며져 있는 (중국 황제의) 정원 풍경의 위대함에 충격을 받았다"[1]고 한다.

그러나 그로부터 다시 70여 년이 지난 1860년에는 세계 최강의 제국주의 국가가 된 영국의 엘진 경(Lord Elgin)이 또 다른 제국주의 국가 프랑스와 함께, 무지(無知)한 병사들을 이끌고서 이 '원명원'을 무력으로 침입하여 무참하게 약탈하고 완전히 폐허로 만들었다. 이렇게 하여 무자비한 서양 제국주의의 침탈에 의해 중국문명의 "신비"는 산산이 파괴되어 버린 셈이다.

지금 우리가 북경에 가면 이 폐허의 잔해들을 만나게 된다. 어디에서도 더 이상 비경(秘境)이라는 정감을 느껴볼 수 없고 오직 조야한 몇 개의 호수들만을 볼 수 있는 이 잔해의 더미 속에서 우리는 "서양의 폭력"에 의해 깨진 "중국문명의 현주소"를 실감하게 되는 것이다. 혹자는 동양(중국)문명의 실질은 아마도 이 "현재의 잔해"의 모습, 이것이 전부이고 그 이상은 없다고 말할 것이다. 그리고 오직 힘써 배워야 할 것은 서양의 "보편적" 문명의 학습과 실천뿐이라고 말할 것이다. 우리는 이런 "전통 비판적"이고 "근대문명 지향적"인 전반서화론자(全般西化論者)들의 계몽적인 목소리가 아직도 우리 주변 도처에서 강한 설득력을 가지고 있음을 보게 된다. 그러나 이제 우리는 이상하게도 서양문명의 본거지 도처에서부터, 18세기 이래 전 세계를 지배해 온 "계몽주의"에 바탕을 둔, "근대이성"의 "도구적 폭력

---

1   Alain Peyrefitte, *The Collision of Two Civilizations: The British Expedition To China in 1792~4*(원본: *L'Empire Immobile ou Le Choc des Mondes*, Paris, 1989), London: Harvill, 1993, 135쪽 참조.

성"에 대한 비판의 목소리를 또한 듣게 되는 것이다. (생산)수단의 극단적인 합리화가 엄청난 물질적 사회생산의 부를 축척해 가고 있지만, 그러나 이런 계량적 합리성에만 호소하는 자본주의적 생산관계는, 루카치의 지적처럼, 결국 모든 것(인간과 자연)의 소외, 즉 "사물화"(Verdinglichung) 현상을 심화시키고 있는 것이다. 그리고 지금에 와서는, 급기야 "생명의 보금자리"(Habitat)를 근원적으로 파괴해 가는 "생태계의 위기"까지 초래하고 있는 것이다. 여기에서 우리 인류는 지금 근대이성의 찬란한 위력과 동시에 가공할 만한 폭력성을 만나고 있다. 그렇다면, 이런 근대이성의 위기로부터 탈출은 과연 가능한 것인가?

여기에 대하여 (서양)세계의 철학자들은 모두 갖가지 처방들을 내놓고 있다. 소위 "포스트-모더니즘"이란 이런 "근대이성"의 패러다임에 대한 원천적 "부정"의 래디컬한 목소리라고 할 수 있다. 이와 달리, 하버마스는 한편 인간의 노동(Arbeit), 즉 생산행위를 이끌어가는 자본주의 "체제"(System)의 폭력성을 예리하게 보면서도, 다른 한편 이성적 인간의 또 다른 행위, 즉 "의사소통의 행위"(kommunikatives Handeln)를 통하여 공론의 장을 넓혀감으로써, 점차 소외로부터 해방되는 "생활세계"(Lebenswelt)의 구축이 가능할 것으로 설득하고 있다. 그러나 이 점에 대하여, 미국에서 주로 활동하는 맥킨타이어는 하버마스보다 훨씬 더 회의적이다. 그는 계몽주의 이래 인간의 목적론적 본성이 송두리째 부정되었다고 본다. 그리고 다만 "욕구"(desires)의 충족만을 추구하는 "현실적인 인간"의 본성을 "정감주의적 자아"(the emotivist self)에서 찾고 있는 한, 어떤 도덕적 신념들도 결국 그저 개개인들의 사적인 "취향들"(preferences)에 불과한 것이기 때문에,

어떠한 도덕적인 담론들도 남의 행동을 규제하고 영향을 미칠 수 있는 규범성을 확보할 수 없다는 것이다. 여기에서 맥킨타이어는, 현대 윤리학에서의 도덕적 논쟁이란 서로 끝까지 결말을 볼 수 없는 허무맹랑한 것임을 지적하고 있다.

그에 의하면, "삶"은 결코 원자적으로 고립된 "삶"일 수 없다. 삶이 "탄생과 생의 활동들과 죽음"으로 이어지며 변화해 가는 것은 마치 연속되는 "이야기의 역사"(a narrative history)에서 "시작과 전개와 끝"이 있는 것과 마찬가지이다. 이런 "이야기의 역사"(흐름)는 또한 허다한 "테두리들"(settings)을 떠나서는 무의미한 것이다. 예를 들어, "정원을 손질한다", "건강을 위해 운동을 한다", "부인을 기쁘게 한다"는 각기 독립된 언명들은 결국 "정원이 있는 집"과 "결혼생활"이라는 두 가지의 테두리 속에서 이어지는 하나의 "이야기의 역사"라는 것이다. 이와 같이, 인간의 삶의 행위는 "나 하나로" 고립되어 있는 것이 아니라 더불어 사는 이웃들과의 "공동의 삶의 장", 즉 공동체 속에서 의미를 가지고 있다는 것이다. 따라서 규범적 윤리학이 가능하려면, 공동체의 다른 인간들과의 연관 관계에서 그 개인의 역할, 또는 그 이상적 덕성(virtues)을 규정해 낼 때―예를 들어 아리스토텔레스식의 목적론적 세계관을 전제할 때―에야 비로소 가능하다는 것이다. 이와 같이 맥킨타이어는 계몽주의 이래 강하게 뿌리내린 개인주의적 자유주의와는 입장을 달리하면서, 현대사회의 도덕적 혼란의 극복 가능성을―결국 개인들의 행위가 구체적으로 전개되는 공동체와의 연결 맥락 속에서―인간의 덕성의 발견에서 천착하고 있다. 사실 인간이란 관념적으로 추상화된 보편적 존재가 아니고, 결국 사회적·정치적, 즉 총체적 문화 흐름을 겪고 사는 "역사적 존재"(the historical being)이기 때문에, 현재 인류들이 각기 속해 있는 서로 다른—다원주의적—문화적·역사적 전통의 흐름 속에서 각각 고유한 "덕성"의 발견과 실천을 권장하고 있다. 이제 우리가 만약 이러한 맥킨타이어의 현대 윤리학 비판의 담론에 주목할 가치가 있다고 보고, 그의 입론에 동조를 한다면, 우리는 과연 동양문화의 폐허 속에서 그것의 가치를 전적으로 부정하고—앞서 언급한 전반서화론자들처럼—단순히 서양문명의 모방과 학습만을 강조하는 것에 안주할 수 있겠는가?

사실 오늘날 철저하게 파괴된 우리 문화의 정체성 문제는 너무나 심각하다. 원명원의 무너져 버린 대리석 기둥을 보고서 우리가 "동서 문명 융합의 찬란한 위용과 중국 황제의 근엄한 권위"를 더 이상 실감할 수 없듯이, 서양적 가치관들과 문물들이 엄청나게 쏟아지는 그 속에서,—몇몇 전문가들이 『퇴계집』(退溪集)이나 『율곡집』(栗谷集) 속에서 몇몇 구절을 발견하고 그것의 "신비스런" 철학적 위대성을 아무리 열심히 설명한다고 해도—현대인들에게 동양의 신비적인 비경의 맛이 제대로 전달되기는 그리 쉽지 않을 것이다. 왜냐하면 우리 현대 한국인들은 대부분 자기의 전통문화에 대하여 무지할뿐더러, 그것에 대한 주체적인 자긍심 또한 철저하게 파괴되어버렸기 때문이다. 대학 교육을 받은 청년이나 지성인들에게, 퇴계나 율곡의 말은 아무래도, 로크(John Locke)나 칸트(Immanuel Kant)의 말보다 훨씬 더 생소하게 들리기 때문이다.

그렇다면 우리는 이제 어떻게 동양과 서양 문화의 대화를 이끌어 가야 할 것인가? 그것은 적어도 서로 간에 자기 문화에 대한 상당한 실체적인 자긍심을 가지면서도 다른 문화의 세계관이나 가치관에 존경을 표시하는 사람들 간의 대화여야 할 것이다. 따라서—하버마스의 말처럼—우리들 스스로가 인류를 "소외"로부터 해방시켜나가는 진정한 "생활세계"를 열기 위한 열린 마당에서의 대화에는 서로 간의 "선이해"(先理解, Vorverständnis)가 이미 암묵적으로 전제되어야 한다. 이런 '선이해'를 가진 정신적 태도에서 출발하는 담론의 형태에 아주 근접하는 대화 방식을 우리는 실제로 명말(明末), 정확히 1583년에 중국에 왔던 이탈리아 출신의 예수회 선교사, 마테오 리치(Matteo Ricci, 利瑪竇, 1552~1610)의 저작들에서 만나 볼 수 있다고 믿는다. 왜냐하면 이들 저작 속에서는 성리학적 전통에 철저하게 서 있는 '중국선비'(中士)의 질문에 대하여, 중국의 유교 경전, 특히 『사서』(四書)와 『삼경』(三經: 詩經, 書經, 周易)을 상당히 깊게 이해하면서도 근본적으로 아리스토텔레스의 형이상학과 스콜라철학에 훈련을 받은 마테오 리치(西士) 사이의 진지한 대화가 전개되고 있기 때문이다. 따라서 이 책의 1부 '동서 철학사상의 교섭과 실학(實學)사상의 의미'에서는 바로 마테오 리치의 연구에서부터 시작하여 한국 실학의 현대적 의미를 짚어 본다.

사실 『곤여만국전도』(坤輿萬國全圖, 1602, 北京)나 『천주실의』(天主實義, 1603, 北京) 등은 명말의 유명한 과학자요 재상인 서광계(徐光啓, 1562~1633)나 지도학자 이지조(李之藻, 1565~1630) 같은 거물 유학자들에게 인간이 거주하는 '땅덩이'는 더 이상 평면이 아니고 '둥글다'는 '지구'(地球)설의 수용과 함께, 천주교로 개종하는 데 결정적인 영향을 미쳤다. 뿐만 아니라 마테오 리치와 그 뒤를 이어서 중국에 온 예수회 신부들은 그들의 한문(漢文) 저술 활동을 통하여 소위 "서학"(西學)을 성립시켰다. 그리고 이 '서학'은 당시 유교문화권에 신선한 충격을 주었다. 특히 임진왜란(1592~1598) 뒤에 조선의 문인들 중에서 '서학'에 관심을 두는 이들이 많이 나타나게 되었다. 이수광(李睟光, 1563~1628)은 이미 그의 저서 『지봉유설』(芝峰類說)에서 『천주실의』, 『교우론』(交友論) 등의 내용을 자세히 소개하고 있다. 그 뒤로 이 책들은 조선의 일부 지식인들에게 전해져서 결국 이승훈(李承薰, 1756~1801)이 1783년 북경에 가서 천주교 세례를 받음으로써, 한국에서 최초로 천주교회가 서게 되는 역사적 계기를 마련하게 하였다. 따라서 마테오 리치의 한문 저작들은 좁게는 한국에 최초로 그리스도 교회가 서는 초석 역할을 했을 뿐만 아니라, 넓게는 중국 중심의 유교 문화권에 그것과 다른 새로운 세계관을 제시해 주었다. 이것은 전통적인 중국문화의 지평을 넘어서서 18세기 이후 조선의 지성계가 새로운 문화의 지평을 보다 폭넓게 주체적으로 열어 나가는 한국 "실학"(實學)사상의 등장에 결정적인 계기가 되었다고 본다.

그리고 2부 '동서 철학 융합의 가능성과 철학적 사유방식의 차이'에서는 주로 현대사회의 철학적 문제의식에 동참할 수 있는 전통적인 철학적 사유의 지평을 여러 각도에서 조명해 보인다. 그리고 이런 철학적 담론의 내용적 차이는 바로 그렇게 사유할 수밖에 없게 만드는 동서양 각각의 '형이상학적 사유방식의 틀'의 상이성에서 파생되는 것일 수밖에 없다. 따라서 동양의 철학적 사유가 전제하고 있는 사유방식이 서양의 그것과는 도대체 어떻게 다른가에 초점을 맞추고, 저자는 서양의 형이상학적 사유와 구별되는 동양 형이상학의 사유방식의 틀을 제시하고자 노력하였다. 그리고 근원적으로는 18세기 서구의 계몽주의시대 이래 조장된 '근대성'의 과도한 팽창에서 빚어져 21세기 오늘날에 심각하게 노정되고 있는 인간소외나 생태 위기의 문제 해결에 어떻게 기여할 수 있는가 하는 동양적 세계관의 철학적 기여 가능성에 대한 주체적인 성찰과 진지한 반성을 해보고자 하였다.

여기에 실린 글은 모두, 사실 저자가 지난 1982년 독일에서 귀국한 이래 다양한 기회에 각기 다른 방식으로 끊임없이 표현해 낸 철학적 작업들을 정리한 것이다. 따라서 내용 연결에 있어서 고도로 정치한 연결성보다는 상호 비슷한 철학적 문제의식들이 서로 착종하기도 하고 반복되기도 한다. 왜냐하면 이 내용들은 결국 저자 자신의 철학적 탐구 역정에 다름 아니기 때문이다. 그러므로 독자들은 이 책의 순서에 상관없이 자기의 감흥에 따라서 어느 편을 먼저 읽어도 상관이 없을 것이다. 그러나 역시 핵심화두는 서양철학과 서양적 사유방식이 전적으로 지배하는 대한민국의 지적 풍토 속에서 동양철학을 어떻게 해석해 내야 하고, 또한 현대사회의 문제제기에 동양철학은 무엇을 제공해야 할 것인가라는 주체적인 철학적 문제의식을 중심으로 전개되고 있다. 그리고 이런 논제들에는 저자의 보다 더 발전되고 성숙한 철학적 논의가 계속 이어져야 할 것이다. 선배, 동료와 후학들의 기탄없는 비판을 기대해 본다.

2004년 4월 6일

의산당(宜山堂) 송영배(宋榮培)

차례

제2부 동서 철학 융합의 가능성과 철학적 사유방식의 차이

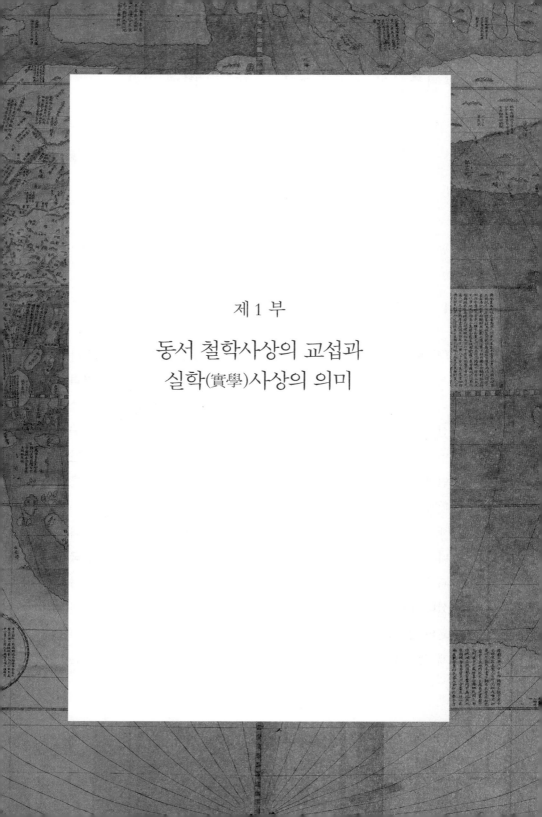

제 1 부

동서 철학사상의 교섭과
실학(實學)사상의 의미

『천주실의』 : 기독교와 유교의 첫 번째 대화

1 유교문화에의 적응과 『천주실의』의 의미

『천주실의』(天主實義, 1603, 北京)의 저자는 명말(明末)에 중국에 와서 중국문화에 적응하여 로마의 가톨릭교회(天主敎)의 도리를 본격적으로 전교하는 데 최초로 성공한 이탈리아 마체레타(Macereta) 출신의 예수회 선교사 마테오 리치(Matteo Ricci, 利瑪竇, 1552~1610)이다. 이런 그의 중국전교의 시발점은 예수회의 동방전교의 시발자인 프란치스코 사베리오(Franciscus Xaverius, 1506~1552)에게서 비롯되었다. 사베리오는 1541년에 인도의 포르투갈 식민지인 고아(Goa)에 왔으며 인도의 토착민들에게 열심히 기독교를 전교하였다. 그러나 더 큰 야망을 가진 그는, 당시 포르투갈 상인들로부터 얻은 중국과 일본에 대한 새로운 정보에 따라서, 우선 일본의 전교에 직접 나섰다. 1549년 일본의 가고시마(鹿兒島)에 도착한 이래 그는 많은 전교의 성공을 거두었다. 그러나 일본 도착에서부터 그를 늘 당혹스럽게 만든 것은 다음과 같은 일본인들의 반박이었다. "기독교의 교리는 참일 수가 없습니다. 그것이 참이라면 중국인들이 분명히 오늘날까지도 모르고 있을 리가 없습니다."[1] 학문과 도덕을 숭상하는 일부 일본인들에게 중국문화의 권위는 대단한 것이었다. 따라서 사베리오는, 이들 "서양의 구도승들과 상인들이 13세기 중엽 발견의 시대"(Age of Discovery) 이래 계속 꿈꾸어 온 기독교 "전세계군주국"(Universal Monarch)이나 "천년왕국(Millennial Kingdom)의 추구"의 마지막 완성은, 결국 이들 중국의 지식인들에 대한 전교 없이는 불가능하다는 결론에 도달하였다.[2] 그리고 일본이나 중국 같은 고급문화를 상대로 하는 전교사업에는 높은 학식과 인덕이 겸비된 선교사가 필요하다고 생각하게 되었다.[3] 그가 1552년 중국대륙을 밟아보지도 못하고 사망하자, 그로부터 약 25년 뒤에 발리냐노(Alessandro Valignano, 1538~1606)는 그의 유지를 그대로 받들어, 우선 고아에서 루지에리(Michele Ruggieri, 1543~1607)를 1579년 마카오로 불렀다. 그로 하여금 3년여에 걸쳐서 중국어와 한문을 열심히 배우게 하면서 중국인들과의 몇 가지 예비적인 접촉을 시도해 보게 하였다. 그리고 그는 또한 마침 당시 고아에 와 있던 젊은 마테오 리치 신부를 마카오로 불러서(1582. 8. 7), 이 둘로 하여금 중국전교사업을 맡게 하였다. 이런 교섭의 결과, 루지에리와 리치는 기독교사상을 전교하기 위하여 중국의 광동(廣東)성 조경(肇慶)에 도착할 수 있었다(1583. 9. 10).

마테오 리치는, 중국에 도착한 이래로 당시 중국사회를 지배하

---

1   Hans Haas, *Geschichte des Christentums in Japan*, Bd. 1, Tokyo, 1902, 221쪽; René Laurentin, *Chine et Christianisme*, Bar le Duc: Desclée de Brouwer, 1977, 115쪽.

2   John D. Young, *Confucianism and Christianity*, Hong Kong Univ. Press, 1983, 10쪽 과 22쪽.

3   같은 책, 17쪽.

고 있는 중국 문인(儒林)들의 정신적 바탕을 이해하고 그들의 협조와 이해를 통하여 그들에게 기독교를 전파하기 위해, 한편으로 중국의 언어와 관습, 그리고 중국의 유교경전(四書, 六經 등)을 열심히 습득하고, 다른 한편으로 그가 유럽에서 습득한 학문적 지식—세계지도 및 천체의(天體儀) 제작, 수학과 천문역학에 대한 상당한 지식 및 서양의 신학, 철학, 문학 등에 대한 지식, 놀라운 기억술의 과시 등—의 전파를 통하여 줄곧 당대 중국의 탁월한 유림(儒林)들과 교류하였다. 이에 그는 "1594년 11월에 사서(四書)의 라틴어 번역을 끝내어" 그 번역본을 그의 뒤를 이어서 중국에 온 예수회 선교사들에게 중국의 사상을 이해하는 교과서로 사용하였다. 그 이후 "1년간 집중하여 육경(六經)을 연찬"하였다.[4] 이런 과정을 통하여, 리치는 이들 중국고전들로부터 천주교의 기본교리에 중요한 개념들—즉 하느님(上帝)의 존재, 영혼불멸, 천당과 지옥의 존재 등—에 관한 증명에 필요한 재료들을 충분히 확보하였다.[5] 또한 『천주실의』의 집필을 위한 대강의 집필 자료를 모은 것이 1595년 말경이며, 이 책의 초고를 부분적으로 탈고한 것은 1596년 10월경이라고 보고 있다.[6]

---

4   D. Lancashire, Hu Kuo-chen(胡國楨) 공역, *The True Meaning of the Lord of Heaven*, Taipei(The Ricci Institute), Univ. San Francisco, 1985, 14쪽.

5   胡國楨, 「簡介『天主實義』」, 『神學論集』 56號, 臺北: 輔仁大學附設神學院, 1983, 256쪽.

6   D. Lancashire, Hu Kuo-chen 공역, 앞의 책, 1985, 15쪽. 그러나 이들의 주장과는 달리, 林東陽은 상세한 고증을 통하여 『천주실의』가 1595년 10월부터 부분적으로 집필되어 1603년 8월에 목각 인쇄에 부쳐질 때에야 비로소 전체(上·下卷, 총8編)가 완성되었다고 고증하고 있다. 그러나 그중의 일부분, 즉 第七編은 1599년보다 조금 뒤에, 그리고 第三編과 第五編은 1601년 5월부터 1603년 8월에 본격적인 판각에 들어가기 전에 이미 필사본 형태로 존재하고 있어서 중국 각지의 일부 문인들에게 유통되어 읽혔다고 보고 있다. 林東陽, 「有關利瑪竇所著『天主實義』與『畸人十編』的幾個問

리치는 우선 『천주실의』의 정식출판을 위해, 이 초고의 라틴어 번역문을 당시 마카오에 있는 예수회의 동방전교 책임자인 발리냐노에게 보냈다. 그리고 동시에 지난 13년간 중국의 언어, 풍습, 문화를 습득하면서 교제해 온 자신의 현달한 문인 친구들에게 이 초고의 필사본들을 보내 윤문을 부탁하였다. 따라서 1596년부터 드디어 마카오의 예수회로부터 정식출판 허가를 받고(1601)나서 북경에서 실제로 목각에 들어가 출판되기(1603)까지, 이 『천주실의』의 필사본은 중국 각지의 문인들의 손을 거쳐서 여러 곳으로 이미 퍼져갔고 그 반향은 실로 대단하였다. 명말의 유명한 학자 서광계(徐光啓, Xu Guangqi, 1562~1633)는 이미 여러 해 전부터 마테오 리치와 상당한 교분이 있었고 천주교에 상당한 관심을 보이고 있었으나 미처 천주교에 귀의할 결심을 갖지 못하다가, 당시 남경(南京)에서 로차(Johannes de Rocha, 羅如望) 신부로부터 『천주실의』를 구득하여 읽어 보고는 마침내 영세받기로 결심(1603)하였다.[7]

리치는 중국에 입국한 지 18년이 지난 1601년에야 비로소 그와 그의 수도회가 그토록 갈망하던 북경에 마침내 안거할 수 있게 되었다. 북경에서 그는 우선 상당한 지위의 지방관(監察御使)을 지낸 풍응경(馮應京, Feng Yingjing, 1555~1606)에게 자신의 『천주실의』 필사본 초고를 보여 주었다. 풍응경은 즉석에서 서문의 집필을 약속하고 유려한 문체로 유명한 그의 서문을 써주었다. 풍응경은 유교의 실학(實學)적 경세관에 서 있었기 때문에, 명말 당대 사회의 부패한 관료

題」, 『大陸雜誌』 第56卷, 第一期, 臺北, 1978, 39쪽.

7   D. Lancashire, Hu Kuo-chen 공역, 앞의 책, 1985, 17쪽.

정치와 허황된 공리공담의 유폐를 몹시 싫어하였다. 그는 『천주실의』 서문(1601)에서 다음과 같이 이 책을 소개하고 있다.

『천주실의』는 대서방국 이마두(利瑪竇, Li Madou, 마테오 리치) 및 그의 수도회원들이 우리 중국인과 문답한 글이다. '천주'(天主)란 무엇인가? 상제(上帝, 하느님)이다. '실'(實)이라 함은 공허하지 않은 것이다. (……) 이 책은 우리나라 육경(六經)의 말들을 두루 인용하여 그 사실됨을 증거하고 있으며, '공'(空, 헛됨)을 논하는 잘못을 심하게 비판하고 있다. (……) 이에 하느님의 보편성을 또한 매우 분명하게 밝히고 있으며, (사람의) 본성(性)은 금수들과 크게 다름을 논하고 있다. 학문은 '인'(仁)을 행함에 귀결되니, 사욕을 버림(去欲)에서 시작된다고 하였다. 때로 어떤 것은 우리나라에서 전혀 들어 보지 못한 (이론)이고, 일찍이 들어는 보았으나 힘쓰지 못한 것이 열 중에 아홉이나 된다.

리치 선생은 8만 리를 주유(周遊)하며 위로 우주(九天, 중앙과 八方 ─저자), 그리고 가장 깊은 바다(九淵)들을 측정하였으나 모두 조금도 틀림이 없었다. 우리가 미처 헤아리지 못한 것을 일단 다 헤아려서 확실한 증거를 대었다. 그의 신기한 이치는 받아들이기에 합당하며 속임이 없다. 우리들은 생각은 가졌어도 논술하지 못하고 논술해도 논변하지는 못한다. 일찍이 이해했으나 실천에 힘쓰지 못한 것이라면, 어찌 각성하여 깨닫고 숙연히 반성하여 근실하게 (다시) 실천해 볼 마음이 나지 않겠는가!

못난 나는 (이제) 만년이 되었고 이 지역(중국)도 다 다니지 못했으니 식견은 하늘을 우물(만 하게 보는 개구리와 같도다) 다만 공리공담의 유폐를 목격하고 무릇 사람들이 '실'(實, 핵심)을 말함을 즐거워하노니,

삼가 그 실마리를 적어서 명백히 통달한 이(리치)와 함께 (참뜻을) 논하도다![8]

1603년 초판 발행 이후로 『천주실의』는 중국인들의 손에 의해 여러 번 출판되었다.[9] 따라서 이 출판 수입은 때때로 리치에게 의외의 큰 수익이 되었다.[10] 이지조(李之藻, Li Zhizao, 1565~1630)는 『천주실의』의 재판(重刻) 서문에서 또한 다음과 같이 말하고 있다.

옛날 우리의 공자님은 수신(修身)을 말하였다. 먼저 어버이를 섬기고 미루어 나가서 하느님(天)을 아는 것이다. 맹자(孟子)의 "부모님을 모시고 보양하여 하늘을 섬긴다"(存養事天)는 논의에 이르러 이 뜻이 크게 갖추어졌다. 지식이나 일에서 하늘 섬김과 부모 섬김은 같은 한 가지 일이니, 하늘(天)은 섬김의 대 근원이다. (……) (리치의) 책을 일찍이 읽어 보니, (그 뜻이) 종종 근세의 유학자(성리학자)들과 같지 않으나, (중국의) 상고시대의 (자연과학적 고전들) 「소문」(素問), 「주비」(周髀), 「고공」(考工), 「칠원」(漆園) 등 편들과 소리 없이 서로 통하니, 순수하여 올바름에 거짓이 없다. 리치가 자신을 단속하고 마음을 섬김에 엄격하여 조금도 나태하지 않으니, 세상의 높으신 학자라도 그보다 앞섰

---

8 『天主實義』(1603), 國防研究員·中華大典編印會 編, 臺北, 영인본(1967)에서 인용.

9 D. Lancashire, Hu Kuo-chen(胡國禎)의 조사에 의하면, 『天主實義』의 제1판은 北京, 1603; 제2판은 廣東, 1605; 제3판은 杭州, 1607, 그리고 이어서 정확한 연대의 고증 없이 杭州, 福建 등에서 출판되었다. 그리고 20세기에 들어와서 上海에서 1904, 1930, 1935년, 그리고 홍콩(1939) 등에서 출판되었다. D. Lancashire, Hu Kuo-chen(胡國禎) 공역, 앞의 책, 1985, 473쪽 참조.

10 Jonathan D. Spence, *The Memory Palace of Matteo Ricci*, New York: Penguin Books, 1984, 196쪽.

다고 볼 수 없다! 진실로 동양과 서양은 마음도 같고 이치도 같은 것이다! 다른 것은 다만 언어문자뿐이다. (……) 내가 주제넘게 몇 마디 머리말을 적는 것은 이방인의 책을 과장하려는 것이 아니다. 이해하지 못했던 점은 그것을 듣고서 진실로 그것을 높이 추켜세우며 그 요점을 흠숭하는 것이고, 혹 익히 알고 있는 것이나 힘쓰지 못했던 것은 이 기회에 반성하게 되는 것이다. '마음을 헤아리고 본성을 기르는 학문'(存心養性之學)[11]에 마땅히 도움이 되는 바 없지 않을 것이로다![12]

이와 같이 『천주실의』를 통하여, 당시 유교적 훈습을 받고 그것에 따라 생활하는 중국의 진보적인 지성인들에게 리치가 말하는 '천주에 대한 도리와 실천'이란 오히려 유교적인 윤리이상(理想)보다도 더욱 새롭고 충격적인, 또 하나의 '마음을 헤아리고 본성을 기르는 학문'(存心養性之學), 말하자면 기독교의 신앙과 인간윤리가 유교의 그것과는 격을 달리하는, 또 하나의 높고 새로운 윤리이상으로 받아들여지고 평가받고 있는 것이다.

2 『천주실의』의 내용 구성

루지에리와 마테오 리치는 1583년 광동성 조경에 도착하자마자, 「십

---

11 '존심양성지학'(存心養性之學)은 전형적인 신유학(新儒學)적 용어이다. 그 뜻을 직역하자면, "도심(道心)을 온존(溫存)하여" 순연한 "본연지성(本然之性)을 기르는 학문"이라는 뜻이다.

12 『天主實義』, 위와 같음.

계명」, 「천주경」, 「성모송」과 「사도신경」을 한문(漢文)으로 번역하여 좋은 반응을 얻었다. 그리고 불교의 승려가 대접받고 있는 일본에서의 예수회(특히 푸란치스코 사비에르) 전교 경험을 토대로 이들도 스스로를 서방에서 온 승려로 자처하며, 불교의 승려처럼 머리를 깎고 승복을 입었다. 그들이 최초로 중국에 세운 천주교회의 이름도 '선화사'(僊化寺)라고 하였다. 그리고 이들은 곧바로 로마에서 사용하는 라틴어본 천주교리서를 기본으로 하여 그것을 당시 중국인의 도움을 얻어서 한문 번역하여 『새로 편찬된 서쪽 인도(西竺, 즉 서양)의 천주실록』(新編西竺國天主實錄)이라는 이름으로 조경에서 출판(1584. 11)하였다. 총 16장으로 구성된 이 『천주실록』(후에 『天主聖敎實錄』으로 개칭됨)의 요점은 "1) 천주 유일신의 존재증명(서문과 1장), 그의 성격과 신비성(2, 3장), 2) 천지의 창조자(4장), 천사들과 인간의 창조자(5장)와 죽지도 없어지지도 않는 영혼의 창조자(5, 6, 7장)로서의 천주, 3) 인간을 창조하고 양심을 부여하였을 때, 시나이 산에서 모세에게 십계명을 주었을 때, 인간으로 육화(肉化)하여 신약(新約)을 선포하였을 때(8, 9, 10, 11장)라는 (모두) 세 시기에, 바로 인간을 훈계하신 심판관으로서의 천주, 4) 십계명(12, 13, 14장), 5) 죄인을 벌주고 의인에게 상을 주시는 천주, 도덕 수양과 천당에 오름(15장), 그리고 죄를 씻어 주는 영세성사(16장)[13] 등을 설명해 주고 있다. 물론 이 『천주실록』도 삼위일체설이나 6성사(세례성사 이외)를 설명하고 있지 않다. 그러나 육화(肉化, Incarnation), 속죄(Redemption) 등과 같은 계시신학의 내용을 전해 주고 있기 때문에, 이 책은 분명히 천주교 교리

---

13   Lancashire, Hu Kuo-chen 공역, 앞의 책, 1985, 12~13쪽.

서라고 볼 수 있다. 그러나 송명의 신유학이 팽배하게 지배하고 있던 당시의 중국에서는—일본과는 달리—불교의 교리나 불교 승려들은 하잘 것 없는 멸시의 대상이었다. 이러한 중국의 문화적인 풍토를 아직 잘 파악하지 못한 채, 급박하게 작성된『천주실록』은 "불교 용어가 많고", 중국인들에게는 이해하기 힘든 "순전한 (기독교) 교리서이며", 또한 문장의 앞뒤의 연결이 "분명치 못하고", 단어들의 해석에 "견강 부회가 많으며", "유가사상과의 연관"을 전혀 "인증(引證)해 내지 못 하고" 있다. 따라서 이 책은 문인들에게 전혀 "환영을 받지 못하였으 며", 출판 부수도 겨우 "천여 부"에 머물고 말았다.[14]

마테오 리치는 점차 중국의 문물을 습득하고 문인들과의 잦은 교 류를 통하여, 당시 중국의 문화 풍토를 보다 잘 이해할 수 있었기 때 문에, 그는 1595년부터는 "유자"(儒者)의 복장을 하고 자신을 더 이상 "승려"가 아니라 "서양에서 온 유자"(西儒)로서 소개하였고 또한 그렇 게 받아들여졌다. 그리고 이들 유교적 전통에 서 있는 중국 지식인들 에게 기독교의 내용을 이해할 수 있도록 설명하기 위하여, 신비적인 '계시적 신앙 내용'은 일단 설명에서 보류하였다. 따라서 상당한 문화 수준과 강한 인문주의적 전통에 서 있는 유교적 지식인들에게 이해 될 수 있는 새로운 기독교 입문서의 내용을—『천주실록』의 그것과는 크게 달리—주로 "자연 이성"(natural reason), 즉 "이성의 빛"(light of reason)에 기반을 두고 작성하고자 하였다.[15] 이에『천주실록』을 대폭 적으로 수정한 그의『천주실의』(上·下권, 전체 8편)가 완성된 것이다.

---

14   林東陽, 앞의 글, 1978, 36쪽.
15   George H. Dunne, *Generation of Giants*, Indiana: Univ. of Notre Dame Press, 1962, 96~97쪽.

마테오 리치는 우선 『천주실의』의 제1편에서, 당시 서방교회에서 통용되는―자연이성에 기반하고 있는 아퀴나스(St. Thomas Aquinas, 1225~1274)의 신학에 제시된―신의 존재증명을 소개함과 동시에 중국의 고전 유교경전(『서경』(書經), 『시경』(詩經), 『역경』(周易) 등)에 보이는 인격신, 즉 상제(上帝)와 천(天) 개념을 확인하고서, 그와 연관 지어서, 기독교의 천주(天主)가 곧 중국 고대인들이 공경하고 제사를 지냈던 바로 "하느님"(上帝), 또는 "천"(天)과 다르지 않음을 말하고 있다.

제2편에서는 리치가 우상론으로 분류한 불교와 도교에 대하여, 불교의 "공"(空)이나 도교의 "무"(無)를 절대적인 "허무"(emptiness)나 "부재함"(non-existence/nothingness)으로 치부하여 극단적인 부정적 비판을 하고 있으며, 또한―리치가 보기에, 무신론으로밖에 보이지 않는―성리학의 "이"(理)와 "태극"(太極) 개념을 자립적 능동적 '실체'(自立者, Substance)가 될 수 없으며, 따라서 사물들이 있고 난 뒤에 그들에 기착하여 종속하는 속성(依賴者, Accidents)으로 치부하여 비판하고 있다.

제3편에서는 아리스토텔레스의 '만물유혼'(萬物有魂)설을 원용하여, 인간의 영혼(靈魂, intelligent soul, 추리능력)은 무형적 정신체(神)로서 불멸하다고 말하고 있다. 식물의 생혼(生魂, vegitative soul)과 동물의 각혼(覺魂, sentient soul)은 물체에 종속되어 있어서 그 물체와 함께 소멸하지만, 인간의 무형적인 영혼(immaterial soul)은 불멸하기 때문에, 인간이 금수와 다름을 설명하고 있다.

제4편에서는 육체(身形)와 결합되어 있는 인간의 영혼과 '무형적(incorporeal/immaterial)인 귀신의 혼'의 다름을 말하며, 또한 창조

주인 '천주'와 피조물인 '만물'은 범주가 다름을 들어 '만물일체설'을 부정하고 있다.

제5편에서는 불교의 전생설과 윤회설 및 '살생계'를 비판하고, 또한 기독교의 '재계'(齋戒)의 참뜻을 죄의 통회와 연관하여 설명하고 있다.

제6편에서는 인간은 이성적 존재이기 때문에, 인간의 행동에는 '이성적 욕구'(意, rational appetite, 즉 will)가 있으며, 의지의 자유로운 선택에 의하여 비로소 선행과 악행이 판별됨을 말하고, 따라서 이에 대하여 "천주"로부터의 '상벌'이 반드시 따름을, 각각 서양고전(토미즘)과 중국경전을 인용하여 설명하고 있다. 그리고 또한 영혼의 선행과 악행의 결과에 대한 공정한 심판 때문에 천당과 지옥이 반드시 있어야 하는, 천당과 지옥의 존재의 필연성을 설명하고 있다.

제7편에서는 인간의 도덕수양론을 본격적으로 논하고 있다. 인간의 타고난 '본성의 선'(性之善)은 가능태일 뿐, 인간은 이성적 존재이기 때문에, 이것을 잘 닦아 계발하는 '본성수양'(習性)의 필연성을 말하고 있다. 이에 통회의 필요성과 천주에 대한 기도와 예배를 통한 자기 인격의 완성을 말하고 있다.

끝으로 제8편에서는 부연하여, 예수회 신부들이 독신하는 이유가 바로 천주를 공경하고 수신에 전념하기 위함에 있음을 길게 설명하고, 아주 짤막하게 기독교의 구원사(즉 천주의 천지창조와 인간의 타락과 예수의 구원을 위한 강생과 승천의 역사 등)를 소개하고, 끝으로 아주 간단하게 통회와 세례를 통한 입교의 형식을 언급하고 있다.

이 『천주실의』에서는, 천주교에 대하여는 전혀 무지하며 오직 전통적인 유교적 세계관과 도덕이상을 가진 중국의 유교적 지식인들의 여러 가지 질문들에 대하여 — 서양선비의 입을 통하여 — 마테오 리치가, 하느님(天主)의 존재의 필연성, 그에 대한 경배와 기독교적인 인간 수양, 즉 하느님을 믿고 사람을 사랑하며 그로 인해 자기 자신을 완성해 나가는 기독교 도덕론을 중국경전을 거의 자유자재로 인용하면서 탁월하게 전개하고 있다고 하겠다. 그러나 전체적으로는 기독교의 본질적 내용인 계시신학 부분이 빠져 있기 때문에, 우리는 이 책을 일단 기독교의 내용을 가르치는 "교리서"(catechism)로는 볼 수 없고, 유교적 문화 풍토에서 기독교 신앙을 수용하고 그것에 입문하게 할 수 있는 훌륭한 "전교예비 대화록"(傳教豫備對話錄, Pre-evangelical Dialogue)[16]이라고 평가할 수 있다.

3   『천주실의』의 논증들을 이해하기 위한 전제적 지식
— 아퀴나스의 철학사상과 유교적 윤리와의 융합적 발전 —

『천주실의』에서 개진되고 있는 논증들은 그 내용 면에 있어서, 크게 두 가지 측면에서 현대의 독자들(기독교의 토착화를 연구하는 전문 학자들이나 그에 관심을 갖고 있는 기독교인들을 포함)에게 중요한 의미를 던져 주고 있다고 본다. 그 하나는 무신론적 사상이 지배하는 유교적 세계관, 특히 송명 이학(理學)의 순수한 존재론적 도덕형이상학에 맞서서, 어떻게 하느님의 존재증명을 설득하려고 했는가에 대한 리치의 천주증명 소개이고, 또 다른 하나는 『천주실의』의 3편에서 8편에

---

16   胡國楨, 앞의 글, 1983, 257쪽; D. Lancashire, Hu Kuo-chen 공역, 앞의 책, 1985, 15쪽.

걸쳐서 그가 유교윤리에서 강조되는 '인간의 자기완성' 또는 '도덕적 자기계발'을 의식하면서, 기독교의 신앙에 바탕을 둔 인간수양론, 또는 기독교 윤리이상론을 어떻게 전개하고 있는가 하는 점이다. 당시 중국의 지식인들에게 전혀 생소했던 토마스 아퀴나스의 철학과 신학의 개념에 바탕을 두고 자기의 논지를 이끌어 가면서도, 고전 유교경전과 연관하여 "하느님의 존재증명"을 설득하고 있는 리치의 노력은 과연 그 당시 중국의 지식인들, 그리고 오늘날 우리의 전통적 사고와 정말 얼마나 잘 융합할 수 있는 것인가에 대하여 많은 논의와 시사점, 그리고 또한 그만큼 많은 문제점들을 제공하고 있다고 하겠다. 왜냐하면 아리스토텔레스(기원전 384~322)의 '사원인설'(四原因說)과 지나친 "목적론적 세계관", 그리고 "결과로부터 원인의 역추리"에 지나치게 의존하고 있는 마테오 리치의 신의 존재증명은 과연 그 당시나 오늘날 우리들에게 얼마나 설득력을 지닐 수 있겠는가? 하는 의구심이 여전히 있을 수 있기 때문이다. 그러나 두 번째의 유교를 넘어서는 기독교의 윤리이상론 개진은 정말 독창적인 면이 많다고 하겠다. 물론 정신과 물질, 또는 영혼과 육신의 과도한 대립과 이분법을 전제하고서 전개되고 있지만―그러나 그런 서양적 형이상학으로부터 이끌어 낸 기독교의 윤리의 진지성과 참뜻을 유교적 지성인들에게 설득력 있게 제시하고 있는―마테오 리치의 이런 '동서 사상의 융합'의 독창성은 과연 "유교문화와 융합하는 기독교의 토착화"(the Enculturation of Christianity in Confucian Culture)라는 측면과 관련하여 정말 중요한 의미와 시사점을 제시해 주고 있다고 생각된다.

여하튼, 지금부터 거의 400년 전에 중국에 최초로 소개된 서양 철학과 신학의 면모를 이해하기 위해서도 그리고 또한 『천주실의』에 대한 정확한 독해를 보증하기 위해서도, 우리는 아퀴나스의 기본 철학개념과 그의 '신의 존재증명'을 적어도 간단하게나마 이해하는 것이 필요하다고 생각된다. 왜냐하면 '동서 사상의 융합' 또는 "유교문화와 융합하는 기독교의 토착화"와 관련된 리치의 독창성의 보다 정확한 이해를 위해서도, 아퀴나스의 형이상학과 윤리학에 대한 확실한 기본적 이해가 필수적으로 전제될 수밖에 없기 때문이다. 특히『천주실의』의 제6편의 전반부의 상당 부분은 아퀴나스 윤리학의 핵심이 되는 인간의 이성적 욕구(the rational appetite)로서의 '의지'(意, will), '자유의지', 이에 따른 '선악'의 가능성 등을 이해하지 않고서는 제대로 이해될 수 없다고 본다. 여기에 우리는, 대만의 "리치 연구소(The Ricci Institute, 타이베이)"의 협조로 1985년에 출판되어 나온 상당히 주목할 만한『천주실의』의 영역본에서 '의'(意)를 동기(motive)로 번역한 랭카셔(Lancashire)와 후궈쩐(Hu Kuo-chen, 胡國楨)의 결정적인 오역을 지적하지 않을 수 없기 때문이다.[17] 따라서『천주실의』의 정확한 독해를 위해서는, 아퀴나스 철학의 기본개념(목적론적 세계관, 인간관, 영혼론, 윤리관 등)에 대한 기본적인 이해가 필수적으로 전제된다고 하겠다.

3.1 형이상학과 천주의 존재증명

플라톤(기원전 약 427~347)에 의하면 만물들은 현실적 경험세계에서는 수시로 변화·변동하고 있기 때문에 그들 자체에 대한 직접적인

---

17   D. Lancashire, Hu Kuo-chen 공역, 앞의 책, 1985, ch. 6, 285쪽 이하.

보편적 인식은 불가능하다. 이런 경험적 사물들로부터 추상화되어 그들에 대한 보편성과 불변성을 보증해 주는, 이성적 사유의 대상을 플라톤은 "관념"(Ideen, eidos)으로 정의하고 있다. 이런 플라톤적 관념들은—경험적 물질세계에서 추상화되어 있는 한—'물질'(matter)이 아니기 때문에, 경험세계의 시공간(時空間) 안에 존재하고 있는 것이 아니다. 바로 이러한 플라톤의 관념론을 아리스토텔레스와 아퀴나스는 모두 비판하고 있다. 왜냐하면 플라톤의 이데아설에 의하면, 모든 지식은 결국 비물질적인 "관념들"에 대한 것이고, 그렇다면 "물질과 변화"에 대한 보편적 지식은 확립될 수 없기에, 경험세계에서의 "물질적 가변적" 운동원인을 설명하는 "자연철학"은 성립될 수 없기 때문이다.[18] 따라서 개개 사물(物)을 바로 그 사물이게끔 인식시켜 주는 그 사물의 "보편성"과 "불변성", 즉 그 '원리' 또는 '형상'(形相)은 아리스토텔레스나 아퀴나스에 의하면, 바로 가변적인 경험세계 속의 이런 개별화된 개개 사물(物)들 속에 내재할 수밖에 없다는 것이다. 이런 관점에서 리치는 송명 이학(理學)에서 말하는 '이'(理)를 개체의 '형상인'(模者, form)으로 이해할 수밖에 없었기 때문에, 그의 『천주실의』에서 결코 자기 스스로에 의해 독립적·주체적으로 존재하는 '실체'(自立者, Substance)가 아니라 사물에 종속되어 있는 '속성'(依賴者, Accident)으로 치부하여 주장할 수밖에 없었다. 이 현실적 경험세계의 개개 사물들은 요컨대 자체 안에 그 자신을 구성하고 있는 물질적 재료로서의 '질료'(質者 matter)와 동시에 그 구성의 원리로서의 '형상'(模者, form)만을 가지고 있다.

---

18   Anthony Kenny, *Aquinas on Mind*, New York: Routledge, 1994, 45쪽.

이런 '질료'와 '형상'으로 구성되어 있는 만물들은, 그것이 생명체이건 무생명체이건, 중세의 자연관에 의하면 모두, 의식적이든 무의식적이든, 자기 밖에 있는 '궁극적 원인'(the Ultimate End)을 실현하기 위하여 이끌려 가고 있다는 것이다. 따라서 해, 달, 별들과 같은 천체들의 변화 현상, 중력(重力)으로 인한 '만유인력'(萬有引力) 현상, 또는 녹색식물들의 향광성(向光性, phototropism) 등까지도 자기 존재 밖의 궁극적 존재에 의한 궁극적 목적의 실현이라는 차원에서 설명하는 목적론적 세계관이 지배적이었다. 그렇다면 이들 존재들을 생성시키고 움직이게 하는 '운동인'(作者, efficient cause)이나 그 운동의 목적을 정하는 '목적인'(爲者, final cause)은 절대로 이 개체 자체에 있을 수 없고, 그 개체 밖에 있는 다른 존재에게 있을 수밖에 없다는 것이다. 이러한 아리스토텔레스의 '사원인'설에 기반하여 아퀴나스는 그의 『신학대전』(Summa Theologiae, Ia.2.3)에서 유명한 "신의 존재증명에 관한 다섯 가지 길"을 다음과 같이 설명해 주고 있다.

1) 사물(A)은, 자기 밖의 다른 사물(B)에 의해 움직임을 당했거나, 자신이 다른 그 사물(B)을 움직이고 있지, 동시에 두 가지 운동을 할 수 없다는 것이다. 바꿔 말해, A의 운동은 B운동의 결과이든지, 아니면 B운동의 원인이지, 동시에 A는 B의 결과도 되고 원인도 될 수는 없다는 것이다. 그래서 천지만물들의 운동이 가능하기 위해서는, '모든 운동의 궁극적 원인자'(the Ultimate Cause of Movement)를 필연적으로 설정할 수밖에 없다. 그리고 그 존재는 오직 자신이 모든 운동의 최초의 원인자일 수밖에 없으며 동시에 결코 자기 밖에 다른 존재 운동의 결과일 수 없는 필연적으로 "특수한 존재"일 수밖에 없다.

따라서 이 최초의 다른 존재에 의해 움직여진 결과가 아닌 운동자(the Unmoved Mover)가 바로 "하느님"(神, 즉 天主)의 존재라는 것이다.

2) 모든 사물들이 존재하고 있는 현실적인 결과를 따져 보면, 반드시 시간적으로 이들보다 앞서는—이들과는 다른, 그러나 이들 자신을 존재할 수 있게끔 하는 원인을 제공한—'운동인'(作者)의 존재를 필연적으로 전제할 수밖에 없다는 것이다. 따라서 이 현실세계의 우주만물의 존재는 궁극적으로 이들 천하만물들의 원초의 운동인, 즉 "만물의 창조주"(하느님의 존재)를 상정할 수밖에 없다는 것이다.

3) 경험세계의 만물들은 끊임없는 변화·변동 중에 있기 때문에, "생성"하면서 동시에 "소멸"해 가고 있다. 즉 이들은 "존재"할 수도 있고, "존재하지 않을" 수도 있다. 그러나 이 우주만물은 필연적으로 존재하고 있을 수밖에 없는 것이라면, 요컨대, 우주 삼라만상의 항구적 존재를 보증하기 위해서는, '존재'와 '비존재'의 잠재성(potentiality)만을 가지고 있는 천지만물과는—존재론적 범주가 다른—"필연적 존재"(a necessary being)가 반드시 존재하고 있어야만 한다는 것이다. 자기의 존재필연성 이외에 어떤 것에도 의존하지 않고 있는—오직 만물의 존재적 필연성을 확보해 주기 위해서만 존재하는—특수한 존재를 상정하지 않을 수 없다는 것이다. 이 존재적 필연성만을 갖고 있는 특수한 존재가 바로 하느님이라는 것이다.

4) 진선미(眞善美)라는 가치론적 또는 존재론적 차원에서 보자면, 경험적 현실세계에 존재하는 만물들은, 상대적인 차이가 있을 뿐, 모두 절대적 완전성에서 보자면 불완전할 수밖에 없다. 따라서 개개 사물들을 그 해당 "부류"(genus)에서 최대의 완전성에 가깝게 이끌어 줄 수 있는, 진선미의 차원에서의 궁극적 원인자를 상정하지 않을 수 없다는

것이다. 이런 궁극적 '인도자' 또는 '원인자'가 "하느님"이라는 것이다.

　　5) 지능(intellect)이 없는 존재들은 자신들의 합리적인 목적(the rational end)을 가질 수 없다. 그러나 우주의 만상들이 자신들의 '궁극적 원인'(爲者, final cause)에 따라서 합리적으로 운동하고 있다는 사실(목적론적 세계관)에 비추어 본다면, 이들 "무지"한 존재들(특히 생명도 없는 물체들)은 이들의 존재 밖에서 이들을 이끌어 가고 있는 "절대적 이성적 존재", 즉 "하느님"의 존재를 상정하지 않을 수 없다는 것이다.[19]

　　이상의 논술을 검토해 보면, 마테오 리치는 『천주실의』 제1편에서 주로 아퀴나스의 제1, 2번과 5번에 의거하여 "천주"의 존재증명을 전개하고 있음을 알 수 있다.

3.2 인간론과 윤리학

(1) 영혼론: 아리스토텔레스나 아퀴나스에 의하면, 생물과 비생물을 구분해 주는 기본적인 전거는 '혼'(魂, anima)이다. 어떤 존재를 살아 있게끔 만들어 주는 것이 혼이기 때문에, 혼이 바로 "생명의 제일원리"(the first principle of life)[20]라는 것이다. 생물의 발전 단계에 따라서 식물, 동물과 인간의 혼은 각기 다른 능력을 가지고 있다. 식물은 단지 성장할 수 있는 능력인 생혼(生魂, vegetative soul)만을, 그리고 동물(禽獸)들은 생장할 뿐만 아니라, 또한 외부의 사물들을 지각할

19　　John F. Wippel, "Metaphysics", *Aquinas*, Kretzmann, Stump ed., Cambridge University Press, 1993, 113~116쪽.

20　　Anthony Kenny, 앞의 책, 1994, 129쪽.

수 있는 능력인 각혼(覺魂, perceptive soul)을 갖고 있는 반면에, 인간은 생장하고(生魂), 지각하며(覺魂), 또한 지각된 인식들을 추론할 수 있는 이성능력인 '영혼'(靈魂, intellectual soul), 모두를 가지고 있다. 따라서 인간을 다른 존재들과 구별해 주는 인간의 본성, 또는 '본질적 형상인'(substantial form)이란 다름 아닌 인간의 영혼이 가지고 있는 이성적 추리능력, 즉 시비(是非)와 선악(善惡)을 변별할 수 있는 이성능력(intellect, 靈才 또는 靈心)에 있는 것이다.

인간은 물질적인 육체(material body)와 정신적인 영혼(spiritual soul)이 결합되어 있는 특수존재이다. 식물의 '생혼'이 식물이라는 물체를 떠날 수 없다면, 동물이나 인간에게 고유한 '각혼'의 활동(즉 감각적 인식) 또한 감각기관이라고 하는 물리적 대상을 떠나서 실행될 수 없다는 것이다. 따라서 시각능력은 눈을, 청각은 귀를, 후각은 코를 떠나서 독립적으로 작동할 수가 없다. 따라서 식물의 '생혼'과, 동물과 인간의 '각혼'은 그것을 지니고 있는 유형한(corporeal) 물질적 존재가 소멸하면 동시에 그와 함께 소멸될 수밖에 없다. 그러나 인간의 추리능력인 영혼은 무형한(incorporeal) 정신적(spiritual, 神的) 존재이기 때문에 유형적인 물질로부터 독립하여 자유롭게 사유할 수 있는 것이다. 따라서 조그마한 인간의 마음(心, mind)속에 우리는 우주의 삼라만상들을 '관념화'(脫形而神之)[21]하여 수용할 수가 있는 것이다.

인간의 영혼은 정신적인 것이지만 육체(身形)와 결합해 있다는 점에서, 그것은 오직 정신으로만 이루어진 천사나 귀신들처럼 모든

---

21   『天主實義』, 앞의 영인본(臺北), 上卷, 第3編, 31b쪽.

사물들에 대하여 언제나 "철저하게 분명한 지식"(明達)을 갖고 있는 존재가 아니다. 따라서 언제나 계발되어야 한다는 점에서, 인간 이성 능력의 잠재성과 계발성은 인간 존재를 항상 완전히 물질성을 떠나 있는 '이성적 존재'(예 천사나 귀신 등)들과 구별시켜 주고 있다. 그러나 인간의 본질적 특성이 '비물질적'인 정신성, 즉 천부적으로 주어진 이성능력에 있기 때문에, 얼마든지 정신적인 것(神的), 즉 하느님의 본성 자체를 이해하고 공경하는 방향으로 자신을 계발해 나갈 수 있다는 것이다. 그리고 바로 인간 영혼은 물질이 아닌 무형적 정신적 존재이기 때문에, 인간의 사후, 즉 물질적 육체의 생명활동이 정지한 이후에도, 영혼은 그대로 영속할 수 있다는 것이다. 리치는 여기서 개진된 위와 같은 영혼불멸에 관한 논증 이외에도, 『천주실의』에서 한편 자유자재로 중국고전들을 인용하고, 다른 한편 유교적 인생관과 융합하는 측면에서 다음과 같은 논증을 더욱 추가하고 있다. "1) 사람들은 모두 후세에까지 이름을 남기고자(死後所遺聲名)[22] 하고, 2) 영생을 누리고, 죽기를 바라지 않으며, 3) 현세에서 된 일로는 사람의 마음을 다 만족시킬 수 없고, (영생을 못 얻고) 죽은 사람을 두려워하며, 이 현세에서는 사람들이 행한 선행과 악행에 대하여 공정한 상벌을 내릴 수 없다"[23]라는 몇 가지의 논증을 추가함으로써, 리치는 영혼의 불멸과 내세의 존재를 유교적 중국 지식인들에게 더욱 설득력 있게 호소하고 있다.

---

22   『天主實義』, 앞의 영인본(臺北), 上卷, 第三編, 32b쪽.
23   岳雲峯,「『天主實義』的 靈魂論」,『神學論集』56號, 臺北: 輔仁大學附設神學院, 1983, 285쪽.

(2) 의지론과 윤리론: 인간의 마음(無形之神)에는, 감각적 인식을 통하여 얻은 인식의 자료들을 정리하여 저장하는 "기억활동"(司記含, intellectus possibilis; receptive intellectual)과 이들을 변별하고 추리하여 보편적이고 확실한 진리(眞)를 확보해 주는 "이성활동"(司明悟, intellectus; understanding), 그리고 이런 이성적 판단에 의거하여 그것을 실제 행위로 실천하려는 "이성적 의지활동"(意 또는 司愛欲, the intellectual appetite, 즉 will)이라는 세 가지 작용을 생각해 볼 수 있다. 여기에서 특히 이성적 인식(司明悟)에 의해 확립되는 인간이 추구해야 할—목적을 실현하는—"인간적 행위"(actus humani), 즉 도덕적 행위가 비로소 가능하게 되는 것이다.[24] 물론 인간은 동물과 마찬가지로 육체를 가지고 있기 때문에 육체적 욕망을 충족시키려는 동물적 욕구(animal appetition)를 가지고 있다. 그러나 인간은 동시에 이성적 동물이기 때문에, 이러한 감각적 욕구에 대하여 "즉각적인 대응을 하지 않고", 보다 더 높은 욕망, 즉 "이지적 욕구"(intellectual appetition)의 "명령"을 기다릴 수 있다.[25] 특히 아퀴나스는 이런 보다 더 높은 '이지적 욕구'를 "의지"(will, 意)라고 불렀다. 도덕적 행위란 바로 이런 '의지'(意)에 따른 행동을 말한다. 여기에서 리치는 인간의 마음(mind, 心)이 정상적일 때는, 우리의 '의지'를 발동시켜 도덕적인 선을 택하도록 하지만, 마음이 사욕에 가려 과다한 욕심(情)에 사로잡히게 되면, 이와 반대로 악행에 빠지게 된다는 것이다. 여기에서 선행과 악행 중 그 어느 하나를 택하게 하는 '의지의 선택' 또는 '의지의

---

24   Ralph McInerny, "Ethics", *Aquinas*, Kretzmann, Stump ed., Cambridge University Press, 1993, 197쪽.

25   Anthony Kenny, 앞의 책, 1994, 65쪽.

자유' 문제가 등장하게 된다. 아퀴나스에서도 리치에서도 "자유의지" (freedom of will)라는 현대적 전문명사는 보이지 않지만, 의지의 결정, 선택의 문제는 뚜렷이 나타나고 있다. 의지의 자발적인 선택이 없다면, 우리는 우리의 행동에 대하여, 그것을 선과 악으로 판별할 수도 없고, 따라서 "군자와 소인의 구별도 할 수 없게" 된다. "무릇 세상 일에 의지가 있다고 해야만, 그런 뒤에야 그 의지를 따를 수도 그만둘 수도 있다. 그런 뒤에야 덕과 부도덕, 그리고 선과 악이 있을 수 있다."[26] 따라서 의지가 없는 무생물이나 짐승들의 행위 결과에 대하여 우리는 도덕적 책임을 물을 수 없으며, 따라서 그들에 대하여 상도 벌도 내릴 수 없다는 것이다.

목적론적 세계관에 따라서, 아퀴나스는 인간의 '이성'이나 '의지'가 추구하는 것은 바로 인간의 선, 즉 인간 자체를 완전하게 완성해 내는 일이라고 보았다. 따라서 "우리의 선은 우리를 실현하고 완성하는 것이다."[27] 인간의 본성이 바로 "하느님"이 자기의 무형적 정신성을 모방하여 인간에게 부여한 '무형한 정신성'에 있는 것이기 때문에, 요컨대, 인간 안에 있는 이런 '신성'(神性)의 완성이 바로 인간이 추구해야 할 최고의 선이라는 것이다.

3.3 유교윤리의 변용과 기독교 윤리이상

(1) 양선(良善)론과 습선(習善)론 : 리치는 이제 유교윤리의 핵심주제인

---

26   『天主實義』, 앞의 영인본(臺北), 下卷, 第六編, 18a쪽.
27   Ralph MaInerny, 앞의 글, 1993, 200쪽.

인간의 도덕적 자기완성이라는 주제와 관련하여, 유교의 정통이론인 성선(性善)설과 연관하여 그것을 더욱더 기독교적으로 변용하여 발전시키는 논지를 펴나간다. 우리는 일단, 송명 이학(理學) 수양론의 핵심논지가 결국 인욕에 의해 가려진 인간의 천부적인 선성(善性)을 부단한 사려와 실천을 통하여 될수록 인욕을 제거함으로써, 가려져 있는 본래의 '선성'(善性)을 다시 회복하려는 '복성'(復性)설에 있다고 말할 수 있다. 따라서 송명의 이학(理學)에서는 자기의 본질에 대한 자기각성, 또는 본성의 깨달음(本性自覺)이 특히 강조되고 있다. 그러나 이런 중국적 전통과는 달리, 인간의 '이성적 의지'와 '자유의지'에 따른 '선행과 악행'의 현실적 선택과 책임을 묻는 서양적 윤리전통에서는 단지 인간의 본성적 선의 강조만으로는 도대체, 인간의 행위에 대하여 선악의 책임을 물을 수 없기 때문에, —유교적 윤리구도와는 상당히 다른— 서양적 또는 기독교적 윤리구도를 마테오 리치는 그의 『천주실의』에서 보여 주고 있다. 인간의 본성이 선(性善)하다는 주장은 바로 "천주"(하느님)에 의해 인간의 마음(心)에 부여된(銘之) '양지'(良智) '양능'(良能)을 일컬음이라는 것이다. 따라서 이것은 하느님으로부터 인간이 태어나면서부터 받은 양선(良善)인 것이다. 이런 '양선'이란 어디까지나 인간이 선으로 나아갈 수 있는 잠재적인 가능성(potentiality)만을 제시한 것뿐이지, 현실적인 악행의 존재와 그것에 대한 제재, 즉 '권선징악'(勸善懲惡)의 효과적 방책으로는 부적절하다고 리치는 말하고 있다. 따라서 인간은 자기의 이성적인 의지(正志)의 실현을 통하여, 잠재적인 성선(性善)을 계발시킬 수 있는 실천적 결단과 실천 행위, 즉 '본성적 선(善)의 계발'이라는 각도에서의 습선(習善)의 필연성을 강조하고 있다. 이에 또한 도덕적 '습선'(선을 익

힘)을 촉진시키기 위하여 그는 또한 참회와 재계를 지키는 기독교 교리의 올바른 뜻을 부가하여 설명하고 있다.

(2) 기독교적 인(仁, 즉 천주에 대한 사랑과 인간에 대한 사랑)을 통한 자아의 완성 : 아퀴나스에 있어서, '이성'(intellect, 司明者)의 기능은 바로 추론을 통하여 사물이나 사태에 대한 시비(是非)와 선악(善惡)을 변별해 주는 인식능력이라면, '이성적 욕구'(intellectual appetite), 즉 '의지'(will, 司愛者)의 역할은 인간의 도덕적 선의 구현에 있다. 리치는 이런 아퀴나스의 생각을 중국적으로 변용하여 이제 중국선비를 향하여 다음과 같이 말하고 있다.

> 이성의 큰 공능은 (사회적) 의(義)의 (인식에) 있고, 의지의 대본(大本)은 인(仁)을 (실천함에) 있다고 하겠습니다. 따라서 군자(君子)는 '인'과 '의'를 중하게 여기는 것입니다. 이 둘은 서로 필요한 것이니 하나라도 없어서는 안 됩니다. 그렇습니다. 오직 이성만이 '인'의 선함이 (어디에 있는지를) 인식할 수 있습니다. 그 다음에 의지(司愛者)가 그것을 욕구하여 지키고자하는 것입니다. 의지는 의(義)의 덕을 욕구합니다. 그 다음에 이성(司明者)이 그것을 추구하는 것입니다. 그러나 인(仁)은 또한 '의'의 최고의 핵심입니다. '인'이 지극하면, 이성(의 활동)은 더욱 분명해집니다. 따라서 군자(君子)의 배움은 '인'을 위주로 하는 것입니다.[28]

여기에서 리치는 인간의 이성이 추구하는 것이 사회적·객관적인

28　『天主實義』, 앞의 영인본(臺北), 第七編, 43a/b쪽.

의(義)요, 또한 이성적 의지가 추구하는 것이 도덕적인 인(仁)이라고 말함으로써, 자신이 말하고 있는 기독교의 인간윤리가 바로 중국인들이 추구하는 윤리이상—즉 인(仁)과 의(義)의 추구—과 결코 본질적으로 다르지 않음을 말하고 있다. 이 중에서도 인간과 인간의 상호관계에 있어서 서로를 올바르게 융합시킬 수 있는 '인간다운 사랑의 실천', 즉 '인'이 더욱 중요하다고 말함으로써, 더욱더 기독교의 윤리이상이 유교의 그것과 본질적으로 '동일함'을 역설하고 있는 것이다. 그렇다면, 리치가 말하는 '인'(仁)의 핵심적 메시지는 무엇인가?

> 덕의 종류는 많으니, 다 말씀드릴 수는 없습니다. 제가 지금 선생님을 위하여 그 대강을 말씀드리자면, 인(仁)이 그 핵심입니다. 대강을 얻고 나면 나머지는 부수되어 나옵니다. 따라서 『주역』(周易)에 "'원'(元)이란 선(善)의 으뜸입니다. (……) 군자는 '인'을 체현(體現)하였으니 사람들의 으뜸이 될 만하다"(『周易』「乾卦」「文言」)고 하였습니다. '인'이란 바로 두 마디로 그 뜻을 다 말할 수 있습니다.
> "천주를 사랑하라! 천주를 사랑하는 것보다 더 높은 것은 없다.
> 천주를 사랑하는 사람은 남을 자기처럼 사랑하라!"[29]
> 이 두 가지를 실천할 수 있으면 모든 행동이 다 이루어진 것이겠습니다. 그러하니 둘이지만 또한 하나일 뿐입니다. 누가 한 사람을 지극히 사랑한다면 그 사랑하는 사람이 사랑하는 (모든) 것을 받들어 사랑할 것입니다! 천주가 인간을 사랑합니다. 우리들이 진실로 천주를 사랑한다면 사람을 사랑하지 않을 수 있겠습니까?[30]

---

29 『성경』, 「마태」복음 22:34~40; 「마가」복음 12:28~34; 「루가」복음 10:25~28 참조.

여기서 리치가 말하는 '인'이란 궁극적으로 만유의 창조주인 '천주에 대한 사랑'을 의미하며, 그것은 또한 '천주가 사랑하는 인간에 대한 기독교적 인간사랑' 외에 다름이 아님을 말하고 있다. 이런 '하느님에 대한 사랑'—즉 기독교적 '인'—이란, 바로 구체적 상황에서 고통을 받고 있는 사람들에 대한 실질적 사랑의 실천행위에 있음을 리치는 또한 다음과 같이 말하고 있다.

> 천주를 사랑하는 공효에는 사람을 사랑하는 것보다 더 진실된 것이 없습니다. (『論語』에) 이른바 '인(仁)이란 사람을 사랑하는 것'이라 했습니다. 사람을 사랑하지 않으면서, 어떻게 진실되게 하느님(上帝)을 섬긴다고 증명할 수 있겠습니까? 사람을 사랑하는 것은 공허한 사랑이 아닙니다. 누가 배고파하면 먹여 주고, 갈증을 느끼면 물을 먹여 주고, 옷이 없으면 입혀 주고, 집이 없으면 재워 주고, 우환이 있으면 동정하고 위로해 주고, 어리석으면 가르쳐 주고, 죄를 지으려면 올바른 말로 말리고, 우리를 모욕해도 용서해 주고, 죽으면 장사 지내 주고 그를 위해 대신 하느님께 기도해 주며, 또한 살아서나 죽어서나 하느님을 잊어서는 안 되는 것입니다.[31]

이와 같은 '기독교의 천주의 사랑과 인간사랑의 도리'를 다 듣고 난 중국의 선비들은, 자기네들의 '가족윤리'와 그에 기초하는 대인관과 국가관 속에서 자기의 도덕계발을 말하는 유교적 윤리이상보다

30 『天主實義』, 앞의 영인본(臺北), 下卷, 第七編, 46a/b쪽.
31 『天主實義』, 앞의 영인본(臺北), 下卷, 第七編, 48b쪽.

더 포괄적인, 새로운 윤리이상을 접하고서 상당한 호기심과 관심을 쏟지 않을 수 없었을 것이다.

4 『천주실의』에 대한 평가와 남은 과제

4.1 동서 사유구조의 차이와 "유럽중심주의"와 "중화중심주의"로부터의 비판

마테오 리치가 『천주실의』에서 상당한 설득력을 보이면서, 일부 진보적인 중국인들의 호기심을 이끌어 낸 것이 사실이다. 그러나 불교, 도교, 그리고 성리학의 비판에 있어서, 그는 동양의 형이상학을 제대로 이해하지 못한 채 너무나 졸속하게 비판을 서둘렀다. 유교를 인격적 신의 존재가 나타나고 있는 "고전적 유교"와 무신론적 도덕형이상학이 지배적인 "후대의 유교"(즉 송명의 理學)로 양분하여, 전자에만 긍정성을 보이고 있는 반면, 그는 후자의 형이상학적인 배경을 전혀 이해하지 못한 채 그것을 자신의 스콜라철학적 이해의 지평 안에서 가차 없이 부정하고 있다. 그리고 또한 도교나 불교의 형이상학을 전혀 이해하지 못한 채, 그들의 "무"(無)나 "공"(空)을 단순히 "공허", "허무"(즉 emptinees 또는 nothingness)로 치부하고 일방적인 비판을 하고 있는 것은 그의 품격을 조야하게 만들 뿐인 것이다. 바로 스콜라철학에서 하느님의 존재에 관하여, 그것이 적극적으로 "이런 것이다"(是), 또는 "무슨 특성을 가지고 있다"(有)로는 설명될 수 없고, 단지 "이러이러한 것이 아니다"(非是), 또는 "어떠어떠한 것이 없다"(無)라고밖에 말할 수 없다[32]는 "부정적 설명법(via negativa)"[33]이 요청되는 것처럼, 또한 동양적 사유에서도 궁극적 실체를 "무"(無), '공'(空), 또는 '무극이면서 태극'(無極而太極)이라고 설명하고 있다. 오직 '궁극적 진실체'란 언어적 규정 너머에 있기에 언어적 개념으로는 다 파악될 수 없다고 하는 "부정적 설명법"을 하고 있다는 차원에서는 동서양이 크게 다를 바 없는 것이다.

　　그러나 우리는 동양과 서양의 형이상학적 사유에는 다음과 같은 본질적인 차이가 있음을 간과할 수 없다. 요컨대, 서양의 형식논리적인 사고, 즉 동일률과 모순율, 그리고 감성적인 현상세계와 오직 이성에 의해 파악되는 관념적 실재세계의 이분법적 구분, 그리고―그리스-라틴어의 문법구조와 깊이 연관된―부차적인 가변적 속성(형용사)들과 그것들이 귀속되는 실체(명사) 사이의 범주적 구별 등의 이분법적 사고구조와는 전혀 다른, 동양의 상관(상대)주의적, 현실 중심의 사고에 우리는 우선 주목해야만 한다. 한문(漢文)에서는 어미 변화에 의한 단어들 사이의 범주적 구별이 없고, 오직 문장 내의 우연한 배열 순서에 의하여 그때그때의 상황에 상대적인 임시적 구분이 있을 뿐, 고정불변한 문법적 품사의 구별이 있을 수 없다. 따라서 어떤 문장에서 한 단어가 그때의 위치에서 우연히 명사의 기능을 했다고 해서, 그것이 영구불변하게 명사일 수 없으며, 다른 배열에서는 그때의 상황에 따라서 동사일 수도, 또는 형용사, 부사일 수도 있기 때문이다. 따라서 형식상 절대로 구분되는 범주 개념이나, 실체와 속

32　『天主實義』, 앞의 영인본(臺北), 上卷, 第一編, 10a~11a쪽.
33　胡國楨, 「『天主實義』的天主論」, 臺北: 輔仁大學附設神學院, 1983, 269쪽.

성의 구별, 감성적 현상세계와 이성적 관념세계의 이분법적 구분을 '한문'문화권의 의식구조에서는 생각하기가 힘든 것이다. 시(時), 소(所), 위(位)에 따른 의미의 상대적 변화와 발전이 동양적 사유의 특질을 이루고 있다. 따라서 송명의 이학(理學)에서 문제되는 주요개념인 '이'(理)의 개념은, 감성적 현상세계와 본질적으로 구분되는 관념적 실재로서의 형상(form)의 개념과는 차이가 난다. 기(氣) 또한 자체 안에 운동성을 지니고 있기 때문에 수동적으로 주어진 질료(matter)가 아니고, 끊임없이 무한하게 변화 변동하는 우주적 실체이다. 가볍고 맑아서 그것이 어떻게 변화·변동하는지를 도무지 언어적·이성적으로 파악할 수 없는 신묘하고 맑은 기(氣)가 정신일 뿐이다. 또한 탁하고 무거워서 아래로 내려앉아 굳은 땅이 되거나 운동성이 덜한 물체로서의 '기'로도 나타날 수 있다. 따라서 '기'와 범주적 차원을 달리하는 '영구불변하는 영혼'(靈魂) 또는 '정신'(精神)이라는 또 다른 실체는 없는 것이다. '이'(理)란 바로 개개의 '기'(氣) 속에 내재하는 것이며, 바로 그 '기'(氣)가 마땅하게 변화 · 발전해 나가는 당위적 질서, 즉 '기'를 주재하는 존재론적 근거이다. 그러나 그 '이'는 끊임없이 조화 · 생성되어 나가는 현실세계 안에서 개개체들 안뿐만 아니라 전체적인 구도 안에도 이미 존재하고 있다(理一分殊). 따라서 개체는 그것이 사람이건 물체이건 각각 전체 우주적 발전과정에서 그 전체와 연관하여 그때그때에 드러나는 상대적인 자기의미(理)의 파악과 그 실현을 통하여 개체 각각의 자기완성을 지향하려는 세계관과 윤리관은 확실히 서양의 그것과는 다르다. 서양의 형이상학적 사유구조는 본질적으로—생명적 현실변화의 전체구도와 연관된 개체의 생명적 본질적 의미를 현장(現場)적으로 따지기보다는—처음부터 감성적 현실과는 분명한 거리를 두고 있다. 서양적 사유구조는 감성적 현상계의 배후에 초리(超離)되어 원자(原子)적으로 하나하나 고립되어 고정불변하게 존재하는 "관념"(이데아)들의 파악에 우위를 두고, 이들 하나하나를 합리적, 이성적으로 짜 맞추어서 얻어 낸 이성적 보편적 법칙들을 가지고 인간의 자연 지배 또는 그에 의존하는 인간의 이성적 가치의 실현을 추구하는 것이라고 볼 수 있다. 요컨대, 경험적 세계와 이성적 세계, 또는 정신과 물질의 대립적인 이원구도에 입각하는 서양적 사유구조는, 분명히 전체 속의 개체, 개체 속의 전체, 또는 경험세계와 이성세계를 하나로 통합하고 있는 보다 직관적이고 생명적(역동적)인 일원론적 사유구조, 즉 동양의 그것과는 분명히 다른 것이다.

사실 우리는 이제까지 서양의 사유구조에 떠밀려 우리의 고유한 사유구조를 서양의 그것에 대비하여 대립적으로 설명하기가 힘들었다. 이제 서구의 사고 틀에 기반을 둔 이성(raison, reason) 중심의 자연 지배, 대상 지배의 철학과 기술은 상당한 물질문명의 진보를 가져왔지만, 동시에 전체와 개체, 자연과 인간 사이의 상보적 조화의 입지점이 없기 때문에, 이런 인간문명의 발전은 동시에 또한 우리 인류 전체를 위협할 수 있는 폭력(terror)으로 비쳐질 수 있는 것이다. 이제 포스트-모더니즘이 '현대성의 해체'를 외치고 있다면, 바로 서구적 사유 틀 속의 이분법적 구조가 갖는 '합리성의 폭력'에 대한 고발과 깊은 자성의 외침이라고 하겠다.

물론 마테오 리치는 이와 같은 동서 형이상학의 근본적인 차이를 제대로 파악할 수 없었다. 그의 문제점과 한계는 결국 그의 개인적인 능력 부족에서 오는 문제라기보다는, 동서 문명의 근본적인 차이에 대한 근본적인 성찰과 상호 이해의 부족에서 오는 어쩔 수 없는 상황적인 한계라고 이해할 수 있다. 그러나 인간의 궁극적인 자아실현을 문제 삼는 윤리학이나 인생관의 문제에 있어서, 마테오 리치는 자기와는 형이상학적 구도를 달리하는 중국 지성인들에게 강한 설득력을 가지고 다가갔으며, 서로의 공감을 얻기 위하여 서로 진지한 대화를 시작했다는 점을 간과할 수 없다.

그러나 리치의 이런 동서 사상의 문화적 융합을 위한 노력은 동서 모두의 보수적인 세력들에 의하여 거세게 도전을 받을 수밖에 없었다. 서양이 특히 근세 이후에 "유럽중심주의(Europeanism)"[34] 속에서 서양문명과 기독교신앙의 우월성이 전면적으로 부각되고, 다른 이질문화에 대하여 그것의 파괴와 유럽문화에의 동화가 인류이성의 보편적 실현이라는 오도된 역사의식을 갖게 되었다. 19세기 이후 이런 오도된 배타적 역사의식은 결국 세계 식민지화라는 제국주의의 확산과 함께 유럽문화와 기독교 정신의 수용을 일방적으로 강요하게 되었다. 서양의 로마 천주교회나 개신교회는, 마테오 리치가 계시신학을 거의 말하지 않고 중국적 관습과 문화 풍토를 포용한 것은 결국 "탈-기독교화", 즉 "우상숭배와의 타협"이라고 비판을 하였다. 실제로 강희(康熙)황제(1661~1722) 시대에는 마테오 리치와 예수회 신부들이 중국에서 중국문화에 순응하여 발전시킨 천주교회의 선교정책에 관하여, 서양의 고정관념에 맞추어, 그것의 정당성 유무를 논쟁하는, 소위 "전례논쟁"이 본격화되었으며, 로마교황 클레멘스 11세(Clement XI)는 중국에서의 공자나, 조상이나 "하늘"(天)에 대

---

34   George H. Dunne, "Prologue", 앞의 책, 1962, 특히 6~12쪽.

한 숭배를 우상숭배로 간주하고 금지(1704)시켰다.[35] 이런 보수적인 자만성은 결국 1773년 로마교황 클레멘스 14세에 의한 예수회의 해체 명령으로 끝이 났다.[36] 그로부터 더 이상 중국적인 천주교의 자발적인 발전은 있을 수 없었다. 그 뒤 아편전쟁(1842~1844) 이후 중국에서의 기독교 전교의 발전은 본질적으로 서양 제국주의 세력의 중국에의 침투역량 확산과 그 궤를 같이할 수밖에 없었다. 그것은 진정한 대화가 아니라, 무기와 문명을 앞세운 강제적 포교 그 이상이 아니었다.

또한 강한 "중화중심주의"에 충직한 중국의 보수주의자들은 중국의 형이상학과 근원적 차별성을 보이는 기독교의 중국화(이른바 '토착화')를 시종 의심과 비판으로 몰아치며, 중국적 형이상학에 입각하여, 천주교의 이론들을 맹목적으로 마구 비판하였다. 그 대표적인 문집이 명말(明末)에 편집되어 나온 『파사집』(破邪集)이다. 이들은 마테오 리치의 중국 형이상학에 대한 몰이해를 비판할 뿐만 아니라, 그의 인생론도 새로운 윤리이상도 모두 거부하는 것이다. 유명한 강희황제가 서거하자 곧 바로 천주교에 대한 박해(1724)가 시작되었다. 보수적인 적대적 배타성이 도도하게 노출되기 시작한 것이다.

---

35 Columba Cary-Elwes, *China and the Cross*, New York: Kenedy and Sons, 1957, 152~153쪽.

36 예수회에 해체결정이 내려지게 된 주요한 이유는 "이 수도회가 존속하는 동안 (로마 가톨릭)교회가 진정하고 공고한 평화를 누린다는 것은 불가능하다"는 논거였다. Thomas J. Campbell, "Instrument", *The Jesuits* 1534~1921, Boston: Milford House, 1971, 특히 563쪽.

4.2 오늘에 있어서의 동서 문화 화합의 과제

동서문화의 형이상학적인 세계에 있어서의 대치 상황은 300년 전에 리치의 업적에 부정적인 낙인을 찍었던 17~18세기의 상황이나 지금이나 큰 차이가 없다고 본다. 그것은 본질적으로 동양에서의 기독교의 역할이 양대 문화의 자연스런 대화에 의하여 자발적으로 이끌려 간 것이 아니기 때문이다. 궁극적으로 동서 양 진영의 극한적 배타성이 서로에 대한 평등한 이해의 가능성을 미리 차단해 버린 것이다. 사실 아시아에서 오늘의 기독교 활동의 파장은 결국, 많은 경우, 기독교의 해당 지역 문화에의 적응이나 그것과의 융합이기보다는 서양 제국주의의 문화적·식민지적 지배의 합리화와 무관하지 않다. 그러나 16세기 말에 중국에 왔던 마테오 리치와 그의 뒤를 이은 대부분의 예수회 선교사들의 전교 입장은 일단 이것들과는 구분이 된다. 이들이 중국의 문화적 풍토를 염두에 두고서 그것에의 적응을 통한 기독교 교리의 설명과 대화의 노력, 그리고 그 정신은 바로 "기독교신앙을 지구 상의 다양한 문화에 적합하게 표현하라는 제2차 바티칸공의회(The 2nd Vatican Council, 1962~1965)의 정신과 목적에 잘 부합하는 것"[37]이기 때문이다.

마테오리치는 『천주실의』의 출판(1603) 뒤에 또 다른 전교 대화록을 집필하였다. 그것이 『기인십편』(畸人十編, 1608)이다. 이 중 일부는 『천주실의』와 중복되기도 한다. 이 책의 특징은 다른 종파에 대한 부정과 비판이 일체 없다는 점이다. 오직 허심하게 인생론과 기독교

---

37   D. Lancashire, Hu Kuo-chen 공역, 앞의 책, 1985, 47쪽.

의 윤리이상을 말하고 있다. 이 책은 문체가 더욱 유려하기 때문에 그
만큼 더 설득력이 강하다. 이것은 리치 자신이 그만큼 더 중국적 문화
에 익숙해져 중국 지식인들의 심리적 정서를 더 잘 이해하게 되었다
는 뜻이기도 하다. 『천주실의』, 『기인십편』, 그리고 『교우론』(1595) 등
이 그 유명한 건륭(乾隆, 1736~1795)년간에 수집 정리된 방대한 양의
『사고전서총목』(四庫全書總目)에 수록되어 있다. 『교우론』은 본질상
우정과 관련하여 서양의 격언들을 모아 놓은 격언집이다. 따라서 이
중에서 직접 기독교의 전파와 관련하여, 전통적인 중국문화권의 지식
인들에게 가장 널리 읽혔으며 가장 영향력이 큰 저술은 『천주실의』와
『기인십편』이다. 『사고전서총목』에 특히 『기인십편』에 관하여 다음과
같은 해제가 실려 있다. "열 편이 모두 문답식으로 천주교의를 전개
하고 있다. 1편 사람들은 지나간 나이(세월)가 아직 있다고 잘못 생각
한다, 2편 현세는 잠시 머물다 갈 뿐이다, 3편 늘 죽을 때를 생각하고
좋은 일을 함이 길하다, 4편 늘 죽을 때를 생각하고 죽음의 심판에 대
비하라, 5편 군자는 말수가 적고 무언(無言)하고자 한다, 6편 금식의
본뜻은 살생을 금하는 것이 아니다, 7편 스스로 반성하고 스스로 책
임을 물어 허물이 없게 하라, 8편 선악의 보응은 죽고 난 다음 (영혼
이 받는 것이다), 9편 미래를 헛되이 찾으면 갑자기 불행을 만나 죽게
된다, 10편 부자이면서 인색한 것은 가난한 것보다 더 괴롭다. 언론
전개가 장대하며 거침없는 달변이어서 자못 설득력이 있다."[38]

　　강희황제는 '전례논쟁'과 관련하여, 이 문제에 대한 결말을 내기
위하여, 특히 마테오 리치의 "『천주실의』를 6개월간 연구"한 뒤에, 오

38　　『四庫全書總目』, 上卷, 1080쪽.

직 리치식의 천주교의 전파만을 허용하는 칙령을 반포(1692. 3)하였다.[39] 조선에서는 이미 이수광(李睟光, 1563~1628)이 그의 『지봉유설』(芝峯類說, 1616)에서 마테오 리치의 세계지도와 그의 저작 『천주실의』, 『교우론』 등을 소개하였다. 이런 과정에서 18세기에 일부 유학자들에 의한 자발적인 천주교 수입이 시작되었다. 그러나 과연 오늘날 한국 천주교리와 전례들은 얼마만큼 토착화되었을까? 여기에 대해 우리는 깊이 반성하지 않을 수 없다. 마테오 리치의 중국 도착 400주년을 기념하는 "국제리치연구학술회의"가 리치의 고향인 이탈리아의 마체레타(Macereta) 대학과 로마교황청의 그레고리안 대학에 의해서 1982년에 공동 개최되었다. 그 자리에서 당시의 교황 요한 바오로 2세는 다음과 같은 결론적인 발언(1982. 10. 25)을 하였다.

> "기독교와 희랍문화(와의 융합)와 관련하여, 교부들이 생각했던 것과 꼭 마찬가지로, 마테오 리치도 기독교신앙이 중국문화에 어떠한 해를 끼치는 것이 아니라 오히려 중국문화를 더욱 풍부하고 완전하게 할 수 있다는 올바른 확신을 가지고 있었다."[40]

따라서 『천주실의』의 독서와 연구를 통하여 얻을 수 있는 것은 이와 같은 동서 문화 융합과 화합의 정신이고, 그것을 더욱 오늘의 시대에 맞게끔 발현하는 것이 우리의 남은 과제인 것이다.

39　D. Lancashire, Hu Kuo-chen 공역, 앞의 책, 1985, 39쪽.

40　D. Lancashire, Hu Kuo-chen 공역, 같은 책, 52쪽에서 인용.

참고문헌

마테오 리치, 『천주실의』, 송영배 외 공역, 서울대학교출판부, 1999.

_____, 『교우론, 스물다섯 마디 잠언, 기인십편』, 송영배 역, 서울대학교출판부, 2000.

『破邪集』(1639), 1855년 일본판의 영인본.

利瑪竇, 『天主實義』(1603), 國防硏究員·中華大典編印會 編, 臺北, 영인본(1967).

李之藻 편, 『天學初函』, 총6권, 특히 제1권, 臺北: 學生書局, 영인본(1965).

劉俊餘, 王玉川 공역, 『利瑪竇全集』, 총4권, 臺北: 光啓出版社, 1986.

(淸) 永瑢 등편, 『四庫全書總目』 총2권, 北京: 中華書局出版 영인본(제4판, 1987).

胡國楨, 「『天主實義』的天主論」, 『神學論集』56號, 臺北: 輔仁大學附設神學院, 1983.

_____, 「簡介『天主實義』」, 『神學論集』56號, 臺北: 輔仁大學附設神學院, 1983.

岳雲峯, 「天主實義」的 靈魂論」, 『神學論集』56號, 臺北: 輔仁大學附設神學院, 1983.

林東陽, 「有關利瑪竇所著『天主實義』與『奇人十編』的幾個問題」, 『大陸雜誌』第56卷 第一期, 臺北, 1978年 1月.

徐宗澤, 『明淸間耶蘇會士譯著提要』, 北京: 中華書局, 1989(영인본).

孫尙揚, 『明末天主敎與儒學的交流和衝突』, 臺北: 文津出版社, 1992.

Anthony Kenny, *Aquinas on Mind*, New York: Routledge, 1994.

Columba Cary-Elwes, *China and the Cross*, New York: Kenedy and Sons, 1957.

D. Lancashire and Hu Kuo-chen 공역, *The True Meaning of the Lord of Heaven*, Taipei(The Ricci Institute) · Univ. San Francisco, 1985.

George H. Dunne, *Generation of Giants*, Indiana: Univ. of Notre Dame Press, 1962.

Hans Haas, *Geschichte des Christentums in Japan*, Bd. 1, Tokyo, 1902.

H. Bernard, *Le Père Mathieu Ricci et la société chinoise de son temps*, 2 tomes, Tientsin 1937.

John D. Young, *Confucianism and Christianity*, Hong Kong Univ. Press, 1983.

John F. Wippel, "Metaphysics", *Aquinas*, Kretzmann and Stump ed., Cambridge University Press, 1993.

Paul A. Rule, *K'ung-tzu or Confucius: The Jesuit Interpretation of Confucianism*, Sidney: Allen & Unwin, 1986.

Ralph McInerny, "Ethics", *Aquinas*, Kretzmann and Stump ed., Cambridge University Press, 1993.

René Laurentin, *Chine et Christianisme*, Bar le Duc: Desclée de Brouwer, 1977.

Thomas J. Campbell, *The Jesuits 1534~1921*, Boston: Milford House, 1971.

Jonathan D. Spence, *The Memory Palace of Matteo Ricci*, New York: Penguin Books, 1984.

J. Bettray, Die Akkomodationsmethode des P. Matteo Ricci, S. J. in China, *AnalGreg* 76, 1955.

J. Gernet, *Chine et Christianisme*, Paris: éd. Gallimard 1982.

V. Cronin(이기반 역), 『서방에서 온 현자』, 분도출판사, 1989.

W. Franke, *Dictionary of Ming Biography,* 1369~1644, 2v., New York, 1955.

『천주실의』와 유학사상의 충돌과 새로운 지평

1 문제제기

동아시아 문화권에서 본격적인 동서 철학사상의 교류는 1583년 '조경'(肇慶, 廣東省)에 도착한 이래 당대 중국의 문인들과의 활발한 교류를 통하여 처음 성공적으로 기독교의 교리를 전파한 마테오 리치(Matteo Ricci, 利瑪竇, 1552~1610)의 저술활동에서 비롯된다고 하겠다. 특히 그가 당시에 성리학적인 학문바탕 위에 서 있었던 여러 문인들과의 대화에 기초하여 작성한 『천주실의』(天主實義, 1603, 北京)[1]가 갖는 동서 철학사상 교섭의 의미를 필자는 특히 다음과 같은 두 가지 관점에서 평가하려 한다.

첫째로, 『천주실의』는 이미 400년 전에 중국의 전통문화 속에 서양의 철학사상, 특히 아리스토텔레스의 철학과 그에 근거하는 토미즘

---

[1] 『天主實義』에 대한 자세한 해설과 의미에 관해서는, 이 책의 제1부 제1장 「『천주실의』: 기독교와 유교의 첫 번째 대화」참조.

을 체계적으로 소개한 최초의 전문서적이다.

둘째로, 중국선비(中土)의 질문에 대하여 서양선비(西土, 즉 마테오 리치)가 대답하는 형식으로 이루어진 『천주실의』의 서술체계에서,[2] 기본적으로 중국 문인들이 제기하는 질문의 대부분은 전형적으로 성리학의 철학적 문제의식과 떼어 놓고 생각할 수가 없는 반면에, 이에 대답하는 마테오 리치의 철학적·신학적 해설은 기본적으로 아리스토텔레스의 철학체계와 토마스 아퀴나스의 신학사상에 바탕을 두고 전개되고 있기 때문에, 『천주실의』의 텍스트 분석은 동서 형이상학의 세계관적 대립을 이해하고, 더 나아가서 그것을 지양하여 서로 융통할 수 있는 새로운 지평 모색의 근거를 찾는 데 더없이 중요하다.

성리학의 철학적 내용의 체계적인 부정을 최초로 시도한 『천주실의』를 편찬하면서, 마테오 리치는 기독교의 중요한 개념, 특히 '기독교의 하느님'을 바로 유교의 고전 속에 등장하는 '천'(天)이나 '상제'(上帝)와 동일한 존재로 본다는 기본 전제를 하고 있다. 따라서 『천주실의』에서는, 인격신적인 의미를 띠고 있는 '천'이나 '상제'에 대한 제사와 숭배의 사상이 드러나고 있는 고대 중국 본래의 유교사상은 기독교의 상제숭배(上帝崇拜)와 본질적으로 다르지 않다고 말함으로써, 중국의 유교적 문화전통을 일단 긍정적으로 포용하는 대담한 접근[3]을 시도하고 있다. 다만 후대 송명 시기의 유학사상, 특히 성리학의 무신론적 특성, 특히 이기론(理氣論)에 기초하는 우주의 생성발

---

2 물론 이들의 질문 모두는 "중국선비가 말하였다"(中土曰: ……)의 형식에 대하여, "서양선비가 대답한다"(西土曰: ……)로 이어지고 있기 때문에, 실제로 이들 중국선비가 누구인지를 하나하나 따로따로 규명해 내기는 힘들다.

3 유럽인들이 그리스 고대사회 이래 가지고 있던 "유럽중심주의"(Europeanism)의 맥락에서 일탈하여, 중국 문화의 의의를 일단 긍정하고서 그 문화에 대한 적응주의 노

전론이란 결국 이교, 특히 불교와 도교라는 우상숭배의 나쁜 영향을 받아서 왜곡된 것이라는 점을 아리스토텔레스의 기본적인 철학적 개념의 틀과 토미즘의 신학사상에 기초하여 신랄하게 비판하고 있다.[4] 이와 같이, 마테오 리치는 한편 인격신의 개념이 등장하는 원시유학 사상을 포용함으로써 유교와 기독교 사상 사이의 근원적인 동일성(同一性)을 강조하면서도, 또 다른 한편 성리학의 형이상학적 구도를 근본적으로 부정해 버리고 있다.[5] 따라서 이와 같은 마테오 리치의 기독교와 유교에 대한 해석과 송명 이학에 대한 비판은 1603년에 『천주실의』가 출판된 이래로 동북아시아의 여러 지역에 심대한 영향을 끼쳤다.[6]

사실 중국철학사의 흐름 속에서 그 누구보다도 먼저 성리학의 도통의식을 정면으로 부정하고, 그 대신 최초로 공자와 그 제자들의 원시유학을 진정한 유학으로 규정함으로써, 그것을 옹호·포용함과 동시에 당시 지식인들에게 정통으로 간주되던 송명 이학(즉 성리학)을 이교, 즉 불교와 도교에 오염되어 왜곡된 유학으로 반박한 마테오 리치의 선언은 17세기 당시 동아시아의 지식인들에게 청천벽력과 같은 굉장한 파문을 일으켰다. 그것은 한편으로 17세기 이후 동아시아에서 송명유학을 부정하고 그것을 새롭게 극복해 내려는, 성리학에

　　　선을 채택한 16세기 말 예수회의 문화적응주의적 전교의 노력에 대하여는, 특히 George H. Dunne, *Generation of Giants*, Indiana: Univ. of Notre Dame Press, 1962 참조.

4　　특히 『天主實義』, 第2, 4 및 7篇 참조.
5　　이 책의 제1부 제1장 「『천주실의』: 기독교와 유교의 첫 번째 대화」 참조.
6　　『천주실의』는 17세기 이래 이례적으로 일본어, 몽고어, 만주어, 베트남어 및 한국어로 번역이 되어서, 그 역본들이 동북아 여러 나라에서 널리 독해되었음을 알 수 있다.

적대적인 지식인들에게 새로운 철학적, 다시 말해, '진정한 유학'의 재발견과 재해석을 가능케 하는 새로운 철학적 지평을 제시함으로써 상당한 충격을 주었다고 볼 수 있다. 그러나 다른 한편으로는 성리학을 정통적 학풍으로 계속 유지하려는 도통의식에 그대로 사로잡혀 있는 대부분의 정통 성리학자들에게는 천주학 비판의 빌미가 되었다. 요컨대, 『천주실의』는 성리학에 비판적인 일부 지식인들에게 신선한 자극제가 되었다면, 또한 성리학의 형이상학적 체계를 강력하게 묵수하려는 정통적인 성리학자들에게는 비판의 표적이 되었다. 필자는 이 글에서는 『천주실의』에서 개진된 내용과 유학사상 사이에 빚어진 갈등과 충돌의 면모를 살피면서, 또한 끝으로 이들 사이를 융합할 수 있는 새로운 지평을 모색하고자 한다.

2   동서 형이상학의 기본 전제의 차이에서 오는 문제점

아리스토텔레스의 철학과 토미즘의 신학사상에서 출발하는 마테오리치의 송명 이학에 대한 비판은—후자의 형이상학적 관점에서 볼 때는—쉽게 받아넘길 수 없는 근원적인 문제점을 드러내고 있다고 필자는 생각한다. 따라서 넓게는 동서 철학, 또는 좁게는 유학사상과 기독교 간의 근원적인 대립과 충돌의 면모를 우선 아래의 세 가지 관점에서 정리해 보고자 한다.

2.1 마테오 리치의 심신(心身) 이원론의 강조와 현세(現世) 가치의 지나친 부정

마테오 리치의 해석에 따르면, 인간은 육체(形)와 정신(神)이 결합된 생명체이다. 그러나 사람의 본성은 "정신성"(神性)에 있다고 보고 정신과 물질의 이원론을 지나치게 과장하고 있다. 이에 근거하여 그는 사람들에게 내세에서 영혼(靈魂)이 받을 영원한 행복의 추구를 권장하고 있다. 그 결과 현세에서의 인생의 가치가 지나치게 부정되고 있다.

> 현세라는 것은 우리들이 잠시 머무르는 곳이요, 오래 사는 곳이 아닙니다. 우리들의 본집은 현세에 있지 않고 내세에 있습니다. 인간 세상에 있지 않고 하늘에 있습니다. (우리는) 마땅히 그곳에서 (우리들의) 본업을 이루어야 합니다! 현세는 짐승들의 세상입니다. 따라서 짐승들 각각의 부류들의 모습은 땅을 향하여 엎드려 있습니다. 사람들은 하늘의 백성들이기에 머리를 들어서 하늘을 향하여 순종하고 있는 것입니다. 현세를 본래의 (삶의) 처소로 여기는 것은 짐승들의 무리들입니다. 천주께서 (현세의) 사람들을 각박하게 대하시는 것은 진실로 괴이한 일이 아닙니다![7]

마테오 리치가 강조하는 인생의 가치는 현세에서의 삶 자체에 있는 것이 아니다. 현세는 단지 내세의 영복을 추구하기 위하여 잠시

---

7 "現世者, 吾所僑寓, 非長久居也. 吾本家室, 不在今世, 在後世; 不在人, 在天; 當于彼創本 業焉! 今世也, 禽獸之世也. 故鳥獸各類之像, 俯向於地. 人爲天民, 則昻首向順于天. 以今 世爲本處所者, 禽獸之徒也. 以天主爲薄於人, 固無怪耳!"(上卷, 第三篇, 26下쪽)

쉬어 가는 임시 장소에 불과한 것이다. 왜냐하면 인간의 본질은 바로 '정신성'(神性)이요, 그것의 추구는 육체에 얽매여 있는 영혼(또는 정신)이 현세에서의 육체의 속박을 떠나서, 다시 말해, 죽고 난 뒤에 내세에 가서야 완성된다고 보고 있기 때문이다. 그러나 이와 같이 '정신'과 '육체'의 이원론을 지나치게 강조하고 있는 내세 지향적인 사고, 다시 말해, 현세 부정적인 사고는 유교적 문화전통에서는 제대로 이해되어서 자연스럽게 받아들여지기가 어려운 것이다. 왜냐하면 공자가 "일생 동안 고심한 것은 바로 현세의 '인간'과 '삶'의 문제"[8]였기 때문이다.

> 자로가 귀신 섬기는 일에 대하여 물었다.
> (공자가) 말했다. "사람 섬길 줄도 모르면서 어찌 귀신을 섬길 수 있겠는가?"
> (자로가) 또 죽음을 물었다.
> (공자가) 말했다. "삶도 아직 모르면서 어찌 죽음을 알겠는가?"[9]

이와 같이 유교적 전통에서는 현세에서의 삶 속에서 인간들의 행동과 교류, 요컨대, 그들의 원숙한 '실천적 의지'가 일차적인 관심인 것이다. 따라서 사후의 귀신에 대한 문제는 부차적인 것으로 치부될 수밖에 없었다. 공자는 다음과 같이 말하였다.

> "귀신은 공경하되 멀리하여야, (군자로서) 지식(知)이 있다고 할 수

---

8   송영배, 『중국사회사상사』, 107쪽.
9   "季路問事鬼神. 子曰: '未能事人, 焉能事鬼?' 敢問死. 曰: '未知生, 焉知死?'", 『論語』, 「先進」 11.

있다."[10]

이렇기 때문에, 현세 중심의 인문주의 정신에 강하게 뿌리박고 있는 중국의 문인들에게 지나친 현세 부정의 논리는 그렇게 큰 설득력을 가질 수 없었을 것으로 필자는 생각한다.

2.2 실체(自立者)와 속성(依賴者)의 범주적 구별과 태극(곧 理)은 사물의 존재근거(物之原)가 아니요 마음(心)이나 사물(物)의 속성이라는 주장

태극(太極, 곧 理)이 천지만물의 근원(天地萬物之原)이 될 수 없음을 마테오 리치는 아리스토텔레스의 사물에 대한 실체와 속성에 대한 범주적 구별을 원용하여 다음과 같이 주장하고 있다.

태극이라는 것이 단지 이(理)라고 해석된다면, (그 태극은) 천지만물의 근원이 될 수 없을 것입니다. '이'는 역시 속성(依賴者)의 부류이니 스스로 자립할 수가 없는데, 어떻게 다른 사물들을 존재케 할 수 있겠습니까? 중국의 문인들이나 학자들이 '이'를 따져서 말할 때는 오직 두 경우가 있습니다. (理는) 사람의 마음(人心)속에 있거나 혹은 (마음 밖의) 사물들 안에 존재해 있습니다. 사물의 정황이 사람 마음 속의 이치와 합치하면 그 사물은 비로소 참으로 실재한다고 말합니다. 사람의 마음이 사물 속의 그 이치(理)를 끝까지 캘 수가 있어서

---

10   "子曰: (……) 敬鬼神而遠之, 可謂知矣.",『論語』,「雍也」20.

그것을 다 인식하는 것을 '사물에 나아가 인식함'(格物)이라고 합니다. (理가 오직) 이 두 경우(或在人心, 或在事物―필자)에 의거한다면 '이'는 진실로 속성(依賴者)인 것입니다. 어떻게 사물의 근원이 되겠습니까? 두 경우 (理는) 모두 (이미 현존해 있는) 존재물(곧 人心이나 사물)보다 뒤(後)에 있는 것이니, (시간적으로) 뒤에 (기탁된) 것(後, 속성)이 어떻게 (이미 시간에서) 앞서 있는 것(先者, 실체)의 근원이 됩니까? 또한 저들(宋明 理學者)은, (우주 발생론적으로) 태초에 아무것도 없었던 (때보다도) 앞서서 반드시 '이'(理)가 존재하였다고 말합니다. (그렇다면) 그 '이'는 어느 곳에 존재하였던 것입니까? 어느 존재물에 종속되었던 것입니까? 속성(依賴者)이라는 것은 스스로 존재할 수 없습니다. 따라서 자신을 의탁할 실체(自立者)가 없다면 속성(依賴者)은 존재할 수가 없습니다. 만약 '공허'(空虛, nothingness)에 의탁했다고 말한다면 아마도 '공허'는 의탁할 만하지 못하니 '이'는 떨어져 나감을 면하지 못했을 것입니다. 한번 물어 봅시다. 반고(盤古) 이전에 이미 '이'가 존재했었다면 왜 (그때는) 한가롭게 있기만 했지, 활동하여 만물을 창생하지 않았습니까? 나중에 누가 그것(理)을 작동시켰습니까? 더욱이 '이'는 본래 동정(動靜)이 없는 것입니다. 그런데 하물며 스스로 작동을 했단 말입니까? (理가) 원초에는 만물을 창생하지 않았다고 말한다면, 바로 나중에야 만물의 창생을 원하게 된 셈입니다. 그렇다면 '이'가 어찌 의지가 있는 것이겠습니까? 어찌하여 (나중에는) 만물을 창생하려고 하였으나, (원초에는) 만물을 창생하지 않으려고 하였던 것입니까?[11]

11　"若太極者止解之以所謂理, 則不能爲天地萬物之原矣. 蓋理亦依賴之類, 自不能立. 曷

여기에서 마테오 리치는 우선 송명 이학에서 말하는 '이'를 자기 나름대로 충실히 이해하였고, 따라서 바로 그 점을 아리스토텔레스에서 기원하는 1) 실체와 속성의 범주적 구별과 2) 사물 생성의 시간적 순서에 근거하는 인과법칙에 입각하여 다음의 세 가지 관점에서 '이'가 천지만물 창조의 근원이 될 수 없음을 밝히고 있다.

마테오 리치가 이해하기로는 첫째, '이'는 오직 다음의 두 경우에만 존재한다. "(理는) 사람의 마음(人心) 속에 있거나 혹은 (마음 밖의) 사물들 안에 존재"하고 있다. 그렇다면, '이'란, 마테오 리치가 보기에는, 실제로 경험적 세계에 자립적으로 존재하는 천지만물, 즉 실체(自立者, substances)들에 내재하여 이들로 하여금 그러한 존재로 이름 지어 주는, 즉 규정해 주는 개개 사물들에 속해 있는 '형상인'(形相因, formal cause)에 불과한 것이다. 따라서 '이'란 결국 만물 하나하나, 즉 실체(自立者)가 못 되는 것이요, 단지 그들 각각에 종속되어 있는 속성(依賴者, accidents)일 뿐이라는 것이다.[12] 이와 같이 실체에 예속될 수밖에 없는 속성에 불과한 '이'가 도대체 "어느 곳에 존재"하였으

立他物 哉? 中國文人學士講論理者, 只謂有二端, 或在人心, 或在事物. 事物之情, 合乎人心之理, 則事物方謂眞實焉. 人心能窮彼在物之理, 而盡其知, 則謂之格物焉. 據此兩端, 則理固依賴, 奚得爲物原乎? 二者, 皆物後, 而後豈先者之原? 且其初無一物之先, 渠言必有理存焉. 夫理在何處? 依屬何物乎? 依賴之情, 不能自立. 故無自立者以爲之託, 則依賴者了無矣. 如止賴空虛耳, 恐空虛非足賴者, 理將不免于僵墜也. 試問 盤古之前, 旣有理在, 何故閑空不動而生物乎? 其後誰從激之使動? 況理本無動靜. 況自動乎? 如曰昔不生物, 後乃願生物, 則理豈有意乎? 何以有欲生物, 有欲不生物乎?"(上卷, 第二篇, 16 上/下쪽)

12 사물에 내재하는 '형상인'을 그 사물의 '속성'으로 파악하는 마테오 리치의 이런 주장은 그러나 아리스토텔레스가 본래 지적하고 있는 속성들에 대한 아홉 개의 범주(즉 사물의 1. 크기; 2. 관계; 3. 상태; 4. 능동태; 5 수동태; 사물이 있는 6. 시간; 7. 장소; 8. 모양새; 사물을 9. 얻거나 사용함) 그 어디에도 해당하지 않음에 우리는 주목해야 한다.

며, 또한 "어느 존재물에 종속"된 것인가를 마테오 리치는 따져 묻는다. 만약 '이'가 "공허(空虛, nothingness)에 의탁했다고 말한다면 아마도 '공허'는 의탁할 만하지 못하니 '이'는 떨어져 나감을 면하지 못했을 것"이라고 말함으로써 '이'가 만물의 근원이 될 수 없음을 밝히고 있다.

둘째로, 리치는 사물 생성의 인과법칙에 따라서 결과가 원인보다도 시간상 앞설 수 없다는 관점에서 다음과 같이 말하고 있다. '이'는 먼저 인간의 마음(人心)이나 (마음 밖의) 사물이라는 실체들이 있고 난 다음에, 그것에 종속되는 것이기에, 시간상으로 뒤(後)가 시간상으로 앞서 있는 것(先者)의 존재원인이 될 수 없다. 따라서 '이'는 만물의 근원이 될 수 없다고 반박한다.

셋째로, 리치가 파악한 송명 이학의 '이'는 동정(動靜)도 없고 의지(志, will)도 없는 것이다. 따라서 '이'는 도대체 "스스로 작동" 하여 태초에 "천지만물을 창생"할 의지를 가진 존재가 아니기 때문에,—기독교의 하느님과 같은—천지만물을 창제한 근원이 될 수 없음을 말하고 있다.

여기에서 우리들은, 마테오 리치의 '이'에 대한 이러한 반박과 비판들이, 결국—중국의 그것과는—완전히 다른 아리스토텔레스적 형이상학의 기본구도에서 비롯된 것임에 주목하지 않을 수 없다. 사물의 존재근거를 설명하는 아리스토텔레스의 사원인설(四原因說)이나 인과율적인 설명에 의하면, 우리가 마주 대하고 있는 우주(世界, Welt)는 이성능력이 없는 하나의 물체이기 때문에 그것들은 자신을 스스로 움직일 수 없다는 것이다. 만약 그들이 이성적·합리적인 운동을 했다면, 그런 합리적 운동은 반드시 그 사물의 밖에 있는 이성적인 존재자(즉 운동인)에 의해서 그렇게 작동될 수밖에 없다는 것이다. 그리고 이런 천지만물의 운행은 결코 맹목적인 운동이 아니라 이런 운동을 일으키고 있는 초월자의 목적에 따라서 움직이는 고도의 합리적인 운동이라는 목적론적 세계관이 또한 기본적으로 전제되어 있는 것이다. 따라서 이런 형이상학적인 구도에서 본다면, 천지만물이란 생명이 없는 존재물, 말하자면, "혼(anima)도 지각도 없기"[13] 때문에, 주체적으로 합리적인 생명활동을 할 수 없는 죽은 물체(dead objects)일 뿐인 것이다. 자기들을 초월해 있는 이성적인 외재적 존재가 이들을 이끌어 주지 않는 한, 이들은 죽어 있는 물체이기 때문에 스스로를 주체적으로 움직여서 운동을 하고 자신을 변화·발전시킬 수 있는 능동적인 힘, 즉 운동인(efficient cause, 作者)이 없다는 것이다. 그러므로 현재 끊임없이 자생하고 변화하고 있는 천지만물들의 운동의 원인을 궁극적인 원초로 거슬러 가면 이들을 만들어 내고 운동을 하게끔 만든 최초의 운동인이나 그 운동의 목적을 규정한 목적인(final cause, 爲者)의 존재를 상정하지 않을 수 없다는 것이다. 이런 운동인과 목적인은 결코 죽어 있는 개체들의 내부에 있는 것이 아니고 이 개체들을 초월하여 존재하는 외재자, 곧 하느님일 수밖에 없다는 것이다. 이와 같이 본다면, 천지만물을 창조하고 주재하는 초월적인 절대자 하느님과 그에 의하여 창조된 삼라만상의 천지만물들은 존재론적인 범주에서는 전혀 상이한 것이기 때문에, 중국인들이 주장하는 "만물일체"(萬物一體)설이 성립될 수 없음을 마테오 리치는 강하게 변론하고 있다.[14]

---

13   "無魂無知覺"(上卷, 第一篇, 3下쪽)

하지만, 아리스토텔레스의 형이상학적 전통과는 전혀 다른 중국의 전통적인 유교적 세계관에서 보자면, 우주만물은 결코 자기 운동도 못하고 죽어 있는 무생명체가 아니다. 우주는 생명력으로 충만하여 언제나 "생명이 끊임없이 연속되고 끊이지 않는"(生生不息) 생명체(活物)인 것이다. 우주를 바로 생명적 유기체로 바라보는 유교적 세계관은 『주역』(周易), 『중용』(中庸) 이래로 중국의 고전 문헌의 도처에서 언급되고 있다.[15] 이와 같이 우주 삼라만상을 모두 "생명이 이어지고 이어져서 끊임이 없는"(生生不息) 생명적 유기체로 파악한다면, 이들은 스스로를 움직이게 하기 위하여 결코 이들 밖에 초월해 있는 최초의 운동인, 요컨대, 이들을 초월해 있는 '하느님'의 배려를 필요로 하지 않을 것이다. 중국인들은 자연계의 산천초목이나 계절의 변화란 스스로에 의하여 저절로 움직이는, 말하자면, '자연(自然), 스스로 그러한 것'으로 파악했을 뿐이다. 그리고 이들 삼라만상의 무한한 생명적 전개의 존재론적인 원인을 특히 송명 이학에서는 '이'라고 불렀다. 따라서 우리들이 만약 송명 이학에서 말하는 '이' 개념을 아리스토텔레스의 사원인설에 억지로라도 대비하여 설명한다면, '이'는 확실히 아리스토텔레스가 말하는 형상인(formal cause)과 비슷한 측면

---

14 만물일체설(萬物一體說)에 대한 마테오 리치의 반론에 대해서는 특히 『天主實義』上卷, 第四篇을 참조.

15 예로 든 다음의 구절들을 참조하시오.
"天地之大德曰: 生."(『周易』,「繫辭」下)
"元, 亨, 利, 貞."(『周易』,「乾卦」)
"天行健, 君子以自强不息."(『周易』,「乾卦」)
"大哉乾元! 萬物資始, 乾道變化, 各正性命, 保合太和, 乃利貞."(『周易』,「乾象」)
"詩云: '維天之命, 於穆不已.' 蓋曰: 天之所以爲天."(『中庸』)
"誠則形, 形則著, 著則明, 明則動, 動則變, 變則化, 唯天下至誠爲能化."(『中庸』)

을 가지고 있다. 그러나 '이'는 단순히 개개 사물들을 그렇게 이름 지어 주는 형상인일 뿐만 아니라, 동시에 그 사물들 안에 내재하면서 이들을 움직이게 하는 운동인(efficient cause)이며, 또한 그 운동의 합당한 당위성과 목적을 규정하고 있는 목적인(final cause)으로 필자는 보고 싶다.[16]

여기에서 우리는 '이'에 대한 주희(朱熹, 1130~1200)의 언급들을 간략하게나마 개괄해 볼 필요가 있다.

- 세상만물은 각기 반드시 그렇게 된 이유(所以然之故)와 마땅히 그렇게 (행해야 할) 법칙(所當然之則)을 가지고 있다. (그것을) 이(理)라고 말하는 것이다.[17]
- (사람의) 몸과 마음의 본바탕과 정감의 덕, 사람들의 일상생활의 규범 그리고 (인간 세상 밖의) 천지와 귀신들의 조화(變)며 짐승들과 초목들의 합당한 모습(宜)에 이르기까지, 그 각각의 개체 안에는 '그것이 마땅히 그렇게 행할 뿐이요 그만둘 수는 없는 당위'(其當然而不容已)와 '그것이 그렇게 될 수밖에 없으며 달리 바뀔 수 없는 (존재)이유'(其所以然而不可易者)를 드러내지 않는 것은 아무것도 없다.[18]
- 우주 사이에는 한결같이 '이'만 있을 뿐이다. 하늘은 그것을 얻어서 하늘이 되고 땅은 그것을 얻어서 땅이 된다. 무릇 하늘과 땅 사이에서 생

---

16 이 점에 대하여는 牟宗三, 「四因說」演講錄, 鵝湖月刊, 第20卷, 第三期(總號 第231), 5쪽을 참고하라. "照亞里士多德四因說, 靜態的分析就是質料, 形式兩面. 質料因是一面, 動力因, 目的因, 形式因這三因又是一面, 是同屬於理的一面."

17 "至于天下之物, 則必各有所以然之故, 與所當然之則, 所謂理也."(大學或問, 經文)

18 "使于身心性情之德, 人倫日用之常, 以至天地鬼神之變, 鳥獸草木之宜. 自其一物之中, 莫不有以見其當然而不容已, 與其所以然以不可易者."(『大學或問』, 第五章)

겨난 것은 또한 그것을 얻어서 본성으로 삼는다. 그것을 펼쳐 놓으면 삼강(三綱)이 되고 그것을 규범으로 삼으면 오륜(五倫)이 된다. 모두 이런 '이'가 통용되는 것이니 어디든 가서 있지 않은 곳이 없다. (모든 것이) 쇠하고 성하고 차고 이게 되면서 순환 반복하여 끊임이 없다는 (理에 의한 이런 변화와 운동은) 아직 사물들이 생겨나기 이전부터, 그리고 인류가 사라지고 만물이 다 없어진 뒤까지, 끝나면 다시 시작하고 시작하면 다시 끝나 가는 것이니, 또한 혹시 한 순간이라도 멈춘 적이 없다.[19]

· 그러나 뜻으로 헤아려 보면 아마도 기(氣)는 이런 이(理)에 의지하여 움직이는 것이다. 이런 '기'가 모이게 되면 '이' 또한 그곳에 있는 것이다.[20]

이상과 같은 주희의 말들을 종합해 보면, '이'는 개개 사물들의 존재근거(raison d'être)로서 일종의 관념적 실재이다. '이'는 개개의 사물들 속에 내재하면서 그들 각각을 그러한 개체로서 성립시켜 주는 형이상학적 존재근거(所以然之故)이며 동시에 이들 존재의 당위성(所當然之則), 말하자면 형상인이요 동시에 목적인이 될 뿐만 아니라, 그 개체 사물 하나하나를 움직이게 하여 변화 발전시키는 생명적 힘, 즉 운동인인 셈이다. 따라서 이와 같은 형이상학적인 구도를 가진 중국의 지식인들에게는 개개 사물들을 초월하여 있으면서 이들을 움직이게 하는 외재적 운동인의 관념은 정말 낯설 수밖에 없다. 산천초목이

---

19 "宇宙之間, 一理而已. 天得之而爲天, 地得之而爲地. 而凡生於天地之間者, 又各得之以 爲性. 其張之爲三綱, 其紀之爲五常, 蓋皆此理之流行, 無所適不在. 若其消息盈虛, 循 環不已, 則未始有物之前, 以至人消物盡之後, 終則復始, 始復有終, 又未嘗有頃刻之或 停也."(「讀大紀」, 『朱子文集』, 七十)
20 "然以意度之, 則疑此氣是依傍這理行. 及此氣之聚, 則理亦在焉."(語類, 一)

'스스로 그렇게(自然)' 자라나는 것이 아니고, 그것의 운동인이 밖에서 그들을 조종하여 자라나게 하는 것이라는 발상은―아리스토텔레스의 가르침에 따르면 지극히 당연하겠지만―성리학자들에게는 참으로 우스꽝스럽게 들렸을 것이다. 따라서 그와 다른 형이상학체계를 가진 중국 문인들에게는, 마테오 리치가 자기에게 익숙한 아리스토텔레스와 토미즘적인 사유체계에 입각하여 '이'란 자립적 존재가 될 수 없으며 단지 속성에 불과하다는 반박은 도무지 정상적으로 이해되고 수용되기 힘들었을 것으로 보인다.

2.3 송명 이학의 도덕이상주의와 마테오 리치의 도덕공리론

송명 이학은 천리(天理)를 기초로 하는 도덕형이상학이다. 그것에 의하면, 천지간에 존재하는 모든 개개 사물들은 모두 각각 자기 내부에 자신의 이상적 완전성, 즉 '천리'(天理, 또는 理, 즉 性)를 간직하고 있다. 따라서 우주의 삼라만상은 성리학적 도덕존재론의 차원에서 보자면 모두 지극히 선하고 또한 지극히 아름다운 것이다. 그러나 사람이든 사물이든 이들 개체 하나하나가 경험적 현실세계에 존재하려면 그들 각각을 구성해 주는 물질적 재료, 즉 기(氣)와 융합하지 않을 수 없다. 그 결과 개개 존재물 자체 안에 존재하는 각각의 이상적 완전성, 즉 '이'는―많든 적든―바로 '기'에 의하여 가려져 있다는 것이다. 따라서 도덕실천의 핵심은 바로 이렇게 은폐된 '이'를 어떻게 하면 다시 복원시키느냐 하는 인간의 순수 도덕적 의지와 실천공부에 달려 있다는 것이다. 이에 사람들에게 '천리를 온존(溫存)하고 사욕을 없애라!'(存天理, 滅人欲) 하고 권면하면서 사람들이 추구해야 할 최상의 목표는 바로 사욕을 제거하고 본래 천리(天理)로서 부여된 본성, 즉 이상적 완전성의 '회복에 있음'(復性)을 말하는 것이다. 요컨대, 사람들이 은폐된 자신의 본성, 즉 이상적 완전성을 회복하려고 '결심하느냐 안 하느냐' 하는 것은 순수한 도덕실천의 문제라는 것이다. 이런 순수한 도덕실천의 문제에는 결코 선행에 대한 포상이나 악행에 대한 벌을 면하려는 공리 타산적인 이해관계가 개입될 여지가 없다고 보는 것이다. 따라서 중국 문인들은 천주(天主)의 상선벌악(賞善罰惡)에 근거를 두고서 인간에게 선행을 유도하고 악행을 막아 보려는, 다분히 공리 타산적인 마테오 리치의 도덕공리론에 결단코 쉽게 동의할 수가 없었다. 이에 중국선비(中土)는 다음과 같이 말하고 있다.

> 천당지옥을 말씀하신다면 아마도 천주의 가르침은 아닌 것 같습니다. 이로운 것을 좇아가고 해로운 것을 피하려고 하기 때문에 선을 행하고 악을 금하려고 한다면 이것은 바로 이로움을 좋아하고 해로움을 미워하는 것이니, (그것은) 선을 (선 그 자체 때문에) 좋아하고 악을 (악 그 자체 때문에) 미워하는 (중국 본래의) 바른 뜻이 아닙니다. 우리(중국의) 옛 성현들이 세상을 교화함에는 이(利)는 언급하지 않고 오직 인의(仁義)만 말할 뿐입니다. 군자가 선을 행함에는 아무런 저의가 없습니다(無意). 하물며 이해(利害)를 따지려는 뜻이 있을 수 있겠습니까?[21]

---

21 "以天堂地獄爲言, 恐未或天主之敎也. 夫因趣利避害之故, 爲善禁惡, 是乃善利惡害, 非善善惡惡正志也. 吾古聖賢敎世, 弗言利. 惟言仁義耳! 君子爲善, '無意'. 況有利害之意耶?"(下卷, 第六篇, 16下쪽)

그러나 마테오 리치가 행위의 선악을 판단하는 기준은 천부적으로 부여된 자유의지에 따라서 어떤 행동을 '선택했느냐, 안 했느냐'에 매여 있다. 이에 그는 다음과 같이 기독교의 도덕공리론을 펼치고 있다.

무릇 세상의 존재물이 일단 자기의 의지를 가지고 있고, 또한 그 의지를 따를 수도 그만둘 수도 (곧 자유의지가─필자) 있어야 그 다음에 (비로소) 덕(德)도 부덕(不德)도, 선도 악도 있게 됩니다. 의지는 마음에서 발동하는 것입니다. 쇠나 돌이나 초목들은 마음이 없으니 의지가 없습니다. 때문에 막야(鏌鋣, 고대의 명검)가 사람을 해쳤어도 복수하려는 사람은 '막야'를 분질러 버리지 않습니다. 바람에 날리는 기와가 사람의 머리를 다치게 했다고 해도 원통한 사람은 날아온 기와에는 화를 내지 않습니다. 그렇습니다. '막야'가 자르고 절단을 (잘) 한다고 해서 그에게 공로가 주어지는 것이 아닙니다. (지붕 위의) 기와가 비바람을 막아 주어도 사람들은 그것에 보답하고 감사하지 않습니다. 한 일이 마음에서도 의지에서도 (우러나온) 바가 없기 때문에 덕도 부덕도 없고 선도 악도 없어서 이들을 상줄 수도 벌줄 수도 없는 것입니다. 짐승이라면 짐승의 마음과 의지가 있다고 하겠습니다. 그러나 옳은지 그른지를 변별할 수 있는 이성(靈心, reason)이 없으니 느낀 바에 따라서 멋대로 즉시 반응하는 것이며 이치를 따져서 자기가 할 바를 절제하지 못합니다. 이것이 예(禮)가 되는지 비례(非禮)가 되는지를 분간하지 못할 뿐만 아니라 또한 역시 스스로 알 턱이 없습니다. 어떤 것이 선인지 악인지를 따질 수 있겠습니까? (……) 오직 사람만은 그와 같지 않아서 밖으로 일을 거행하고 안으로는 마음을 다스려서, (하는 일이) 옳은지 그른지, 합당한지 아니한지를 (압니다.) 지각할 수도 있고 (그에 따라서 일을) 할 수도 그만둘 수도 있습니다. (사람 마음에) 비록 '짐승 같은 마음'(獸心)이 있다고 해도 이치로 마음을 주재하면 '수심'이 어찌 우리들 마음의 명령을 어길 수가 있겠습니까? 따라서 우리가 도리에 따라서 의지를 발동하면 곧 덕을 행하는 군자가 되는 것이니, 천주께서는 그런 사람을 돕습니다. 우리의 의지가 수심(獸心)에 빠져들어 바로 죄짓는 소인이 되면 천주께서는 또한 이들을 내쳐 버립니다. (……) 이렇다면 의지가 선과 악의 근원임이 명백히 드러난 셈입니다. (……) 세속에서도 대개 명예와 덕망의 득실을 중하게 여기고 개인적인 재물의 손익은 가볍게 여깁니다. 때문에 (맹자에서는) "『춘추』(春秋)가 이루어지니 반역하는 신하들이나 (부모에게) 못된 자식들이 두려워하게 되었다"[22]고 말하였습니다. 반역하는 신하와 못된 자식들이 무엇을 두려워합니까? 악명의 폐해됨이 끝이 없음을 두려워하는 것이 아니겠습니까? 맹자는 우선 인의(仁義)를 (담론의) 주제로 삼았으나 그 뒤 당시의 군주를 만날 때마다 (그가) 인정(仁政)을 베풀기를 권면하고는 오히려 (그렇게 하고서도) "(천하를 통일하는 최고의) 왕이 되지 않은 일은 아직은 없었다"[23]는 말로 말끝을 맺고 있습니다. '천하에 왕이 되는 일'이 이득이 되지 않는 일이겠습니까? 사람이라면 누가 친구들을 이롭게 하고 어버이와 인척들을 이롭게 하는 것을 기뻐하지 않겠습니까? 이득을 마음속에 떠올리지 않았다면 왜 그 이득을 친구나 어버이에게 주려고 하겠습니까? 인(仁)을 실현하는 방도는, (『논어』에) "자기가 갖고자 하지

---

22   『孟子』, 「滕文公」 下(6:9) 참조.
23   『孟子』, 「梁惠王」 上(1:5) 참조.

않는 것을 남에게 하지 말라!"²⁴는 (데 있다고) 말했습니다. 자기를 위해서 이득을 바라는 것은 옳은 일이 아니라 해도, 이득을 넓혀서 다른 사람을 위하는 것이 오히려 꼭 합당한 것이 아니겠습니까! 이득을 말해서는 안 된다는 것은 바로 그 이득이 거짓되었고 그것이 의(義)에 위배되었기 때문입니다. 『주역』에 "이로움(利)은 의(義)와 화합한다"²⁵고 했고, 또한 "이로움의 용도는 몸을 편안히 함으로써 덕(德)을 높임에 있다"²⁶라고 하였습니다. (……) 내세의 이득을 중시하는 이는 반드시 현세의 이득을 경시합니다. 현세의 이득을 경시하면서, 윗사람을 범하고, 뺏으려 다투고, 아비를 죽이는 일들을 좋아한다는 것을 아직 듣지 못했습니다. 사람들로 하여금 내세의 이득을 바라게 하는 것이 정치를 함에 무슨 어려운 문제가 되겠습니까?²⁷

---

24 『論語』, 「衛靈公」(15:23)에 나오는 "己所不欲, 勿施於人!"을 리치는 글자만 "不欲諸己, 勿加諸人!"으로 바꾸어 같은 뜻을 표현하였음.

25 『周易』, 「乾卦」, "文言曰: 元者善之長也, 亨者嘉之會也, 利者義之和也, 貞者事之幹也." 참조.

26 『周易』, 「繫辭」下, "精義入神, 以致用也. 利用安身, 以崇德也." 참조.

27 "凡世物既有其意(sic! 利瑪竇謂'意志', will), 又有能縱止其意者, 然後有德有慝, 有善有惡焉. 意者, 心之發也. 金石草木無心, 則無意, 故鎮鄒傷人, 復讐者, 不折鎮鄒. 飄瓦損人首, 忮心者, 不怒飄瓦. 然! 鎮鄒裁斷, 無與其功者. 瓦蔽風雨, 民無酬謝. 所爲, 無心無意. 是以, 無德無慝, 無善無惡, 而無可以賞罰之. 若禽獸者, 可謂有禽獸之心與意矣. 但無靈心(sic! rational intelligence)以辯可否, 隨所感觸, 任意速發, 不能以理爲之節制其所爲. 是禮非禮, 不但不得已, 且亦不自知, 何有善惡之可論乎? (……) 惟人不然. 行事在外, 理心在內; 是非當否, 嘗能知覺, 兼能縱止. 雖有獸心之欲, 若能理心爲主, 獸心豈能違我主心之命? 故吾發意從理, 即爲德行君子. 吾溺意獸心, 即爲犯罪小人, 天主且棄之矣. (……) 則意爲善惡之原, 明著矣! (……) 世俗大概重名聲之利害, 而輕身財之損益. 故謂: '春秋成, 而亂臣賊子懼.' 亂臣賊子, 奚懼焉? 非懼惡名之爲害不已乎? 孟軻首以仁義爲題, 厥後每會時君, 勸行仁政, 猶以'不王者未之有也'爲結語. 王天下, 顧非利哉? 人孰不悅利於朋友, 利于親戚? 如利不可經心, 則何以欲歸之友乎? 仁之方, 曰: '不欲諸己, 勿加諸人!' 既不宜望利以爲己, 猶必當廣利以爲人? 是以知利無所傷於德也. 利所以不可言者, 乃其僞, 乃其悖義者耳. 『易』曰: '利者, 義之和也.' 又曰: '利用安身, 以崇德也.'

인간이 다른 만물과 구별되는 인간의 특성은 바로 인간이 가진 이성적 추리능력(靈才, rational inference)에 있으며 인간의 선행과 악행은 이런 시비선악의 판단에 따라서 행동을 결정하는 인간의 자유의지에서 비롯된다고 보는 마테오 리치의 인간관과 윤리관에서 보자면 유교의 순수도덕적인 복성설(復性說)은 사람들에게 도덕실천을 설득하기에 너무나 미흡한 것으로 보였을 것이다. 그로서는 인간의 자유의지의 선택 결과에 따른 하느님의 상벌이 무엇보다도 핵심적인 사항이었기 때문에 사람들이 선행을 통하여 내세에서의 복락의 취득이라는 그러한 '이득'의 추구는 사람들의 도덕실천을 이끌어 내기 위하여 얼마든지 정당화될 수 있다는 논의를 펴고 있다. 그러나 이러한 마테오 리치의 도덕공리론은 성리학에서 추구하는 순수도덕이상론에 훈습된 중국 문인들에게는 상당히 천박한 것으로 보였을 것이다. 마테오 리치는 그의 다른 저작 『기인십편』(畸人十編)에서 인간의 사후에 하느님이 내리는 상벌의 공리론에 거부감을 보이는 중국 문인 공대참(龔大參)[28]의 유가적 도덕수양론을 소개하고 있다. 그는 사람들의 양심의 판단을 강조하면서 현세에서의 양심에 따른 선행공부를 더욱 의미 있게 권장하고 있다. 공대참은 다음과 같이 자기 의견을 개진하고 있다.

(리치) 선생께서는 사람(이 저지른 행위)에 대한 보응을 논하셨습니다.

(……) 重來世之益者, 必輕現世之利. 輕現世之利, 而好犯上, 爭奪, 弑父, 弑君, 未之聞也. 使民皆望後世之利, 爲政何有?"(下卷, 第六篇, 18쪽 下~22쪽 下)

28 '大參'은 지금의 '보좌관' 정도에 해당하는 관직의 이름이다. 여기서 말하는 '龔' 씨는 林東陽의 고증에 의하면, 龔道立이다. 『交友論, 二十五言, 畸人十編』, 송영배 역주, 255쪽 참조.

사람들의 선행과 악행, 고통과 쾌락(의 차이)은 아주 작아서 서로서로 걸맞을 수가 없습니다. 이런 아주 작은 것 중에는 또한 법률로 따져 물을 수 없는 그런 것이 있습니다. 그러나 다른 사람(의 눈)이나 법률이 미치지 못하는 것도, 우리 작은 가슴속의 임금인 양심은 옳고 그른 것을 지각하여 철저하게 보응합니다. 보응은 자기 자신에게 하는 것이요 지금(당장)에 하는 것입니다. 죽은 뒤를 기다리지 않습니다. 덕을 베푸는 사람(仁人)은 천당, 곧 본심(本心)을 가지고 있습니다. 그 본심이 평안한 땅이요 낙원입니다. 저절로 마음이 흡족해지고 저절로 기뻐서 보상을 받는 것입니다. 당신이 만약 덕스런 마음을 한 번 베풀었으면 바로 복락(福樂) 한 개를 더 추가한 셈입니다. 모든 덕을 갖추게 되면 곧 모든 복락을 다 갖춘 것입니다. 따라서 '인'을 이룬 사람(仁者)은 정신의 즐거움을 크게 이루어 내었다고 말합니다. 나쁜 생각이 마음속에 생기면 그 마음이 곧 고해(苦海)입니다. 죄가 마음속에 생겨나면 수백 수천의 재앙의 기회가 수시로 멋대로 나타납니다. 그렇다면 나쁜 마음은 스스로가 낭패를 당하고 스스로 벌 받은 셈입니다. 우리가 계명을 한 번 어기면 스스로 재앙 하나를 불러오는 것입니다. 멋대로 하고 법도가 없으면 그것이 지옥의 중벌입니다. 왜냐고요? 내가 일단 천명(天命)을 어겼으면 곧 나 스스로 수치심이 들어서 나를 고발하고 내 죄를 따져서 정죄하니, 내가 무슨 변명을 할 수 있습니까? 곧 나 스스로 두려워하는 마음이 나를 죄고 옥에 가두어 두는데, 내가 어찌 도망칠 수가 있겠습니까? 본성의 천리(天理)로부터 심판하여 내가 한 짓에 따라서 벌주니 내가 뇌물을 주고 벗어날 수 있겠습니까? 주님의 자비스런 용서를 바랄 수 있겠습니까? 그렇다면 애통과 참회와 참담함 등 여러 감정들이 사방에서 내 속을 공격하고 재앙과 독기는 (정해진) 방향이 없으니 내 어찌 피할 도리가 있겠습니까? 남의 (눈을) 가린 사람도 자기는 가릴 수 없으며 남의 (눈을) 피한 사람도 자기는 피할 수 없습니다. 때문에 '어려운 환란을 당하면 현자나 못난이나 크게 다를 바 없으니, 대개 고생과 즐거움은 다 같은 것이다'라고 말합니다. 그러하니 (사람의) 피부(겉)만 보지 말고 그 속을 보십시오. 얼굴만 보지 말고 그 마음속을 보십시오! 군자는 밖의 환란으로 자기의 (수양을 닦는) 즐거움을 바꿔서는 안 되며 소인도 밖의 화려함으로 (군자가 되지 못한) 자기의 근심을 멈추어서는 안 됩니다. 이렇다면 덕행과 부덕에 대한 보상은 내 몸(의 양심) 안에 있는 것이요, 몸 밖에서 오는 것이 아닙니다. 어찌 이를 믿지 못하시겠습니까?[29]

이와 같이, 송명의 이학(理學)에 훈습된 중국의 문인 공도립(龔道立)에게는—리치가 말하는—선행과 악행에 대한 사후의 보응으로 천당의 행복과 지옥의 형벌을 말하는 도덕공리론은 너무나 천박한 것으로 비쳤다. 선행과 악행에 대한 보응은 자기 자신을 속일 수

---

29 (龔)大參曰: "子論人之報. 人善惡苦樂, 眇小, 不能相稱. 眇小之中, 又有法律所不能窮究者, 是則然矣. 然人與法律所不瞖者, 吾寸心中具有心君, 覺是覺非, 切報之. 則報仍在己在今, 不俟身後也. 仁人有天堂, 卽本心. 是心眞爲安土爲樂地, 自然快足, 自然欣賞矣. 汝若辦一德心, 卽增福祿一品. 備全德, 卽備全福樂. 故謂仁者集神樂大成也. 愿生於心, 心卽苦海. 罪創自內. 百千殃械, 應時肆陳, 則愿自歎自罰矣. 吾犯一戒, 自招一譬. 放恣無法, 則是地獄重刑也. 何者? 吾旣違天命, 卽吾自羞恥心, 告訐證我, 我胡得辭乎? 卽我自惴懼心, 桎梏囚我, 我胡能遁乎? 自性天理審判, 按我罪我, 我可以賄賂脫乎? 可望主者慈宥乎? 則哀痛悔慘, 種種諸情, 四向內攻, 殃毒無方, 我何能避哉? 朦人者, 不得朦己. 逃人者, 不得逃己. 故曰: 逢艱患, 賢不肖, 無大異, 蓋苦樂均也. 則請無睹其膚, 視其臟矣. 請無睹其面, 視其心矣. 君子不因外患改其樂, 小人不據外榮輟其憂也. 若然, 德愿之償, 在身內, 不由身外. 豈不信夫?"(『畸人十編』卷下, 第八篇, 224~226쪽, 『天學初函』(一), 臺北: 學生書局 影印本, 1965); 또한 한글 번역본은, 송영배 역주, 앞의 책, 『기인십편』, 8-10장, 275~278쪽 참조.

없는 양심에 따라서 지금 당장 일어나는 것이기 때문에 죽은 뒤 내세에서 받는 것이 아니라고 그는 확신하고 있다. 그리고 그는 현세에서 자기 양심, 또는 하늘로부터 주어진 천리(天理)에 따라서 조심조심하며 선행 하나하나를 쌓아 나가는 도덕실천의 자세를 진지하게 말하고 있다.

3 결론 : 기독교와 유교의 대화의 새로운 지평

위에서 살펴본 바와 같이, 아리스토텔레스의 철학과 토미즘에 기초하여 마테오 리치가 『천주실의』에서 개진한 많은 철학적인 논의들은, 그가 한편으로는 인격신이 등장하고 있는 원시유학은 적극적으로 포용하고 있지만, 다른 한편에서는—실체와 속성을 구분하여—송명이학의 천리(天理)를 근원적으로 해체시킴으로써 성리학적 도덕형이상학을 궁극적으로 부정하는 작업이었기 때문에, 당대 유학자들에게 상당한 파격적인 충격을 주었다고 필자는 생각한다. 또한 인간의 실천이성과 자유의지에 의거하여 논리 정연하게 마테오 리치가 말하는 아리스토텔레스식의 도덕실천에 관한 담론은 이론적인 호기심을 많이 가진 학자들에게 상당한 자극이 되었을 것이다. 그렇지만, 현세 중심의 유학정신이나, 일종의 도덕형이상학적 존재론으로서 '천리'에 대한 확신에 기초를 둔 성리학과 그것에 훈습되어서 순수한 도덕실천 의지를 의심하지 않는 중국의 문인들에게는 마테오 리치의 내세와 연관된 기독교적 메시지나, 사후 천당 복락을 얻기 위한 도덕공리주의는 또한 상당히 천박하게 보였기 때문에, 그들로부터 당연히 많은 반박을 받았을 것이다.

앞서 공대참(龔大參)의 의견 개진에서 살펴보았듯이, 송명의 이학에서는 인간의 마음속에 내재하는 양심의 판단과 그 양심에 의해 파악되는 천리(天理)의 발양이 도덕실천에 무엇보다도 핵심적인 문제가 된다. 바로 이 점에서 우리는 유교적 도덕형이상학에서는 인간의 양심에 근거하는 인본주의적인 도덕론이 뚜렷이 각인되어 있음을 보게 되는 것이다. 이런 인본주의적인 관점에서 보자면, 기독교에서 말하는 '하느님'(天主) 또한 우리 마음속에 내재하는 양심 이상이 아닌 것이다. 그런 이유에서 『천주실의』에 등장하는 중국선비(中士)는―하느님(上帝)의 덕이나 능력에 대비될 수 있는―인간 내심 속에 살아 있는 양심, 즉 '내심의 하느님'(上帝)을 강조하여 말하고 있다. 다시 말해, 인간에게 주어진 본연의 양심이 다름 아닌 하느님, 즉 '천주상제'(天主上帝)라는 것이다. 따라서 유교적 세계관에서는 하느님은―외재적 초월자가 아니라―바로 "내심의 하느님"(內心之上帝)[30]인 것이다.

하느님의 덕은 진실로 크십니다. 그러나 우리 인간들 역시 지극한 덕을 갖추고 있습니다. 하느님은 진실로 무한한 능력을 가지고 계십니다. 그러나 우리 인간의 마음도 모든 일에 대응할 수 있습니다. 한번 옛 성인들을 시험 삼아 보자면 (그들은) 근원과 조화하여 사물(의 이치)을 열어 보아서 가르침을 세우고 인륜(의 도리)을 밝혔습니다. 쟁기와 끌과 옷 짜는 틀로 백성들을 양육하였으며 배와 수레와 재물로 백성들을 이

---

30   "其性一體, 則曰天主上帝, 卽在各物之內, 而與物爲一. 故勸人勿爲惡而玷己之本善焉,
      勿違義以犯己之本理焉, 勿害物以侮其內心之上帝焉."(上卷, 第四篇, 46쪽 下~47쪽 上)

롭게 하였습니다. 그들은 세상을 다스리는 기틀을 만들었고 만세불변의 큰 법도를 내려서 온 세상이 그것에 의해 영원토록 안정되었습니다. 옛날 성인이 없었는데, 하느님 스스로 작업을 하고 스스로 일을 수립하여 지극한 정치에 이르렀다는 말은 아직 못 들었습니다. 이것으로 따져 보면 사람의 덕과 재능은 비록 하느님이라 해도 뛰어넘을 수 없을 것입니다. 어떻게 천지의 창조를 오로지 하느님(혼자)만이 할 수 있다고 말할 수 있겠습니까? 세상(사람들)은 (하늘로부터 받은 내심의) 양지(良知)·양능(良能)의 묘용을 다 이해하지 못합니다. (……) 이 '양지(良知)', '양능(良能)'은 멀어서 가지 못할 곳이 없고 높아서 못 오를 곳이 없으며 넓어서 담지 못할 것이 없고 작아서 들어가지 못할 곳이 없으며 딱딱하여 (속을) 재어 보지 못할 것이 없습니다. 때문에 이해력이 있는 사람은 네모난 한 치의 (심장) 속에 —마음(良知良能)이 —엄연한 천주처럼 계심을 잘 아는 것입니다. 하느님(天主)이 아니고서 어떻게 이와 같을 수 있겠습니까?[31]

이와 같이 천리(天理)를 도덕형이상학의 기초로 삼고 있는 송명의 이학에서는 하느님이란 결국 현세 인간의 양심의 반성과 통찰을 떠나서는 달리 생각해 볼 수 없는 것이다. 이들에게는 하느님이란 외재적 초월자인 것이 아니라 개개의 사물들 속에 잠재해 있는 천리(天

---

31 "上帝之德, 固厚, 而吾人亦具有至德. 上帝固具無量能, 而吾人心亦能應萬事. 試觀先聖, 調元開物, 立敎明倫. 養民以耕鑿機杼, 利民以舟車財貨. 其肇基經世, 垂萬世不易之鴻猷, 而天下永賴以安. 未聞蔑先聖, 而上帝自作自樹, 以臻至治. 由是論之, 人之德能, 雖上帝罔或踰焉. 詎云刱造天地, 獨天主能乎! 世不達己心之妙. (……) 是心無遠不逮, 無高不昇, 無廣不括, 無細不入, 無堅不度. 故具識根者, 宜知方寸之間儼若天主. 非天主, 寧如是耶?"(上卷, 第四篇, 47쪽 下~48쪽 上)

理) 그 자체인 것이다. 특히 인간의 경우 '양심'(良知良能)이 곧 천주인 셈이다.

　이와 달리 기독교에서는 현상계를 초월하여 밖에서 이를 주재하고 보살피는 초월적 하느님이 문제가 되고 그 하느님의 의도와 목적에 의하여 천지만물은 생성되고 발전하여 그 목적을 완성하는 것이다. 따라서 기독교의 본질은 바로 초현세적인 하느님에 의한 목적론의 추구에 있다고 정의해 볼 수 있다. 그러나 우리는 또한 성 아우구스티누스(St. Augustine, 354~430) 이래의 기독교적 전통에서도 바로 천주의 존재증명을 인간에게 주어진 양심에서 찾아왔다는 데 주목하지 않을 수 없다. 마테오 리치 역시 천주의 존재증명을 무엇보다도 먼저 인간의 양심에서 찾고 있다.

　세상에 이것보다 더 분명한 것은 없습니다. 눈을 들어 하늘을 바라볼 때 '이 가운데 반드시 주재하는 분이 계시는구나!'하고 가만히 감탄하지 않는 사람이 누가 있겠습니까? (……) 우리들이 배우지 않고서 할 수 있는 것이 양능(良能)입니다. 지금 천하의 모든 나라 (만민들)에게는 각기 스스로 주어진 참마음이 있어서—서로 말해 주지 않았어도—모두 천상의 유일한 지존자를 공경하고 있습니다. 고난을 당한 사람은 슬픔을 애소(哀訴)하고 인자한 부모에게 그러하듯이 (그에게) 도움을 바라는 것입니다.[32]

---

32 "予謂天下莫著明乎是也. 人誰不仰目觀天, 觀天之際, 誰不黙自嘆, 曰: 斯其中必有主之者哉! (……) 吾不待學之能, 爲良能也. 今天下萬國, 各有自然之誠情, 莫相告諭, 皆敬一上尊. 被難者, 顱哀望救, 如望慈父母焉."(上卷, 第一篇, 3쪽 上)

필자는 기독교적 세계관과 유교적 세계관이 상당한 차이점을 보여 준다고 할지라도, 결국 기독교와 유교 사상 사이의 보다 더 깊은 대화의 새로운 지평은 바로 이와 같이 기독교에서나 유교에서도 함께 논의될 수 있는 인간의 양심의 소리에 대한 깊은 성찰에서 다시 찾아야 한다고 생각한다.

참고문헌

利瑪竇, 『天主實義』(1603), 臺北: 國防研究員·中華大典編印會 編, 影印本(1967).

李之藻 編, 『天學初函』(共6卷), 第一卷, 臺北: 學生書局, 影印本(1965).

林東陽, 「有關利瑪竇所著『天主實義』與畸人十編的幾個問題」, 『大陸雜誌』第56卷, 第一期,
　　臺北, 1978年 1月.

牟宗三, 「四因說」演講錄, 鵝湖月刊, 第20卷, 第三期(總號 第231), 1994.

陳榮捷, 『宋明理學之概念與歷史』, 臺北: 中央研究院文哲研究所, 1996.

George H. Dunne, *Generation of Giants*, Indiana: Univ. of Notre Dame Press, 1962.

J. D. Spence, *The Memory Palace of Matteo Ricci*, New York: Penguin Books, 1984.

마테오 리치가 소개한 서양학문관의 의미

1   중국사회의 특성에 맞춘 선교정책의 변화와 리치의 서양학문 소개

기원전 3세기 진한(秦漢)시대로부터 시작한 동서 문명의 교류에서 마테오 리치(Matteo Ricci, 利瑪竇, 1552~1610)는 특별한 위치를 점한다. 그는 서양 사람으로서는 최초로 거의 30년에 가까운 긴 선교활동[1] 중에 많은 중국 문인들과 접촉하고 대화를 나눴다. 그의 많은 한문 저작들은 17세기, 18세기 동아시아의 지식인들에게 중국 밖, 서양문명의 중요성을 분명하게 각인시켰을 뿐만 아니라, 동시에 이탈리아어로 작성된 중국보고서[2]를 통하여 중국문화에 대한 확실한 이해를 서방

---

[1] 그는 30세(1582)에 마카오에 왔고 1583년에 '조경'(肇慶, 광동성)에 도착했으며, 중국의 남부의 여러 곳을 거쳐서, 마침내 1601년 북경의 神宗황제에게 조공하였고, 황제의 자명종 수리사 신분으로 북경에서 1610년 서거할 때까지 활동하였다.

[2] 마테오 리치는 1608년 가을에 시작하여 1610년 2월에 이르기까지 그의 일생 최후의 시간을 할애하여, 당시 중국(16세기 말~17세기 초), 즉 명말의 사회적 특징과 구조뿐만 아니라, 예수회 중국 전교의 전 과정을 상세히 기록하였다. 리치의 후임이

세계에 전달하였다. 그러나 그의 일상생활에서 가장 큰 압박감은 외국-적대적인 중국인들이나 관리들에 의해서 중국 밖으로 축출당하는 일이었다. 리치 신부는 점차 중국의 형편을 이해함에 따라서, 중국사회에서는 불교의 승려들이란 언제나 지식인-관리계층, 즉 문인들로부터 경멸의 대상이라는 것을 알게 되었다. 특히 연금술을 배우고자 그를 찾아왔던 구태소(Qu Taisu, 瞿太素)와의 교분을 통하여, 그리고 당시 중국에 보편화된 값싼 목판인쇄술에 의한 그의 한문 저술 덕분에—서방에서 온 승려(天竺僧)가 아니라—점차 서방에서 온 학자(西士)로서 인정받을 수 있었다. 당시 중국사회와 문화에 대한 그의 새로운 인식은, 예수회가 일본에서 해왔던 전교방식, 즉 서양에서 온 승려(西僧)의 신분으로 일반 민중들을 향한 대중적 전교방식과 본질적으로 차원이 다른 전교의 길을 걷게 하였다.

마테오 리치는 풀리가티(Jules Fuligatti) 신부에게 보낸 서신에서

된 롱고바르도(N. Longobardo, 龍華民) 신부는 트리고(N. Trigault, 金尼閣)로 하여금 이것을 우선 약간의 자료를 보충하여 포르투갈어로 번역하게 하여 중국에 남겼으며, 그를 다시 마카오(1613)에서 로마로 보냈다. 그는 1614년 11월(혹은 12월) 로마에 도착하였다. 그는 여행 중에 이 보고서를 유려한 라틴어로 번역하였으며 이것을 1616, 1618, 1623, 1684년에 각각 재판 발행하였다. 그는 라틴어판을 다시 각종 유럽 언어로 출판하였다(독일어판, 1617; 스페인어판, 1621; 프랑스어판, 1616, 1617, 1618; 이탈리아판, 1622). 1910년에 벤투리(P. Tacchi Venturi) 신부가 로마 예수회 본원도서관에서 우연히 리치 신부의 이탈리아어 원본을 발견하여, 1911년에 출판하였고 1913년에 재판을 하였다. 1934년에 벤투리가 예수회에 제안하여 중국전교회 소속 파스쿠알레 델리아(Pasquale d'Elia, 德禮賢) 신부에게 중국의 지리와 인물의 로마자 표기에 대하여 정확한 고증을 하였다. 이것이 *Fonti Ricciane*(『리치학 자료』, 총3권, 1942)이다. 이것을 갤러거(Louis J. Gallagher)가 1953년에 영역하였다. *China in the Sixteenth Century: The Journals of Matthew Ricci: 1583~1610*, tr. by Louis J. Gallagher, S.J., New York: Random House, 1953. 이것을 중국어로 번역한 것이 『利瑪竇中國札記』(利瑪竇·金尼閣 著, 何高濟·王遵仲·李申 譯, 北京: 中華書局, 1983)이다.

다음과 같이 말하였다.

"우리들은 (아무나 들어올 수 있는) 교회당을 다시는 개방하지 않을 것
이고 (다만) 도리(道)를 강론하는 방을 개방할 것이다. 미사는 다른 예
배실에서 개인적으로 드린다. 방문객을 거실에서 접대하지만 당장은 그
렇게 할 수밖에 없다. (그들에게) 도리를 강론하는 것보다 대담을 통하
여 더 많이 전교를 할 수 있고 또한 효과가 크기 때문이다."[3]

또한 로마 예수회 총장 클라우디오 아콰비바(Claudio Aquaviva)
신부에게 보낸 서신에서, 리치는 자신의 매우 역동적인 사회생활을
그리고 있다. "나는 어디를 가든, 모두 열렬히 환영을 받았다. 나는 매
주 두세 차례 (성대한) 연회에 초대를 받았다. 어떤 때는 심지어 같은
날 다른 두 곳에서 초대를 받았다"[4]고 술회하고 있다. 또 친구 코스타
(Costa) 신부에게 자기는 늘 한밤중에 저녁신공을 드릴 수밖에 없었
다고 썼으며,[5] 앞서 인용한 풀리가티에게 자신은 아주 바빠서 어떤 날
은 미사를 드리는 것조차 잊은 적이 있다고 썼다.[6]

또한 문인들이 그에게 찾아오는 이유를 리치는 다음과 같이 설
명하고 있다.

---

3   *Fonti Ricciane*(『리치학 자료』), 제2권, 230쪽. 여기서는 『利瑪竇中國札記』, 「附錄: 『利
     瑪竇中國札記』 1978년 프랑스어판 서문의 중국어 번역」, 697쪽, 주 1에서 재인용.
4   『利瑪竇中國札記』, 「附錄: 『利瑪竇中國札記』 1978년 프랑스어판의 서문의 중국어 번
     역」, 698쪽, 주 2에서 재인용.
5   위와 같음, 주 3에서 재인용.
6   위와 같음, 주 4에서 재인용.

"내가 '남창'(南昌)에 있을 때, 나를 만나려고 오는 이들의 연락이 매일 끊이지 않았는데, 그 이유는 다섯 가지이다. 첫째는 내가 외국인이어서 그들이 (호기심을 가진 ……) 것이요, 둘째는 내가 연금술에 정통하다는 소문 때문이요, (……) 셋째는 내가 훌륭한 기억술을 가지고 (있다는 풍문) 때문이고, 넷째는 내가 수학에 정통하여, 제2의 프톨레미(Tolemeo altro)로 여긴 것이며, (……) 다섯째가 (……) 도리를 듣고 영혼을 구제하려는 것이다."[7]

이에 대하여 『리치학 자료』(Fonti Ricciane)의 제2권에서는 "사실대로 말하자면, 이 마지막 부류의 사람이 제일 적었다. 우리는 하느님이 보우하사, 이런 사람들이 날로 많아지기를 바란다. 다른 목적을 가지고 온 이들에 대해서도, 나의 태도는 그들로 하여금 이렇든 저렇든 소중한 생각을 가지고 각기 집으로 돌아가게 하는 것"[8]이라고 말하고 있다.

요컨대, 명말의 중국사회를 점차적으로 이해하기 시작한 리치는 기독교를 전파하는 데 있어서, 그 당시 일반화된 불교의 방식대로 주로 하층민을 상대로 하는 기존의 선교방식을 포기하였다. 그 대신, 민중을 지도하는 지식인-관리, 즉 문인들과의 학술적·철학적 대화를 통하여, 이들 소수 엘리트들의 복음화에 집중하였다. 따라서 그는 서광계(徐光啓, Xu Guangqi, 1562~1633)가 말하는 것처럼, "역불보유(易佛補儒)",[9] 즉 불교를 대체하고 유교의 부족한 부분만을 보충함으

---

7   『利瑪竇全集』, 권3, 臺北: 輔仁·光啓聯合出版, 1986, 188쪽.
8   『利瑪竇中國札記』, 「附錄: 『利瑪竇中國札記』 1978년 불어판의 서문의 중국어 번역」, 699쪽, 주 1에서 재인용.

로써 중국의 문인들을 훌륭한 기독교인으로 만들고자 하였다. 이처럼 유교 자체를 완정한 종교로 보지 않았으며, 다만 하나의 건전한 생활 도덕철학으로만 바라보았다. 그는 또한 『천주실의』(1603, 北京)에서 중국의 고전문헌, 즉 삼경(『주역』, 『서경』, 『시경』) 및 사서(『논어』, 『맹자』, 『대학』, 『중용』)의 몇몇 구절을 인용하면서, 중국인이 알고 있는 인격신("天", "上帝"), 즉 상제가 바로 기독교에서 말하는 하느님(天主)이라고 중국 문인들을 향하여 역설하였다. 요컨대, 유교적 도덕기초 위에 선 기독교신앙이 바로 리치 설법의 주요내용이었다.

이런 리치의 설법에 대하여, 대부분의 유자들이 찬성한 것은 아니지만, 일부의 지식인들은 대단히 흥미를 보였다. 그러나 리치의 이런 기독교 전교입장에 대한 연구가 본 논문의 주된 연구주제는 아니다. 그 당대 중국의 지식인이면 누가 아무리 기독교의 진리에 대하여 부정적인 입장을 택하더라도, 그가 전하는 천지에 대한 프톨레마이오스식 설명이나 세계지도, 그리고 연역법에 기초한 수학이나 기하학의 정확성은 커다란 충격으로 다가오지 않을 수 없었다. 리치는 서양 지식의 소개를 통하여 당시 중국인들이 가지고 있던 천원지방(天圓地方)설이나 중국이 천하의 중심에 있다는 중국 중심의 세계관을 하루아침에 흔들어 놓을 수 있었다.

동양에서는 사계절의 변화와 순환을 떠나서 천하만물의 생장과 소멸, 즉 만물생명의 순환을 이해할 수 없었다. 따라서 실제의 경험세계에서 추상화된 '이데아'(이론), 즉 진상(眞相)의 세계가 따로 독립해 있을 수가 없다. 법칙이란 늘 변하는 경험적 세계 안에 머물러 있

9   『利瑪竇中國札記』, 第5卷, 第2章, 486쪽 참조.

으며, 이 둘은 결단코 분리될 수 없다고 고대 동양의 성현들은 생각했다. 그러나 희랍인들에게는 현상세계에서 완전히 분리된 이데아, 즉 진상(眞相)의 세계는 분명히 있는 것이며, 늘 변동하는 현실의 경험세계는 불완전한 것이다. 수학과 기하학은 바로 진상세계를 다루는 법칙에 관한 학문이요, 이것이 바로 실제의 경험세계와 분리된 진상세계에 대한 필연적 법칙(이론)의 세계이다.

다시 말해, 동양에서는 법칙(이론) 역시 경험세계 속에 존재해야만 한다. 예를 들자면, 한의학의 핵심은 초경험적 세계에서의 법칙(이론)이 아니다. 현 상태의 경험적 내용과 분리된 한의학은 있을 수 없다. 실제의 경험세계에서 시시각각 변화하는 구체적 생명현실에 대한 파악이 없는 한의학은 죽은 껍데기에 불과하다. 한의의 시술(praxis)은 실제의 생명변화에 대한 직관적 체득을 통해서만 의미를 가질 뿐이다. 동양에서는 수시로 변하는 경험세계 밖으로 나갈 수 있는 추상화된 이론이 주류를 이루지 못했다. 요컨대, 실제의 변화에 합당한 시술(施術, practice)을 떠난 이론(theory)만의 세계, 즉 필연적 법칙들만이 전개되는 연역법의 세계는 의미가 없었다.

마테오 리치는 서양지식의 우월성, 즉 연역법의 세계를 중국 지식인들에게 입증하기 위해 유클리드의 『기하원본』 등을 소개하였다. 이런 리치의 서양학문 전달 의미를 제대로 이해하기 위하여, 다음 2절에서는 우선 리치의 『곤여만국전도』(坤輿萬國全圖) 제작의 의미를, 그리고 3절에서는 리치가 『기하원본』을 소개한 철학적 의미를 따져보고자 한다.

2 세계지도의 제작과 의미

16세기에 들어서 중국의 해안에는 왜구들 외에도 포르투갈, 스페인, 네덜란드 등 서구인들이 자주 출몰하여 무역을 하거나 약탈을 일삼아 왔다. 이에 중국의 연안지방에 소란을 피우는 이 야만인(?)들이 도대체 어디에서, 어떻게 온 것인지 알고 싶은 호기심이 중국의 문인들 사이에서 생겨났다. 1582년에 마카오에 도착한 예수회 신부들은 한편 중국어와 한문을 배우며, 중국의 관리들과 접촉을 하였다. 중국전교의 책임자 루지에리 신부는 마침내 당시 조경(肇慶, Zhaoqing)의 지부(知府)인 왕반(王泮, Wang Pan)의 협조를 얻어서 조수인 리치 등과 함께 '조경'에 전교 근거지("僊華寺")를 얻게 되었다(1583. 9. 10). 가끔 그곳을 방문한 '왕반'은 그곳에 걸린 세계지도를 보게 되었고, 그는 그것을 중국말로 번역해 줄 것을 요청하였다(1584). 당시 중국어도 한문도 익숙하지 못했던 리치는 그것을 급하게 한문으로 번역·출판하였다(1584. 10). 이에 대하여 트리고(Nicolas Trigault, 金尼閣, 1577~1628)는 이렇게 적고 있다.

> 마테오 리치는 수학 훈련을 잘 받았다. 그는 로마에서 여러 해 수학을 공부했는데, 당시 과학박사이며 수학의 대가 클라비우스[10]의 지도를 받았다. 지부('왕반')의 요청을 받고 그는 곧 그 일을 착수하였다. 이 일은 복음을 설교하는 일과 완전히 일치하였다. 하느님의 섭리에 따라서, 시

---

[10] 클라비우스(Christopher Clavius, 1537~1612)는 독일 아우구스부르크(Augsburg) 출신의 자연과학자이다. 갈릴레오(Galilei Galileo, 1564~1642)가 로마교황청으로부터 재판을 받는 동안 가톨릭교회 내에서 그를 믿고 이해한 유일한 학자였다.

대가 다르고 민족이 다르면, 다른 방법으로 기독교에 관심을 갖게 해야 한다. (……) 이들은, 하늘이 둥글고 땅은 평평하며(天圓地方), 그들의 제국(중국)이 천지의 중앙에 있다고 굳게 믿고 있었다. 이들은 중국을 동방의 한 구석에 위치시키는 우리(서양)의 지리적 관념을 좋아하지 않았다. 이들은, 지구는 육지와 바다로 구성된 구체(球體)이며 구체의 본성은 바로 어느 곳이 시작이고 어느 곳이 끝일 수 없다는 것을 이해할 수 없었다. 그래서 이 지도학자(리치)는 그의 설계를 변경할 수밖에 없었다. 그는 행복군도(the Fortunate Islands)[11]의 제1자오선을 지우고 지도의 양변에 여백을 두어서 중국이 중앙에 오도록 하였다.[12] 이것이 더욱 그들의 생각에 부합하였다. 그들은 매우 기뻐하며 만족해하였다. (……) 그들은 지구의 (실제) 크기를 모르면서 자신을 위대한 나라로 과신하였기 때문에 중국만이 찬양받을 만하다고 생각했다. 이들은 제국의 위풍, 공공행정, 학문의 명성과 관련하여, 타민족을 야만인으로 생각하였을 뿐만 아니라, 이성적이 못되는 동물로 깔보았다. (……) (그러나 세계지도에서) 남북회귀선에 상응하는 위선(緯線), 자오선, 적도의 위치를 배웠을 때, 이들 문인들의 태도는 달라졌다. 또 5대륙의 대칭, 수많은 다른 민족들의 풍속을 (……) 알게 되었을 때, 그들은 이 지도가

---

11 프톨레마이오스(Ptolemy)는 지구의 위도(the geographical longitude)의 기준이 되는 제1자오선을 행복군도, 즉 현재 대서양의 카나리아군도(the Canary Islands)로 잡았다. 이것이 중세까지 통용되었다. 16세기 말에 중국에 건너온 마테오 리치는 프톨레마이오스(기원전 2세기)의 우주론을 그대로 전하고 있다.

12 이와 관련하여, 洪煨蓮 선생은 다음과 같이 설명하고 있다. "(리치) 당시 서양식 양반구(兩半球)의 합도(合圖)는 모두 두 개의 아메리카대륙이 왼쪽에, 유럽과 아시아가 오른쪽에 있는 지도였다. 중국인(의 천하중심관)을 위해 세계지도를 만든다면, 두 개의 아메리카는 자연히 아시아의 동쪽에 있어야 하기 때문에, 반드시 지도의 서쪽 변두리에서 동쪽 변두리로 이동해야만 한다." 洪煨蓮, 「考利瑪竇的世界地圖」, 『禹貢』半月刊, 第5卷, 제3·4合期, 수록: 『利瑪竇研究論集』, 홍콩: 崇文書店, 84쪽 참조.

실제로 세계의 크기와 형상을 나타낸다고 찬탄하였다.[13]

리치는 중국인들의 극찬과 그로 인한 자신에 대한 존경 때문에 자기가 그린 세계지도를 여러 번 다시 제작하지 않을 수 없었으며, 매번 제작할 때마다 이 세계지도의 명칭도 또한 자주 바뀌었다.[14] 마침내 그는 북경에서 신종(神宗, 통치 1573~1620)에게 바치는 조공물품에 자기가 그린 세계지도를 포함시켰다. 이른바 『곤여만국전도』(坤輿萬國全圖, 1602)로 알려진 세계지도는 그의 제자 이지조(李之藻, Li Zhizao, 1562~1630)가 제작했으나, 리치가 그것을 자세하게 교정본 것이다(그림 1 참조).

리치는 중국인들에게 천원지방(天圓地方)의 우주관을 부정하고, 그 대신 서방의 프톨레마이오스의 우주론을 소개하였다. 이에 원형의 하늘(우주) 아래서 그 중심에 있는—천구(天球)와 마찬가지로—원형인 지구 위에 모든 인류가 살고 있음을 다음과 같이 상세하게 설명하고 있다.

---

13 Louis J. Gallagher, *The Journal of Matthew Ricci*: 1583~1610, New York: Random House, 1953, 166~167쪽; 『利瑪竇中國札記』, 第2卷, 第6章, 180~181쪽.
14 이 점에 대하여는 洪煨蓮, 앞의 글, 특히 94쪽 참조. 또한 張奉箴은 12차례 출판한 것으로 고증하고 있다. 1) 『山海輿地圖』(1584, 王泮刻於肇慶), 2) 『世界圖誌?』(1595, 利子繪於南昌, 贈建安王), 3) 『山海輿地圖』(1595 및 1598, 趙可懷於蘇州翻王泮本), 4) 『世界圖記?』(1596, 利子於南昌爲王佐編製), 5) 『世界地圖?』(1596, 利子於南昌繪得1本或2本), 6) 『山海輿地全圖』(1600, 吳中明於南京, 增訂王泮本刻刊), 7) 『坤輿萬國全圖』(1602, 李之藻於北京增訂吳中明本刻刊), 8) 『坤輿萬國全圖』(1602, 刻工某於北京, 仿李之藻本刻刊. 無耶蘇會三印鑑), 9) 『兩儀玄覽圖』(1603, 李應時與阮泰元等改訂李之藻本於北京刻刊), 10) 『山海輿地全圖』(1604, 郭子章縮刻吳中明本, 於貴州刻成書形版本), 11) 『坤輿萬國全圖』(1608, 北京太監摹繪李之藻本), 12) 『坤輿萬國全圖』(1644). 張奉箴, 『利瑪竇在中國』, 臺南: 聞道出版社, 1983, 76~77쪽 참조.

땅과 바다는 본래 원형이고 합쳐져서 하나의 둥근 공 모양(球)을 이루며, 천구(天球: 우주)의 중심에 있다. 마치 계란의 노른자가 흰자 속에 있는 것 같다. 어떤 이가 땅이 네모라고 말하는 것은 땅이 안정되어 움직이지 않는 것을 말한 것이요, 땅의 형체를 말한 것이 아니다. (둥근) 하늘이 지구를 일단 둘러싸고 있으니 이들(의 모양)은 서로 상응한다. 그러므로 천상에 남북 두 극이 있으니, 지구 또한 그러하다. 하늘 또한 360도로 나누어지고 지구 또한 동일하다. 하늘에 적도가 있고, 적도로부터 남쪽으로 23.5도가 남도(南道)이고, 적도에서 북쪽으로 23.5도가 북도(北道)이다. 생각해 보면, 중국은 북도의 북쪽에 있으며, 해가 적도를 따라가면 낮과 밤(의 길이)는 같지만, 남도를 따라가면 낮이 짧고, 북도를 따라가면 낮이 길다. 그러므로 천구에서 낮과 밤이 같아서, 원의 중간에 있고, 낮이 짧고, 낮이 긴 것은 두 개의 원이 남과 북에 위치한 것이니 태양이 주행한 경계를 나타낸다. 지구 또한 (하늘) 아래에 삼 원이 마주하고 있다. 단 하늘이 지구를 둘러싼 밖은 매우 크니, 하늘의 크기는 광대하다. 지구는 하늘의 복판에 있고 그 크기는 (매우) 협소하다. 이와 같이 차이가 (엄청날) 뿐이다! (……) 지구의 두께는 28,636리(里) 36(36/100)분(分)이고, (지구의) 상하와 사방, 모든 곳에 사람들이 살고 있다. (지구는) 통틀어 합치면 하나의 공(一球)이니, 원래 위도 아래도 없다. (지구는) 하늘의 중심에 있으니, (지구에서) 어디를 쳐다보아도 하늘 아닌 곳이 있는가? 우주에서 무릇 (사람이) 발로 서 있는 곳은 곧 아래가 되고 무릇 머리가 향하고 있는 곳은 바로 위가 된다. (그러나 중국 사람들은) 오로지 자기 몸이 서 있는 곳만을 가지고 위쪽과 아래쪽을 구분하는데, 그럴 수는 없다!

또한 내가 서쪽에서 배를 타고 중국으로 오는데, 낮과 밤의 (길이가) 똑같은 지점(즉 적도)에서 남북의 두 극이 모두 같은 선에 있어서 대체로 높고 낮음이 없었다. 뱃길이 바뀌어 남쪽으로 대랑산(大浪山)을 지나가 니, 지구에서 36도나 돌출하여 이미 (천구의) 남극이 보였는데, 그렇다면 대랑산과 중국은 서로 대척점(antipodes)이 되는 것이다. 나는 그때 (내 머리) 위에 있는 하늘을 쳐다보았을 뿐이고, 하늘이 (내 발) 아래에 있음 을 보지 못했다. 그래서 지구의 모양은 둥글고 주위에 모두 사람이 산다 는 것을 믿을 수 있었다.

하늘의 형세대로 (천구의) 권역을 나눈다면, 5지대가 있다. 첫째는 낮 이 긴 곳과 낮이 짧은 곳 사이이니 그 지대는 매우 더운데, 그 지대는 해의 궤도에 가깝기 때문이다. 둘째는 북극권 내에 있고, 셋째는 남극 권 내에 있다. 이 두 곳의 땅은 매우 추운데, 지대가 해의 궤도에서 멀 기 때문이다. 넷째는 북극(권 밖)과 낮이 가장 긴 곳(즉 북회귀선)의 사이(의 지역)이고, 다섯째는 남극(권 밖)과 낮이 가장 짧은 곳(즉 남 회귀선) 사이(의 지역)이니, 이 두 지대는 모두 올바른 지대이다. 매우 덥지도 춥지도 않은데, 해의 궤도에서 멀지도 않고 가깝지도 않기 때 문이다.

또 지세대로 지도를 나누어 보면 (지구에) 5대륙이 있다. 유럽, '리웨이 야'(지금의 아프리카), 아시아, 남북아메리카, '모와라니쟈'(지금의 오스 트레일리아 대륙)이다. 유럽은 남쪽으로 지중해에 이르고, 북쪽으로 '워 란디야' 및 빙해(氷海)에 이르고, 동쪽은 '따이나이'강, '모허이'호, 대해 (大海)에 이르고, 서쪽으로는 대서양에 이른다. (……) 아시아는 남으로 수마트라, 루손(Luzon) 등의 섬, 북쪽으로 '신청바이라' 및 북(극)해에 이르고, 동으로 동해, 중국(大明)해에 이르고, 서쪽으로는 '따이나이'강, '모허디'호, 대해(大海), 서쪽 홍해, 작은 서양에 이른다. (……) 각 대륙의 경계는 마땅히 오색으로 구별하여, 지도를 쉽게 보게끔 하였다. (……)

대략 각 대륙은 100여 개의 나라를 가지고 있다. 원래 마땅히 구형의 지구(도)를 만들어야 하나, 그것을 지도에 그려 넣기가 쉽지 않아서, 원을 평면으로, 둥근 선을 반대로 하여(反圈) 선(線)으로 쉽게 처리하지 않을 수 없었다. 지구의 모양을 알려면 반드시 동편해도(東海圖)와 서편해도(西海圖)를 서로 합성하여 한편(一片)으로 만들어야 한다. 경선(經線)과 위선(緯線)은 본래 각 1도(度)마다 그려 넣어야 하지만, 지금 각각 10도를 한 지역으로 묶어서 복잡함을 피하였다. 이렇게 하여 각 나라를 그 (해당) 장소에 나누어 배치하였다. 동서(로 뻗은) 위선은[15] 세계(지구)의 길이(longitude, 즉 둘레)를 숫자화한 것이니, 밤과 낮이 같은 선(적도)을 가운데 두고 위로는 북극(점) 아래로는 남극(점)까지를 숫자화(數)했다. 남북(으로 이어지는) 경선은[16] 세계(지구)를 (동서 간의) 폭(latitude)으로 숫자화(數)했으니, 카나리아제도(제1자오선)로부터 시작하여 10도씩 정하니 360도가 되어 다시 만난다. 시험 삼아 관찰하면, '남경'(南京)은 중앙선(적도)으로부터 (북위) 32도, 카나리아군도에서 동경 128도의 장소에 있다. 무릇 지구는 중앙선(적도) 위쪽에서는 북극을 위주로 하니 실로 북방이고, 중앙선 이하에서는 남극을 위주로 하니 실로 남방이다. (……) 또한 위선을 사용하여 각 지점이 (남북)극에서 얼마의 거리에 있는지를 나타내 주니, 대개 밤과 낮이 같은 선(적도)에서 떨어진 도수와

---

15 남반구나 북반구에 있는 한 지점에서의 지구의 길이, 즉 원 둘레를 표시한 것이 위선(緯線, longitude)이다. 지구 중간에 있는 적도에서 지구의 길이(즉 원 둘레)가 제일 길고 남북의 극점에서는 영(零)이 될 것이다.

16 지구 상의 한 곳(예: 대서양의 카나리아군도, 즉 서양고대의 행복군도)을 제1자오선으로 정하고, 그 기준점에서 동쪽이나 서쪽으로 지구의 폭을 360도로 분할한 것이 경선(經線, latitude)이다. 1884년에 영국의 왕립그리니치천문대(Royal Greenwich Observatory)가 기준점으로 정해졌다.

(남북)극에서 산출한 지역의 도수는 서로 같다. 단 남방에서는 남극에서 산출한 지역의 수, 북방에서는 북극에서 산출한 지역의 수이다. 그러므로 '북경'(北京)이 적도로부터 북으로 40도라면 '북경'의 북극고도가 40도임을 알 수 있다. '대랑산'이 적도로부터 남으로 36도라면 대랑산의 남극고도는 36도임을 알 수 있다. 위도가 같은 지역은 그 지역의 극 고도의 수가 동일하다. 그렇다면 사계절의 추위와 더위가 동일한 상태이다. 만약 두 곳이 적도에서 거리가 같으나, 하나는 남쪽으로, 하나는 북쪽으로 떨어져 있다면 이들의 사계절과 주야의 시각의 숫자는 같은데, 오직 계절은 반대여서, 이곳의 여름은 저곳의 겨울일 뿐이다. 그곳들의 긴 밤, 긴 낮은 적도에서 멀면 멀수록, 그 (밤과 낮의) 길이는 점점 커진다. 나는 공식을 만들어 지도의 가장자리에 기록해 두었다. 매 5도마다 그곳 밤낮의 길이가 얼마라고 하면, 동서나 상하로 적도와의 거리가 같기에, 모두 통용될 수 있다.

경선상에서 두 곳의 서로 떨어진 거리가 몇 시진(時辰)인지를 결정한다. 해의 궤도가 하루에 한 번 돈다면 매 시진마다 30도를 주행한 것이니, 두 곳이 서로 30도의 차이가 난다. (그렇다면, 두 곳은) 한 시진(時辰)의 시차가 있다고 말할 수 있다. 그러므로 여진(女眞)지역이 카나리아군도에서 (동경) 140도 떨어져 있고, 미얀마가 110도 떨어져 있다면 여진은 미얀마와 한 시진(2시간)의 차이가 있다. 여진이 묘시(卯時)라면, 미얀마는 인시(寅時)이고, 그 나머지도 이런 방식의 시차를 따른다. 가령 여섯 시진(時辰)의 시차가 있다면 두 곳의 밤과 낮은 정반대이다. 만약 적도에서 떨어진 도수가 또한 동일하고 남북의 차이가 있다면 두 곳의 사람들은 발바닥을 (지표면에) 맞대고 반대편(즉 대척점, antipodes)에서 걸어 다닐 것이다. 그러므로 '남경'(南京)이 적도에서

북으로 32도, 카나리아군도에서 128도이고, 남아메리카의 '마팔'이 적
도에서 남으로 32도, 카나리아군도에서 308도 떨어져 있다면 '남경'과
'마팔'에서 사람들은 발바닥을 서로 반대편에서 맞대고 걸어 다닐 것이
다. 이로써 같은 경선에서는 같은 시간에 살면서 동시에 일식과 월
식을 볼 것이다. 이것이 대략의 설명이고, 상세한 것은 지도에 갖추어
져 있다. 이마두 씀.[17]

---

17 "地與海本是圓形而合爲一球, 居天球之中, 誠如鷄子, 黃在靑內. 有謂地爲方者, 乃語其
定而不移之性, 非語其形體也. 天旣包地, 卽彼此相應. 故天有南北二極, 地亦有之; 天
分三百六十度, 地亦同之. 天中有赤道, 自赤道而南二十三度半爲南道; 赤道而北二十三
度半爲北道. 按, 中國在北道之北, 日行赤道則晝夜平; 行(南)道卽晝短; 行北道卽晝長.
故天球有晝夜平圈, 列於中; 晝短, 晝長二圈, 列於南, 北, 以著日行之界. 地球亦設三界
對於下焉. 但天包地外爲甚大, 其度廣; 地處天中爲甚小, 其道狹. 此其差異者耳. (……)
夫地厚二萬八千六百三十六里零百分里之三十六分, 上下四旁皆生齒所居, 渾淪一球, 原
無上下, 蓋在天之內, 何瞻非天? 總六合之內, 凡足所佇卽爲下, 凡首所向卽爲上. 其專以
身之所居, 分上下者, 未然也. 且予自大西浮海入中國, 至晝夜平線已見南北二極皆在平
地, 略無高低. 道轉而南, 過大浪山, 已見南極出地三十六度, 則大浪山與中國上下相爲
對待矣. 而吾彼時只仰天在上, 未視之在下也. 故謂地形圓而周圍皆生齒者, 信然矣. 以
天勢分山海, 自北而南爲五帶: 一在晝長, 晝短二圈之間, 其地甚熱, 帶近日輪故也; 二
在北極圈之內, 三在南極圈之內, 此二處地居甚冷, 帶遠日輪故也; 四在北極(圈外), 晝
長二圈之間, 五在南極(圈外), 晝短二圈之間, 此二地皆謂之正帶, 不甚冷熱, 日輪不遠
不近故也. 又以地勢分輿地爲五大州: 曰歐羅巴, 曰利未亞, 曰亞細亞, 曰南北亞墨利
加, 曰墨瓦蠟泥加. 若歐羅巴者, 南地中海, 北至臥蘭的亞及氷海, 東至大乃河, 墨何的
湖, 大海, 西至大西洋. (……) 若亞細亞者, 南至蘇門答臘, 呂宋等島, 北至新曾白蠟及
北海, 東至日本島, 大明海, 西至大乃河, 墨何的湖, 大海, 西紅海, 小西洋. (……) 其各州
之界, 當以五色別之, 令其便覽. (……) 大約各州俱有百餘國. 原宜作圓球, 以其入圖不
便, 不得不易圓爲平, 反圈爲線耳. 欲知其形, 必須相合連東西二海爲一片可也. 其經緯
線本宜每度畫之, 今此有每十度爲一方, 以免雜亂. 依是可分置各國於其所. 東西緯線數
天下之長, 自晝夜平線爲中而奇, 上數至北極, 下數至南極. 南北經線天下經線數天下
之寬, 自福島起爲一十度, 至三百六十度復相接焉. 試如察得南京離中線以上三十二度,
離福島以東一百二十八度, 則安之於其所也. 凡地在中線以上主北極, 則實爲北方; 凡在
中線以下則實爲南方焉. (……) 又用緯線以著各南極出地幾何, 蓋地離晝夜平線度數與極
出地度數相等, 但在南方則著南極出地之數, 在北方則著北極出地之數也. 故視京師隔
中線以北四十度, 則知京師北極高四十度也. 視大浪山隔中線以南三十六度, 則知大浪

『곤여만국전도』에는 위에서 인용한「총론」외에, 또「일월식을 논함」(論日月蝕),「태양이 지구보다 큼을 논함」(論日大於地),「지구는 구중천의 별들보다 얼마나 멀리 있고 얼마나 큰 것인가를 논함」(論地球比九重天之星遠且大幾何)을 서술하고 있다.[18] 위의 긴 인용문에서 우리가 알 수 있는 것은, 리치가 비록 2세기부터 확립된 프톨레마이오스[19]의 천문학을 소개하고 있지만, 그는 이것으로써 중국의 전통적인 '천원지방'의 세계관을 유감 없이 부정하였다고 믿었다.

물론 리치는 중국인들의 중화중심관을 세계지도에서 시각적으로 도전한 것은 아니지만, 지구가 평평한 것이 아니라 구형이기 때문에 중국을 포함한 지상의 어느 나라도 중심이 될 수 없음을 명백히 설명하고 있다. 지구는 북극에서 남극에 이르기까지 유럽, '리웨이야'(즉 아프리카), 아시아, 남북아메리카와 남반부의 '모와라니쟈'(즉 오스트레일리아 대륙)으로 구성되었음을 말하고 있다. 또한 대륙 각각

山南極高三十六度也. 凡同緯之地, 其極出地數同, 則四季寒暑同態焉. 若兩處離中線度數相同, 但一離於南, 一離於北, 其四季並晝夜各數均同, 惟時相反, 此之夏爲彼之冬耳. 其長晝, 長夜離中線愈遠, 則其長愈多. 余爲式以記於圖邊. 每五度其晝夜長何如, 則西東上下隔中線數一則皆通用焉. 用經線, 以定兩處相離幾何辰也. 蓋日輪一日作一週, 則每辰行三十度, 而兩處相違三十度並謂差一辰. 故視女直離福島一百四十度, 而緬甸離一百一十度, 則明女直於緬甸差一辰也, 而凡女直爲卯時, 緬方爲寅時也, 其餘倣是焉. 設差六辰, 則兩處晝夜相反焉. 如所離中線度數又同, 而差南北, 則兩地人對足底反行. 故南京離中線以北三十二度, 離福島一百二十八度, 而南亞墨利加之瑪八作離中線以南三十二度, 離福島三百又零八度, 則南京於瑪八作人相對反足底行矣. 從此可曉, 同經線處並同辰, 而同時見日月蝕矣. 此其大略也, 其詳則備於圖云. 利瑪竇撰",『坤輿萬國全圖』, 수록:『利瑪竇著譯集』(朱維錚 主編), 上海: 復旦大學出版社, 2001, 173~176쪽.

18 利瑪竇는 이상의 내용을『乾坤體義』(1605)에서 더욱 자세하게 밝히고 있다.『乾坤體義』, 수록:『利瑪竇著譯集』, 513~552쪽 참조.

19 프톨레마이오스(Claudius Ptolemaeus, 영어로는 Ptolemy, 90~160), 이집트 출신, 주로 알렉산드리아에서 활동. 로마의 수학자, 지리학자, 천문학자, 점성술가.

에 속한 나라들과 사람들의 풍속 등을 해설하고 있다. 그중에서 아시아에 속한 지역으로 "따차따"(大茶答)섬, "북(극)해", "꾸이궈"(鬼國), "꺼얼모"(哥兒墨), "니우티 투줴"(牛蹄突厥), "이모싼"(意貌山), "다탄"(韃靼), "어우줴뤼"(嫗厥律), "우러허우"(烏洛侯), "취투메이"(區度寐), "와지에즈"(襪結子), "누얼깐"(奴兒干), "베이스웨이"(北室韋), "이리바리"(亦力把力), "조선"(朝鮮), "위티엔"(于闐), "일본"(日本), "중국"(大明), "안이허"(安義河), "방글라데시"(榜葛剌), "따니"(大泥), "태국"(暹羅), "짠청"(占城), "수마트라"(蘇門答剌), "말라카"(滿剌加), "뽀얼뤄허"(波爾匿何), "마루꾸"(馬路古)지방, "큰 쨔바"(大爪哇), "쨔바"(爪哇), "뉴기니아"(新入匿), "마리뚜"(瑪力肚), "왜인국"(矮人國), "안어리야"(諳厄利亞), "워란띠(蝸闌地), 저란띠(則闌地)", "루얼마니"(入爾馬泥) 바다, "루얼마니의 여러 나라", "유대아"(如德亞) 등을 열거하여 설명하고 있다.[20] 중국은 아시아의 동북부에 속하는 나라이며, "문물이 풍성한 것으로 명성이 나 있으며, (북위) 15도에서 42도에 이르기까지의 모든 (지역)이다. 그 밖에, 천하에 조공국들이 매우 많다. 이 지도에는 산악과 하천을 대략 기입했으며 (각) 성(省)의 도로는 크게 생략했으니, 나머지는 『통지』(統誌)나 『성지』(省誌)에 자세히 나와 있다"[21]라고 짤막하게 소개하고 있다. 중국이 천하의 중심이라는 중화 중심관을 명백히 부정하고 있는 셈이다.

리치는 또한 『곤여만국전도』에서 중앙의 열대, 남반부와 북반부 각각의 온대, 남북 양극지방의 한대를 구분하여, 지구의 기후대를 소

20　『利瑪竇著譯集』, 205~211쪽 참조.
21　"大明聲名文物之盛, 自十五度至四十二度皆是, 其餘四海朝貢之國甚多. 此總圖略載嶽瀆, 省道大略, 餘詳《統誌》,《省誌》, 不能殫述.", 위와 같음, 207~208쪽.

개하고 있다. 그리고 지구 상의 모든 곳을 경도와 위도의 숫자로써 표시했으며, 남반부와 북반부에 있는 대척점(antipodes)에서 계절의 변화는 정반대이며, 또한 같은 경도상에서 사는 사람이면 같은 시간대에 살기 때문에 일식월식을 동시에 볼 수 있지만, 경도가 다른 곳에 살면 경도의 차에 따른 시차가 불가피하다는 설명까지 하고 있다.

16세기 유럽의 사상가들(예: 갈릴레이, 클라비우스 등)은 토미즘의 자연신학에 훈습되어 있었기 때문에 "이성의 빛"을 통해서 자연을 연구하는 것은 하느님의 창조의 섭리를 이해하는 것이었다. 그들에게는 천지자연의 비밀을 연구하고 해독하는 것이 만물을 창조한 하느님의 섭리를 연구하고 해독하는 것과 같았다. 16세기 서양의 자연과학자들에게 자연이란—성경과 마찬가지로—"하느님의 책"(ein Buch Gottes)[22]에 다름 아니었다. 리치는 이런 서양의 16세기 정신문화에 익숙하였기 때문에, 자연스럽게 그가 배운 세계지도 작성법에 따라서 세계지도를 제작하고 그것을 중국 문인들에게 소개하였다. 이것이야말로, 중국 문인들에게 기독교 하느님의 교리를 전하는 효과적인 방법이라고 확신하였다.

사실 일부의 중국 문인들에게 그가 전하는 천문학적 지식은 충분히 경이로운 것이었다. 그것으로 그는 명말, 즉 17세기 초 중국에서 경이로운 지식을 가진 '서양선비'(西士)로 인정을 받기에 충분했다. 그러나 둥근 지구 위에 사람들이 서 있다는 말은 중국 문인들에게 쉽게 납득될 수 없었다. 사람들이 평평한 대지 위에 서 있지 않고, 바로

---

22 *Europäische Enyzklopädie zu Philosophie und Wissenschaften*, (hrsg., Sandkühler), Bd. 3, Hamburg, 1990, 510쪽.

구체(球體) 위에 서 있다면, 그들이 지표면에서 추락하지 않고 그곳에서 안전하게 활동할 수 있는 이유를 리치는 분명하게 설명해 주어야만 했을 것이다.

18세기 서양의 물리학자들에게 자연은 더 이상 하느님의 섭리에 의해서 창조된 것이 아니었다. 다만 자연은 오직 자연법칙에 따라서 어김없이 움직이는—시계와도 같은—한낱 물질적인 기계에 불과하였다. 그러나 세속화된 '근대적' 분위기와는 전혀 동떨어진 성화된 분위기에서 살았던 리치(1552~1610)나 그 뒤를 따라 중국에 온 예수회 선교사들도—물론 이들은 강희(康熙)황제(통치 1661~1722)의 조정에서 비록 막강한 학문적 영향을 발휘했지만—천원지방의 세계관과 중화중심관에 사로잡힌 동아시아 문인들을 결국 만족스럽게 설득할 수 없었다.

3 『기하원본』: 연역추론에 의한 순수 이론적 학문원리의 소개

중국에서는 『노자』(기원전 5세기~3세기에 성립)에서 형이상학적인 철학 주제가 처음으로 분명히 나타난다. 자연운행의 원리(天道)와 인간사회의 운영원리(人道)를 통관하는 근원적 원리를 도(道)라고 일컬으면서, 현행 통행본 『노자』의 1장은 "말할 수 있는 도는 상도(常道)가 아니요. 말할 수 있는 이름은 상명(常名)이 아니다"로 시작하고 있다. 경험세계 안에서 우리가 인지하고 명명할 수 있는 천지만물이 모두 각각의 주어진 이름(名)을 가지고 있다면, 그것들의 존재론적 근원(형이상학적 근원), 즉 도는 언어로 규정될 수 없다는 것이다. 다시 말해, 도는 언어의 규정 너머에 있다고 말한다. 따라서 언어로 규정되는 도는 상도(常道), 즉 만유의 생명적 근원(또는 소이연자)이 아니라는 것이다. 따라서 중국인들에게는 철학적 사유의 첫 단계부터 언어의 규정(定義, definition)을 통해서 진상(眞相), 진리(眞理)의 세계를 찾을 수가 없었다. 만유의 근원이고 소이연자는 다만 끊임없이 변동하고 변화하는 경험세계에 내재하며 그것으로부터 추상화된 불변적 형식(the unchanged Form)일 수가 없었다. 경험세계의 모습은 부단한 생명적 변화의 근원적 원인자로 인해 작동되는 것이지만, 그 원인자(道)도 또한 이 잡다한 모습으로 무한 변화·변동을 수행하는 경험세계 밖에서 홀로 추상화된 개념적 원리(a conceptual Principle)로 파악되는 것을 경계하였다. 따라서 경험세계에서의 직접적인 실천행위(praxis)와 본질적으로 구별되는 개념적 추론원리, 즉 순수이론(theory)이 거의 없었다.[23] 따라서 현실 경험세계로부터 얻은 지식을 조금씩 실천해 나가면서 확대해 나가는 귀납적 추리방법(induction)만이 허용되었다.

　　귀납적 추리방법은 가변적인 경험세계와 밀착되어 있기 때문에, 불변하는 이론법칙의 필연성을 보증할 수가 없다. 예를 들어 한의학에서는 의사의 오랜 임상적 경험에서 오는 환자에 대한 직관적 파악을 떠나서, 형식화되고 보편화된 의학이론체계가 별 의미를 갖

23　우리는 『墨子』 속에 근원적 원리에 관한 정의(定義)나 순수(형식)이론 논리에 관한 언급들(예: 「大取」, 「小取」편 등)을 찾아볼 수 있으나, 그 이론적 전모는 이미 기원전 2세기 한(漢) 초에 자취를 감추었다. 이 점은 사마천(司馬遷, 기원전 145?~86?)의 『사기』에 실린 묵자에 관한 짤막한(14字) 언급에서 분명하게 드러난다.

지 못한다. 형식화되고 보편화된 의학이론, 말하자면, 개념적 원리는 그 자체로 의미를 갖지 못하고, 시술하는 의사의 손끝을 통해 비로소 의술의 생동성이 살아나기도 하고, 또는 없어지기도 한다. 똑같은 의원이 어느 때, 혹은 어느 사람에게는 명의이지만, 다른 때, 혹은 다른 사람에게는 돌팔이로 보일 수 있기 때문이다. 의사의 기능은 전적으로 시술행위를 통해서 실제의 치료효과를 입증하지 못할 때는 무용지물인 것이다. 어떤 용한 의사(특정 개인)의 의술은 비법(秘法)으로만 남을 뿐, 개념화된 이론을 통해서 다른 사람에게 분명하게 전수될 수 없기 때문이다. 요컨대, 실천을 떠난 이론은 생명력이 없다고 말한다.

장자(莊子, 약 기원전 369~286)는 비유를 들어 이런 특징을 이렇게 설명하고 있다.

(제) 환공이 당상에서 책을 읽고 있었다. (마차) 바퀴 깎는 목수 편(輪扁)이 당하에서 망치와 끌을 내려놓고 위를 향하여 환공에게 물었다. "임금께서 읽는 것이 누구의 말씀인지 묻겠습니다."

(환)공이 대답했다. "성인의 말씀이네." (윤편이) 물었다. "그 성인이 살아 있습니까?" 환공이 대답했다. "이미 돌아가셨네."

(윤편이) 말했다. "그렇다면 임금께서 읽고 계신 것은 옛사람이 남긴 쓰레기일 뿐입니다."

환공이 말했다. "과인이 책을 읽는데 (하찮은) 바퀴장이가 어찌 감히 비평하려 드는가? (자네의) 설명이 합당하면 괜찮으나, 합당치 않으면 죽임을 당할 것이다!"

윤편이 대답하였다. "저 또한 제 일로서 본 것이 있습니다. 바퀴를 깎는 데 (속도가) 느려지면 (차축을 수용하는 바퀴 구멍이) 처져서 견고 하지 못합니다. 빠르면 (좁아져서) 애를 써도 (차축이) 들어가지 못합니 다. 느리지도 않고 빠르지도 않게 손으로 하지만 마음에 맞아야 합니다. 입으로 설명할 수 없으나 (바퀴 깎는) 도리(數)가 그 속에 있지요. 저는 (이 비법을) 자식에게 말로 알려 줄 수 없고, 제 자식 역시 저에게서 그 것을 받을 수 없습니다. 이 때문에 제 나이 70인데 늙도록 바퀴를 깎고 있습니다. 옛사람(의 진리) 역시 전해지지 않고 죽은 것이지요. 그렇다 면 임금께서 읽고 계신 것 또한 옛사람의 쓰레기일 뿐입니다!"[24]

천재적인 기술이나 예술창작 등에서 가끔 나타나는 이런 실천 을 통한 비법의 전수는 사실상 중국문화권에서 현실에 대한 수리(數 理)적 파악을 소홀히 하게 만들었다. 천지만물의 기본을 도수(度數) 나 공리(公理)로써 파악하고 그것을 연역법적 추론(deduction)을 통 하여 간단한 것에서 점차 복잡한 것으로 확대해 나가는 이론적 학문 방법의 체계적인 구축을 크게 위축시켰다. 리치는 중국에서의 이런 학문적 맹점을 잘 파악하고 있었다. 그는 이렇게 말한다.

내가 중국에 입국한 때부터 기하(幾何)를 다루는 학자를 만나 보니, 사

---

24 "桓公讀書於堂上. 輪扁斲輪於堂下, 釋椎鑿而上, 問桓公曰: '敢問: 公之所讀者何言邪?'
    公曰: '聖人之言也.' 曰: '聖人在乎?' 公曰: '已死矣.' 曰: '然則君之所讀者, 古人之糟魄
    已夫!' 桓公曰: '寡人讀書, 輪人安得議乎! 有說則可, 无說則死.' 輪扁曰 '臣也以臣之事
    觀之. 斲輪, 徐則甘而不固, 疾則苦而不入; 不徐不疾, 得之於手而應於心, 口不能言, 有
    數存焉於其間. 臣不能以喩臣之子, 臣之子亦不能受之於臣. 是以行年七十而老斲輪. 古
    之人與其不可傳也死矣. 然則君之所讀者, 古人之糟魄已夫!'", 『莊子』, '天道'(13:10),
    여기서는 『莊子淺注』, 曹礎基 著, 北京: 中華書局, 1982, 204쪽 참조.

람들이나 서적에서 스스로 (지식이) 결핍되지 않다고 믿고 있었다. 그러나 (나는) 유독 기초원리(原本之論, elements)(의 지식)를 가진 사람들을 보지 못했다. 일단 기초가 부실하면 창조적 작업은 어렵다. 일단 훌륭한 저술자가 있다고 해도 그것의 그리된 까닭을 명백하게 추론하여 밝히지 못했다. 주장이 옳다고 하면, 자기는 (그것이) 다른 사람의 주장과 어떻게 다른지 구별할 수 없고, 틀렸다고 해도, 남이 (그것을) 분석하여 바로잡아 주지 못했다. 그때 갑자기 이 책을 번역하여 당시의 현인군자들에게 증거물을 보임으로써 그들이 이 여객(旅人, 즉 자신)을 잘 믿어 준 뜻(즉 信意)에 보답하려고 하였다.[25]

그 책이 바로 알렉산드리아의 수학자, 유클리드(Euclid, 기원전 약 330~275)가 쓴 『원본』(原本, *Elements*)[26]이었다. 마침내, 서광계(徐光啓, Xu Guangqi, 1562~1633)의 제안에 의해 리치가 이 책의 내용을 중국어로 구술하면 서광계가 한문(漢文)으로 저술하기로 하였다. 이 유클리드의 『기하원본』은, 권1 삼각형, 권2 선, 권3 원, 권4 내접모양(內接形)과 외접모양(外接形), 권5 비례의 원리, 권6 비례의 응용, 권7~권9 정수(整數)와 기하의 상관도(相關度), 권10 무리수(無理數), 권11~12 입체기하학, 권13~15 입체계산법을 다루고 있다. 그러나 서광

---

25 "竇自入中國, 竊見爲幾何之學者, 其人與書, 信自不乏. 獨未睹有原本之論, 旣闕根基, 遂難創造. (旣)有翡然述作者, 亦不能推明所以然之故. 其是者, 己亦無從別白; 有謬者, 人亦無從辨正. 當此之時, 遽有志飜譯此書, 質之當世賢人君子, 用酬其嘉信旅人之義也.", 利瑪竇, 「譯幾何原本引」, 여기서는 『天學初函』(四), 臺灣: 學生書局 영인본, 1937~1938쪽 참조.

26 유클리드는 알렉산드리아에서 활동한 수학자이다. 그의 기하학이 이슬람 세계로부터 기독교 세계에 다시 역으로 유입되어, 라틴어로 번역된 것은 12세기의 일이다. 그리고 유클리드의 『기하학』은 예수회 수련생의 필수교과목의 하나였다.

계와 리치가 공역한 『기하원본』(幾何原本)은 권1~권6의 '평면기하학' 만을 번역 소개하고 있다.[27]

이 『기하원본』의 첫머리는 이렇게 시작하고 있다.

정의(定義, 界說)의 36칙(則):

이론을 만들자면, 우선 이론에 사용한 명목(名目)을 마땅히 구분하여 설명해야 한다. 그래서 정의(界說)라고 한다. 무릇 역법(曆法), 지리(地理), 음악(樂律), 계산(算章), 예술(技藝), 제조기술(工巧) 등 모든 일에는 척도(度)가 있고 수리(數)가 있다. 모두 10부류(府)에 의거하는데 그중 기하(幾何) 부류에 속한다. 기하를 말하자면, 우선 점(點)부터 시작한다. 점이 이끌어져 나와서 선이 된다. 선은 펼쳐져 면이 된다. 면이 쌓여서 입체(體)가 된다. 이것(점, 선, 면)을 세 척도라고 한다.

제1정의:

점은 나뉘지 않는다. 길고 짧음, 넓고 좁음, 두텁고 얇음이 없다. (……)

제2정의:

선은 길이가 있고 넓이가 없다. 예를 들면, 평면에 빛이 비치면 빛은 있지만 빛에 공간이 없어서 어느 것도 수용하지 못한다. 이 선은 정말 평평하거나 둥글다. 선이 서로 만나는 곳은 다만 하나의 점일 뿐이고 뻗어나가면 하나의 선이다. 선은 곧기도 하고 굽기도 하다.

제3정의:

선의 경계는 점이다(무릇 선에는 경계가 있는데, 두 경계는 점이다).

제4정의:

직선에는 다만 두 끝점이 있다. 두 끝점 사이에는 위도 아래도 다시 하나의 점이 없다.

양 점 사이의 지름이 직선이다. 약간 굽으면 휘어져 길다. 직선의 중간에서 양 경계까지 덮을 수 있다. 무릇 원근을 잴 때는 모두 직선을 쓴다.

(……)

제5정의:

면에는 다만 길이와 넓이가 있다. 물체가 보이는 데는 면이다. 무릇 물체의 그림자도 면과 매우 흡사하다. 한 선이 가로로 갔다면 남긴 흔적이 곧 면을 이룬다.

제6정의:

면의 경계는 선이다.

(이하 생략)[28]

마테오리치의 구술(口述)을 유려한 한문체로 구현한 서광계는 『기하원본』의 출판의 의의를 이렇게 말하고 있다.

『기하원본』은 도수(度數)(를 다룬) 으뜸(의 책)이다. 방원평직(方圓平

---

28 "界說三十六則: 凡造論, 先當分別解說論中所用名目, 故曰界說. 凡歷法, 地理, 樂律, 山莊, 技藝, 工巧, 諸事有度有數者, 皆依賴十府. 中, 幾何府屬焉. 凡論幾何, 先從一點始. 自點引之爲線. 線展爲面, 面積爲體. 是名三度. 第一界: 點者無分. 無長短, 廣狹, 厚薄. (……) 第二界: 線有長無廣. 試如一平面光照之, 有光, 無光之間, 不容一物. 是線也眞平眞圓相遇. 其相遇處, 止有一點; 行則止有一線. 線有直有曲. 第三界: 線之界是點. (凡線有界者, 兩界必是點.) 第四界: 直線止有兩端. 兩端之間, 上下更無一點. 兩點之間至徑者, 直線也. 稍曲則繞而長矣. 直線之中, 點能遮兩界. 凡量遠近, 皆用直線. (……) 第五界: 面者, 止有長有廣. 體所見爲面. 凡體之影, 極似於面. (……) 想一線橫行, 所留之迹, 即成面也. 第六界: 面之界是線. (以下省略)", 『幾何原本』再校本, 『天學初函』(四), 李之藻 편(여기서는 臺灣: 學生書局 영인본을 참조하였음), 1949~1952쪽.

直)의 실정을 끝까지 궁구하고 규구준승(規矩準繩)[29]의 이용을 다 설명하고 있다. 리치 선생은 소년시절부터 도리를 연마하였는데, 여가에는 기술적인 학문에도 주의(注意)를 기울였다. 또 이 수업은 저들의 이른바 "스승전수 학생수련"(師傳曹習)이니, 그의 스승 클라비우스 또한 희대의 명가(名家)이다. 때문에 (리치 선생은) 그의 학설에 매우 정통했다. 나와 여러 해 동안 교류하며, 강의하거나 담론 중에 때때로 이것을 언급하였다. (그간) 상수(象數)에 관한 여러 서적들을 청하여 한문으로 번역했으나, 이 책이 유독 번역이 안 되었다면 다른 책(의 내용)을 (제대로) 다 논의할 수 없는 것이다. 마침내 (리치 선생과 내가) 이 책(『기하원본』)의 요약인 6권을 번역하였다. 수업을 마치고 또 복습하면, 자명한 곳에서 미묘한 곳으로 나아가며, 의심나는 곳에서 확신을 얻게 되니, (이 책은) 대체로 실용 아님(不用, 즉 순수이론원리)이 용도이고 모든 실용의 기반이 된다. 진실로 모든 도형의 모범이요 모든 학풍의 으뜸이라 하겠다. 비록 실용은 미진하나, 다른 책들이 (이론원리를) 얻어서 논의를 할 수 있게 되었다.[30]

서광계에 의하면, 한마디로 "『기하원본』은 도수(度數)(를 다룬)

---

29   방원평직(方圓平直)은 네모진 각, 둥근 원, 높낮이 없는 평면, 직선, 즉 기본 도형을 의미하고, 규구준승(規矩準繩)은 원을 그리는 컴퍼스, 각을 재는 직각자, 수평을 보는 준, 직선을 긋는 먹줄 등 도수 측정 도구를 말한다.

30   "『幾何原本』者, 度數之宗. 所以窮方圓平直之情, 盡規矩準繩之用也. 利先生從少年時, 論道之暇, 留意藝學. 且此業在彼中所謂師傳曹習者. 其師丁氏, 又絶代名家也. 以故極精其說, 而與不佞遊久, 講譚餘晷, 時時及之. 因請其象數諸書, 更以華文, 獨謂此書未譯, 卽他書俱不可得論, 遂共飜其要約六卷. 旣卒業而復之, 由顯入微, 從疑得信. 蓋不用爲用, 衆用所基. 眞可謂萬象之形囿, 百家之學海. 雖實未竟, 然以他書旣可得而論矣!", 徐光啓, 「刻幾何原本序」, 『天學初函』(四), 臺灣: 學生書局 영인본, 1923∼1925쪽.

으뜸(의 책)"이며, "실용 아님(不用, 즉 순수이론원리)이 용도이고 모든 실용의 기반"이 된다.

　리치가 16세기 말 중국사회에 와서 목격한 충격적 사실은, 중국의 학문은 경험세계와의 교섭에서 얻은 귀납법적 추론에만 의존하는 실천(praxis)-의존적 응용기술만이 있을 뿐, 응용기술의 바탕이 되는 순수이론과 그 순수이론에서 논리적 필연성을 근거로 전개되는 연역적 논증(deduction)이 없다는 것이었다. 그와 서광계의 합작인 『기하원본』의 중국어 번역은 연역추리에 의한 서양학문의 우수성을 중국 문인들에게 각인시키는 결정적 계기가 되었다. 그 효과는 상당하였다.

　1610년 5월 리치가 병으로 북경에서 사망하자 중국의 지인들과 그의 동료들은 방적아(龐迪我, Didace de Pantoja, 1571~1618) 신부와 웅삼발(熊三拔, Sabbathin de Ursis, 1575~1620) 신부의 이름으로 신종(神宗)황제에게 장지를 하사해 줄 것을 청원하기로 하였다. 이때에 어느 환관이 재상 섭향고(葉向高, Ye Xianggao, 1559~1627)를 향하여 예전부터 지금까지 중국 황제가 외국 사신에게 장지를 하사한 적이 결코 없다고 반대 의사를 분명히 표현했다고 한다. 이에 대하여 재상 '섭향고'는 이렇게 대답했다고 한다.

　　"당신은 원방에서 온 빈객들 중에 도리(道)와 덕행(德)에서 리치 선생 같은 이가 한 사람이라도 있는 것을 보았습니까? 다른 일은 따지지 않더라도 『기하원본』 하나를 번역한 것만으로도 장지(葬地)를 하사할 만합니다!"[31]

31　"有內官言於相國葉公文忠曰: '諸遠方來賓者從古皆無賜葬, 何獨厚於利子?' 文忠公曰: '子見從古來賓, 其道德有一如利子乎? 毋論其他事, 卽譯『幾何原本』一書, 便宜賜葬地矣!'", 『大西利先生行蹟』, 艾儒略述, 北京, 1919 再版, 7쪽.

4 결론 : 소옹의 「복희선천역학도」와 라이프니츠

실용을 떠난 순수이론이나 연역법이 중국에서 발달하지 않은 것이 사실이다. 그러나 중국에서도 실용과 전혀 관계없는 수리가 일찍부터 발전되어 왔다. 『역』의 기원이 언제인지는 확실치 않지만, 그 시원은 신석기시대 중국문명의 시작과 함께한다. 따라서 상(象)과 수(數)의 연관을 통해서 『주역』의 의미를 연구하는 상수역학(象數易學)의 기원 또한 오래되었다.[32] 하도(河圖)에 대한 공자의 언급이 이미 『논어』에 보인다.[33] 상수역학은 양한(兩漢)시기(기원전 206~220)에 상당히 발달하였다. 이것은 연역법적 수리체계는 아니지만 『주역』을 상과 수로 연결하여 그 의미를 풀어 나가는 순수이론적 추리인 것만은 틀림이 없다. 그래서 『주역』에 나오는 괘의 발전 순서는 정말 근원적이 아니라, 나중에 만들어진 역학, 즉 후천역학(後天易學)일 뿐이라는 것이다.

상수역학자들이 (후천)역학의 이론적 근거를 밝힐 수 있는 진정한 역학 원리, 즉 선천역학(先天易學)을 규명하고자 하였다. 이런 순수사변을 통해서 얻은 역학 원리(또는 수리(數理)원리)에 소옹(邵雍, Shao Yong, 1011~1077)은 「복희선천역학도」(伏羲先天易學圖)라는 이름을 붙여 우리에게 전하고 있다.

소옹의 「복희선천역학도」에는 중국인들의 천원지방의 세계관이 반영되어 있다. 하늘을 상징하는 원도(圓圖) 속에 땅을 상징하는 방도(方圖)가 들어 있고, 원도와 방도 모두에 64괘가 배열되어 있다. 이

---

32 『역』(易)은 하(夏)나라 때의 『연산역』(連山易), 상(商, 殷)나라 때의 『귀장역』(歸藏易), 그리고 주(周)나라 때의 『주역』(周易)으로 발전해 왔다고 한다.

33 "子曰: '鳳鳥不至, 河不出圖, 吾已矣夫!'", 『論語·子罕』(9:9).

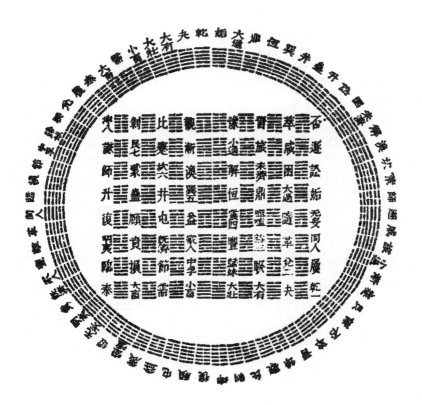

그림 2 복희선천역학도

방원도(方圓圖)의 특징은 64괘를 곤(坤)괘로부터 오른쪽으로 2진법의 순서에 따라 배열하고 있다는 점이다(그림 2 참조).

둥근 '원도' 속 '방도'의 배열은 2진법에 따라 다음과 같이 배열되었다.

① 곤(坤) 000000(즉 ●), 박(剝) 000001, 비(比) 000010, 관(觀) 000011, 예(豫) 000100, 진(晉) 000101 췌(萃) 000110, 비(否)

000111

② 겸(謙) 001000, 간(艮) 001001, 건(蹇) 001010, 점(漸) 001011, 소과(小過) 001100, 여(旅) 001101, 함(咸) 001110, 둔(遯) 001111

③ 사(師) 010000, 몽(蒙) 010001, 감(坎) 010010, 환(渙) 010011, 해(解) 010100, 미제(未濟) 010101, 곤(困) 010110, 송(訟) 010111

④ 승(升) 011000, 고(蠱) 011001, 정(井) 011010, 손(巽) 011011, 항(恒) 011100, 정(鼎) 011101, 대과(大過) 011110, 구(姤) 011111

⑤ 복(復) 100000, 이(頤) 100001, 둔(屯) 100010, 익(益) 100011, 진(震) 100100, 서합(噬嗑) 100101, 수(隨) 100110, 무망(无妄) 100111

⑥ 명이(明夷) 101000, 비(賁) 101001, 기제(旣濟) 101010, 가인(家人) 101011, 풍(豊) 101100, 리(離) 101101, 혁(革) 101110, 동인(同人) 101111

⑦ 임(臨) 110000, 손(損) 110001, 절(節) 110010, 중부(中孚) 110011, 귀매(歸妹) 110100, 규(睽) 110101, 태(兌) 110110, 리(履) 110111

⑧ 태(泰) 111000, 대축(大畜) 111001, 수(需) 111010, 소축(小畜) 111011, 대장(大壯) 111100, 대유(大有) 111101, 쾌(夬) 111110, 건(乾) 111111

'원도'는 '방도'의 ①, ②, ③, ④, ⑤, ⑥, ⑦, ⑧의 배열을 원으로

둥글게 배치한 것이다.

　주지하는 바처럼, 『주역』은 태극(太極), 양의(兩儀, 음/양), 사상(四象), 8(기본)괘, 64괘, 384효(爻) 등에서 볼 수 있듯이, 0, 2, 4, 8, 16, 32, 64 등으로 발전되어 나간다. 태극이 2×0, 즉 0이라면, 음양은 2×1이고, 사상(四象)은 2×2(2^2), 8괘는 2×2×2(2^3)이고, 64괘는 2×2×2×2×2×2 이다. 이처럼, 『주역』의 수리체계는 2^n의 발전체계이다.

　여기서 흥미로운 사실은, 이진법을 연구하는 라이프니츠(Leibniz, 1646~1716)가 강희(康熙)황제에게 유클리드 『기하원본』을 강의하는 부베(Joachim Bouvet, 白晉, 1656~1730) 신부로부터 바로 소옹의 「복희선천역학도」(伏羲先天易學圖, 또는 「伏羲六十四卦方圓圖」)를 받아본 일이다. 라이프니츠가 한문은 모르지만, 눈으로 보면 곧 알 수 있는 괘상(卦象)의 2진법 배열을 보고 놀랐을 것이다. 그는 자기가 발견한 2진법의 체계를 중국 고대의 복희(伏羲)라는 인물도 알고 있었다고 믿을 수밖에 없었다. 라이프니츠에게 진리는, 서양이나 동양이나 동일할 뿐이었다. 그래서 그는 동서 문화의 학술적 교류를 적극 추진하려고 하였다.

참고문헌

『論語』.

『老子』.

『墨子』.

『莊子淺注』, 曹礎基著, 北京: 中華書局, 1982.

『史記』(共10冊), 北京: 中華書局, 1972.

高樓民, 『邵子先天易哲學』, 臺北, 1997.

利瑪竇·金尼閣 著, 『利瑪竇中國札記』, 何高濟·王遵仲·李甲 譯, 北京: 中華書局, 1983.

利瑪竇 撰, 劉俊餘·王玉川 合譯, 『利瑪竇全集』 1~2卷(利瑪竇中國傳敎史);
　　　3~4卷(利瑪竇書信集), 羅漁譯, 臺北: 光啓出版社, 1986.

＿＿＿, 『坤與萬國全圖』, 수록: 『利瑪竇著譯集』(朱維錚 主編), 上海: 復旦大學出版社,
　　　2001.

＿＿＿, 『乾坤體義』, 수록: 『利瑪竇著譯集』(朱維錚 主編), 上海: 復旦大學出版社, 2001.

利瑪竇 口譯, 徐光啓 筆受, 『幾何原本』再校本, 『天學初函』(四), 李之藻 編, (臺灣: 學生書局
　　　영인본).

艾儒略 述, 『大西利先生行蹟』, 北京, 1991年 再版.

張奉箴, 『利瑪竇在中國』, 臺南: 聞道出版社, 1982.

洪煨蓮, 「考利瑪竇的世界地圖」, 『禹貢』半月刊, 第5卷, 第3, 4合期, 수록: 『利瑪竇硏究論集』,
　　　홍콩: 崇文書店.

Louis J. Gallagher, *China in the Sixteenth Century: The Journals of Mattew Ricci:
　　　1583~1610*, New York: Random House, 1953.

Pasquale d'Elia(德禮賢), *Fonti Ricciane*(『리치학 자료』), Vol. 1, Roma, 1942; Vol. 2,
　　　Roma, 1949; Vol. 3, Roma, 1949.

Peter M. Engelfriet, *Euclid in China: The Genesis of the Chinese Translation of Euclid's
　　　Elements, Books* I ~ IV*(幾何原本, 1607) and Its Reception Up to* 1723(Sinica
　　　Leidensia, Vol. 40), 1998.

P. Tacchi Venturi(汾屠入), *Opere storiche del P. Matteo Ricci*(利瑪竇神父的歷史著作), Vol. 1,
　　　Macereta, 1911; Vol. 2, Macereta, 1913.

Europäische Enyzklopädie zu Philosophie und Wissenschaften, (hsrg. Sandkühler), Bd. 3,
　　　Hamburg, 1990.

동서 문화의 교류와 '실학'의 현대적 의미

1 서론

한국 지성사의 발전에 있어서 '실학'(實學)이란 무엇인가? 그것은 지금까지 일부 학자들의 주장처럼, 유교적 전통사회로부터 '근대적 사회'로의 자생적 발전과정에서 생겨난 진보적 사상으로 이해해도 무방한 것인가? 사실 일제강점기가 없었다면, 한국사회는 실학 덕분에 성리학적 전근대적 사회로부터 자생적으로 근대적인 산업사회로 발전될 수 있었겠는가? 이런 물음은 물론 실제의 역사적 전개를 떠난 가공의 담론이다. 17세기, 특히 18세기 이래 조선사회에 등장한 '실학'의 탄생은 우리의 지성사에 무슨 철학적 의미를 담고 있는 것인가? 도대체, 이와 같은 근대사회로의 자발적 진화 가능성이라는 '실학'에 대한 긍정적인 평가는 사실 얼마만큼 타당한 입론일까? 이런 관점과는 달리, 필자는 19세기 중반 이래 동아시아에 불어닥친 서세동점이라는 일방적인 서양문명에 의한 동방문명의 압도적인 제국주의적 지배 이전에 일어났던 동서 문화의 자율적인 접촉과 교류에 의하여 생성되었던 주체적 학문 구축에서 오히려 실학의 적극적 의미를 찾고자 한다.

사실 서구의 존재와 그 문물이 17세기, 특히 18세기 이래 조선사회에 전래되었지만, 서구에 대한 지식은 주로 17세기 이래 중국에 안착하기 시작한 예수회 신부들의 한문 저작을 통하여 전래된 것이었다. 그리고 그들이 전해 준 것은 서구의 중세적 세계관을 거부하고 새롭게 등장하는 '근대사상'의 핵심적 정신을 소개한 것이 아니었다. 왜냐하면 그들이 전해 준 기독교적인 세계관에 의하면, 이 세상을 창조하고 천지만물을 안양(安養)하는 '천주'(하느님, Gott)의 존재가 인간과 만물을 주재하며 관장하는 목적론적인 세계관이었기 때문이다. 그러나 계몽주의 이래 서구는 아리스토텔레스의 철학과 토미즘에 기초하는 중세적인 목적론적인 세계관을 부정하고, 기계론적인 자연관을 수용하게 되었다. '자연'(객체)을 단지 '인간'(주체) 앞에 그저 펼쳐져 있는 수동적인 자료(물질)로만 치부하면서, 자연을 변조시키는 인간의 주체적인 능동성을 강조하였다. 더 이상 하느님이 아니라, '인간'(주체)이 전면에 나타나서 역사를 주재해 나가는 인간의 '자율'을 강조하였다.

근대적 서구인들에게 '역사'(Geschichte)란 '자연'(Natur)을 변조시켜 나가는 '인간'(주체)의 실천적 노동의 발자취일 수밖에 없었다. 그러나 청나라를 통하여 전수된 서학에는 이러한 '근대사회' 본질적인 인간(주체)중심적이고 기계론적인 세계관이 아직 전달되지 못하였다. 하지만, 그 당시 전래된 서양지식, 즉 '서학'(西學)은 전근대적인 전통사회를 지배했던 자연과학사상이나 성리학적 세계관에 결정적인 충격을 주기에는 충분하였다. 이런 외래적인 충격은 내면적인 반성과 성찰로 이어졌으며, 그 결과로 더 이상 '중화중심적'인 사유지평이 아니라, 조선사회 자체의 입장에서 새롭게 주체적으로 사유하는 '실학'사상이 태동하는 계기가 되었다고 필자는 보고 싶다.

2 마테오 리치에 의한 서학의 충격

이런 동서 문화의 교류와 조선 실학의 성립에 가장 결정적인 공헌을 한 사람은 마테오 리치이다. 왜냐하면 서구문화의 중국 소개로 비롯된 '서학'의 형성에서 결정적인 기초는 그에 의하여 놓여졌기 때문이다. 필자는 우선 마테오 리치가 주도한 서학을 한편 자연과학사상 방면과 다른 한편 유학과의 관계, 특히 송명 이학(理學)의 철저한 부정이라는 관점에서 논의하고자 한다.

2.1 마테오 리치의 세계지도와 사행(四行)론의 영향

마테오 리치는 조경(肇慶)에 안착(1583)한 바로 다음 해(1584)에 조경의 지부(知府)인 왕반(王泮)의 요청에 따라서 자기가 가져온 유럽지도를 변형하여 세계지도(「山海輿地圖」)를 제작하기 시작하였다.[1] 그의 세계지도는 1584년 출판 당시부터 동아시아 지식인들의 세계관에

---

1 마테오 리치의 세계지도는 그 뒤 중국 문인들의 요청에 따라서 여러 번 개정되었고 최종판은 『곤여만국전도』(坤與萬國全圖, 北京, 1602)라는 이름으로 출판되었다. 이 마테오 리치의 세계지도에 대한 개정판명의 변천에 관하여는, 아유자와 신다라우(鮎澤信太郎), 『利瑪竇の世界地圖』, 東京: 龍門書局, 1946, 9~10쪽 참조. 이 중에서 『坤與萬國全圖』(1602, 北京)는 곧바로 1603년에 북경(北京)에 사행한 이수광(李光庭)에 의해서 조선에 전해진다. 李睟光, 『芝峰類說』卷二, 「地理門 外國」三 참조.

결정적인 영향을 미치기 시작하였다. 왜냐하면 마테오 리치는 사람들이 살고 있는 땅덩이는 더 이상 평면이 아니라 공처럼 둥글다(地球)는 사실을 지도와 그에 붙인 해설을 통하여 매우 설득력 있게 논증하였기 때문이다.

땅과 바다는 본래 원형으로 합쳐서 하나의 공(球)이 되어서, 천구(天球)의 중심에 있음은 마치 달걀의 노른자가 흰자 속에 있는 것과 같습니다. '땅(地)은 네모다(方)'라고 누가 말한다면 (그것은) 땅의 덕이 고요하고 움직이지 않는 성질을 말한 것이지, 그 모양새를 말한 것이 아닙니다. 하늘이 일단 땅을 감싸고 있으니, 이들은 서로 상응합니다. 따라서 하늘에 남극과 북극이 있으니, 땅 또한 그렇습니다. 하늘에 적도가 있으니, 적도로부터 남쪽으로 23.5도가 남도(南道)가 되고, 적도에서 23.5도가 북도(北道)가 됩니다. 제 생각에 의하면, 중국은 북도의 북쪽에 있으니, 태양이 적도에서 운행하면 낮과 밤은 같습니다. (그러나 태양이) 남도로 가면 낮이 짧아지고 북도로 가면 낮이 길어집니다. 따라서 천구(天球)에는 '낮과 밤이 같은 궤도'(晝夜平圈, 즉 적도)가 가운데 있고, 낮이 짧고, 낮이 긴 (궤도)가 남쪽에도 북쪽에도 있어서 태양이 운행하는 경계를 나타냅니다. 둥근 땅(地球) 또한 아래쪽에 세 궤도가 대응하여 설정되어 있습니다. 그러나 하늘이 지구를 감싼 그 밖(의 우주공간)이 매우 커서, 그 길이가 광대합니다. 땅은 하늘의 중간에 있으나 매우 작아서 그 길이는 매우 협소합니다. 이것이 하늘과 땅의 차이일 뿐입니다. (……) 지구의 두께는 28,636리(里) 36분(分)이며, 상하사방에 모두 사람들이 살고 있으며, 둥근 하나의 공이기에 원래 위와 아래 없이 하늘 안에 있으니, 어디를 보아도 하늘 아닌 곳이 있겠습니까?

상하사방 안에서 발로 딛고 있는 곳이 아래요, 머리가 향한 곳이 위입니다. 오로지 자기 몸이 있는 곳으로 위와 아래를 나눌 수는 없습니다. 또한 내가 대서양에서 배를 타고 중국으로 올 때 낮과 밤이 같은 (적도)선에 이르러서는 남극과 북극이 모두 같은 선에 있어서 높고 낮음이 없음을 알았습니다. (항해의) 길이 바뀌어서 남쪽으로 내려가 대랑산(大浪山: 남아프리카 희망봉—필자)을 지나니 남극이 땅으로부터 36도에 있음을 보았습니다. 그렇다면 대랑산과 중국은 서로 위와 아래가 대척되는 것입니다. 나는 그때 위에 있는 하늘을 보았을 뿐이고 그것(하늘)이 (내 몸) 아래에 있음을 보지 못했습니다. 따라서 땅의 모양은 둥글고 주위(표면)에 모두 사람이 산다는 이치는 진실로 맞는 것입니다.[2]

마테오 리치는 세계지도와 그 해설문을 통하여 땅이 구체임을 조목조목 증명해 보임으로써, 중국이 천하의 중심이라는 중국중심적 지리관을 일거에 부정해 버린 셈이다. 중국은 기껏해야 아시아대륙의 동쪽에 붙어 있는 한 나라 이상이 아니었다. 그는 위도와 경도를 통하여 정확한 수치(數值)로써 지구의 모든 곳을 표시하였으며, 또한 세계지도 속에서 다섯 대륙을 소개하고 각 대륙에 속한 나라들의 이름을 열거해 주고 있다. 그리고 지구를 다섯 기후대(남극과 북극의 한대, 적도 주변의 열대, 그리고 남반구와 북반구의 온대)로 구분하여 말하고 있기 때문에 현대적 지구 이해와 본질적으로 크게 어긋나지 않는다.[3] 이런 마테오 리치의 세계지도를 통하여, 중국 전통의 우주론인 천원

---

2   『坤輿萬國全圖』, 『利瑪竇中文著譯集』, 173~174쪽에서 인용.
3   같은 책, 174쪽 참조.

지방(天圓地方)설이 부정되었을 뿐만이 아니라, 지리적으로 '직방(職方)세계', 즉 중국을 중심에 두고 조공을 바치는 야만국들로 둘러싸인 중국 중심적 지리관이 결정적인 도전을 받게 되었다.

마테오 리치는 또한 수천 년간 중국인들의 자연과학사상을 지배한 음양오행설, 특히 오행의 상생(相生)설과 상극(相剋)설을 다음과 같이 부정하고 있다.

> 중국에서 오행(五行: 木, 火, 土, 金, 水)을 말하지만 옛날과 지금은 같지 않다고 말씀드리겠습니다. 이른바 '원소'(行)는 만상(萬象)의 원천일 것입니다. 그렇다면 '원소'는 '근본원소'(元行)이니 지극히 순수한 것입니다. 마땅히 서로 섞일 수 없으니 서로 성분을 (공)유할 수 없을 것입니다. 따라서 수, 화, 토가 '원소'(行)라면 옳습니다. (……) 만물의 구성을 살펴보면 대부분은 금과 목으로 되어 있지 않습니다. 사람, 벌레, 새나 짐승의 부류들이 모두 이와 같다면 금과 목은 만물을 통관하는 원소가 될 수 없습니다. 금과 목은 실로 수, 목, 토가 섞인 것을 누가 모르겠습니까? 섞였다면 '근본원소'(元行)가 될 수 없을 것입니다. (……) (그러나 후대의 유자들은) 대저 목은 수로 말미암아 생겨나고, 화는 목으로 말미암아 생겨나고, 토는 화로 말미암아 생겨나고, 금은 토로 말미암아 생겨나고 수는 금으로 말미암아 생겨날 뿐이라고 말합니다. 이런 (상생)설은 진실로 받아들이기 어렵습니다. 무릇 목(나무)은 불(화)과 토(흙의 성분)를 함께 가지고 있는데, 왜 꼭 수로 말미암아 생겨납니까? 화(즉 태양열)와 흙(즉 토양)이 아직 생겨나지 않았을 때에, 목(나무)이 어찌 스스로 생성될 수 있습니까? (……) 또한 목이 화를 생성한다면, 목의 성질은 지극히 더울 것인데, 수는 우리들이 늘 살펴보면 얼어서 응고하여 얼음이 되니, 본래

지극히 찬 것입니다. 지극히 냉한 것(水)에서 지극히 더운 것(火)이 생긴다는 이치는 통용될 수 없을 것입니다. (……) 세상에 무릇 형체가 있는 것은 모두 '네 원소'(四行)에 따라서 형질을 이루니, 불(火), 공기(氣), 물(水), 흙(土)이 그것입니다. (……) 불의 성질은 매우 가벼워서 아홉 개의 하늘(九重天)의 아래에 머물러 있으며, 흙의 성질은 지극히 무거우니, 아래로 응고하여 우주의 중심에 안정되어 있습니다. 물의 성질은 흙보다 가볍기에 흙 위에 떠올라서 쉬고 있습니다. 공기는 가볍지도 무겁지도 않기에 불과 흙을 타고 있으나 불을 등에 지고 있습니다. 이른바 흙은 사행 중에서 (무겁고 혼탁한) 찌꺼기라면, 불은 사행 중에 깨끗한 알맹이입니다. 불은 자기 자리가 하늘 가까이 있으니 (하늘을) 따라서 원운동을 하니, 매일 함께 일주를 합니다.[4]

음양오행설에 기초한 중국의 유기체론적 세계관에 전혀 무지했던 마테오 리치는 오행의 상생설과 상극설을 극력 비판했을 뿐만이 아니라, 프톨레마이오스의 우주관에 따라서 고대 그리스 이래의 4원소설과 우주의 중심에 고정되어 있는 지구와 그것을 둘러싸고 있는 물, 공기, 불, 그리고 9개의 수정체로 궤도가 고정된 천체의 운행을 이상과 같이 말해 주고 있다.

2.2 마테오 리치의 『천주실의』의 논의와 성리학에 대한 총체적 부정

마테오 리치는 세계지도나 천구의(天球儀)의 제작 및 유클리드의 『기

---

4   利瑪竇, 『乾坤體義』卷上, 「四元行論」, 『利瑪竇中文著譯集』, 525~526쪽에서 재인용.

하원본』 번역이나 『건곤체의』 등 기하학 및 자연과학적 우주론에 관한 저술 이외에도 중국의 문인들과 자주 내왕하면서 서양의 스토아철학과 천주교 교의를 전하는 책자들을 저술하였다. 그중 특히 『천주실의』(1603, 北京)[5]는 17세기 이래 동아시아의 지성사에서 지대한 영향을 끼치게 되었다. 『천주실의』를 통하여 그는 중국철학사에 있어서 최초로 원시유학과 송명 이학(理學)을 구분하였다. 그는 한편으로 인격신적 '천'(天) 개념이 등장하는 원시의 유가사상, 말하자면, 『논어』나 『맹자』나, 『중용』과 『대학』뿐만이 아니라, 『상서』(尙書, 『서경』), 『시경』, 『역경』 등에 보이는 인격신의 개념이 분명히 등장하는 원시유가사상을 진정한 유학사상으로 옹호하고 환영하였다. 그러나 다른 한편 정주(程朱)의 성리학(性理學)이든, 육왕(陸王)의 심학(心學)이든, 우주 만상의 존재론적 근거를 '이'(理), 또는 '태극'(太極)에서 찾는 송명 이학의 우주론적 체계를 아리스토텔레스의 철학과 토미즘에 근거하여 철저하게 부정하고 있다.

2.2.1 실체(自立者)와 속성(依賴者)의 범주적 구별과 만물의 존재근거(物之原)로서의 태극(太極, 곧 理)의 부정

주희는 현실세계의 구체적인 경험적 대상(사물)들로부터 그 사물들의 존재론적 근거와 그것의 당연한 법칙—인간을 포함한 모든 생물의 존재법칙—을 일단 추상적으로 분리시킴으로써, 그는 모든 사물(인간 및 모든 생물)을 주재하고 있는 존재론적 근본원리를 이(理)로

---

5   『천주실의』에 담긴 철학적 내용과 의미에 대해서는 이 책의 제1부 제1장 「『천주실의』: 기독교와 유교의 첫 번째 대화」; 利瑪竇, 『交友論』, 『二十五言』, 『畸人十編』, 연구와 번역, 478~505쪽 참조.

규정하고 그 '이'의 객관적 필연성에 제일차적인 철학적 의미를 부여하고 있다. 따라서 주희의 '이'는—플라톤의 '이데아' 개념과 유사한—'관념적 실재성'(ideelle Realität)이라는 철학적 범주로서 이해될 수 있다. 따라서 '이'는 만물의 선험적인 존재론적 근거일 뿐이므로 개체의 구체적인 감각적 경험적 내용을 가질 수가 없는 것이다.[6]

　　이와 같이 구체적인 역사, 사회, 자연현상으로부터 유리되어 오직 그것의 선험적인 존재론적 근거로서의 의미를 지니는 '이'가 영원히 초역사적으로 타당한 천지만물의 주재자로서 등장하는 것이다.

　　그러나 오직 아리스토텔레스의 철학과 토미즘적 세계관에만 익숙한 마테오 리치에게는 이와 같은 송명 이학의 형이상학적 체계는 전혀 정당하게 이해될 수가 없었다. 오직 유일신의 천지창조를 믿고 있는 그에게는 태극(太極, 곧 理)이 천지만물의 근원(天地萬物之原)이 된다는 성리학적인 형이상학적인 체계는 도저히 수용될 수가 없었다. 마테오 리치는 우선 송명 이학에서 말하는 '이'를 자기 나름대로 충실하게 파악하여, 바로 그 점을 아리스토텔레스에서 기원하는 1) 실체와 속성의 범주적 구별과 2) 사물 생성의 시간적 순서에 기반하는 인과법칙에 입각하여 '이'가 천지만물 창조의 근원이 될 수 없음을 밝히고 있다.[7]

　　리치는 한 걸음 더 나아가 송명이학의 '이'를 '동정'과 의지가 없는 것으로 파악하고 스스로 작동하여 천지만물을 창생할 수 있는 의지를 가진 근원—기독교의 하느님과 같은—이 될 수 없다고 말한다.

6　　"上天之載, 無聲無臭, 而實造化之樞紐. 稟匯之根柢也.", 『太極圖說解』 참조.
7　　특히 『天主實義』(공역), 上卷, 2-8, 87~89쪽 부분 참조.

사물의 존재근거를 설명하는 아리스토텔레스의 사원인설이나 인과율적인 설명에 의하면, 우리가 마주 대하고 있는 우주(世界, Welt)는 궁극적으로 하나의 물체이기 때문에 그것들은 스스로를 움직일 수 없고 그 운동의 유발은 근원적으로 그 사물 밖에 있는 이성적 존재, 즉 최초의 운동인에서 비롯될 수밖에 없다고 본다. 그리고 이런 천지만물의 운행은 맹목적인 것이 아니라 이런 운동을 최초로 야기시킨 이성적인 초월자의 목적에 따라서 합리적·규칙적으로 움직이고 있다는 목적론적 세계관이 또한 기본적으로 전제되어 있다. 이렇게 본다면, 세계만물을 창조하고 주재하는 외재적인 절대자 하느님과 그에 의하여 창조된 천지만물들은 존재론적인 범주에서는 전혀 상이한 것이기 때문에, 중국인들이 주장하는 "만물일체"(萬物一體)설이 성립될 수 없음을 마테오 리치는 강하게 변론하고 있다.[8]

2.2.2 인간의 '자유의지'와 '도덕실천'을 통한 '자아의 완성'

형체를 갖지 않은 순수한 정신체들(예: 하느님, 천사, 귀신 등)과는 다르게, 육신과 결합되어 있는 인간의 본성(性) 안에는 "물질성"(形性)과 "정신성"(神性)[9]이라는 양면성이 존재하기 때문에, 우리 인간들의 마음속에는 동물적 충동에 빠질 수 있는 "짐승 같은 마음"(獸心)과 동시에 인간 본연의 "인간다운 마음"(人心)[10]이 공존하고 있다. 그러나 이성능력이 없는 짐승들은 오직 천부적으로 부여된 본능만을 따르는

---

8   만물일체설에 대한 마테오 리치의 반론에 대해서는 특히 『天主實義』上卷, 第四篇을 참조.
9   『천주실의』(공역), 3-5, 130쪽.
10   위와 같음.

"하나의 마음"(一心)밖에 없어서 도덕적 행위의 선택이 불가능하다. 하지만 인간은 마음속에 '이성능력'과 '의지'를 동시에 가지고 있기 때문에, 사리 분별을 통하여 '선'으로도 '악'으로도 나아갈 수 있다는 것이다.

> 무릇 세상의 존재물이 일단 자기의 의지를 가지고 있고, 또한 그 의지를 따를 수도 그만둘 수도 (곧 자유의지가) 있어야 그 다음에 (비로소) 덕(德)도 부덕(不德)도, 선도 악도 있게 됩니다. 의지는 마음에서 발동하는 것입니다. 쇠나 돌이나 초목들에는 마음이 없으니 의지가 없습니다. (……) 짐승이라면 짐승의 마음과 의지가 있다고 하겠습니다. 그러나 옳은지 그른지를 변별할 수 있는 이성(靈心)이 없으니 느낀 바에 따라서 멋대로 즉시 반응하는 것이며 이치를 따져서 자기가 할 바를 절제하지 못합니다. 자기들이 한 짓이 '옳은 예'(是禮)인지 '옳은 예가 아닌지'(非禮)를 분간하지 못합니다. 어찌할 수 없어서 할 뿐만 아니라 또한 역시 스스로 (자기 행동의 옳고 그름을) 알 턱이 없습니다. 어떤 것이 선인지 악인지를 따지는 일이 있을 수 있겠습니까? 이렇기 때문에, 세상의 여러 나라에서 제정한 법률에는 짐승의 부덕함에 벌을 주거나 짐승의 덕행에 상을 주는 일은 없습니다. 오직 사람만은 그와 같지 않아서 밖으로 일을 거행하고 안으로는 마음을 다스려서, (하는 일이) '옳은지'(是) '그른지'(非), '합당한지'(當) '아니한지'(否)를 지각할 수도 있고 (그에 따라서 그 일을) 할 수도 그만둘 수도 있습니다.[11]

---

11   같은 책, 6-3, 282~283쪽.

이런 관점에서, 리치는 "(자유)의지"가 명백히 "선과 악의 근원"[12]이라고 말하고 있다. 이렇게 본다면, 도덕적인 선은 결국 오직 이성과 자유의지를 가진 인간이 후천적인 도덕실천을 통하여 어렵사리 이루어 내고 쌓아 나가는 도덕실천 행위의 결과일 수밖에 없다. 그렇다면, 인간 밖의 다른 존재물에게는 도덕의 문제가 더 이상 제기될 수 없는 것이다. 요컨대, 마테오 리치에게는 오직 인간에 의한 자기계발과 자기의 실천궁행의 길, 즉 '인간의 실천', 중국철학의 용어로 표현하자면, '인도'(人道)를 실현해 내려는 올바른 의지와 적극적 실천만이 남는 것이다.

이와 같이 마테오 리치는 『천주실의』에서 아리스토텔레스의 철학과 토미즘을 원용하여 개진된 철학적 서술을 통하여 송명 이학의 철학적 구도를 송두리째 부정하고 있다.

3   홍대용과 정약용 실학사상의 핵심적 요지

중화중심적 지리관이나 천문관을 부정하는 서학의 자연과학적인 내용과 동시에 반(反), 또는 탈(脫) 성리학적인 내용을 담은 서학서들은 이미 이익(李瀷, 호 星湖, 1681~1763)의 시대에 이르러서는 조선 지식인들에게 ― 그들이 읽고자 한다면 ― 충분히 유통될 수 있었다.[13]

---

12   같은 책, 6-3, 285쪽.

13   이익은 『坤輿萬國全圖』를 보았을뿐더러, 『天主實義』, 『七克』, 『畸人十編』, 『辨學遺牘』, 『眞道自證』, 『盛世芻蕘』, 『萬物眞原』 등 천주교 관련 서학서뿐만이 아니라, 『泰西水法』, 『乾坤體義』, 『天問略』, 『職方外記』 등 서양과학에 관한 책들도 두루 읽고 그 나름대로의 견해를 가지고 있다. 그리고 특히 「跋職方外記」, 「跋天主實義」, 「跋天問

이러한 추세 속에서 일부의 지식인들은 종래의 중화중심적 우주론에서 벗어나서 자기 나름대로 새롭게 자연세계와 우주론을 해석하고자 하였다. 그것은 한편으로는 자연히 성리학적인 이기론 중심의 우주생성론의 극복이면서 다른 한편 성리학적인 도덕수양론의 개조였다. 그들은 한편으로 조선이라는 지적 공간에서 주체적으로 중국적 지평을 넘어서는 새로운 천문관과 자연관을 모색했을뿐더러, 다른 한편 정주학의 관념적 명상적 도덕수양의 경계를 타파하고 진정한 유학적 도덕수양을 오히려 원시유학에서 모색하면서 조선 지식인 나름대로의 자주적인 '진정한 유학'의 추구를 촉진시켜 나갔다. 이런 경향 속에서 한편으로 송명 이학의 형이상학적 구도뿐만 아니라, 또한 서학 자체의 지평을 넘어섬으로써, '중화중심주의적인 문화적 노예의식'으로부터 마침내 자신을 해방하여 조선 지성계가 그 나름대로 주체적·자각적으로 학문을 추구하려는 '실학'(實學)이 비로소 성숙될 수 있었다. 이런 성숙된 '실학자'들 중에서, 필자는 우선 성리학에 대한 자연과학적·우주론적 극복의 대표로 홍대용(洪大容, 호 湛軒, 1731~1783)의 사상, 그리고 성리학의 관념적·명상적 도덕수양론을 비판하고 도덕실천을 강조하면서 진정한 유학의 모형을 원시유학에서 찾고자했던 실천철학 추구의 대표로 정약용(丁若鏞, 호 茶山, 1762~1836) 사상을 반성적으로 검토해 봄으로써 '실학'의 현대적 의미를 진단해 보고자 한다.

略」등에서 서학저술에 대한 자기 이해와 논평을 제시해 보이고 있다.

3.1 담헌의 문화적 자기신뢰의 추구와 성리학적 우주론의 부정

담헌은 당대의 고집스런 '중화중심주의'를 '허'(虛)로 규정하고 우주의 무한한 변동을 주장하면서 정통적 송명 이학의 이기론적 구도를 타파하고자 하였다. 그의 자연과학사상에는 서학으로부터의 영향뿐만 아니라 모든 인식의 상관성(상대성)을 인정하면서 절대적 인식을 단호히 거부하는 장자의 상관(상대)주의적인 인식을 자유자재로 원용하면서 서구의 자연사상과도 또 다른 그의 독특한 우주관을 형성하였다. 또한 이기론적인 성리학적 우주론을 타파하면서, 한국지성들의 문화적 자기신뢰와 그에 따른 사회개혁론을 호소하였다.

담헌은 우선 음양오행설과 감응(感應)설을 다음과 같이 부정하고 있다.

> 불(火)은 태양이다. 물(水)과 흙(土)은 땅(地)이다. 만약 목과 금이 태양과 땅에서 생겨났다면, (목과 금은) 세 가지(화, 수, 토)와 아울러 '원소'(行)가 될 수 없다. (……) 사람이나 사물이 살아서 움직이는 것은 태양의 열을 근본으로 한다. 만약 하루아침에 태양이 없어지면 혹독한 냉동 세계가 되어서 만물들은 얼어서 없어지니, 태(胎)나 알(卵)의 근본이 어디에 바탕을 둘 것인가? 따라서 땅은 만물의 어머니요, 태양은 만물의 아버지이고, 하늘은 만물의 할아버지이다. (……)
>
> 허자(虛子)가 말하였다.
>
> "묘지에 길흉이 있어서, 자손의 화복이 있다 하니, 한결같은 기(氣)의 감응은 또한 이치가 아닌가?"
>
> 실옹(實翁)이 말하였다.

"중죄인이 감옥에서 매 맞은 독이 지독하여 감당을 못하고 이리저리 뒹굴고 있는데도, 중죄인 아들의 몸에 나쁜 병이 생겼다는 것을 들은 적이 없다. 하물며 죽은 몸의 백(魄)이 무엇을 하랴?"[14]

이것으로써, 마테오 리치처럼, 담헌은 목과 금을 '원소'(行)로 인정하지 않으며, 전통적인 음양오행의 상감(相感)설을 일축하고 있다.

또한 담헌은 장자의 무한한 우주의 변화변동과 중심상대설을 원용하여 다음과 같이 지구중심론을 비판하고 있다.

온 하늘의 별의 세계는 (각기 하나의) 세계가 아닌 것이 없다. 별의 세계에서 보면, 지구 또한 별이다. 헤아릴 수 없는(無量) 세계들이 허공계(우주)에 흩어져 있는데, 오직 이 지구세계만이 공교롭게 그 한복판에 있다는 그런 이치는 있을 수 없다. (……) (다른) 여러 별들의 세계에서 본다면, 지구에서 보는 것과 마찬가지로, 각각은 그 각각의 뭇별세계의 중심이라고 말할 것이다. 7의 별(해, 달과 水, 金, 火, 木, 土星 ―필자)이 지구를 둘러싸고 있다는 것은 지구에서 재어볼 때는 물론 그러하여, 지구가 이 일곱 별들의 중심이라고는 말할 수 있으나, (우주 안의 모든) 뭇 별들의 한복판이라고 한다면, (이는) 우물 속 개구리의 식견인 것이다. (……) 다섯 별은 해를 둘러싸고 해를 중심으로 삼고, 해와 달은 지구를 둘러싸고 지구를 중심으로 삼고 있다. 금성과 수성은 해에 가까워서 지구와 달은 그들의 원궤도 밖에 있고, (나머지) 세별(火, 木, 土星 ―필자)은 해에서 멀리 있기 때문에, 지구와 달은 그들의 원궤도 안

---

14   洪大容, 「毉山問答」, 『湛軒書』, 30b~31a쪽 참조.

에 있다. (……) 이렇기 때문에 지구는 해와 달의 중심이 되나, 다섯 위성들의 중심이 될 수 없고, 태양은 다섯 위성의 중심은 되나, (우주 안의 모든) 뭇 별들의 한복판일 수는 없다. 태양 또한 한복판이 될 수 없는데, 하물며 지구가 되겠는가?[15]

여기에서 우리는 수, 화, 목, 금, 토성이 태양을 중심에 두고 있으며, 또한 태양과 달은 지구를 중심에 두고 있다는 티코 브라헤(Tycho Brahe, 第谷, 1546~1601)의 지구중심설을 담헌이 서학서를 통하여 이미 알고 있었음을 알 수 있다. 그러나 그는 마테오 리치나 브라헤의 지평을 넘어서서 지구중심설을 부정하고 있을 뿐만 아니라, 장자의 상대주의적 인식론에 입각하여 지구중심설은 물론 태양중심설마저도 부정하고 있다. 이렇게 본다면, 중국은 지리적·천문학적으로 결코 중심이 될 수 없는 것이다.

또한 담헌에 의하면, 우주의 관점에서 보자면, 인간(人)과 자연사물(物) 또한 절대적으로 구분되는 차원이 아니며 다 똑같다는 것이다.

오륜(五倫)과 오사(五事)는 인간들의 예의(禮義)이다. 무리지어 다니며 입과 부리로 먹는 것은 금수의 예의이다. 함께 붙어 자라면서 가지를 뻗는 것은 초목의 예의이다. 인간으로서 자연물(物)을 보면, 인간이 귀하고 사물(物)이 천하다. 사물(物)로서 인간을 보면, 사물(物)이 귀하고 인간이 천한 것이다. 하늘(天, 자연)에서 이들을 보면, 인간과 사물

---

15   같은 책, 23a~b쪽.

(物)은 같은 것이다.[16]

　성리학의 핵심이 결국 인간의 자기계발에 초점이 맞추어져 있고 결국 인간의 인문주의를 자연세계에 투사한 사상으로 본다면, 이러한 인간의 도덕적 지평이 짐승들의 그것보다 더 고상하거나 우월하지 않다고 봄으로써, 담헌은 성리학의 차원을 넘어서고 있다.

　담헌은 또한 조선 당대 지식인들의 중화주의적 문명의식에서 자주적인 문명의식을 일깨우기 위하여 더 나아가서 화(華, 문명)와 이(夷, 야만)의 구분 역시 고정적인 것이 아님을 말하고 있다. 세계(또는 지구)라는 넓은 지평에서 보았을 때, 화(중국문명)와 이(중국 외의 야만문명)는 다 구별 없이 "하나"인 것이다.[17] 또한 내(內, 안)와 외(外, 밖)의 구분이라는 것 자체도 절대적인 고립적 범주가 아니고, 언제나 임의의 존재의 주관적 인식을 무리하게 절대화한 것일 뿐이라는 것이다. 그는 그것이 어디까지나 임시적 상대적일 수밖에 없다는 새로운 인식의 지평을 말하고 있다. 따라서 주(周)나라 사람 공자(孔子)의 입장에서 쓰인 『춘추』(春秋)는 '주'나라, 즉 중화(中華)문화를 '내'로 보고 다른 문화를 '외'로 본 것일 뿐이라는 것이다. 그러나 이 공자가 만약 '주'나라 아닌 다른 문명의 지역(域外)에서 그의 『춘추』를 펼쳤다면, 바로 그 역외(域外)가 바로 '내'요, 오히려 '중화'문명이 '외'일 수밖에 없음을 담헌은 말하고 있다.[18] 여기에 바로 담헌의 상대주의적

16　"五倫五事, 人之禮義也. 羣行呴哺, 禽獸之禮義也. 叢苞條暢, 草木之禮義也. 以人視物, 人貴而物賤. 以物視人, 物貴而人賤. 自天而視之, 人與物均也.",「毉山問答」, 19a쪽.

17　"華夷一也.", 같은 책, 37a쪽.

18　같은 책, 37a~b쪽.

인 인식은 그 사유발상이 다분히 장자적인 철학을 원용하고 있긴 하지만, 그것은 장자식의 이념 비판이나 개인의 관념적 자유 추구가 문제인 것이 아니라, 바로 그가 살았던 당시 고루한 지성계의 절대적 관념성을 타파하고 그것을 변혁하려 했던 그의 주체적 역사의식의 모습을 드러내 보이고 있는 것이다.

3.2 다산의 『천주실의』의 논점에 의거한 성리학의 극복과 실천적 유학의 회복

3.2.1 다산의 이원론과 성리학의 '인물성동론'(人物性同論)에 대한 근원적 부정

『천주실의』에서 세상 만물을 구성하는 두 요소를 '눈에 보이는'"물체"(形)와 '보이지 않는'"정신"(神)의 이분법적 구도에서 설명하고 있다면, 다산 역시 유형한 '형체'(形)와 무형한 '정신'(神)의 이원 구도에서 천지 만물들을 바라보고 있다. 그리고 인간을 바로 무형한 정신(神)과 유형한 육체(形)로 구성(神形妙合)[19]된 것으로 보며, 특히 인간의 "순수이성"(虛靈知覺者)을―만물들과 구별되는―인간의 본질적인 특성으로 규정하고 있다.[20] 맹자(孟子)가 '반성적 사유'(思)의 기관으로 "대체"(大體, 즉 心之官)를 말하고, '지각' 기관을 "소체"(小體,

---

19 "神形妙合. 乃成爲人.",『全書』II,『心經密驗』, 36쪽 上右.
20 다산은 유교의 "옛날 경전"(古經)들을 다 뒤져보아도 물론 인간의 본질적 특성으로서의 이런 "순수이성"(虛靈知覺者)에 해당하는 "한 글자"(一字)로 된 "전문호칭"(專稱)은 찾아볼 수 없다고 말한다. 다만 연속어로 된 이 "순수이성"(虛靈知覺者)을 후대에서는 그것의 기능을 구분하여 "心", "神", "靈", "魂" 등을 빌려서 표현하고 있다고 말한다. 上同 참조.

즉 耳目之官)로 구분하였다면,[21] 다산은 '소체'를 "유형한 몸뚱이"(有形之軀殼)로, '대체'를 '무형한 이성능력'(無形之靈明)으로 호칭하고 있다.[22] 따라서 다산에게는 '무형한 마음'(無形之心), 즉 '정신적인 사유능력'이 바로 "육체"(血肉)로부터 독립하여 "삼라만상의 이미지를 포괄하며 모든 이치를 깨달을 수 있는" 인간의 "본체"(本體)로서 정의되고 있다.[23]

그리고 다산은 이렇게 말하고 있다.

사람이라면 '선'을 좋아하고 '악'을 부끄럽게 여기며 자신을 닦아서 '도'로 향하는 것이 그 '본연'(本然)이다. 개라면 밤을 지키며 도둑을 (보고) 짖으며 더러운 것을 먹고 새를 뒤쫓는 것이 그 '본연'이다. 소라면 꼴을 먹고 새김질하며 (뿔로) 치받는 것이 그 '본연'이다. 각각 받은 '천명'은 바뀔 수가 없다. 소는 사람이 하는 일을 억지로 할 수 없고 사람은 소가 하는 일을 억지로 할 수 없다. (……) 지금 사람이란 (개처럼) 새를 뒤쫓을 수도 도둑에게 짖을 수도 없고, 소는 (사람처럼) 독서하고 이치를 궁구할 수 없다. 만약 (성리학의 주장처럼) 그들(犬, 牛, 人) '본연의 성'이 (서로) 같다고 한다면, 어찌 (犬, 牛, 人들이) 이렇게 서로 상통할 수 없는 것인가? (이와 같이) 사람과 동물의 본성이 같을 수 없음이 분명하도다![24]

---

21 『孟子』, 「告子」 上 (11:14와 11:15) 참조.
22 『全書』 II, 『孟子要義』 권2, 140쪽 上左 참조.
23 『全書』 II, 『大學講議』 권2, 25쪽 上左 참조.
24 『全書』 II, 『孟子要義』 권2, 135쪽 下右.

만약 주자(朱熹, 1130~1200)가 말하는 '인성과 물성이 같다'는 말의 뜻이, 사람이나 사물들이 각각의 본성을 "천명으로부터 받는다는 점에서 같다"는 것만이 아니고, "아울러 그들이 품수 받은 '영묘한 이치'(靈妙之理)도 사람과 사물이 모두 같고, 다만 그들이 (받은) '기'(氣)만 다르기 때문에 (사물들은 인의예지의) 사덕(四德)을 온전하게 갖추지 못하고 치우치고 막힌 곳이 있다"라는 뜻으로 해석하게 된다면, 이런 성리학의 '이동기이'(理同氣異)설은 유교 본래의 사상으로는 도저히 받아들일 수 없다는 것이다. 다산은 이와 같이 성리학의 '이동기이'설[25]을 근원적으로 부정하고 있다.

3.2.2 인간의 '자유의지'의 발견과 인간의 고유 영역으로서의 '도덕'실천의 강조—성리학의 '본연지성과 기질지성'의 이론 구도에 대한 부정—

다산은—『천주실의』에서와 마찬가지로—도덕계발의 가능근거로서의 '자유의지', 즉 마음의 "자주적 권리"(自主之權)를 특히 강조하여 다음과 같이 말하고 있다.

> '하늘'은 사람(의 마음)에 '자주적 권리'를 주어서 그들로 하여금 선을 바라면 선을 행하고 악을 바라면 악을 행하게 하였다. (사람의 마음은 늘) 유동하여 일정하지 않다. (그러나) 그 (마음의 결정)권이 자기에게 있기에 짐승들의 '정해진 본능'(定心)과 같지 않다. 따라서 선을 행하면 실제로 자기의 공로가 되고 악을 행하면 실제로 자기의 죄가 된다.

---

25 '이동기이'설에 대한 다산의 부정(否定)의 입장에 대해서는 또한 그의 다른 입론을 참조 바람. 『全書』, II, 『孟子要義』 권2, 135쪽 下左~136쪽 上右 참조.

(……) 벌들은 임금을 보위하지 않을 수 없으나 논객들이 '충'(忠)으로 여기지 않는 것은 그것을 '본능'으로 본 것이다. 호랑이가 동물들을 해치지 않을 수 없으나 법관들이 법을 끌어내어 그들을 벌주지 않는 것은 그것을 '본능'으로 여긴 것이다. 사람들이라면 그(짐승)들과 다르다. 선을 행할 수도 악을 행할 수도 있는 주재가 '자기로 말미암기' 때문에 행동은 '결정된 것이 아니다.'(不定) 따라서 선은 이렇게 (자기의) '공'이 되고 악은 이렇게 (자기의) '죄'가 되는 것이다.[26]

만약 성리학의 주장처럼, 요순 같은 성인은 타고난 맑은 '기' 때문에 성인이 되었고, 결과 도척이 타고난 탁한 기질 때문에 악인의 이름을 갖게 되었다면, 이것은 '하늘'의 처사가 너무나 불공평하다는 난센스일 뿐이다. "따라서 기질 때문에 선악이 나누어진다면 요순은 저절로 선한 것이니 우리들은 (그것을) 기릴 만하지 못하고 걸주(桀紂)는 저절로 악행을 한 것이니 우리들은 (그것을) 경계할 만한 것이 못된다. 받은 기에는 다만 다행인가 아닌가만 있을 뿐이다. (……) 맑은 기를 받아서 상지(上智)가 되었다면 그것은 그렇게 되지 않을 수 없는 선이니, '선'이라고 할 수 없고, 탁기를 받아서 하우(下愚)가 되었으면 그것은 그렇게 되지 않을 수 없는 악이니 '악'이라 할 수 없다. 기질은 사람을 지혜롭게나 어리석게 할 수는 있으나, 사람들을 선하게도 악하게도 할 수는 없는 것이다."[27]

다산은 이와 같이 인간의 도덕계발과 관련하여 성리학의 '본연

---

26 『全書』II, 『孟子要義』권1, 111쪽 下左~112쪽 上右.
27 『全書』II, 『論語古今註』, 338쪽 下左.

지성'과 '기질지성'의 구분을 무용하거나 도리어 해로운 것으로 비판하고 있다. 따라서 다산에게 있어서, 덕과 부덕, 또는 선과 악이란—성리학에서처럼—천명에 의하여 본래적으로 주어져 있는 것이 아니다. 『천주실의』에서 강조되고 있듯이 도덕적인 선이란 사람들이 각자의 자유의지에 따라서 각고의 실천을 거치면서 이런 '도덕성향'을 확충해 나감으로써만 후천적으로 성취되는 것이다. 인의예지(仁義禮智)의 사덕(四德)은 다름이 아니라 우리 마음속에 내재하는 4가지 성향, 즉 사심(四心)을 확충하여 후천적으로 이루어 낸 것이라고 다산은 말한다. 맹자가 말하는 이른바 "밖으로 말미암아 나를 바꾸는 것이 아니다"(非由外鑠我者)라는 것은 내 속에 있는 '사심'을 밀고 나가서 밖으로 '사덕'을 성취하는 것을 말한다. 밖의 '사덕'을 이끌어 들여서 (마음)속의 '사심'을 발동시키는 것이 아니다. 곧 (마음속의) 이 '측은지심'(惻隱之心)으로부터 나가면 (나중에) 바로 인(仁)을 얻을 수 있다. 곧 이 '수오지심'(羞惡之心)으로부터 나가면 바로 의(義)를 얻을 수 있다. (……) 이것으로 '사심'은 인성(人性)에 고유한 것이나 '사덕'은 (노력하여) 확충한 것임을 알 수 있다. 확충하지 못했으면, '인의예지'(라는 '사덕')의 이름은 마침내 확립될 수 없는 것이다."[28] 따라서 "부모를 섬기는 것이 '인'이라는 것을 안다면, (방이 추우면) 따뜻하게 해주고 (더우면) 시원하게 해주고 (식사를 잘 소화시키지 못하면) 죽을 쑤어서 올리고 바로 아침저녁으로 공력을 드려야 한다." 이와 같이, 다산은 도덕의 실천 없이 그 자체로 선험적으로 주어진 '덕'은 있을 수 없다고 보기 때문에, 덕을 이루어 내기

---

28   『全書』 II, 『孟子要義』 권2, 137쪽 上右 참조.

위한 구체적인 실천행위를 적극적으로 강조하고 있다. 따라서 도덕적 실천은 조금도 하지 않고 조용히 앉아서 '거경궁리'(居敬窮理)에만 몰두하고 있는 당대 성리학자들의 관념적인 명상적 태도 또한 심각하게 비판한 것이다. 다산에게 있어서는 '도덕'이란―『천주실의』에서의 철학적 구도와 마찬가지로―바로 이성능력과 자유의지를 가진 인간에게만 고유한 영역이요, 그것은―성리학에서 주장하는 것처럼―천명에 의하여 우리의 마음속에 이미 선험적으로 주어져 있는 그런 것이 아니다. 인간의 덕은 바로 '행사'(行事), 즉 구체적 실천을 통해서만 후천적으로 성취될 뿐인 것이다. 요컨대, 다산의 철학적 관심은―더 이상 성리학자들의 도덕형이상학적인 명상적·관념적 유희에 동조하는 것이 아니라―인간, 특히 지식인들의 구체적인 사회적 실천행위, 즉 인도(人道)의 구현에 있다고 생각한다.

3.2.3 '이'(理)는 '속성'에 불과하며 '이성적 절대자'로서 '하느님'(上帝)의 주재성 강조

마테오 리치의 논증에 의하면, 물론 '이'는 '형체가 없는 부류'(無形之類)에 속하지만, 그것은 결코 독립적인 실체가 아니라, 실체들(예: 개개의 사물들이나 "心")에 부속되어 있는 '속성'에 불과하기 때문에, '이'는 자립적인 존재물이 아니라는 것이다. 만약 이러한 '이'가 '이성능력'과 '의지'를 가진 존재라면 그것은 이미 '천신'들과 동일한 것이기 때문에 따로 '태극'이나 '이'로 호칭할 이유가 없다고 리치는 말하였다. 다산 또한―리치의 이런 논증과 거의 일치하는―두 가지 논점을 빌려서, '이'의 '실체성'을 부정하는 논증을 하고 있다.

첫째, '이'는 속성에 불과하다. 다산에 의하면, "'이'(理)란 옥돌의

'결'(脈理)"을 말한다.[29] 따라서 '이'는 실제로 존재하고 있는 사물들 밖에 자립적으로 존재하는 '자유지물'(自有之物), 즉 독립적인 '실체'가 아니라는 것이다. 다산에 의하면, 자체적으로 존재하는 것은 '유형한' '기'(氣)밖에 없다. 결국 다산에 의하면, "'기'는 '실체'(自有之物)이지만 '이'는 '속성'(依附之品)이다. '속성'은 반드시 '실체'에 의탁해 있는 것"[30]이다. 요컨대, '이'는—리치의 주장과 마찬가지로—실재하는 사물, 즉 '실체'(自有之物)가 아니고 '속성'(依附之品)에 불과한 것이다.

둘째, '이'는 '지능'도 '위세·권능'도 '의지'도 없기에 '이성적 실체'가 아니다. 성리학의 관점에 따른다면, "'이'는 본래 '지능도 없고' 또한 '위세·권능'도 없다."[31] 말하자면, '이'는 스스로 이성적으로 사유를 하며 권위를 발휘하며 그리고 적극적으로 만물을 "사랑하고 미워하며, 기뻐하고 노여워하는" 인격적인 이성적 존재가 아니다. 따라서 '이'는—'하느님'(上帝)이나 '천신'(天神)들과는 다르게—'비이성적인' 사물들을 주재할 수 없다는 것이다.

결국 다산에 의하면, 천지만물의 주재자는—인간의 눈에 보이는 물리적 의미의 하늘, 즉 "저 푸르고 푸른 하늘"(彼蒼蒼之天)과 범주적으로 구별되는—보이지 않는 '이성적인 주재자', 즉 "영명주재지천"(靈明主宰之天)[32]인 것이다.

---

29 이에 대하여는 『全書』 II, 『孟子要義』 권2, 138쪽 下右 참조.
30 "氣是'自有之物', 理是'依附之品'. 而'依附者', 必依於'自有者'." 『全書』 II, 『中庸講義補』 권1, 92쪽 下左~93쪽 上右.
31 "理本無知, 亦無威能.", 『全書』 II, 「中庸自箴」 권1, 47쪽 上右.
32 『全書』 I, 「詩文集·文」 권8, 164쪽 下右 참조.

(사람들에게) 보이지 않는 것은 무엇인가? '하늘'의 몸체이다. (사람들에게) 들리지 않는 것은 무엇인가? '하늘'의 (목)소리이다. 어떻게 그렇다는 것을 아는가? 『경』(經, 즉 『中庸』)에 '귀신의 덕이 대단하다! 그것을 보려고 하여도 보이지 않고 들으려고 하여도 들리지 않는다. (귀신들은) 만물들을 몸으로 삼아서 빠트림이 없으니 세상 사람들로 하여금 재계하고 밝게 하여 제사를 올리게 한다. 양양하도다! (귀신들이) 그들의 (머리) 위에 있는 듯도 하고 그들의 좌우에 있는 듯도 하다'고 말하였다. 볼 수도 없고 들을 수도 없는 것이 '하늘'이 아니고 무엇이겠는가? 백성들이 살자면 욕심이 없을 수 없다. 그 욕심을 좇아서 그것을 채우게 되면 방자하고 괴팍하며 비뚤어지고 분수를 못 지키게 되니, 하지 못할 일이 없을 뿐이다. 그러나 백성들이 드러내놓고 죄를 짓지 못하는 것은 '경계하고 조심'하며, '두려워하고 떨기' 때문이다. 왜 경계하고 조심하는가? 위로 법을 집행하는 관리가 있어서이다. 왜 두려워하고 떠는가? 위에서 그를 죄주고 죽이는 임금이 있어서이다. 만약 그들 위에 임금과 수령들이 없다는 것을 안다면, 누가 방자하고 괴팍하며 비뚤어지고 분수를 못 지키게 되지 않겠는가? (……) '두렵고 떨린다는 것'은 까닭 없이 그렇게 되는 것이 아니다. 스승이 그렇게 하라고 가르쳐서 '두렵고 떨리는 것'(恐懼)은 가짜 '공구'(恐懼)이다. 임금이 그렇게 하라고 명령하여 '두렵고 떨리는 것'(恐懼)은 가짜 '공구'(恐懼)이다. 저녁에 분묘들을 지나가는 사람이 두려움을 기약하지 않아도 저절로 두려운 것은 그들이 (지금 당장은 보이지 않지만) 도깨비들이 있다는 것을 알기 (때문)이다. 밤에 산과 숲을 지나는 사람이 두려움을 기약하지 않아도 저절로 두려운 것은 그들이 (지금 당장은 보이지 않지만) 호랑이와 표범이 있다는 것을 알기 (때문)이다. 군자들이 캄캄한 방안에 있으면서 전전긍긍하며 악

을 저지르지 못하는 것은 그들이 자기들 위에 (보이지 않는) '하느님'(上帝)이 군림하고 있음을 알기 (때문)이다.[33]

마테오 리치가 늘 '천주'를 '형체도 없고 소리도 없는 존재'(無形無聲者)[34]로 규정하고 있다면, 다산 역시 '보이지 않고 들을 수 없는'(不覩不聞) 무형한 '상제'의 주재가 인간들의 악행을 막고 선행을 이끌기 위해서는 절대적으로 필요한 것으로 전제하고 있는 것이다. 여기에서 다산은 — '하느님'(上帝)의 주재성을 부정하는 성리학자들과는 달리 — 옛날의 이상적 사회에 살았던 고인들은 진실로 보이지도 않고 형체도 없는 '상제'가 인간들의 선행과 악행을 "(밝은) 태양처럼 감시"(日監)한다고 믿고서 진실한 마음으로 (보이지 않는) 바로 그 '하늘', 즉 '상제'를 섬겼다고 말한다.[35]

다산에 의하면, 무형하고 이성적인 하느님이 최고신의 존재로서 '수많은 천신'(百神)들을 거느리고 우리 인간들의 머리 위에 임하고 계시면서 우리 행동의 일거수일투족을 감시하고 있다는 것이다. 따라서 다산은 —『천주실의』에서와 마찬가지로 — 인간의 도덕계발을 위해서는 상선벌악하시는 이성적 하느님이 유일한 최고신으로 천신들을 거느리고 인간을 포함한 천지만물을 주재하고 있음을 자명한 진리로 받아들이고 있는 것이다.

---

33 『全書』II,『中庸自箴』권1, 46쪽 下左~47쪽 上右.
34 '천주', 또는 '정신'(神, spirit)을 "無形無聲"한 존재로 묘사하는 것은 『天主實義』(공역)의 도처에 보인다.『天主實義』, 2-5, 80쪽, 81쪽; 2-12, 95쪽, 96쪽; 2-15, 105쪽; 2-16, 107쪽; 3-5, 132쪽, 133쪽, 134쪽; 3-6, 137쪽; 5-6, 240쪽; 7-3, 348쪽; 7-6, 353쪽, 354쪽 등이다.
35 『全書』III,「春秋考證」권1, 229쪽 上左.

4 홍대용과 정약용 실학사상에 대한 평가

독자적인 자연관과 세계관을 가지고 중화중심주의도 마테오 리치의 지구중심주의도 넘어설 수 있었던 담헌의 자연과학적 실학사상의 평가와 관련하여, 일찍이 정인보(鄭寅普) 선생은 그의 「『담헌서』 서」(湛軒書序)에서, 후기 조선의 지성계를 회상해 보면서, "본표기인"(本剽己人), 말하자면 조선의 역사와 사회문제를 두고 '무엇이 근본적이고 지엽적인지', 또는 '무엇이 자기이고 남인지'를 구분 못하는 조선지성계의 주체의식의 결여를 한탄하였다. 그리고 담헌의 지성사적 의의를 그의 3대 저술, 즉 『주해수용』(籌解需用), 『임하경륜』(林下經綸)과 『의산문답』(毉山問答)에서 찾을 수 있다고 말한 바 있다. 그러나 서학(西學)의 산술이나 기하학을 소개한 『주해수용』이나 사회정치제도를 말한 『임하경륜』보다도, 담헌에게서만 볼 수 있는 그에게 고유한 지성사적 가치는 그가 『의산문답』에서 밝히고 있는 '본표기인'(本剽己人)의 구분, 즉 주체적 '춘추'(春秋)역사관의 확립에 있다고 말하였다.[36] 결국 담헌이 「의산문답」(毉山問答)에서 '허자'(虛子)와 '실옹'(實翁)을 들어 갈파한 '허'(虛)에 대한 '실'(實)의 담론이란, 바로 자연과 사회의 변화에 조응해 나가야 한다는 변혁의 논리라고 필자는 생각한다. 그러나 당시 이런 시대의 변화를 전혀 주목하지 않고, 오로지 '중화'(中華)문명주의, '주자'(朱子)절대주의라는 관념에만 지나치게 집착하는 당시 지식인들의 '허구성'에 대하여, 담헌은 그런 '중화'적 관념과 '주자'적 세계관과는 상대적으로 다른 관점과 세계관을 제시함으로써, 절대관

---

36   鄭寅普, 「湛軒書序」, 『湛軒書』(洪榮善 編), 第一輯, 1b~3a쪽.

넘의 부정 또는 상대화를 통한 새로운 현실적 실제적, 즉 실(實)의 세계를 보여주었다. 필자가 보기에, 담헌은 분명히 장자의 「추수」(秋水)편에 나오는 '하백'(河伯)과 '북해약'(北海若)의 비유적 대화로부터 그 형식과 관점을 빌려서, 모든 인식의 상대성을 말하여, 주자(朱子)절대주의와 고정된 중화(中華)문화절대주의 지평을 부정하고, 인간사회의 변화 역시 자연대세의 변화와 필연적인 연관을 갖는 것이므로, 응당히 변화된 시대에 합당한 새로운 변화를 추구해야 한다는 변혁의 논리를 펼쳐 보이고 있다. 그럼으로써, 담헌은 진보적 지식인으로서, 지금으로부터 200년 전의 "긍심(矜心), 승심(勝心), 권심(權心)과 이심(利心)"으로[37] 가득 찬 조선 당대의 보수적 묵수적 '허'(虛)상에 대한 '실'(實)상의 비판적 문제제기라는 주체적 철학사상을 전개한 셈이다. 다산 또한 『천주실의』에서 개진된 새로운 도덕실천론을 원용함으로써 성리학의 관념적·명상적 도덕형이상학을 타파하고 실천적 행동적인 유학의 정신을 복원시키고자 하였다. 이런 그의 유학사상은 『천주실의』의 철학적 내용과 상통하는 다음의 세 가지 특징을 지니고 있다.

1) 만물은 '이성을 가진 존재'(有靈之物)와 '이성이 없는 존재'(無靈之物)로 구분된다.
2) 도덕의 문제는 오직 이성능력과 자유의지를 가진 인간에만 속한 문제이다.
3) 보이지 않는 인격을 가진 하느님(天主/上帝)이 천지만물을 주관하고 있다.

---

37 「毉山問答」17b쪽.

이런 점에서 성리학으로부터 다산에게 보이는 '인도'(人道), 즉 인간의 실천윤리 중심의 새로운 철학적 패러다임으로의 전환은 18세기 조선사회 당대에서 '자연관'과 '인간관'에 대한 근대적인 전환의 커다란 계기를 연 것으로 볼 수 있다. 더 이상 자연을 '인간의 가치척도'로 재지 않는 근대적 자연관이 나올 수 있는 첫 번째 장을 연 셈이다. 또한 '이성적 존재'로서의 인간에 대한 정의와 개별적 인간의 자유의지를 통한 실천적 윤리학을 말하는 다산철학의 패러다임 속에서 우리는 비로소 전통적 유교사상과 '근대성'과의 창조적인 만남을 보게 된다.

하지만, 필자는 다음의 한 가지 사실에 주목함으로써 다산사상에 대한 중요한 평가를 하고자 한다. 물론 『천주실의』와 다산철학사상 사이에는 철학적 사유의 구조적 동일성이 존재한다. 그러나 그것으로부터 바로 이 두 개의 철학이 담고 있는 철학 정신(목적)까지도 동일하다는 성급한 결론은 결코 쉽게 도출될 수 없다고 필자는 생각한다. 왜냐하면 동일한 구조 원리를 가진 건축물이라고 할지라도 무슨 목적으로, 그 안에 무엇이 진열되어 무슨 용도로 쓰이고 있느냐에 따라서 그 구조물의 성격이 달라지기 때문이다. 예를 들어서, 사람의 병을 치료할 목적으로 각종의 의료기기들이 설치되어서 의료의 용도로 쓰이고 있으면 그곳은 엄연한 '병원'이지만, 반대로 죽은 사람을 위하여 장례용구들이 비치되고 장례 예식을 치르는 곳이라면, 그곳은 또한 엄연한 '장례식장'인 것이다. 이와 같이 동일한 구조 원리가 바로 그것이 구현해 내려는 목적(정신)까지도 동일한 것으로 규정지을 수는 결코 없는 것이다. 이런 관점에서 보자면, 『천주실의』에서 보이는 마테오 리치의 궁극적 관심은—'천당지옥'설을 빌려서 인간들이

'죽고 난 다음 내세에서 받게 될 행복과 불행을 강조함'으로써—유교적 지식인들로 하여금 기독교적인 교리의 수용 내지 그것에로의 개종 설득에 초점이 맞추어져 있다고 말할 수 있다. 그러나 우리들은 다산철학의 핵심적인 목적(정신)이 바로 이런 '기독교적인 '내세관'에 대한 종교적 신념의 수용'에 있다고 단정하기는 쉽지 않을 것이다. 오히려 그것보다는—성리학적인 관념적 형이상학으로부터 조선의 지식인들을 해방하여—사실 "선을 행하기는 어렵고 악을 행하기는 쉬운"(難善易惡) 그들로 하여금 인간의 행위를 언제나 투시하고 있는 보이지 않는 하느님(上帝)의 '상선벌악'의 권위를 빌려서 현세에서 도덕적인 자아완성을 격려하려는 데 그 초점이 맞추어져 있다고 하겠다. 이렇게 본다면, 『천주실의』에서는 인간의 행위에 대한 '천주'의 상선벌악이 사후의 천당지옥설과 매우 밀접한 관계 속에서 설명되고 있지만, 다산철학에서는 이러한 기독교적인 '천당지옥'설은 그의 저작 어디에도 보이지 않음에 우리는 주목해야 할 것이다.

요컨대, 다산은 『천주실의』로부터 중요한 서양철학의 개념틀을 차용하고 있지만, 역시 현세에서 '자아'의 인격완성을 지향하는 유교인의 정신 자세를 그대로 견지하고 있는 것이다. 따라서 필자는 다산철학의 결정적 의의는 결국 성리학적 '천인합일'론의 폐기와 동시에 공맹 등의 선진(先秦) 유학에 보이는 '경세론'(經世論), 즉 '인도'(人道)의 적극적인 실현(복원)에 있다고 본다. 이제 필자는, 성리학의 도덕형이상학적 패러다임으로부터 '경세론', 즉 '인간의 사회적 실천윤리' 중심으로의 철학적 패러다임 전환이라는 다산철학의 업적을 과거 17세기 이래로 이미 서양 선교사들을 통하여 동아시아에 들어왔던 '서양사상'을 적극적으로 수용하여, 지금부터 거의 2세기 전에 전통

철학을 새롭게 해석하고 창조적으로 구현해 낸 동서 철학 융합의 위대한 선구적인 작업으로 높이 평가하고자 한다.

5   결론 : 21세기 실학의 현대적 의미

이와 같이, 담헌이나 다산의 대표적인 실학사상에서 우리가 읽어 낼수 있는 것은 '실학'사상은 전통적인 중화문화권에서—중화문화의식에 맹종하면서 자신의 주체적 철학적인 문제의식을 제대로 찾지 못했던 근대 이전의 조선 지성계에서 다수를 점유했던 허망한 맹종주의자들과는 달리—서양문화의 비판적 수용을 통하여 자신의 주체적인 문화를 창달해 낸 점에서 그 지성사적인 적극적 의미를 갖는다고 필자는 평가한다. 일제에서 해방된 1945년 이래 한국사회는 적극적으로 서구의 근대문화와 문명을 배워 왔다. 그 결과 현재 학문을 하는도구적 언어는 사실 영어가 국어를 앞지르는 형편이고, 세계사에 대한 이해의 수준이 자국의 역사 이해를 초과하는 수준이며, 전통철학자들의 문집은 읽지 못해도 서구의 위대한 철학자의 문집들은 오히려 쉽게 읽히는 형편이다. 일찍이 정인보 선생이 조선 후기 지성사를 회고하면서, 그 문제점을 무엇이 '본'이고 무엇이 '말'인지를 구분하지 못하고, 무엇이 '나'이고 무엇이 '남'인지를 모르는 문화적 정체성의 부재라고 한탄하였다면, 그것은 지난 18세기, 19세기 이전의 조선시대 지성인들에게만 해당되는 것이 아니라고 필자는 보고 싶다. 그것은 21세기 정보화사회, 지구화시대를 앞둔 오늘날의 현대 한국 지성인들에게도 해당되는 비판의 소리가 될 것이다. 따라서 '실학'의 위대한 업적이 19세기 이전에 조선사회에서 서학을 비판적으로 읽었던 주체적인 사상가, 철학자들에 의해서 비롯된 것이었다면, 이제 '실학'의 현대적 의미는 바로 서양의 철학문화사상을 비판적으로 수용하여 우리 자체의 철학사상의 지평에서 '우리'의, '동양'의 철학과 문화를 주체적으로 새롭게 '창달'해 내야 하는 21세기 '신실학'의 구현에서 찾아야 할 것이다.

참고문헌

姜在彦,『조선의 西學史』, 民音社, 1990.

利瑪竇,『天主實義』(宋榮培 외 공역, 서울대학교출판부, 1999).

_____,『交友論』,『二十五言』,『畸人十編』(宋榮培 譯註, 서울대학교출판부, 2000).

_____,『坤輿萬國全圖』(朱維錚 主編,『利瑪竇中文著譯集』, 上海: 復旦大學出版社, 2001 수록).

_____,『乾坤體義』(朱維錚 主編,『利瑪竇中文著譯集』, 上海: 復旦大學出版社, 2001 수록).

宋榮培,「천주실의와 토착화의 의미」, 利瑪竇,『交友論』,『二十五言』,『畸人十編』, 연구와 번역, 서울대학교출판부, 2000, 478~505쪽.

_____,「홍대용의 상대주의적 사유와 변혁의 논리」,『韓國學報』, 第74輯, 一志社, 1994, 112~134쪽.

_____,「茶山철학과『天主實義』의 패러다임 比較硏究」,『韓國實學硏究』(한국실학연구회 편), 제2호, 民昌文化社, 2000, 173~220쪽.

李元淳,『朝鮮西學史硏究』, 一志社, 1986.

丁若鏞,『增補與猶堂全書』(총 6권), 서울: 景仁文化社, 1970.

朱熹,『朱子語類』(共 8冊), 北京: 中華書局, 1984.

_____,『四書集注』, 北京: 中華書局, 1984.

楊伯峻 譯注,『論語譯注』, 北京: 中華書局, 1980.

_____,『孟子譯注』, 北京: 中華書局, 1984.

陳觀勝,「利瑪竇對中國地理學之貢獻及其影響」,『禹貢』半月刊, 第五卷, 第三四合集, 51~72쪽(『利瑪竇硏究論集』, 周康燮 主編, 홍콩: 崇文書店, 1971 영인본, 131~152쪽).

鮎澤 信太朗,『利瑪竇の世界地圖』, 東京: 龍文書局, 1946.

洪大容,『湛軒書』, 第一, 二輯, 洪榮善 編, 1939: 서울: 景仁文化社, 1980.

_____,「毉山問答」(『湛軒書』, 第一輯 수록).

洪煨蓮,「考利瑪竇的世界地圖」,『禹貢』半月刊, 第五卷, 第三四合集, 1~50쪽(『利瑪竇硏究論集』, 周康燮主編, 홍콩: 崇文書店, 1971 영인본, 67~116쪽).

韓沽劤, 李成茂 編著,『史料로 본 韓國文化史』(朝鮮後期篇), 一志社, 1985.

Bernard, Henri, S. J., *Matteo Ricci's Scientific Contribution to China*, Werner, E. Chalmers(tr.), Peiping, 1935.

Needham, Joseph, *Chinese Astronomy and the Jesuit Mission: An Encounter of Cultures*, The China Society, London, 1958.

홍대용의 상대주의적 사유와 변혁의 논리

1 문제제기

담헌(湛軒) 홍대용(洪大容, 1731~1783)에 관한 이제까지의 연구는 대략 두 가지 방향에서 크게 연구되었다고 생각된다. 그 하나는 담헌의 지전설(地轉說)을 중심으로 한 그의 자연과학적 이론의 '근대성'에 주목하여 논한 것이요,[1] 다른 하나는 주자철학의 심성론(心性論)에 기반을 두고 인물성(人物性)의 동이론(同異論)을 극력하게 논구했던 호락논쟁(湖洛論爭)의 연장선상에서 낙론(洛論) 계통에 선 홍대용의 인물동(人物同), 또는 인물균(人物均)론의 철학적 의의를 규명한 작업이라고 하겠다.[2] 그러나 필자는 이런 담헌의 철학사상의 두드러진 특징

---

[1] 이 점에 관해서는 특히, 李龍範, 「李瀷의 地動論과 그 논거—附 洪大容의 우주관」, 『震檀學報』 34, 1972; 小川晴久, 「地轉(動)說에서 宇宙無限論으로—金錫文과 洪大容의 世界」, 『東方學志』 21, 1979; 朴星來, 「홍대용의 과학사상」, 『韓國學報』 23, 1981 등 참조.

[2] 이런 관점의 대표로는 유봉학, 「北學사상의 형성과 그 성격」, 『韓國史論』 8, 1982, 그리고 그의 박사학위논문, 『18~19세기 燕巖과 北學사상의 연구』, 서울대학교 국사

이 드러나 있는 그의 주저 「의산문답」(毉山問答)을 열독하면서, 이미 담헌이 당시에 대표적인 보수적 논리인 '중화(中華)중심적' 세계관과 주자(朱子)의 '심성론'(心性論)의 틀을 훌쩍 넘어서서, 지구중심, 좀더 정확하게는, '중화'중심의 경직된 고정관념을 '허'(虛)로 규정하고 자연우주의 발생변화를 말하는 그의 철학적 사유에는 당시 17세기 이래 이미 중국을 통해 전래된 '서학'(西學)적인 천문우주관이 각인되어 있을 뿐만 아니라,[3] 또한 모든 절대적 독단론을 타파하면서 모든 존재들의 인식의 상대성을 말하는 장자(莊子, 기원전 4세기)의 상대주의적 인식론이 크게 원용되고 있음에 주목하게 되었다.

사실 이제까지 담헌의 사상연구에서 그의 혁신적 사상의 기저에는 상대주의적 사고가 깔려 있다는 언급은 간간이 있었다.[4] 그러나 홍대용 사상의 핵심적 기저를 장자의 상대주의적 인식론과의 대비를 통하여 규명하려는 철학적 연구작업은 이제까지 시도된 적이 없다고 하겠다.

필자는 이런 논의를 개진하기 위하여, 첫째, 홍대용의 상대주의적인 무한우주론을 간략히 살펴보고, 둘째, 그의 심성론에 대한 이론 천착을 통하여, 그가 얼마만큼 주자(朱子)의 철학적 세계관에서 일탈하여, 상대주의적인 관점에서 그의 혁신적인 논의를 전개하고 있는가를 기술하고자 한다. 그리고 셋째 이런 그의 상대주의적 혁신적 논

학과, 1992, 그리고 趙東一, 「조선후기 人性論과 문학사상」, 『韓國文化』 11, 1990; 또한 그의 「조선후기 人性論의 혁신에 대한 문학의 반응」, 『한국문화』 12, 1991 등을 참조.

3   이런 면에서 특히 앞서 언급한 朴星來, 「洪大容의 科學思想」 참조.

4   앞에서 언급한, 유봉학, 「北學사상의 형성과 그 성격」; 趙東一, 「조선후기 인성론과 문학사상」, 그리고 朴星來, 「洪大容의 科學思想」 등 참조.

의를 깊게 이해하기 위하여, 장자의 상대주의적 인식론과 그의 무한 변화의 철학사상을 될수록 간략하게 소개하고자 한다. 그리고 끝으로 이런 장자의 철학과 구별되는 홍대용 자신의 무한한 자연 변화의 사상과 그의 주체적 변혁론의 의미를 당시의 지성계에 대한 홍대용의 비판의식, 즉 '자만으로 가득 찬'('긍심'(矜心)) 관념적 고정성('허'(虛))에 대한 '진취적 내용', 즉 '실'(實)의 극복이라는 문제의식을 천착해 보고자 한다.

2 담헌의 무한한 우주의 중심상대설

이수광(李睟光, 1563~1628)이 『지봉유설』(芝峰類說, 1616)에서 이미 마테오 리치(Matteo Ricci, 利瑪竇, 1552~1610)의 세계지도와 그의 저작 『천주실의』, 『교우론』(交友論) 등을 소개하고, 동시에 서양의 천문지리에 관한 상당한 정보를 제공한 이래, 조선조에서는 17세기부터 본격적으로 서학이 수입되었다.[5] 담헌은 그의 북경사행(北京使行, 1765~1766) 이전에 이미 성호(星湖) 이익(李瀷, 1681~1763)의 저술 등을 통하여 상당한 정도의 서양의 천문학과 수학에 대한 지식을 가지고 있었음이 틀림이 없다. 홍대용의 「의산문답」에는 확실히 중화적 세계관에 절대적 의미를 부여하는 천원지방(天圓地方)설이나 중국을 중심으로 천체의 영역을 12로 분할하는 분야(分野)설과, 또한

---

5   이수광의 서학(西學)에 대한 인식과 그 사상에 관하여는 韓永愚, 「이수광의 學問과 思想」, 『韓國文化』 13, 1992, 359~431쪽 참조.

음양, 특히 오행설과 천인감응설의 허구성이 부정되고 있으며, 그리고 우주중심상대설 등에는[6] 확실히 종래 중국의 '중화중심적' 천문학의 기본적 가정들이 송두리째 부정됨으로써, 확실히 담헌사상의 탈-전통적 혁신성이 엿보인다. 따라서 이런 담헌의 혁신적인 과학사상은 어떤 면에서는 '근대성'에도 통용될 수 있는 여지가 있다고 생각한다. 사실 이런 담헌의 자연인식에는 여전히 서양의 근대과학과 통할수 있는 요소, 말하자면, 17세기 이래 중국에 온 서양 선교사들의 천문관, 즉 '시헌력'(時憲曆)에 배경이 되는 티코 브라헤(Tycho Brahe, 第谷, 1546~1601)의 지구중심설과 지구의 구체(球體)설,[7] 전통적 오행(五行)설의 부정 등이 뚜렷이 설명되고 있는 것이 사실이지만,[8] 필자의 견해로는, 그의 무한한 우주자연관의 기본 특징은 오히려 이 무한한 우주 속에서 모든 별들의 세계가 각각 자기의 세계에서 '자기중심적으로' 바라본다면, 모두 다 자기 세계가 중심이 되고 그 주위의 다른 별의 세계는 모두 그 주변으로밖에 보일 수 없다고 하는 우주의

---

6   이런 홍대용의 자연과학적 이론에 대한 내용 소개는 이미 앞서 언급한, 이용범과 박성래 등의 논문에 상세히 기록되었다.

7   이미 서양에서는 16세기 중엽에 코페르니쿠스(1473~1453)가 태양중심적인 지동설을 주창하였다. 그러나 로마교황청이 1616년 코페르니쿠스의 『天球의 회전에 대하여』를 금서로 지정했고, 또한 갈릴레오가 1633년의 재판에서 교황청의 압력에 굴복했었기 때문에, 17세기 이래 중국에 온 예수회 선교사들은 코페르니쿠스의 지동설을 중국에 소개하지 못했고, 그 대신 덴마크의 천문학자 티코 브라헤의 절충적인 모델을 소개하였다. 브라헤에 의하면, 혹성이 태양을 돌며, 이 혹성들과 태양이 지구와 달의 주위를 돈다고 설명하였다. 한편 신학적으로 지구중심설에 타협하고, 다른 한편 코페르니쿠스의 설에 접근하는 이런 절충적 모델은 중국에서 처음으로 로오(P. Jacobus Rho, 羅雅谷, 1593~1638)의 『五緯曆指』에서 소개되었으며, 이 책은 『崇禎曆書』에 실려 있다. 강재언, 『조선 西學史』, 민음사, 1990, 41~42쪽 참조.

8   「毉山問答」, 『湛軒書』 內集 補遺, 洪榮善 篇, 1939, 景仁文化사(복간본, 이하 "의산문답"으로 칭함), 卷4, 23a~b쪽.

절대중심부정론 또는 중심상대설에 있다고 본다면, 이러한 홍대용 고유의 자연과학적 이론의 핵심은 결단코 '근대적' 서양의 자연관과 동궤(同軌)를 걷는다고 볼 수 없다. 이런 사유에는 담헌 자신이 분명히 말하고 있지는 않지만, 장자의 상대주의적 인식론이 결정적인 영향을 주었을 것으로 사료된다. 요컨대, 담헌의 자연관에는 종래의 중국 중심의 자연관에 벗어나는 근대 서양의 과학관이 반영되어 있긴 하지만, 그것과도 다른 담헌 나름대로의 강한 "상대주의적 자연관"[9]이 각인되어 있다.

> 세상 사람들이 천지(우주)를 말할 때, 어찌 지구세계(地界)가 우주의 한가운데 있고, 해, 달, 별이 (그것을) 에워싸고 있다고 생각하지 않는가? (그러나) 온 하늘의 별의 세계는 (각기 하나의) 세계가 아닌 것이 없다. 별의 세계에서 보면, 지구 또한 별이다. 헤아릴 수 없는(無量) 세계들이 허공계(우주)에 흩어져 있는데, 오직 이 지구세계만이 공교롭게 그 한복판에 있다는 그런 이치는 있을 수 없다. (……) (다른) 여러 별들의 세계에서 본다면, 지구에서 보는 것과 마찬가지로, 각각은 그 각각의 뭇 별세계의 중심이라고 말할 것이다. 7의 별(해, 달과 水, 金, 火, 木, 土星 ─필자)이 지구를 싸고 있다는 것은 지구에서 재어볼 때는 물론 그러하여, 지구가 이 일곱 별들의 중심이라고는 말할 수 있으나, (우주 안의 모든) 뭇 별들의 한복판이라고 한다면, (이는) 우물 속 개구리의 식견인 것이다. (……) 다섯 별은 해를 둘러싸고 해를 중심으로 삼고, 해와 달은 지구를 둘러싸고 지구를 중심으로 삼고 있다. 금(金)성과

---

9   朴星來, 「洪大容의 科學思想」, 174쪽.

수(水)성은 해에 가까워서 지구와 달은 그들의 원궤도 밖에 있고, (나머지) 세 별(火, 木, 土星 —필자)은 해에서 멀리 있기 때문에, 지구와 달은 그들의 원궤도 안에 있다. (……) 이렇기 때문에 지구는 해와 달의 중심이 되나, 다섯 위성들의 중심이 될 수 없고, 태양은 다섯 위성의 중심은 되나, (우주 안의 모든) 뭇 별들의 한복판일 수는 없다. 태양 또한 한복판이 될 수 없는데, 하물며 지구가 되겠는가?[10]

여기에서 담헌은 지구의 중심설뿐만 아니라, 태양의 중심설까지 상대적인 것으로 생각하고 있다. 도대체, 담헌의 이러한 상대주의적 자연관은 어떤 관찰이나 이론에 근거한 것일까?

이런 문제제기에 대한 심도 깊은 이해를 위하여, 필자는 우선 『장자』의 「추수」(秋水)편의 서두를 소개함으로써, 거기에 나타난 절대적 인식의 부정과 동시에 상대적 인식을 열어 주는 장자의 상대주의적 시각과 그 구성의 유사성을, 담헌의 「의산문답」(毉山問答)과 연결 지어 생각해 보고자 한다.

가을비가 제때에 오니, 수백의 개울물이 황하(黃河)로 흘러들어 갔다. 흘러 지나가는 물이 대단하여, 강의 양안과 사구(沙丘)들 사이가 아득

---

10 "(……) 世人談天地, 豈不以地界爲空界之正中, 三光之所包歟? (……) 滿天星宿, 無非界也. 自星界觀之, 地界亦星也. 無量之界散處空界, 惟此地界巧居正中, 無有是理. (……) 衆界之觀, 同於地觀. 各自謂中各星衆界. 若七政包地, 地測固然, 以地謂七政之中則可. 謂之衆星之正中, 則坐井之見也. (……) 蓋五緯包日, 而以日爲心. 日月包地, 而以地爲心. 金水近於日, 故地月在包圈之外. 三緯遠於日, 故地月在包圈之內. (……) 是以地爲兩曜之中, 而不得爲五緯之中. 日爲五緯之中, 而不得爲衆星之正中. 日且不得爲正中, 況於地乎?", 「의산문답」, 23a~b쪽.

하게 멀어서 마소를 구분할 수 없었다. 이때에 하백(河伯, 황하의 의인화—필자)이 흔쾌히 절로 기뻐하며, 천하의 미(美)가 다 자기에게 있다고 생각하였다. 그가 물결을 타고 동쪽으로 가서 북해(즉 발해(渤海)의 의인화—필자)에 이르러서, 동쪽을 향하여 바라보니 물의 끝이 보이지 않았다. 이때에 하백은 비로소 그의 눈길을 돌려서 망연히 북해약(北海若, 발해의 의인화, 필자)을 쳐다보고 탄식하여 말하였다. "속담에 '도'를 백 번 들어도, 자기만 못하다고 생각한다'라는 말이 있는데, 저를 두고 한 말입니다. (……) 지금 저는 당신이 끝없음을 보았으니, 제가 당신의 문전에 오지 않았던들, 아마도 대도를 터득하신 분들에게 웃음거리가 되었을 것입니다."

북해약이 말하였다. "우물 안의 개구리에게 바다를 말해 주지 못하는 것은 그가 사는 장소에 매어 있기 때문이고, 여름 벌레에게 얼음(氷)을 말해 줄 수 없는 것은 그가 사는 시간에 매어 있기 때문이고, (하나의 입장만) 고집하는 지식인(曲土)에게 도를 말해 줄 수 없는 것은 그가 교리에 매여 있기 때문이라네. 오늘 자네는 (자네의) 한계를 넘어섰으니 (……) 자네에게 큰 이치(大理)를 말해 줄 수 있겠네. 천하의 물 가운데 바다보다 큰 것은 없네. (……) 봄이나 가을이나 변함이 없고, 홍수와 가뭄을 모르네. 이 점에서 바다는 하천보다 헤아릴 수 없이 큰 것이네. 그러나 나는 결코 나 자신을 크다고 생각하지 않네. (……) 내가 우주 안에 있다고 하는 것은 마치 큰 산에 작은 돌이나 나무가 있는 것과 비슷한 것이네. (……) 어떻게 나 스스로 크다고 할 수 있겠는가? 우주 안에 사해(四海)가 있다는 것은 큰 연못 안의 물병만 한 빈틈과 비슷하다고 생각할 수 있지 않을까? (……) 사해 안에 '중국'이라는 나라는 큰 창고 안의 곡식 낱알 같다고 생각할 수 있지 않을까? (온갖) 존재(物)들의 수를 만(萬)이라고 부른다면, 사람은 그중에 하나인 것이네. 사람들이 (중국의) 구주(九州)에 (산다 하나), 곡식들이 자라나고, 배와 수레가 소통하니, 사람은 그중에 하나인 것이네. 이러하니, (인간을) 만물에 비한다면, (미미한) 터럭 끝이 말 몸뚱이(馬體)에 있는 것과 비슷하지 않은가? 오제(五帝)들의 선양이나 삼왕(三王)들의 혁명이나, 도덕가의 우환의식이나 열사들의 수고나 다 이런 (터럭 끝처럼 미미한) 것이네. 백이는 겸양으로 유명하고, 공자는 말씀을 하여 큰 인물이라 하나, 이는 스스로 크다고 생각하는 것이니, 자네가 조금 전에 스스로 큰물이라고 생각한 것과 같지 않은가? (……) 도에서 보면, 모든 존재(物)에는 귀천이 없네. (개개의) 존재(物)의 관점에서 보면, 자기는 귀하고 상대는 천하게 보이네. 귀천은 자기에게 있는 것이 아니네. (……) 그 시대에 어그러지고 그 시속(時俗)에 거스르면 역적이요, 그 시대에 합당하고 그 시속에 맞으면 정의의 사도인 것이네. 가만히 있게나, 하백이여! 자네가 어찌 귀천이 무엇이고 크고 작은 것이 무엇인지를 알겠는가?"[11]

---

11 "秋水時至, 百川灌河. 涇流之大, 兩涘渚涯之間, 不辯牛馬. 於是焉, 河伯欣然自喜, 以天下之美爲盡在己. 順流而東行, 至於北海. 東面而視, 不見水端. 於是焉, 河伯始旋其面目, 望洋向若而歎曰: 野語有之, 曰, 聞道百, 以爲莫己若者, 我之謂也. 且夫我嘗聞少仲尼之聞, 而輕伯夷之義者, 始吾弗信. 今我睹子之難窮也. 吾非至於子之門則殆矣. 吾長見笑於大方之家. 北海若曰: 井䵷不可以語於海者, 拘於虛也. 夏蟲不可以語於氷者, 篤於時也. 曲士不可以語於道者, 束於敎也. 今爾出於崖涘, 觀於大海, 乃知爾醜, 爾將可與語大理矣. 天下之水, 莫大於海. 萬川歸之, 不知何時止, 而不盈. 尾閭泄之, 不知何時已, 而不虛. 春秋不變, 水旱不知. 此其過江河之流, 不可爲量數. 而吾未嘗以此自多也, 自以此形於天地, 而受氣於陰陽. 吾在於天地之間猶小石小木之在大山也. 方存乎見少. 又奚以自多. 計四海之在天地之間也, 不似礨空之在大澤乎. 計中國之在海內, 不似稊米之在太倉乎. 號物之數謂之萬. 人處一焉. 人卒九州穀食之所生, 舟車之所通, 人處一焉. 此其比萬物也, 不似豪末之在於馬體乎. 五帝之所連, 三王之所爭, 仁人之所憂, 任士之所勞, 盡此矣. 伯夷辭之以爲名, 仲尼語之以爲博. 此其自多也, 不似爾向之自多於水乎.... 以道

장자의 「추수」편에는 두 허구적 인물, 하백과 북해약이 설정되어 있다. 황하라는 공간에 매어서 자기를 절대화하고 있는 자긍심에 가득 찬 하백이 결국 자기의 자긍심을 버리고 그보다 큰 스케일에 서 있는 북해약으로부터 모든 인식의 절대적 크기는 있을 수 없다는 '상대적 인식'을 배워 나가는 모습이 그려지고 있다. 우리는 담헌의 「의산문답」 속에서도, 홍대용 자신을 통해 조선의 고루한 지식인을 의인화한 듯한 허자(虛子)가 중국(華)과 조선(夷)의 경계에 있는 의무려산(醫巫閭山)에 사는 실옹(實翁)을 만나서, 그를 통해 사물들 간의 '상대적 인식'을 터득해 나감으로써, 보다 큰 세상을 내다보고, 결국 조선이란 좁은 땅에 얽매인 조선 사대부들의 고루한 자긍심을 타파해 나가고 있음을 보게 된다.

　　허자(虛子) 선생은 은거하여 30년 독서를 하여, 천지의 조화를 추구했고 생명의 미묘함을 연구했으며, 오행(五行)의 근원까지 추구하였고, 삼교(三敎: 儒, 佛, 道 ─필자)의 핵심에 통하였다. 그는 인간의 도리를 섭렵하고 물리(物理)까지 회통하여, 깊은 곳까지 헤아려 보고 근원을 훤히 알게 된 뒤에 세상에 나가 말했으나, 듣고서 웃지 않는 이가 없었다. 허자는 말하였다. "지능이 작은 사람(小知)에게 큰 것을 말해 줄 수 없고, 비루한 속물에게 도를 말해 줄 수 없다." (그는) 이에 서쪽으로 연도(燕都, 북경)에 들어가서 지식인들과 노니며 담론하고 60일을 머물렀으나, 마침내 지기를 만날 수 없었다. 이에 (……) 짐을 싸서 돌아오다

之, 物無貴賤. 以物觀之, 自貴而相賤. 以俗觀之, 貴賤不在己. … 差其時逆其俗者, 謂之簒夫 . 當其時順其俗者, 謂之義之徒. 黙黙乎, 河伯. 女惡知貴賤之門, 小大之家."(淸, 郭慶藩, 『校正莊子集釋』, 이하 '곽'으로 표시함), 561~580쪽.

가 의무려산에 오르게 되었다. (……) 수십 리를 가니, 길에 돌로 된 문이 있고, '실거지문'(實居之門)이라고 쓰여 있었다. (……)

실옹은 말하였다. "하늘에 의해 생겨나고 땅에서 길러지며, 무릇 혈기가 있으면, (누구나) 다 같이 사람인 것이다. 출중한 인물이 한 지역을 제압하고 통치하면, 그가 군왕인 것이다. 성문을 튼튼히 하고 참호를 깊이 파고 국토를 부지런히 지키면, 모두 다 같은 국가인 것이다. 장보(章甫: 은(殷)대의 예모—필자)나 위모(委貌: 주(周)대의 예모—필자)나, (더위서) 문신을 했든 조제(雕題: 액자에 단청(丹靑)을 넣음—필자)를 하든, 다 같은 풍습인 것이다. 하늘(天, 자연)에서 본다면, 어찌 안과 밖의 구분이 있겠는가? 따라서 각자는 자기 사람(이웃)을 친하게 느끼고, 각자 자기 임금을 존숭하며, 각자 자기 나라를 지키고, 각자 자기의 풍속에서 편안함을 느끼는 것은 화(華)나 이(夷)나 같은 것이다.[12]

상대주의적인 인식론을 통해 보다 큰 스케일에 서서 고루한 고정관념을 타파하려는 해방적 관점은 장자와 담헌 모두에게서 발견된다고 하겠다.

---

12 "子虛子隱居, 讀書三十年, 窮天地之化, 究性明之微, 極五行之根, 三敎之蘊. 經緯人道, 會通物理, 鉤深測奧, 洞悉源委. 然後出而語人, 聞者莫不笑之. 虛子曰: 小知不可與語大, 陋俗不可與語道也. 乃西入燕都, 遊談於搢紳, 居邸舍六十日, 卒無所遇. 於是…束裝而歸, 乃登翳巫閭之山. (……) 行數十里, 有石門. 當道題曰, 實居之門. (……) 實翁曰: 天之所生, 地之所養, 凡有血氣, 均是人也. 出類拔萃, 制治一方, 均是君王也. 重門深濠, 謹守封疆, 均是邦國也. 章甫委貌, 文身雕題, 均是習俗也. 自天視之, 豈有內外之分哉? 是以各親其人, 各尊其君, 各守其國, 各安其俗, 華夷一也.",「의산문답」, 16a~b, 37a쪽.

3 담헌의 상대주의적 인물균(人物均)론

송명시대 이래 신유학자들은, 공(空)과 무(無) 대신에, 천지자연의 모
든 변화와 흐름의 현상을 생명의 전개로 파악(天地之大德曰: 生)하여,
이런 생명(生)의 본질과 작용을 인간(人)세계와 자연세계(物 또는 天)
의 존재론적 기초로 제시하였다. 이들은 이런 존재론적 기초가 개개
의 구체적 인간들이나 만물들의 본성 안에 내재하는 것으로 설명하
였다. 바로 이런 생(生)의 전개가 바로 도, 즉 천리(天理)의 전개인 것
이다. 따라서 자기 안에 내재하는 이런 보편적인 도덕형이상학 또는
도덕존재론을 터득하여, 우주의 전체적 질서 속에서 각기 다르게 처
해 있는 자신들의 인격완성(內聖) 추구와 그와 관련된 지식, 즉 덕성
(德性)의 지(知) 터득을 확보하려는 것(존덕성(尊德性)의 추구)이 신유
학의 공통적인 관심사이며, 이런 학문적 경향은 조선의 학인들에게
뿌리 깊게 영향을 미치고 있는 것이다.

　　주희(朱熹)의 입장에서 볼 때, 무궁하고 무한한 우주만물의 생성
과 변화 발전을 주재하는 초월적 인격신이란 없지만, 그렇다고 이런
변화 운동이 맹목적이거나 혼돈일 수는 없다는 것이다.[13] 이런 우주의
만물만상의 변화에는 그것을 그렇게 하도록 하고, 그렇게 움직이게
하도록 하는, 만물의 소이연지고(所以然之故)와 소당연지칙(所當然之
則)이 선험적으로 미리 주어져 있다는 것이다. 이것이 주희가 말하는
(도덕)존재론적 근거로서의 이(理, 또는 천리(天理))의 세계인 것이다.
이런 '이'는 만물의 선험적인 존재론적 근거일 뿐이므로 감각적/경험

13　"蒼蒼之謂天, 運轉周流不已, 便是那個. 而今說天有個人在那裏批判罪惡, 固不可. 說道
　　全無主之者, 又不可.",『朱子語類』권1.

적 내용을 가질 수 없으며, 또한 동시에 현상계의 만물이 존재하기 이전부터 그와는 별개의 범주로 존재하는 것이다.[14]

따라서 이러한 '이'의 측면은 현상계에 속한 구체적인 만물들과 존재론적으로 구분되는 것이다. 실제의 현상계의 만물들은 수시로 변하고 유동적인 기(氣)의 흐름(流行)에 의하여 실제적인 존재로 나타난다. 그러나 이런 무목적적 무정형으로 무한히 흘러가고 변화해 가는 '기'는 형이하학적인 것으로, 절대로 존재론적 차원에서 합목적적·가치론적 근거인 형이상학적 '이'와 서로 혼동해서는 안 된다(理氣不相雜)는 것이다.[15] 하지만, 이 우주에 실제로 존재하는 실체는 오직 '기' 하나뿐이다. 형이상학적인 '이'는 존재론적으로는 선험적이지만, 현실적으로는 형이하학적인 '기'를 떠나서 달리 어디에 의거할 수 없는 것(理氣不相離)이다.[16] 따라서 주희의 철학은 이원적 사고(理氣不相雜)인 동시에, 일원적 실체관(理氣不相離)이다. 그러나 실제로 주자는 특히 합목적적 운동인인 '이'의 주재성과 제일의성을 강조하고 있다.

그는 이 '이'의 총체적인 근원을 태극(太極)이라고 불렀으며, 이 태극이라는 최고의 총체적 원리는 또한 동시에 모든 구체적인 개개 인간들이나 만물들에 내재적으로 존재하는 것이다(人人有一太極, 物物有一太極).[17] 따라서 태극인 '이'는 총체적 존재론적 원리로서 '이일'(理一)이면서도 동시에 무한한 구체적 만물 속에 내재함으로써 만수(萬殊)인 것이다. 이것이 주자의 이일(理一)분수(分殊)론이다. 주자

---

14   "上天之載, 無聲無臭, 而實造化之樞杻也.", 『太極圖說解』; "若在理上看, 則未有物而已有物之理.", 『朱子語類』권1.
15   "雖其方在氣中, 然氣自是氣, 性自是性, 亦不相夾雜.", 『朱子語類』권4.
16   "理不嘗離氣.", 『朱子語類』권1.
17   『朱子語類』권94.

는 이 '이일분수'론으로 우주적 전체 체계 안의 전체적 움직임과 동시에 그 전체적 질서 안에서 각각의 구체적 인간들이나 사물들이 각기 부동하게 차지하고 수용해야 할 각자의 합목적적 역할분담의 전체적 체계의 틀을 제시하고 있다. 이제 주자 및 그의 이론을 추숭하는 전통적 유교문화권 안의 지식인들은 이 전체적인 틀을 우주와 인간의 완전한 질서(天理)로 확보하게 된 셈이다.

그러나 실제 세계의 무수한 인간이나 만물들은 부도덕하고 또한 완전하지도 못하므로 문제투성이인 것이다. 그것은 왜일까? 그것은 모든 구체적 인간이나 사물들의 생성은 모두 무정형하고 무목적이고 늘 변화 유행하는 기에 의해 생성된 것이고 따라서 기에 의해 제한을 받고 있기 때문이다. 주자는 특히 개개의 인간이나 만물의 개개체들에 내재하는 하나의 '분수리'를 특히 성(性)이라고 불렀다. 이와 같이 한 개체(物) 안에서 이런 합목적적이고 완전한 지선(至善)의 가치를 가진 '이'의 측면을 가진 성(性)을 가리켜 천지지성(天地之性) 또는 본연지성(本然之性)이라 명명했고, 이와 대치되는 실재적 개체 안의 그 무정형하고 불선(不善)한 기와 혼재된 성(性)을 기질지성(氣質之性)이라고 불렀다. 인간의 마음(心)에는 이런 순선(純善)한 '본연지성'으로서의 성(性)의 측면과 선악이 섞여 있는 '기질지성'의 측면으로서의 정(情)이 함께 존재하는 것이다(心統性情). 따라서 인간의 마음은 그것이 존재론적 측면, 즉 아직 실제적 작동을 일으키기 전(즉 미발(未發)상태)에는 모두 순선(純善)인 것이지만, 실제적인 작동 후(즉 이발(已發)상태)에서는 '기질지성'인 정(情)이 어떻게 작용하느냐에 따라서 선(善)으로도 악(惡)으로도 나타날 수 있다는 것이다.

이에 주자는 인간들에게 그의 '본연지성'에서 흘러나오는 '도심'

(道心)과 '기질지성'에서 연유하는 '인욕'(人欲)을 대립시키고, 자기 존재의 완성을 위해서는 될수록 '도심'에 따라 '천리'를 지키고, 감각적 정서인 정욕(情欲)에 물들지 말아서 '인욕'을 버리라고 하는 '존천리(存天理), 멸인욕(滅人欲)'의 구호를 크게 외치었다. 그는 가상적 이상세계를 인간이나 만물 내면세계에 설정하고, 이 가상적인 이상가치에 따라 현실적 정념적 욕구의 극복을 통한 도덕이상세계의 실현을 얘기한 것이다.

주자는 한편 순선의 가능성을 이(理)의 측면에서 확보하고, 다른 한편 그 '이'와 대치하는 불완전한 '기'의 측면을 대비시킴으로써, 그의 도덕형이상학의 확고한 입지점과 동시에 현실적인 부족점이 계발될 수 있는 가능성의 여지를 열어 놓은 셈이다. 따라서 그의 사대부적 입장에서 출발하는 '인륜세계와 천지자연 모두를 관통하는 그의 도덕존재론'이 등장하게 되었다. 그리고 그는, 그의 도덕이상세계를 확보하고 실현하기 위하여, '존천리, 멸인욕'을 강조함으로써 지나치게 초세속적인 금욕주의의 모습을 보이고 있다. 이렇게 해서 파악되고 그려진 이상세계는 결국 관념적·합목적적인 세계이기 때문에, 그의 철학은 자기의 내적 반성과 성찰을 권면하는 주정(主靜)철학의 특색을 지닐 수밖에 없었다.

그는 개개의 사물이나 구체적 개개 인간 모두에게 천지의 운행과 사회적 인간관계 안에서 각기 자신을 완성하는 이치를 터득하기 위해서는, 자기의 마음(心) 밖으로 나가, 개개의 대상(物)이나 사건(事)들의 직접적 현상에서 그 '이'를 궁구(卽物窮理)해야 한다고 말하였다. 개개의 다른 대상, 다른 경우들 그리고 다종다양한 일들의 현장에서 그것들에 내재된 이치 하나하나를 직접 터득해 나가다 보면, 어느 날엔가 갑자기 '확 단번에 깨닫게 된다'(豁然貫通)고 말하고 있다. 왜냐하면 천리(天理)란 인간의 마음뿐만 아니라 우주 전체의 질서 자체를 포괄하는 것이요, 그 안에서 개개 인간과 사물들이 각기 해야 할 몫이 달리 주어져 있기 때문이다. 그래서 주자는 자기의 분수리(分殊理)에 대한 터득을 먼저하고(知先), 그 명확한 인식 위에 자기의 실천(行後)을 말하였다(知先行後).

주자에 의하면, 이런 도덕형이상학은 실제 맹자(孟子) 뒤에는 사라진 것이요, 이제 송명시대의 신유학자들에 의해 비로소 다시 그 참뜻이 이어졌다는 것이다. 따라서 그는 이런 참뜻에 입각하여, 특히 지식인들의 사명이란 학문적으로 이런 뜻을 분명히 밝혀, 스스로 먼저 깨닫고 그것을 후진에게 깨닫게(先覺覺後) 하는 일이라는 것을 말하였다. 그래서 그는 『사서』(四書)는 물론 『오경』(五經)에 대하여 체계적인 주석을 달았다. 그의 체계는 방대한 것이다. 그는 가상적으로 설정한 천리를 '실재적 의미'로 깨닫고 자기의 본성(이상적 가능성)을 실현(완성)해 나가는 존덕성(尊德性)을 말함과 동시에 도문학(道問學)이라는 지식인의 과제를 마련해 준 것이다.

그러나 이런 지식인의 윤리의식을 우주적 차원으로 확대 확립하고, 동시에 전체 사회적인 질서의 틀 안에서 내성의 반성을 촉구하는 주자의 철학은 결국 그의 사후에는 관학화되었으며, 실제 그의 주석서는 과거시험의 기본교재로 채택되었다. 따라서 주자 뒤의 원명청(元明淸)대의 실제 역사에서 그의 도덕이상주의와 주정(主靜)의 철학은 세속적 출세의 도구로 변모되어 버린 것이다. 그리고 그의 지나친 천리 강조와 인욕의 절제 요구는 현세의 부유하고 세력 있는 사대부들에 의해 그 진정한 의미가 퇴색할 수밖에 없었다. 주자가 요구하는 도덕적 반성과 엄격한 학문태도는 점차 형식화되고 공동화될 수밖에 없었다. 그리고 주자학(朱子學)을 추숭하는 지식인들은 사회적 현실변화에 주체적·능동적으로 대응하기보다는, 오히려 현실 고수 수준에서 '퇴영적·명상적'으로 대처할 수밖에 없었다. 따라서 그의 성리학(性理學)은 원래의 생동적인 의미가 점차 경직화되어 가면서, 사회의 현실적인 문제에 대한 실질적인 해답을 구하려는 진보적인 새로운 지식인층에 의해, 그 철학적 의미가 의문시되었다. 여기에 명(明)대의 양명학(陽明學)과 기(氣)철학이 제기되었던 것이다.

이런 주자의 성리학적 체계에서 핵심적인 의미를 갖는 '이'의 선험적 존재성과 주재성은 담헌에 의해서 다음과 같이 부정되고 있다.

> 무릇 이(理)를 말하는 이들은, 무형(無形)으로서 '이'가 존재한다고 말한다. 무형이면서 존재한다면, 그 존재는 어떤 것인가? '이'가 있다면, 어떻게 형체 없이 있을 수 있는가? (우리는) 소리가 있으면 있다고 말하고, 색깔이 있으면 있다고 말하고, 냄새나 맛이 있으면 있다고 말한다. 이 네 가지가 없다면, 형체도 없고 있는 위치도 없다. (그런데도) 있다 하면, 그것은 어떤 것인가?
> 또한 ('이'란) 소리도 냄새도 없으면서 (만물) 조화(造化)의 돌쩌귀요 만물의 근저(根柢)라고 한다. 그렇다면, ('이'는) 작위(作爲)함이 없이 어떻게 돌쩌귀가 되고 근저가 되는가?
> 또한 '이'라고 하는 것은, 기가 선(善)해야 역시 선한 것이요, 기가 악(惡)하면 역시 악한 것이다. 이것은 '이'란 주재하는 바가 없고 기만 따를 뿐인 것이다. 만약 '이'가 본래 선한 것이고, 나쁜 악(惡)은 기질에 구애된 것이지 본래 그런 것이 아니라고 말한다면, 이런 (본래 선한)

'이'는 일단 만물 조화의 근본일 것이다. (그렇다면) 어떻게 기를 순선(純善)하게 못 하고, (……) '잡다하고 탁하고 어그러진 기'를 생성하여 세상을 어지럽히는가? ('이'가) 일단 선의 근본이고 또한 악의 근본이 되었다면, 이것은 (구체적으로 존재하는) 개개체(物)에 따라서 변한 것이니, (理가) 전혀 주재하지 못한 것이다. (……)

요즘 학자들은 입만 열면, 성(性)은 선하다고 말한다. 성(性)이라는 것이 어떻게 그 선함을 드러내는가? 어린애가 우물에 빠지는 것을 보고 측은한 마음이 생기는 것이 진실로 (인간의) 본심이라 말할 수 있지만, 만약 재미난 것을 보고 탐심이 발동하여 저절로 곧 행하여 마음을 가다듬을 틈도 없었다면, (그런 장난 심리 또한) 어떻게 본심이 아니라고 말할 수 있겠는가? 또한 성(性)이란 한 몸(안)의 '이'이다. 그러나 '이'가 소리도 냄새도 없다(無聲臭) 하니, 선악 두 글자는 어디에 있을 수 있겠는가?[18]

담헌은, 경험적으로 실재하는 것 외에, 관념적 존재의 선험적 실재성을 부정하고 있다. 따라서 "소리도 없고 냄새도 없는" 형이상학적인 '이'의 존재는 존재할 수 없는 것으로 단정하고 있다. 그리고 사

---

18 "凡言理者, 必曰: '無形而有理'. 旣曰: '無形而有'者, 是何物也? 旣曰: 有理, 則豈有'無形而謂之有'者乎? 盖有聲則謂之有, 有色則謂之有, 有臭與味, 則謂之有. 旣有四者, 則是無形體無方所. 所謂有者, 是何物耶? 且曰: 茂盛無臭, 而爲造化之樞杻, 品彙之根柢, 則無所作爲, 何以見其樞杻根柢耶? 且所謂理者, 氣善則亦善, 氣惡則亦惡. 是理無所主宰, 而隨氣之所爲而已. 如言: '理本善, 而其惡也爲氣質所拘, 而非其本體', 此理旣爲萬化之本矣! 何不使氣爲純善, 而生此駁濁乖戾之氣, 以亂天下乎? 旣善之本, 又爲惡之本, 是因物遷變, 全沒主宰. (……) 今學者開口, 便說性善. 所謂性者, 何以見其善乎? 見孺子入井, 有惻隱之心, 則固可謂之本心. 若見玩好, 而利心生, 油然直遂, 不暇按配, 則何得謂之非本心乎? 且性者, 一身之理, 而理無聲臭矣, 善惡二字, 將何以着得耶?", 「心性問」, 『湛軒書』 內集 권1, 1a~b쪽.

물의 '이'란 그 사물을 구성하는 기 안에 존재할 뿐만 아니라, 그 개체가 가진 기의 성질변화에 따라, 그 '이'의 내용이 달라지는 것이기 때문에, '이'의 주재성이 전적으로 부정되고 있는 것이다. 만약 사물 속에 순선한 '이'가 선험적으로 존재하고, 그 개체를 주재해나간다면, "잡다하고 탁하고 어그러진 기"가 생겨날 수 없다는 것이다. 또한 인간의 본성, 즉 성性은 순선한 것으로 말하고, "어린애가 우물에 빠지는 것을 보고", 거기에서 자연스레 우러나오는 "측은한 마음"이 분명 인간의 본심이라고도 말할 수 있지만, 본능적으로 자연스럽게, 깊은 사려 없이 흘러나오는 마음에는, 그런 도덕적 본심(惻隱之心) 말고도, 감성적 재미를 유발하는 허다한 마음들이 있으며, 또한 그런 비도덕적인 마음들 또한 모두 다 본심으로 말해질 수 있다는 것이다. 인간은 구체적 감각적 존재이기에, 인간의 선악은, 감성계를 초월해 있는 '존재론적인 관념성'으로서의 '이'와는 무관한 것으로 설명하고 있다. 따라서 담헌에게는, 인간의 강상윤리가 체현된 '본연지성'과 '기질지성'의 구별이 당연히 없게 된다. 요컨대, 그에게는 인욕을 절제할 수 있는 형이상학적인 천리의 체계가 없으므로, 주자의 이일(理一)분수(分殊)의 존재론적 질서는 무의미한 것이다.

여기에서 담헌은 한 걸음 더 나아가서, 유기론(唯氣論)적 입장에서, 인간과 사물의 형체상의 구별은 인정하지만, 종국적으로 인간에게 도덕적 계발의 원동력인 '마음'(心)의 문제를 결코 인간에게 고유한 것으로 보지 않는다. 그는 인간(人)과 형체상 구별되는 자연물(物), 즉 금수나 초목에도 그들 나름대로의 '마음'(心)이 편재(遍在)해 있음을 말함으로써 인간(人)과 자연사물(物)들의 심(心)의 동론(同論)을 펼치고 있다.

지금 대저 마음(心)이란 (……) 단지 기 중에 순수하고 (자연)사물(物) 중에 신기한 것이다. 대소(大小의 차이도) 후박(厚薄의 차이도) 명암(明暗의 차이도), 막히고 뚤림(通塞 의 차이도) 없이, 인식(知)하고 지각(覺)할 수 있으며, 허령(虛靈)하여 어둡지 않은(不昧) 것이다. (……) 오로지 이 본체(즉 마음)의 밝음은 성인으로 인해서 더 드러나지도 않고, 어리석은 이로 인해서 흐려지지도 않고, 금수로 인해 결손되지도 않으며, 초목으로 인해 없어지지도 않는다. 다름이 아니라, 심체(心體)는 신묘하고 순수해서 기에 구애받아 그 근본을 잃는 것이 아니기 때문이다. (……) 지금 대저 사람이 (자식을) 사랑하지 않는 일은 있어도, 호랑이는 반드시 새끼를 사랑한다. 사람이 불충(不忠)하는 일은 있어도, 벌들은 반드시 그들 임금(여왕벌)을 공경한다. (……) (뿌리가 다른) 나무들이 줄기와 가지를 함께하고, 풀이 밤에 합하고, 비가 오면 좋아하고, 서리 내리면 시든다. 이는 이들(금수초목)의 마음이 영험한 것인가 아닌가? (……) 영험하다면, 사람과 비해 보아도, 다르지 않을 뿐만 아니라 혹 넘치기도 한다. 사람(人)과 자연물(物)의 마음은 과연 다르다고 할 수 있을까? (……) 일단 다르다고 한다면, 그것은 마음이 마침내 기를 따라 변한 것이다. 심체(心體)의 영험은 규정된 바탕(定本)이 없다. (……) 따라서 어리석음은 기에 의해 한정된 것이고, 자연물(物)은 질(質)에 의해 한정된 것이나, 그 마음들의 영험함은 같은 것이다. 기는 변할 수 있으나 질(質)은 변할 수 없는 것이다. 이것이 사람(人)과 자연물(物)의 다름인 것이다. (……) 맑은 기를 얻어 형화(形化)한 것이 사람(人)이고, 탁한 기를 얻어 형화(形化)한 것이 자연물(物)이다. 그중 지극히 맑고 지극히 순수하여 신묘하여 헤아릴 수 없는 것이 마음이다. (마음이) 모든 이치를 묘하게 갖추고 만물을 주재할 수 있는 바탕이니,

이점은 인(人)과 물(物)이 같은 것이다. (……) 사람도 어리석기가 도깨비 같은 이가 있고, 물(物)에도 통명(通明)하여 민첩하게 깨닫는 것이 있다. 예를 들어 개미가 비올 것을 먼저 알고, 기린이 풀을 밟지 않는 것이다. 그들 마음의 영험함은 도리어 사람보다 현명하니, 저들 어리석기가 도깨비 같은 자들보다 어찌 못하겠는가?[19]

담헌의 관점에서 보자면, 모든 만물은 기의 형화에 의하여 생겨난 것이며, 그 만물들의 마음이란, 각각의 존재들에게 모두 다 같은 신묘한 기에 의해 만들어진 것으로, "모든 이치를 묘하게 갖추고 만물들을 주재하여 나간다"는 점에서는, 사람(人)의 마음이나 자연물(物, 즉 금수나 초목)의 마음이 같다는 것이다. 따라서 인간의 마음은 인간에게는 소중하지만, 다른 존재물들의 마음들도, 그들 각각에는 모두 영험하고, 신묘한 것이라는 것이다. 여기에서 인간의 도덕형이상학적 존엄성에 대한 절대성은 부정되고 만다. 결국 주자 성리학에서 천리로서 확정된 인륜도덕도 인간의 존귀함도 그 절대적 권위성을 상실하고 상대화되지 않을 수 없는 것이다.

---

19 "今夫心之爲物, (……) 只是氣之粹者, 物之神者, 無大小, 無厚薄, 無明暗, 無通塞, 能知能覺, 虛靈不昧. (……) 惟此本體之明, 不以聖而顯, 不以愚而晦, 不以禽獸而缺, 不以草木而亡. 無他, 體, 神且粹, 不拘於氣而失其本故也. (……) 今夫人有不慈, 而虎必愛子. 人有不忠, 而蜂必敬君 (……) 樹之連理, 草之夜合, 雨而喜, 霜而憔悴. 此其心靈乎不靈乎? (……) 謂之靈, 則方之於人, 非惟不異, 而或過之. 人物之心, 其果不同乎? (……) 一有不同, 是心逐氣變. 體靈無定本. (……) 故曰: 愚局於氣, 物局於質, 心之靈則一也. 氣可變, 而質不可變. 此人物之殊也. (……) 得淸之氣而化者爲人, 得濁之氣而化者爲物. 就其中至淸至粹, 神妙不測者爲心. 所以妙具衆理, 而宰制萬物, 是則人與物一也. (……) 人亦癡獃魍魎者, 物亦通明敏悟者. 如螻蟻先知雨, 麒麟不踐草. 其心之靈, 反有賢於人者, 何渠不若彼癡獃魍魎者耶?",「答徐成之論心說」,『湛軒書』권1, 3a~4b쪽.

오륜(五倫)과 오사(五事)는 인간들의 예의(禮義)이다. 무리지어 다니며 입과 부리로 먹는 것은 금수의 '예의'이다. 함께 붙어 자라면서 가지를 뻗는 것은 초목의 '예의'이다. 인간으로서 자연물(物)을 보면, 인간이 귀하고 사물(物)이 천하다. 사물(物)로서 인간을 보면, 사물(物)이 귀하고 인간이 천한 것이다. 하늘(天, 자연)에서 이들을 보면, 인간과 사물(物)은 같은 것이다.[20]

유기론(唯氣論)에 선 담헌의 관점에서 보자면, 인간(人) 또한 그를 생육하는 대자연의 한 존재로서, 다른 자연물(物)과 마찬가지로, 만물들 속의 하나의 개별적 부류로 상대화될 수밖에 없는 것이다.

더 나아가 담헌에 의하면, 결국 우주는 기가 유통하고 있는 "허계"(虛界), 즉 빈 공간 이상이 아니다. "빈 곳이 하늘(天)인 것이다. 따라서 우물이나 웅덩이(속)의 허공, 병이나 항아리(속)의 허공이 또한 하늘(天)인 것이다."[21] 수천 년간 중국(동양)인들의 사유의식 속에 절대적 신비적 권위를 누려온 '하늘'(天)의 신비성이 부정되고 만다.[22] 태양(日)에서 나오는 불기(火)와 지상(지구)의 흙(土)기와 물(水)기의

---

20 "五倫五事, 人之禮義也. 羣行呴哺, 禽獸之禮義也. 叢苞條暢, 草木之禮義也. 以人視物, 人貴而物賤. 以物視人, 物貴而人賤. 自天而視之, 人與物均也.",「의산문답」, 19a쪽.

21 "虛者天也. 是以井坎之空, 瓶甖之空亦天也.",「의산문답」, 28a쪽.

22 「의산문답」에서 '天'이 단순한 물질적 '빈 공간'으로 묘사될 뿐, 그의 절대적이고 신비적인 권위가 상대화되고 부정되고 있다면, 道의 절대적 신비성이 부정되는 전형적인 상대주의적 사유의 틀을 우리는 또한 『莊子』에서 보게 된다. "東郭子問於莊子曰, 所謂道惡乎哉. 莊子曰, 無所不在. 東郭子曰, 期而後可. 莊子曰, 在螻蟻. 曰, 何其下邪. 曰, 在稊稗. 曰, 何其愈下邪. 曰, 在瓦甓. 曰, 何其愈甚邪. 曰, 在屎溺. 東郭子不應."(『莊子』,「知北遊」편, 곽 749~750쪽); "盜亦有道乎. 跖曰, 何適而無有道邪. 夫妄意室中之藏, 聖也. 入先, 勇也. 出後, 義也. 知可否, 知也. 分均, 仁也. 五者不備而能成大盜者, 天下未之有也."(『莊子』,「胠篋」편, 곽 346쪽) 참조.

상호 작용에 의해 우선 "기화"(氣化)가 이루어지고, 이것이 발전하여 "형화"(形化)가 이루어지면서 인간과 만물이 생성되어 나왔을 뿐이라는 것이다.[23]

> 땅(지구)이란 허계(虛界, 우주) 안의 생동적 존재(活物)이다. 흙은 그 존재의 피부와 살이다. 물은 정기(精氣)와 피이다. 비와 이슬은 그 존재의 눈물과 땀이다. 바람과 불은 그 존재의 혼(魂)과 백(魄)을 활성시키거나 보호하는 것이다. 따라서 물과 흙은 (이 존재) 안에서 양성되고, 태양에서 오는 불은 밖에서 더운 김을 쐬어 주기에, 원기(元氣)가 모여서 여러 존재들이 자라나게 되는 것이다. 풀과 나무는 이 땅의 털과 머리칼이요, 인간과 짐승들은 이 땅의 (털과 머리칼 속에 사는) 벼룩(蚤)이나 이(蝨) 같은 존재인 것이다.[24]

담헌에 의하면, 인간이란 다른 짐승들과 존재론적인 관점에서, 조금도 구별 없는, 태양에서 온 화(火)기와 지상의 토(土)기와 수(水)기의 조화에 의해 생성됐을 뿐이라는 것이다. 여기에서 만물의 '소이연지고'(所以然之故)와 '소당연지칙'(所當然之則)을 '이일분수'의 관점에서 파악하고, 형이상의 천리와 형이하의 기기(器氣)의 세계를 구분하는 주자 성리학의 세계는 더 이상 견지될 수 없는 것이다. 따라서 주자의 심성론(心性論)의 틀 안에서 형이상의 이상적 완전성

---

23 「의산문답」, 특히 卷4, 34b~37b쪽 참조.
24 "夫地者, 虛界之活物也. 土者, 其膚肉也. 水者, 其精血也. 雨露者, 其涕汗也. 風火者, 其魂魄榮衛也. 是以水土釀於內, 日火熏於外, 元氣湊集, 滋生衆物. 草木者, 地之毛髮也. 人獸者, 地之蚤蝨也.", 「의산문답」, 卷4, 34쪽.

의 실현성, 즉 성(性)은 '인간(人)과 인간 밖의 존재들(物) 사이에 같은 것이냐 다른 것이냐'를 묻는 호락(湖洛)논쟁의 철학적 의미는, 이미 인간을 자연 범주 속에서 상대적인 하나의 존재물로만 파악하는 담헌의 유기(唯氣)론적 세계관 속에는 더 이상 의미가 없다고 필자는 생각한다. 따라서 담헌의 철학사상을 단순히 호락(湖洛)논쟁의 연장에서 그 의미를 천착하는 데는 분명한 한계가 있다는 점을 필자는 지적하지 않을 수 없다. 인간의 범주와 인간 외의 다른 생물 범주 간에 절대적 차별을 거부하고, 인간의 규범윤리의 독선을 가장 본질적으로 비판한 철학사상이 있다면, 그것은 중국의 문화전통에서 말하자면 장자의 '객관적 절대 진리 인식의 부정'을 말하는 상대주의적 인식론과 그의 무한한 변화의 철학일 것이다. 따라서 담헌의 '인물균'(人物均)의 사상은 이미 주자의 성리학적 틀을 넘어서서, 거의 장자의 도가적 발상에 가까이 와 있다고 필자는 말하고 싶다.

4　장자의 상대(상관)주의적인 인식론과 변화의 철학

장자에 의하면, 도대체 인식 대상의 '유'(有)나 '무'(無)에 대한 '경험적 인식의 확실성'이나 '시비선악의 판단기준'이라는 것은—인식하는 존재(物)의 존재조건을 떠나서—그 자체 독립적·객관적으로 성립될 수 없다는 것이다.

> 북쪽에 깊은 바다가 있었다. 그곳에 사는 물고기의 이름은 곤(鯤)이라고 하였다. (……) 그것이 붕(鵬)이라는 새로 변하였다. 아무도 이 붕새의

등이 몇 천 리나 되는지를 몰랐다. 그 새가 힘을 다해 날아오르면, 그의 날개는 하늘에서 내려온 구름 같았다. 이 새는 바다에 큰 태풍이 일어나야 비로소 남쪽의 깊은 바다로 날아갈 수 있었다. (……) 또한 물의 부피가 두껍지 않으면, 그 물은 큰 배를 띄울 힘이 없는 것이다. 술잔의 물을 마당의 오목한 곳에 부으면, 풀잎이 배가 되어 뜬다. 잔을 띄우면 바닥에 닿을 뿐이다. 물은 옅고 배는 크기 때문이다. 바람의 부피가 두껍지 않으면 그것은 큰 날개를 감내할 수가 없다. 따라서 9만 리를 가자면, 그렇게 큰 바람이 그 밑에 있어야 한다. (……) 매미와 콩새가 이것을 비웃으며, "우리가 힘을 다해서 날면 느릅나무 가지에 갈 수 있다. 때로는 그곳에 이르지 못하고 땅에 앉을 뿐이로다! 어떻게 9만 리 남쪽으로 날아갈 수 있겠는가?"라고 말하였다. 근교에 가는 사람은 세끼 밥을 먹고 돌아와도 아직 배가 부르다. 백 리 길을 가는 사람은 밤새워 길양식을 절구질해야 하고, 천 리 길을 가는 사람은 3개월간 식량을 모아 두어야 한다. 이 두 (작은) 벌레들이 또 무엇을 알겠는가! 작은 자의 지식은 큰 자의 지식을, 짧게 사는 존재는 오래 사는 존재를 이해하지 못한다. 어떻게 그렇다는 것을 알 수 있는가? (하루만 살다가는) 버섯(朝菌)은 (한 달 중의) 그믐과 초하루를 모르고, (여름만 살다가는) 매미는 봄과 가을을 모른다. 이들은 짧게 사는 존재들이다.

초(楚)의 남쪽에 있는 명령(冥靈)나무는 500년을 봄으로 500년을 가을로 삼는다. 상고(上古)에 있던 대춘(大椿)나무는 8천 년을 봄으로 8천 년을 가을로 삼는다. 팽조(彭祖, 800년을 살았다는 전설이 있음—필자)는 요즈음 장수한 것으로 유명하여 많은 사람들이 그와 같아지고자 하니, 또한 슬프지 아니한가![25]

장자는 이와 같이 경험적 인식이란, 인식하는 개체의 지능과 삶의 크기에 의하여 결정되는 것이라고 주장한다. 따라서 그 개체의 삶의 크기와 지능을 넘어서는 인식은 그 개체에게는 존재하지 않는, 또는 무의미한 것일 뿐인 것이다. 한 달의 초하루와 그믐은 한 달 이상을 사는 존재에게만 '존재하는 것'(有)일 뿐이며, 하루살이에겐 '존재하지 않는 것'(無)이다. 그리고 모든 다양한 개체들의 삶의 양태와 조건들이 상이하기 때문에, 서로 다양한 인식이 병존할 수밖에 없다. 그 중 어느 인식이 절대적으로 타당할 수가 없는 것이다. 하루살이나 매미와 같이 짧게 사는 존재(小年)의 입장에서 보자면, 인간의 인생은 참으로 상상할 수 없이 긴 것이라고 하겠다. 그러나 초나라의 명령나무나 옛날의 대춘나무를 표준으로 하여 본다면, 인생은 그들에겐 하루살이나 매미 정도의 무의미한 짧은 기간일 뿐이다. 800년을 살았다고 하는 팽조(彭祖)의 삶도 그들 오래 사는 존재(大年)에게는 하찮은 수유의 시간일 따름이다. 따라서 무엇이 '있다/없다' 또는 '길다/짧다'는 판단은 언제나 인식하는 '존재에 의존적'이라는 점에서, 언제나 '상대적 의미'만 가질 뿐인 것이다. 따라서 상대적인 인식을 절대적 표준으로 보고, 그것을 좇아가려고 애쓰는 것은 서글픈 일이라는

25　"北冥有魚, 其名爲鯤. (……) 化而爲鳥, 其名爲鵬. 鵬之背, 不知其幾千里也. 怒而飛, 其翼若垂天之雲. 是鳥也, 海運則將徙於南冥. (……) 且夫水之積也不厚, 則其負大舟也無力. 覆杯水於坳堂之上, 則芥爲之舟. 置杯焉則膠, 水淺而舟大也. 風之積也不厚, 則其 負大翼也無力. 故九萬里則風斯在下矣. (……) 蜩與學鳩笑之曰:"我決起而飛, 搶楡枋, 時則不至而控於地而已矣, 奚以之九萬里而南爲?" 適莽蒼者, 三湌而反,腹猶果然.適百里者,宿舂糧. 適千里者, 三月聚糧. 之二蟲又何知! 小知不及大知, 小年不及大年.奚以 知其然也? 朝菌不知晦朔, 蟪蛄不知春秋, 此小年也. 楚之南有冥靈者,以五百歲爲春, 五百歲爲秋. 上古有大椿者, 以八千歲爲春,八千歲爲秋. 而彭祖乃今久特聞, 衆人匹之, 不亦悲乎!", 『莊子』, 「逍遙遊」편, 곽 2~11쪽.

것이다. 말하자면 장자에 의하면, 모든 인식은 그것을 인식하는 존재 자체와의 관계에서 상대적인 의미를 가질 뿐이며, 그 인식개체를 넘어서서 객관적으로 타당한 '시비의 기준'은 있을 수 없다.

　　장자가 이처럼 인간사회의 지식의 '절대타당성'을 부정하고 동시에 인식의 상대성을 강조하는 목적은 바로 인간의 지식에서 파생된 '옳고'(是), '그름'(非)의 시비판단과 그것에 기초한 강한 '명분논리'나 모든 규범적 이데올로기를 부정하기 위함이다. 그러나 상이한 세계관에서 출발하는 여러 학파의 이념논자들은 오직 자파의 이념과 시비판단의 기준만을 절대불변의 진리로 확정하고, 상대방의 주의나 주장을 부정하면서 서로 격렬한 논쟁을 벌이고 투쟁을 하는 것이다. 장자는 이제 인식의 상대성을 주장함으로써 서로의 투쟁과 논쟁의 포기를 선언하고 있다.

> 그러므로 유가와 묵가의 시비(是非)논쟁은 상대방이 비(非)라 하는 것을 이쪽에서는 시(是)라 하고 상대방이 '시'라고 하는 것을 이쪽에서는 '비'라 한다. 상대방이 '옳지 않다'는 것을 '옳다고' 하고 상대방이 옳다고 하는 것을 이쪽에서 옳지 않다고 한다면 그것은 밝은 지혜(明)로서 하는 것만 못하다. '그것'이 아닌 존재도 없고 '이것'이 아닌 존재도 없다. 그러나 자기가 타인에게는 '저것'이라는 것을 모르고, 자기는 자기에게만 이것이라는 것을 안다. 따라서 '저것'은 '이것'에서 나온 것이고 '이것'은 '저것'에 말미암은 것이다. '이것'과 '저것'은 함께 생겨남을 말하는 것이다. (……) '시'(옳음)는 '비'(그릇됨)에서 말미암고, '비'는 '시'에서 말미암는다. (……) (이렇게 보면) '이것' 또한 '저것'이고, '저것' 또한 '이것'이다. '저것' 또한 자기 나름의 하나의

'시'와 '비'가 있고, '이것' 또한 자기 나름의 하나의 '시'와 '비'가 있다. 과연 '저것'과 '이것'은 (구별이) 있는 것인가? '저것'과 '이것'은 (구별이) 없는 것인가?[26]

장자는 인간의 경험적 인식의 대상으로 나타날 수 있는 우주의 모든 개체적 존재들의 보편타당한 존재론적 근거를 특히 '도'라고 불렀다. 그에게 있어서 '도'는 모든 유형(有形)하고 유위(有爲)하는 개별적인 사물이나 사건들을 무한히 변동 변화시키는, 따라서 다만 '무형'(無形)하고 '무위'(無爲)할 수밖에 없는 형이상학적인 존재근거의 의미를 가질 뿐이다. 그는 이와 같은 '도'의 관점에서 또한 인식의 상대성을 이제 다음과 같이 설명하고 있다.

도(道)에서 보면, 모든 사물(物)은 귀천이 없다. 사물(物)의 관점에서 보면, 자기는 귀하고 남은 천하다. (……) 차별의 관점에서 보아서, 어떤 사물(物)이 다른 사물(物)보다 크기 때문에 크다고 한다면, 만물 중에 크지 않은 것이 없다. 어떤 사물(物)이 다른 사물(物)보다 작기 때문에 작다고 한다면, 만물 중에 작지 않은 것이 없다. 천지(天地)가 곡식 낱알만 하다는 것을 인식하고, 한 터럭의 끝이 언덕이나 산만하다는 것을 인식하는 것은 사물의 차이를 상대적으로 본 결과이다. (…… 도의 관점에서) 만물을 똑같이 본다면, 무엇이 짧고 무엇이 긴가? 도에는 처

---

26   "故有儒墨之是非, 以是其所非而非其所是. 欲是其所非而非其所是, 則莫若以明. 物無非彼, 物無非是. 自彼則不見, 自知則知之. 故曰: 彼出於是,是亦因彼. 彼是方(幷)生之說也. (……) 是亦彼也,彼亦是也. 彼亦一是非, 此亦一是非, 果且有彼是乎哉? 果且無彼是乎哉?",『莊子』,「齊物論」편, 곽 63~66쪽.

음도 끝도 없다. '개별적 존재'(物)에만 삶과 죽음이 있다. '개별적 존재'(物)는 완성된 하나의 결과에만 머무를 수 없다. 한번 비었다가는 다시 차게 되니, 자기 모습을 고정할 수가 없다. 세월은 다시 올 수 없고, 시간은 정지할 수 없다! 소멸과 생성, 채움과 비움은 끝나면 다시 시작하는 것이다. 모든 '개별적 존재'(物)의 삶은 마치 말이 달려가는 것처럼 빠르게 지나간다. 변화하지 않는 움직임이 없고, 흘러가지 않는 시간이 없다. 무엇을 해야 할 것이고 무엇을 하지 말아야 할 것인가? 진실로 스스로의 자기 변화에 맡길지어다.[27]

장자는 이와 같이 '무한한 변화'를 만물의 실상으로 말하고 있으며, 또한 만사 만물들의 이런 무한한 변화와 발전을 가능케 해주는 보편적인 존재론적 근거로서의 '도'의 관점에서 볼 때, 인간이 가지고 있는 지식은 상대적인 크기와 의미만을 가질 뿐이라고 보는 것이다. 따라서 그는 우주 삼라만상의 무궁한 변화에 비춰 볼 때, 인간의 상식에서 나오는 상대적인 인식과 크기에 집착한다는 것이 얼마나 '서글픈 것'인가를 말하고 있는 것이다. 장자는 개별 사물들의 무궁한 변화와 발전에 보편적으로 내재하면서 무형(無形)하고 무위(無爲)하는 '도'의 관점에서, 인간의 한정된 경험적 인식에는 서로 뛰어넘을 수 없는 '객관적 크기와 권위'로서 등장하는 이른바 '성인의 진리', 즉 인위적으로 모든 존재에게 부여되는 규범적 가치체계나 이념

---

27 "以道觀之, 物無貴賤. 以物觀之, 自貴而相賤. (……) 以差觀之, 因其所大而大之, 則萬物莫不大, 因其所小而小之, 則萬物莫不小. 知天地之爲稊米也, 知毫末之爲丘山也, 則差數覩矣! (……) 萬物一齊, 孰短孰長? 道無終始, 物有死生, 不恃其成, 一虛一滿, 不位乎其形, 年不可擧, 時不可止, 消息盈虛, 終則有始. (……) 物之生也, 若驟若馳, 無動而不變, 無時而不移. 何爲乎? 何不爲乎? 夫固將自化!", 『莊子』, 「秋水」편, 곽 577~585쪽.

적인 명분논리를 부정하고, 그 너머에서 무위(無爲)하는 '도'와 하나가 되고자 하였다. 말하자면 그는 세속의 모든 규범적 구속에서 벗어나 자기의 환상적 세계에서 자기의 정신적 자유를 무한히 누리려고 하였던 것이다.

5 담헌의 변화의 철학과 주체적 변혁의 논리

담헌의 철학은 필경 장자의 철학과는 다르다. 장자의 상대주의적 인식의 관점을 원용하여, 그가 비록 형이상학적인 천리의 세계, 말하자면, 만세불변하는 절대적 중화(中華)문화주의, 주자(朱子)주의의 세계를 부정하고 있지만, 동시에 자연과 사회의 변화에 부응하는 인간의 새로운 과제 수립의 필연성, 즉 "'사람이 하는 일'(人事)은 반드시 천시(天時), 즉 객관적 형세의 시대적 변화와 상통 상감(感召)해야 하는 필연성"[28]을 강조하고 있기 때문이다.

> 시대에 따라서 그 (시대의) 습속을 따르는 것이 (바로) 성인들이 사회를 다스리는 방도이다. (……) 시대가 다르면, (다른) 습속이 생겨나니, (아무리) 금하고 막아도 소용이 없다. (이 흐름을) 거슬러서 막으면, 그 혼란은 더욱 심해지니, 성인의 힘으로도 어찌할 수 없는 것이다. 따라서 현세에 살면서 옛날의 원칙으로 되돌아 가고자 하면, 화(禍)가 자기 몸에 미치게 된다.[29]

---

28 "人事之感召天時之必然", 「의산문답」, 卷4, 37a쪽.

확실히 담헌은 필연적인 사회발전과 그에 따른 변혁의 논리를 펼치고 있는 것이다. 그는 여기에서, 한 걸음 더 나아가서, 세계(또는 지구)라는 넓은 지평에서 보았을 때, 화(華, 중국문명)와 이(夷, 중국 외의 야만문명)는 다 구별 없이 "하나"인 것으로 보았다.[30] 또한 내(內, 안)와 외(外, 밖)의 구분이라는 것 자체도 절대적인 고립적 범주가 아니고, 언제나 임의의 존재의 주관적 인식을 무리하게 절대화한 것일 뿐인 것이다. 그것은 어디까지나 임시적·상대적일 수밖에 없다는 새로운 인식의 지평을 말하는 것이다. 따라서 주(周)나라 사람 공자의 입장에서 쓰인 『춘추』(春秋)는 주(周)나라, 즉 중화(中華)문화를 내(內)로 보고 다른 문화를 외(外)로 본 것뿐인 것이다. 그러나 이 공자가 '주'나라 아닌 다른 문명의 지역(域外)에서 그의 『춘추』를 펼쳤더라면, 바로 그 역외(域外)가 바로 내(內)요, 오히려 중화문명이 외(外)일 수밖에 없음을 담헌은 말해 주고 있다.[31] 여기에서 바로 담헌의 상대주의적인 인식은 그 사유발상이 다분히 장자적인 철학을 원용하고 있긴 하지만, 그것은 장자식의 이념 비판이나 개인의 관념적 자유 추구가 문제인 것이 아니라, 바로 그의 생존 당시의 고루한 지성계의 절대적 관념성을 타파하고 그것을 변혁하려 했던 그의 주체적 역사의식의 모습을 드러내 보이고 있는 것이다.

---

29 "因時順俗, 聖人之權, 制治之術也. (……) 時移俗成, 禁防不行, 逆而遏之, 其亂滋甚, 則聖人之力, 實有不逮也. 故曰: 居今之世, 欲反故之道, 災及其身.",「의산문답」卷4, 35b쪽.
30 "華夷一也.",「의산문답」, 卷4, 37a쪽.
31 「의산문답」, 卷4, 37a~b쪽.

6   맺음말

일찍이 정인보(鄭寅普)는 그의 「『담헌서』서」(湛軒書序)에서, 후기 조선의 지성계를 회상해 보면서, "본표(本剽) 기인(己人)", 말하자면 조선의 역사와 사회문제를 두고 '무엇이 근본적이고 지엽적인지', 또는 '무엇이 우리이고 남인지'를 구분 못하는 조선지성계의 주체성의식 결여를 한탄하면서, 담헌의 지성사적 의의란 그의 3대 저술, 즉 『주해수용』(籌解需用), 『임하경륜』(林下經綸)과 『의산문답』(毉山問答)에서 찾을 수 있다고 말하였다. 그러나 서학의 산술이나 기하학을 소개한 『주해수용』이나 사회정치제도를 말한 『임하경륜』보다도, 담헌에게서만 볼 수 있는 그에게 고유한 지성사적 가치는 그가 『의산문답』에서 밝히고 있는 '본표(本剽), 기인(己人)'의 구분, 즉 주체적 '춘추'(春秋) 역사관의 확립에 있다고 말하였다.[32] 필자는 이런 담헌의 주체적 역사관 확립에 가장 핵심적인 논리로서 작용한 '상대주의적 사유'의 본래적 의미를 밝히기 위하여, 장자철학의 상대주의적 인식론과 그의 변화의 철학을 소개하였다.

결국 담헌이 「의산문답」에서 '허자'와 '실옹'을 들어 갈파한 '허'(虛)에 대한 '실'(實)의 담론이란 바로 자연과 사회의 변화에 조응해 나가야 한다는 변혁의 논리라고 필자는 생각한다. 그러나 당시 이런 시대의 변화를 전혀 주목하지 않고, 오로지 '중화'문명주의, '주자'(朱子)절대주의라는 관념에만 지나치게 집착하는 당시 지식인들의 '허구성'에 대하여, 담헌은 상대적으로 그런 '중화'적 관념과 '주자'적 세계관과는

---

32   鄭寅普, 「湛軒書序」, 『湛軒書』(洪榮善編), 第一輯, 1b~3a쪽.

다른 관점과 세계를 제시함으로써, 절대관념의 부정 또는 상대화를 통한 새로운 현실적 실제적, 즉 실(實)의 세계를 보여 주었다. 필자가 보기에, 담헌은 장자의 「추수」(秋水)편에 나오는 '하백'과 '북해약'의 비유적 대화로부터 그 형식과 관점을 빌려서, 모든 인식의 상대성을 말하여, 주자절대주의와 고정된 중화문화절대주의 지평을 부정하고, 인간 사회의 변화 역시 자연대세의 변화와 필연적인 연관을 갖는 것이므로, 응당히 변화된 시대에 합당한 새로운 변화를 추구해야 한다는 변혁의 논리를 펼치고 있다. 그럼으로써, 담헌은 진보적 지식인으로서, 지금으로부터 200년 전 그 당대의 "긍심(矜心), 승심(勝心), 권심(權心)과 이심(利心)"으로[33] 가득 찬 보수적·묵수적 '허'상에 대한 '실'상의 비판적 문제제기를 하였다고 필자는 결론짓고자 한다.

---

33 "嗚呼, 哀哉! 道術之亡久矣! 孔子之喪, 諸子亂之. 朱門之末, 諸儒汨之. 崇其業, 而忘其
眞. 習其言, 而失其意. 正學之扶, 實由矜心. 邪說之斥, 實由勝心. 救世之人, 實由權心.
保身之哲, 實由利心. 四心相仍, 眞意日亡, 天下滔滔!", 「의산문답」, 17b쪽.

참고문헌

『朱子語類』.
『湛軒書』, 洪榮善 編, 경인문화사 복간본, 1939.
강재언, 『조선 西學史』, 민음사, 1990.
朴星來, 「洪大容의 科學思想」, 『韓國學報』 23, 1981.
유봉학, 「北學사상의 형성과 그 성격」, 『韓國史論』 8, 1982.
_____, 『18~19세기 燕巖과 北學사상의 연구』, 서울대학교 국사학과, 1992.
李龍範, 「李瀷의 地動論과 그 논거 ㅡ附 洪大容의 우주관ㅡ」, 『震檀學報』 34, 1972.
趙東一, 「조선후기 人性論과 문학사상」, 『韓國文化』 11, 1990.
_____, 「조선후기 人性論의 혁신에 대한 문학의 반응」, 『한국문화』 12, 1991.
韓永愚, 「이수광의 學問과 思想」, 『韓國文化』 13, 1992.
郭慶藩, 『校正莊子集釋』.
小川晴久, 「地轉(動)說에서 宇宙無限論으로ㅡ金錫文과 洪大容의 世界 ㅡ」, 『東方學志』 21, 1979.

다산철학과 『천주실의』의
철학적 패러다임의 유사성

1 서론

한국의 철학자들 중에서 다산(茶山) 정약용(丁若鏞, 1762~1836)에 관한 연구성과만큼 많은 것은 없을 것이다. 그것은 다산사상이 아주 방대하여 단순히 한 특정 연구 분야, 예를 들어, 한국철학사상 분야에 종사하는 연구자들에 국한되어 연구된 것이 아니고, 한국의 역사, 한문학, 천주교사 연구 등 다양한 분야에 속한 연구자들에 의해서도 상당히 폭넓게 연구되어 왔기 때문이다.

특히 한국철학사상 분야의 연구에서는 한형조, 유초하 등의 연구업적[1]이 최근년에 나옴으로써, 성리학의 철학적 패러다임에서 근본적으로 전환된 다산의 창조적 패러다임의 의미가 거의 정설로 자리 잡게 되었다. 그러나 이러한 다산의 새로운 철학적 패러다임이 어떠한

---

1   한형조, 『주희에서 정다산으로: 조선유학의 철학적 패러다임 연구』, 세계사, 1996; 유초하, 「丁若鏞의 宇宙觀」, 고려대학교 철학과 박사학위논문, 1990 등 참조.

영향사적 연관 속에서 이루어졌는가에 대한 연구는 거의 없다고 하겠다. 다만 다산의 철학적 사상을 퇴계와의 연결구도에서 보거나, 직접적으로 유교의 고전경전들에 대한 다산 자신의 독창적인 연구 관점으로 해석하는 것이 대부분이었다. 이동환, 유초하 등은 다산철학사상의 천주교사상과의 연관성을 거의 무의미한 것으로 논의하고 있다.[2] 그리고 다산의 사상을 서학과의 연관 선상에서 설명해 온 연구로는 김옥희, 이원순 등[3]이 있으나 역사적인 연구 접근이 주를 이룬다고 하겠다. 철학적인 관점에서 『천주실의』와 다산사상의 관련성을 언급한 연구로는 최석우, 강재언, 금장태 등의 연구[4]가 있다.

　　필자는 최근년에 마테오 리치의 한문저작 『천주실의』(天主實義, 北京, 1603), 『교우론』(交友論, 1895), 『스물다섯 마디 잠언』(二十五言, 1600), 『기인십편』(畸人十篇, 1608) 등을 강독 연구하여, 『천주실의』 역주(공역본, 1999), 『교우론·스물다섯 마디 잠언·기인십편』 역주(2000)를 내놓았다. 그리고 최근 2~3년간 다산의 주요 경전주석본들의 연구와 강독을 통하여, 새로운 사실을 발견하게 되었다. 그것은 『천주실의』 등에 나타나 있는 서양의 아리스토텔레스적인, 그리고 그것을 계승한 토미즘적인 사유의 패러다임이 그대로 다산철학의 핵심적 구도를 이루고 있다는 충격적인 사실이었다.

2　李東歡, 「다산 사상에 있어서의 '상제'의 문제」, 『民族文化』 제19집, 1996; 柳初夏, 「성리학적 인물성동이론에 대한 정약용의 비판」, 『泰東古典研究』 第12輯, 1995 등 참조.

3　金玉姬, 『韓國天主教思想史 II ─ 茶山 丁若鏞의 西學思想研究 ─』, 도서출판 殉教의 脈, 1991; 李元淳, 『朝鮮西學史研究』, 一志社, 1986 등 참조.

4　崔奭祐, 「丁茶山의 西學思想」, 『丁茶山과 그 時代』, 서울: 民音社, 1986; 姜在彦, 「丁茶山의 西學觀」, 『茶山學의 研究』, 서울: 民音社, 1990; 琴章泰, 『다산 정약용: 실학의 세계』, 성균관대학교출판부, 1999 참조.

따라서 필자는 이 글의 제2장 "『천주실의』의 '반성리학적'인 패러다임"에서는 우선 『천주실의』에 나타나 있는 '반성리학적인' 사상적 특성을 2.1) 정신과 물질의 이분법과 '이성적 존재'로서의 인간의 정의, 2.2) 인간의 '자유의지'와 '도덕실천'을 통한 '자아의 완성', 2.3) '태극'(즉 理)은 속성이며 '이성적 정신체'로의 '하느님'(天主)의 존재증명이라는 세 가지 관점을 가지고 논술하고자 한다.

　　그리고 제3장 "성리학에서 다산철학으로의 패러다임 전환"에서는 제2장의 『천주실의』의 내용 구조분석과 평행하게 대조적으로 3.1) 유형한 '기'와 무형한 정신(心)의 이분법과 '인간'(人)과 '사물'(物)의 범주론적 구별―성리학의 '인물성동론'(人物性同論)에 대한 근원적 부정―, 3.2) 인간의 '자유의지'의 발견과 인간의 고유 영역으로서의 '도덕'실천의 강조―성리학의 '본연지성과 기질지성'의 이론 구도에 대한 부정―, 3.3) '이'(理)는 '속성'에 불과하며 '이성적 절대자'로서 '하느님'(上帝)의 주재성 강조라는 세 가지 주제를 개략적으로 다루고자 한다.

　　그리고 제4장 "다산의 성리학적 '이기론'의 해체와 '도덕실천'의 강조"에서는 도대체 『천주실의』와 다산철학의 철학적 패러다임의 전환이 성리학의 극복과 연관하여 무슨 철학적 의미를 가지고 있는가를 총괄적으로 논의할 것이다. 끝으로 '결론'에서는 이러한 다산철학이 갖고 있는 철학적 의미에 대한 반성적인 평가를 해보고자 한다.

2 『천주실의』의 '반성리학적'인 패러다임

2.1 정신과 물질의 이분법과 '이성적 존재'로서의 인간 정의

아리스토텔레스(384~322) 이래로 온 세상은 '유형한 물질'(corporeal matter)과 '무형한 정신'(incorporeal spirit)의 이원으로 구성되어 있다고 보아왔다면, 그런 관점을 수용하고 있는 마테오 리치는 그가 작성한 『천주실의』(1603, 北京)의 「만물의 분류도표」(物宗類圖)[5]에서 우선 실체(自立者)들을 '무형한 것'(無形, spirits)과 '유형한 것'(有形, bodies)으로 구분하고 있다. 그리고 "'무형한 것'에는 천신(天神)들처럼 선한 것도 있고 마귀들처럼 악한 것도 있다"[6]고 말하고 있다. 그리고 유형한 형체를 가진 삼라만상을 마테오 리치는 "생명체"(生)와 "무생명체"(不生)로 구분하고 있다.[7] 생명체가 무생명체와 구분되는 근본특성을 "혼"(魂, anima)의 유무에서 보고 있다. 이에 아리스토텔레스의 분류법에 의거하여, 리치는 생명체를 "혼"(魂)의 삼단계로 다음과 같이 구분하고 있다.

저들, 이 세상의 혼에는 세 가지의 품격이 있습니다.
하품(下品)의 이름은 생혼(生魂)이니, 곧 초목의 혼이 그것입니다. 이 혼은 초목을 도와 낳고 자라게 하며, 초목이 말라비틀어지면 혼도 소멸

---

5   여기에서 宗은 오늘날의 '유'(類, genus)개념에 해당되고 類는 오늘날의 '종'(種, species)의 개념에 해당됨을 주의해야 한다.

6   "(自立者): 或無形, 或有形. (無形): 或善如天神屬, 或惡如魔鬼屬."『天主實義』, 송영배 외 공역, 서울대학교출판부, 1999(이하에서는 다만『實義』로 표시함), 179쪽 참조.

7   "或生, 或不生.", 같은 책, 180쪽 참조.

합니다.

중품(中品)의 이름은 각혼(覺魂)이니, 곧 동물의 혼입니다. 이는 동물에 붙어 있어서 성장과 발육을 돕고, 또한 동물들이 눈으로 보고 귀로 듣게 하고, 입으로 맛보고 코로 냄새 맡게 하며, 사지(四肢)와 몸체로 사물의 실정을 지각(知覺)하게 합니다. 그러나 이치를 추론할 수는 없습니다. (동물이) 죽음에 이르게 되면 (각)혼 역시 소멸합니다.

상품(上品)의 이름은 영혼(靈魂)이니, 곧 사람의 혼입니다. 이는 생혼과 각혼을 함께 가지고 있습니다. 사람(몸)의 성장과 발육을 돕고, 사람으로 하여금 사물의 실상을 지각(知覺)하게 하며, 또한 사람들로 하여금 사물들을 추론하게 하여, 이치와 의리를 명백하게 분석할 수 있게 합니다. (……) 추론하고 분명하게 따지는 일과 같은 것은 반드시 몸(肉身)에 의거하지 않으니, 그 영혼(즉 추리력)은 독자적으로 존재합니다. 몸이 비록 죽고 형체가 비록 흩어진다 하더라도, 그 영혼은 그대로 다시 작동할 수 있습니다. 그러므로 사람은 식물이나 동물과는 같지 아니합니다.[8]

영혼, 즉 사태를 추리하는 이성능력을 아리스토텔레스가 인간의 본성으로 보았다면, 바로 그런 관점을 마테오 리치는 『천주실의』에서 소개하고 있다. 따라서 리치는 "무릇 사람이 짐승들과 구별되는 까닭"을 바로 인간의 "이성능력"(즉 靈才)[9]에서 찾고 있다. 그리고 이

---

8   『實義』, 3-3, 124~125쪽 참조. 그 밖에 삼혼(三魂)설을 언급하고 있는 2-12, 95~96쪽; 5-4, 240쪽 등 참조.

9   『實義』, 1-2, 41쪽 참조. 인간의 이성적 추리능력을 나타내는 '靈才'(1-2, 41쪽; 1-3, 46쪽; 2-5, 80쪽; 4-4, 171쪽, 172쪽, 173쪽) 개념은 보통 '靈'으로 표현되고 있으며, 『實義』의 도처에서 보인다. 그리고 또한 靈心(6-3, 283쪽), 靈明(4-7, 191쪽) 靈性(1-3, 48

런 '추리력'(즉 靈魂)은 (시력이나 청력과 같은 '지각'(perception)작용처럼) 육체에 매어 있는 것이 아니라고 생각했기 때문에, 육체가 죽고 나서도, 그대로 남아서 불멸한다[10]고 보았다. 이와 같이 '영혼', 즉 '이성능력'이 바로 인간을 다른 삼라만상의 존재들과 구분짓는 인간의 본질적 특성, 즉 '본성'으로 설명되고 있다.

"그러므로 '이치를 추론할 수 있음'(能推論理者)이 인간을 (자기) 본래의 부류로 만들어 주고 (사람이라는) 개체를 다른 개체들과 구별해 주니, 바로 '인간의 본성'(人性)이다"[11]라고 리치는 말하고 있다.

그러나 육체를 가진 인간이 바로 '추론'(推論理)[12]을 통해서만 분명한 인식에 도달할 수 있다면, 육체를 갖고 있지 않은 다른 '무형적'인 정신적 존재들(예: 천사나 마귀 등)이란 '추론'할 필요도 없이 모든 사태에 대하여 '명백히 파악'(明達)[13]하고 있다는 것이다. 바로 이런 점에서, 그들과 인간은 구분된다고 말한다.

2.2 인간의 '자유의지'와 '도덕실천'을 통한 '자아의 완성'

형체를 갖지 않은 순수한 정신체들(예: 하느님, 천사, 귀신 등)과는 다르게, 육신과 결합되어 있는 인간의 본성(性) 안에는 "물질성"(形性)

쪽; 1-4, 54쪽) 등으로도 표현되고 있다.

10 영혼의 불멸에 대한 언급에 대해서는 『實義』의 여러 곳, 3-2, 128쪽; 3-3 124쪽; 3-3, 129쪽; 3-6, 138쪽; 3-7, 151쪽 등 참조.

11 같은 책, 7-1, 340쪽.

12 같은 책, 7-1, 339쪽.

13 같은 책, 7-1, 340쪽.

과 "정신성"(神性)[14]이라는 양면성이 존재하기 때문에, 우리 인간들의 마음속에는 동물적 충동에 빠질 수 있는 "짐승 같은 마음"(獸心)과 동시에 인간 본연의 "인간다운 마음"(人心)[15]이 공존하고 있다. 바로 이런 점에서, 천부적으로 주어진 "하나의 마음"(一心)[16]만을 가진 인간 이외의 다른 생명체들(예: 생혼만을 가진 초목이나 각혼만을 가진 짐승들)과 인간은 근본적으로 구분된다. 왜냐하면 그들에게는 본능적인 활동 이외의 '추론'을 통하여 자율활동을 할 수 있는 '이성능력'(靈魂)이 결여되어 있기 때문이다. 이와 같이, 인간 본성의 이중성에서 오는 마음의 불안정한 유동성에 대하여 리치는 다음과 같이 말한다.

> 사람이 한 가지 일을 당했을 때에, 또한 동시에 두 가지 생각이 함께 일어나기도 하는데, 이 둘이 서로 반대됨을 자주 느낍니다. 마치 우리들이 술이나 여색에 혹시 미혹되게 되면, 일단 (그것에) 미련을 두고 따르고자 하지만, 그것이 도리가 아님을 또한 다시 반성하게 됩니다. 전자를 따르는 것을 '짐승 같은 마음'(獸心)이라 하니 짐승들과 구별되지 않습니다. 후자를 따르는 것을 '사람다운 마음'(人心)이라 하니 천신(天神)들과 서로 같습니다. (그러나) 같은 마음으로 같은 시간에 같은 일에 대하여, 사람은 두 가지 서로 모순되는 사태를 (동시에) 함께 존립시킬 수는 없습니다.[17]

---

14   위와 같음.
15   "一物之生, 惟得一心. 若人, 則獸心人心是也.", 위와 같음.
16   같은 책, 3-5, 130쪽.
17   같은 책, 3-5, 130~131쪽.

여기에서 "물질성"만을 가지고 있는 산천초목이나 짐승들과는 달리 "물질성"과 "정신성"을 동시에 가지고 있는 인간의 마음은 "짐 승 같은 마음"(獸心)을 좇을 것인가? 아니면 인간다운 "사람의 마음" (人心)을 따를 것인가? 하는 유동적인 마음의 상태에서 언제나 자기 의 의지에 의한 선택을 강요받고 있다는 것이다. 말하자면, "유독 사 람의 혼만이 육신의 주재자가 되어 우리(인간)의 (자유)의지가 선택 하느냐 그만두느냐에 따를 수 있다"[18]는 것이다. 여기에서 인간의 '사 람다운 가치'는 바로 "비록 사사로운 욕망이 있다 하더라도" 사람이 라면 "보편적인 도리(公理)가 명령하는 바를 어길 수 없음"에 있다고 리치는 선언적인 규정을 하면서, 결국 인간의 (자유)의지가 바로 인간 다운 자기완성을 이루어 내는 기본 전제임을 분명히 밝히고 있다. 따 라서 인간의 덕과 부덕의 가능성이, 그들이 태어날 때 선천적으로 품 수 받은 "기"(氣), 즉 개체의 '기질지성'(氣質之性)에 의하여 근원적으 로 제한을 받는다고 보는 성리학적 도덕결정론이 정면으로 부정되고, 오직 후천적으로 자유의지의 선택을 통한 도덕실천을 통해서만 이루 어진다고 말하는 것이다.

　　리치는 물론 인간이나 짐승들 모두에게 그들을 창조한 '천주'가 그들에게 생래적으로 부여한 잠재적인 도덕본성, 즉 "양선"(良善)이 존재함을 부정하지는 않는다. 그러나 이런 천부적인 좋은 본성에 따 라서 "어린아이가 (자기) 부모를 사랑한다면 짐승들도 역시 그(부모) 들을 사랑"하고 있다는 것이다. "보통 사람이면―어질든, 어질지 않 든―졸지에 어린애가 우물에 빠지려는 것을 보았다면, 곧 모두 놀

18　같은 책, 3-5, 129쪽.

라서" 측은한 사랑과 동정의 마음이 생겨난다는 것이다. 그러나 "이것 모두는 (천부적인) 양선(良善)일 뿐"이니, 그것들은 결코 인간들이 "스스로 배워서 쌓아 올린 선"(習善)과는 엄격히 구분이 된다고 리치는 말한다. 왜냐하면 전자의 '양선'은 천주가 우리에게 준 '선물'에 불과하기 때문에 "우리(인간)들은 그것에 기여한 공로가 없으나" 오직 후자인 "습선(習善)만이 우리 인간들이 스스로 배워서 쌓아 올린 선"이기 때문이라는 것이다.[19]

아퀴나스(1225~1274)의 윤리론의 입장을 소개하고 있는 리치는, 우선 형체가 없는 무형한 인간 마음의 3가지 기능 작용을 다음과 같이 설명하고 있다.

> 유형한(material) 육신은 귀, 눈, 코, 입, 사지(四肢)의 다섯 기관(五司)을 가지고서 사물들과 접촉하여 지각(perception)을 합니다. 무형한(immaterial) 정신은 세 가지 기능이 있어서 이것들을 받아들이고 소통시킵니다. '기억능력'(司記含, memory), '이성능력'(司明悟, intellect)과 '의지력'(司愛欲, will)입니다.
>
> 무릇 우리(인간)들이 보고 듣고 맛보고 느끼는 것, 즉 이들 (감성의) '자료'(images)들은 신체의 오관(五官, 즉 耳目口鼻身)을 통하여 정신에 도달해 가는 것입니다. 정신은 기억력으로써 이것들을 받아들여서 마치 창고에 저장하는 것처럼 잊어버리지 않게 합니다. 다음으로 우리(인간)들이 한 사물을 명백하게 인식하고자 하면, 곧 바로 이성능력은 '기억' 속에 있는 그 사물의 '자료'를 취하여, 그 사물의 실체와 이모저모로

---

19   같은 책, 7장, 특히 7-3, 346~347쪽 참조.

(상세하게) 절충하여 보고, 그 사물의 '본성'과 '실정'들이 참으로 '이' (理, ousia)에 합당한지 아닌지를 합치시켜 봅니다. 그것이 좋으면, 우리는 '의지'로써 그것을 사랑하고 원하게 됩니다. 그것이 나쁘면, 우리는 의지로써, 그것을 미워하고 원망하게 됩니다.

대개 '이성능력'은 (어느 것이) 옳다고 인식하거나 또한 (어느 것이) 그르다고 인식합니다. '의지'는 선한 것은 좋게 대하고, 또한 악한 것은 싫어합니다.

(마음에) 이 세 가지 기능이 일단 이루어져 있으면, 우리(인간)들은 성취하지 못할 일이 없을 것입니다. 또한 인간의 '의지'와 '이성능력'이 일단 이루어지면, 그의 기억능력은 저절로 완성되는 것입니다. 그러므로 학문을 말할 때 다만 이 두 가지(즉 '이성'과 '의지')만 말할 뿐입니다.[20]

이성능력이 없는 짐승들이 오직 천부적으로 부여된 본능만을 따르는 "하나의 마음"(一心)밖에 없어서 도덕적 행위의 선택이 불가능하다면, 인간은 마음속에 '이성능력'과 '의지'를 동시에 가지고 있기 때문에, 사리 분별을 통하여 '선'으로도 '악'으로도 나아갈 수 있다는 것이다. 바로 도덕적 실천, 또는 도덕적 계발이란 일단 '의지의 자유'를 전제로 하고서야, 비로소 가능하게 된다고 마테오 리치는 힘주어 말하고 있다. 따라서 '이성능력'(靈)도 '(자유)의지'(意)도 없는 존재들에게는 결과적으로 도덕적 선악을 물을 수 없다는 것이다.

무릇 세상의 존재물이 일단 자기의 의지를 가지고 있고, 또한 그 의지

---

20   같은 책, 7-6, 354~356쪽.

를 따를 수도 그만둘 수도(곧 자유의지가) 있어야 그 다음에 (비로소) 덕(德)도 부덕(不德)도, 선도 악도 있게 됩니다. 의지는 마음에서 발동하는 것입니다. 쇠나 돌이나 초목들에는 마음이 없으니 의지가 없습니다. 따라서 막야(鎭鋣, 중국 고대의 명검)가 사람을 해쳤어도 복수하려는 사람은 '막야'를 분질러버리지 않습니다. 바람에 날리는 기와가 사람의 머리를 다치게 했다 해도 원통한 사람은 날아온 기와에는 화를 내지 않습니다. 그렇습니다! '막야'가 자르고 절단을 (잘) 한다고 해서 그에게 공로가 주어지는 것이 아닙니다. (지붕 위의) 기와가 비바람을 막아주어도 사람들은 그것에 보답하고 감사하지 않습니다. 한 일이 마음에서도 의지에서도 (우러나온) 바가 없기 때문에 덕도 부덕도 없고 선도악도 없어서 이들을 상줄 수도 벌줄 수도 없는 것입니다. 짐승이라면 짐승의 마음과 의지가 있다고 하겠습니다. 그러나 옳은지 그른지를 변별할 수 있는 이성(靈心)이 없으니 느낀 바에 따라서 멋대로 즉시 반응하는 것이며 이치를 따져서 자기가 할 바를 절제하지 못합니다. 자기들이 한 짓이 '옳은 예'(是禮)인지 '옳은 예가 아닌지'(非禮)를 분간하지 못합니다. 어찌할 수 없어서 할 뿐만 아니라 또한 역시 스스로 (자기 행동의 옳고 그름을) 알 턱이 없습니다. 어떤 것이 선인지 악인지를 따지는 일이 있을 수 있겠습니까? 이렇기 때문에, 세상의 여러 나라에서 제정한 법률에는 짐승의 부덕함에 벌을 주거나 짐승의 덕행에 상을 주는 일은 없습니다.

오직 사람만은 그와 같지 않아서 밖으로 일을 거행하고 안으로는 마음을 다스려서, (하는 일이) '옳은지'(是) '그른지'(非), '합당한지'(當) '아니한지'(否)를, 지각할 수도 있고 (그에 따라서 그 일을) 할 수도 그만둘수도 있습니다.[21]

이런 관점에서, 리치는 "(자유)의지"가 명백히 "선과 악의 근원"[22]이라고 말하고 있다. 그는 유교의 가르침, 특히 『대학』(大學)의 가르침의 요체를 '의지를 성실히 함'(誠意)과 '마음을 바로잡음'(正心)으로 파악[23]하고 "『대학』(大學)에서 말하는 "(집을) 가지런히 함"(齊), "(나라를) 다스림"(治), "(세상에) 균등하게 태평을 이룸"(均平)은 반드시 '의지를 성실히 함'(誠意)을 요체로 삼고" 있으며, 의지의 "성실함이 없으면 어떤 것도 존재할 수 없다"[24]고 풀이하고 있다.

이렇게 본다면, 인간은 태어나면서부터 도덕적으로 선한 본성을 가지고 '있느냐? 없느냐?' 하는 중국철학의 오래된 문제제기와 철학적 담론들은 결국 원천적으로 도덕계발과 연관된 핵심적 문제로서 주목받을 만한 값어치가 없게 되는 것이다. 왜냐하면, 본성(性)이란, 리치에 의하면, 바로 어떤 한 부류가 다른 부류들과 구분되어 자기 부류로 규정되게 만드는 본래적 특성을 의미하는 것[25]에 불과하기 때문에, 이런 '본연의 성'(本然之性)은 개개의 품류마다 다르게끔 천주에 의하여 만들어진 것이다. 따라서 만물의 '본연의 성'들은 모두 각기 다를 수밖에 없다. 그리고 이런 서로 다른 만물의 '본연지성'은 그것들이 각각 자체의 "도리"에 따라서 "주재(主宰)해 나간다면 모두가 다 사랑할 만하고 소망할 만한 것이니", "근본"은 모두 각각 "선한 것이요 악한 것은 있을 수 없다"[26]고 리치는 말하고 있다. 따라서 문제

---

21   같은 책, 6-3, 282~283쪽.
22   같은 책, 6-3, 285쪽.
23   같은 책, 6-1, 275~276쪽.
24   같은 책, 6-1, 277쪽.
25   "夫性也者, 非他, 乃各物類之本體耳.", 같은 책, 7-1, 138~139쪽.
26   같은 책 7-1, 341쪽.

는 이런 '본성'을 각기 어떻게 사용(用)했는가? 하는 '실천'에 달려 있는 것이다. 이런 실천의 "동인"(動因)은 바로 "우리 자신(我)들로부터 말미암는 것"이기에, 자기의 실천에 따라서 내 자신이 "혹 사랑을 받을 만하게, 혹 미움을 받을 만하게 될 수 있다"는 것이다. 이로써, "타고난 선한 도덕본성(性) 자체가 바로 다름 아닌 그 개체의 선험적인 '이치'(理) 자체이다"라고 말하는 성리학의 '성즉리'(性卽理)설은 더 이상 존립할 수 없는 것이다. 리치의 철학적 구도에 의하면, 문제는 선험적으로 주어져 있는 원리 자체에 대한 '깨달음'(明覺)이 아니라, '그것을 어떻게 주체적으로 실천하여 완성해 낼 것인가?' 하는 인간 각자의 실천적 (도덕)행위가 결정적인 의미를 갖는 것이다. "따라서 우리가 도리에 따라서 의지를 발동하면 곧 덕을 행하는 군자가 되는 것"이고 "우리의 의지가 '짐승의 마음'에 빠져들면 바로 죄짓는 소인"[27]이 되기도 하는 것이다. 요컨대, '도덕의 계발과 완성'이란 관념적인 이해나 터득이라는 명상적 사유의 문제가 아니라, 바로 인간의 실제적인 실천의 문제인 것이다.

이와 같은 도덕실천과 관련하여 마테오 리치는 다음과 같이 말하고 있다.

> 저는 (사람의) '본성'이란 선도 악도 (다) 행할 수 있다고 봅니다. (그러나 이것은) 진실로 (사람의) '본성' 자체에 본래 악이 있다는 말은 아닙니다. 악은 실재로 존재하는 것이 아니요 (다만) '선의 부재'(無善)를 말하는 것입니다. 마치 죽음이란 다른 것이 아니라 바로 생명이 없음을

---

27   같은 책, 6-3, 283쪽.

말하는 것과 같을 뿐입니다. (……그러나 성리학의 주장처럼 — 필자) 만약 세상 사람들이 태어나면서 (누구든지 반드시) 선을 행할 수밖에 없다고 한다면, 무엇에 근거하여 "선을 이루어 낸다"라고 말할 수 있겠습니까? 세상에는 선을 행하려는 "의지"(즉 자유의지, free will)가 없었는데도 선을 실천할 수 있는 법은 없습니다. 억지로 우리(자신)에게 선을 행하라고 하지 않아도, 우리들 스스로 나아가서 그것을 행할 수 있으면, 비로소 선을 행하는 군자라고 말할 수 있습니다. 천주께서 이런 본성을 (우리) 인간들에게 부여하여 두 가지(즉 선과 악 모두)를 행할 수 있게 한 것은 인류를 두텁게 (사랑하기) 때문입니다. 사람들이 이렇게 선을 선택할 수도 그만둘 수도 있게 하신 것은 단지 선을 실천하는 (인간의) 공로(功勞)를 늘려 줄 뿐만 아니라 더욱이 그 공로를 우리(인간)의 공로로 만들게 하려는 것입니다. (……) 저들 쇠붙이나 돌멩이, 짐승들의 본성은 (시비를 가릴 수 있는 이성능력도 자기 행위를 선택할 수 있는 자유의지도 없기 때문에 — 필자) 선도 악도 저지를 수 없으나, 사람의 본성은 그렇게 할 수 있어서 자기의 공로를 세울 수 있는 것만 못합니다. (……) 인간의 성정(性情)은 비록 근본은 선하지만 그 때문에 세상 사람들이 모두 선인(善人)이라고 말할 수 없습니다. 오로지 덕이 있는 사람이 바로 선한 사람입니다. 선에 덕성을 보태는 일은, (인간 본성의) 쓰임으로 (인하여), 본래 선한 본성의 바탕 위에 (덕성을 쌓아) 놓는 일입니다.[28]

이렇게 본다면, 도덕적인 선은 결국 오직 이성과 자유의지를

---

28   같은 책, 7-2, 343~345쪽.

가진 인간이 후천적인 도덕실천을 통하여 어렵사리 이루어 내고 쌓아 나가는 도덕실천 행위의 결과일 수밖에 없다. 그렇다면, 인간 밖의 다른 존재물에게는 도덕의 문제가 더 이상 제기될 수 없는 것이다. 그들에게는, 요컨대, 도덕적인 '본연지성'이 있을 수가 없다.

그러나 성리학의 핵심적인 요체는 바로 인간을 포함한 만유의 무궁한 생명적 변화 발전을 결단코 인간 밖 대자연의 단순한 사건이나 사실들(facts)의 변화 발전의 관계에서 바라보는 것이 아니라, 그것들의 움직임 자체가 바로 "인의예지"(仁義禮智) 등의 가치질서의 존재론적 근거를 구현하고 있는 것으로 파악하는 일종의 동양식 도덕형이상학적인 목적론이다. 그러나 이런 자연과 인간사회를 아우르는 유기체론적인 목적론이라는 성리학적 패러다임은 이제 마테오 리치의 서양적 사유의 패러다임 안에서는 더 이상 존재근거를 가질 수 없다. 왜냐하면 리치의 형이상학적 구도에서 보자면, 이성능력도 자유의지도 없는 산천초목이나 짐승들에게는 도덕적인 문제를 물을 수 없기 때문이다. 요컨대, 마테오 리치에게는 오직 인간에 의한 자기계발과 자기의 실천궁행의 길, 즉 '인간의 실천', 중국철학의 용어로 표현하자면, '인도'(人道)를 실현해 내려는 올바른 의지와 적극적 실천만이 남는 것이다.

2.3 '태극'(즉 理)은 속성이며 '이성적 정신체'로의 '하느님'(天主)의 존재 증명

천리(天理)를 기본 바탕으로 하여 구성된 성리학적인 도덕형이상학 체계에서는 천지만물의 근원을 태극(太極) 또는 이(理)로서 설명하고 있다. 따라서 유럽에서와 같은 천지의 창조자로서의 인격신적인 개념은 성리학적 전통에서는 쉽게 받아들여지지 않는다. 주희(朱熹, 1130~1200)는 다음과 같이 인격신의 천지만물의 지배를 명백히 부정하고 있다.

저 푸른 하늘은 운행을 계속하고 멈추지 않는 바로 그것이다. 지금 저 하늘에 인격적인 존재가 있어서 죄악을 심판한다고 말한다면 (그것은) 진실로 말이 안 되는 것이다. 그러나 그것을 주재하는 것이 없다고 한다면 그것 또한 말이 안 되는 것이다.[29]

그러나 그에 의하면 소가 말을 낳을 수 없고 복숭아나무에서 자두꽃이 필 수 없으며, 오직 소가 소를, 말이 말을 낳고, 복숭아나무에서는 오직 복숭아꽃이 필 수밖에 없는 이치를 생각해 본다면 천지만물의 무궁한 변화 발전에는 반드시 그것을 주재하는 객관적인 이치, 즉 '이'(理) 또는 '천리'(天理) — 그것을 도(道) 또는 태극(太極)이라고 부름 — 가 선험적으로 존재한다는 것이다.

일단 사물이 존재하면, 그 사물로서 존재하게 하는 이치는 각각 그 존재의 당연한 법칙을 갖지 않는 것이 없으니 스스로 그만둘 수 없는 것이다. 이런 (이치는) 모두 하늘(天, 자연)이 부여한 것이요, 인간이 만들 수 있는 것이 아니다.[30]

---

29 『朱子語類』권1, "蒼蒼之謂天, 運轉周流不已, 便是那個. 而今說天有個人在那裡批判罪惡, 固不可. 說道全無主之者, 又不可."
30 『大學或問』, "旣有是物, 則其所以爲是物者, 莫不各有其當然之則, 而自不容已. 是皆得

주희가 말하는 '이' 개념은 이와 같이 1)사물의 존재론적 근거(所以然之故)와 2)그것의 당연한 법칙(所當然之則)과 3)개체의 자의적 임의성을 배제하는 객관적 필연성(自不容已)이라는 세 측면의 의미를 함축하고 있다. 주희는 현실세계의 주체적인 경험적 대상(사물)들로부터 그 사물들의 존재론적 근거와 그것의 당연한 법칙 — 인간을 포함한 모든 생물의 존재법칙 — 을 일단 추상적으로 분리시킴으로써 그는 모든 사물(인간 및 모든 생물)을 주재하고 있는 존재론적 근본원리를 이(理)로 규정하고 그 '이'의 객관적 필연성에 제일차적인 철학적 의미를 부여하고 있는 셈이다. 따라서 주희의 '이'는 — 플라톤의 '이데아' 개념과 유사한 — 관념적 실재성(ideelle Realität)이라는 철학적 범주로서 이해될 수 있다. 따라서 '이'는 만물의 선험적인 존재론적 근거일 뿐이므로 개체의 주체적인 감각적 경험적 내용을 가질 수가 없는 것이다.

> '이'란 (선험적으로) 하늘에 있는 것으로 소리도 없고 냄새도 없지만, 실로 모든 변화의 핵심이요 만류의 뿌리이다.[31]

이와 같이 구체적인 역사, 사회, 자연현상으로부터 유리되어 오직 그것의 선험적인 존재론적 근거로서의 의미를 지니는 '이'가 영원히 초역사적으로 타당한 천지만물의 주재자로서 등장하는 것이다.

그러나 오직 아리스토텔레스와 토미즘적 세계관에만 익숙한 마

於天之所賦, 而非人之所能爲也."
31 『太極圖說解』, "上天之載, 無聲無臭, 而實造化之樞紐, 稟彙之根柢也."

테오 리치는 이와 같은 성리학의 형이상학적 체계를 전혀 정당하게 받아들일 수가 없었다. 오직 유일신의 천지창조를 믿고 있는 그에게는 태극(太極, 곧 理)이 천지만물의 근원(天地萬物之原)이 된다는 성리학적인 형이상학적인 체계는 일종의 '무신론적'인 체계이기 때문에 도저히 수용될 여지가 없었다. 그는 우선 아리스토텔레스의 사물에 대한 실체와 속성에 대한 범주적 구별을 원용하여 "태극(즉 理)이 만물의 근원"이 될 수 없음을 주장하고 있다.

사실 마테오 리치는 '이'는 형체를 가진 '유형한 존재물'(有形之物類), 즉 물체적 존재(bodies)가 아니라, '무형적인 존재의 부류'(無形之物品, spirits)로 이해하고 있다. 따라서 이런 '이'가 만약에 '이성능력'(靈)과 '지각능력'(覺)을 가지고 있어서 '올바름'(義)을 분별하고 추론할 수만 있다면, '이'는 결국 '이성적인 정신체'(spirits), 즉 '귀신, 천신'(鬼, 神) 등과 동일한 부류가 되기 때문에, 도대체 그런 정신체를 반드시 "태극", 또는 "이"라고 특별히 호칭해야 할 이유가 따로 없다[32]고 리치는 말한다.

여기에서 우리들은, 마테오 리치의 '이'에 대한 이러한 반박과 비판들은, 결국—중국의 그것과는—완전히 다른 아리스토텔레스적 형이상학의 패러다임에서 비롯된 것임에 주목하지 않을 수 없다. 아리스토텔레스나 아퀴나스에 의하면, 개개 사물(物)을 바로 그 사물이게끔 인식하게 하는 그 사물의 "보편성"과 "불변성", 즉 그 '원리' 또는 '형상'(形相)은 바로 가변적인 경험세계 속의 이런 개별화된 개개 사물(物)들 속에 내재할 수밖에 없다. 아리스토텔레스의 '사원인설'의

---

32   같은 책, 2-10, 92쪽 참조.

구도에 의하면, 현실적 경험세계의 개개 사물들은 자체 안에 그 자신을 구성하고 있는 물질적 재료로서의 '질료'(質者, matter)와 동시에 그 구성의 원리로서의 '형상'(模者, form)만을 가지고 있을 뿐이다.

이런 '질료'와 '형상'만으로 구성되어 있는 만물들은, 그것이 생명체이든 무생명체이든, 중세의 자연관에 의하면 모두, 의식적이든 무의식적이든, 자기 밖에 있는 '궁극적 목표'(the Ultimate End)를 실현하기 위하여 유도되어 가고 있다는 것이다. 따라서 해, 달, 별들과 같은 천체들의 변화 현상, 중력(重力)에 인한 '만유인력'(萬有引力) 현상, 또는 녹색식물들의 향광성(向光性, phototropism) 등까지도 자기 존재 밖의 궁극적 존재에 의하여 궁극적 목적의 실현이라는 차원에서 설명하는 목적론적 세계관이 지배적이었다.[33]

이와 같이 아리스토텔레스의 '사원인설'에 기반하는 아퀴나스의 목적론적 세계관에 의하면, 이들 존재들을 생성시키고 움직이게 하는 '운동인'(作者)이나 그 운동의 목적을 정하는 '목적인'(爲者)은 절대로 모든 개개체들의 자체 안에 있을 수 없고, 그 개체 밖에 있는 다른 존재에게 있을 수밖에 없다. 이에 대하여 리치는 다음과 같이 말하고 있다.

> 혼(魂)도 없고 지각(知覺)도 없는 존재물은 자기 자리에 있을 뿐 스스로의 움직임이 (일정한) 도수(度數)에 맞을 수가 결단코 없습니다. (일정한 규칙적인) 도수에 따라 움직이려면 필연적으로 밖에 있는 '이성능력'(靈才)의 힘을 빌려서 운동을 도와야 합니다. 만약 공중에 돌을 매달

---

33   이 책의 제1부 제1장, 「『천주실의』: 기독교와 유교의 첫번째 대화」, 『교우론』 외 2편, 마테오 리치 저, 송영배 역주, 서울대학교출판부, 2000, 489~490쪽 참조.

거나 물 위에 놓으면, 그 돌은 반드시 아래로 내려가 땅에 닿아야 비로소 (운동을) 멈추고 다시 움직이지 못합니다. (……) 해, 달, 별들로 말하자면, (모두) 동시에 하늘에서 빛나면서도, 각기 하늘을 본래 자기 자리로 삼고 있으나, 실제로는 혼도 없고 지각도 없는 존재들입니다. 지금 (그들이) 도수대로 각각의 법칙에 따라서 순차적으로 각기 제자리에 안정되게 머물며, 일찍이 실오라기 하나만큼의 착오도 없습니다. 만약 그들 사이를 알선하고 주재하는 높으신 주님이 없다면, 오차가 없을 수 있겠습니까? (……) 본래 감각은 가지고 있되, '이성'(靈性)은 가지고 있지 않은 존재가 만약 이성적인 일을 했다면, 반드시 이성을 가진 존재가 그를 이끌어서 그렇게 한 것입니다. (……)

본래 '이성'(靈)을 결여하고 있는 존재물들이 질서정연하게 배열되어 있다면, 그것들을 질서 있게 배열한 존재가 있기 마련입니다. (……) 구리로 주조된 (금속)활자를 관찰해 봅시다. 본래 각각 하나의 글자이지만 연결지어 구절을 이루고 한 편의 글로 배열될 수도 있습니다. 명철한 지식인이 제대로 배열하지 않았다면, 어떻게 스스로 그렇게 우연하게 배열될 수 있겠습니까? 따라서 천지의 만물은 모두 질서정연하게 배열된 일정한 이치, 즉 '질료'(質, matter)와 '형상'(文, form)을 가지고 있어서 더 보탤 수도 감할 수도 없음을 알 수 있습니다. (……)

이 세상만물들이 제대로 안배되어 있어서 순서(次)가 있고 법도(常)가 있음을 우리는 이제 한번 생각해 봅시다! 지극히 이성적인 주님이 태초에 이런 성질들을 부여하지 않았더라면, 어떻게 (만물들이) 이 세상에서 멋대로 노닐면서도, 각기 자기의 (살) 자리를 얻을 수 있겠습니까? (……)

모든 생물들의 형체와 본성이 생겨난 바를 우리가 따져 본다면, 어느 생명은 태(胎)로부터 받은 것이고, 어떤 생명은 알에서 깨어 나온 것이고, 어느 생명은 씨(種子)에서 싹터 나온 것입니다. 모두 자기로부터 만들어진 것은 아닙니다. (……) 그렇다면 (우리는 생물의) 부류마다 원시조는 바로 그 부류에서는 생겨날 수 없고, 필연적으로 (이 세상) 만류(萬類)를 조화하여 생성한, 원초의 특이한 존재(類)가 있어야만 한다는 생각에까지 밀고 나가야만 합니다. 곧 우리(선교사)들이 말하는 천주가 그것입니다.[34]

아리스토텔레스적인 형이상학적 구도에 의하면, 우리가 마주 대하고 있는 우주(世界, Welt) 속의 천지만물은 "혼(anima)도 지각도 없는",[35] 요컨대, 이성적 자율적 판단을 할 수 없는 물체(objects)들일 뿐인 것이다. 그것들은 스스로를 움직일 수 없기 때문에, 그 운동의 유발은 근원적으로 그 사물의 밖에 있는 운동인에서 비롯될 수밖에 없다고 본다. 이와 같이 우주 안에 존재하는 이성능력이 없는 존재물들이 도대체 어떻게 이성적·합리적 운동을 하고 있고, 자연계의 모든 사물들이 "제대로 안배되어 있어서 순서(次)가 있고 법도(常)가 있다면," 그것은 바로 그들 밖에서 그들을 이끌어 주고 있는 어떤 '이성적' 존재가 반드시 존재하고 있다는 명백한 증명이 된다는 것이다. 그러한 '이성적 존재'가 바로 천주라는 것이다. 그리고 또한 정교하게 꾸며진 자연생명체들의 기기묘묘한 모양과 합리적인 생활 양태를 보고서는 이것을 만들어 주고, 그것들 각각에게 적절할 '쓰임새', 즉 '목적'을 부여하는 궁극적인 목적인으로서의 '절대적 이성적 존재', 즉

---

34 『實義』, 1-3, 46~56쪽 참조.
35 "無魂無知覺", 같은 책, 1-3, 46쪽.

'천주'의 존재를 도저히 의심할 수 없다는 것이다. 그리고 또한 천지자연을 포함하여 이 우주 안에 존재하는 모든 존재들의 생성에는 인과적인 관계에서 시간적으로 거슬러 올라가서 바로 "어떤 운동"의 결과가 아니라 모든 운동의 최초의 시발자이기만 한 "원인 없는 운동자"(the unmoved Mover)로서 '하느님'의 존재가 바로 개체들 밖의 궁극적 '운동인'으로 설명되고 있다.[36] 이를 통해 마테오 리치는 세계만물을 창조하고 주재하는 초월적인 절대자 하느님과 그에 의하여 창조된 삼라만상의 천지만물들은 존재론적인 범주에서는 전혀 상이한 것임을 밝히고, 중국인들이 말하는 만물일체설은 결코 성립될 수 없음을 논증하고 있다.

3   성리학에서 다산철학으로의 패러다임 전환

3.1 유형한 '기'와 무형한 정신(心)의 이분법과 '인간'(人)과 '사물'(物)의 범주론적 구별
　　―성리학의 '인물성동론'(人物性同論)에 대한 근원적 부정―

『천주실의』에서 세상만물을 구성하는 두 요소를 '눈에 보이는' "물체" (形)와 '보이지 않는' "정신"(神)의 이분법적 구도에서 설명하고 있다면, 다산(茶山) 역시 유형한 '형체'(形)와 무형한 '정신'(神)의 이원 구

36　아퀴나스의 『신학대전』(*Summa Theologiae*, Ia. 2, 3)에 보이는 "신의 존재증명에 대한 다섯 가지 길"에 대한 내용적인 요약은 이 책의 제1부 제1장, 「『천주실의』: 기독교와 유교의 첫번째 대화」, 33～35쪽.

도에서 천지만물들을 바라보고 있다. 서양전통에서 '물질'이란 전혀 자기 운동성을 가지지 못하고 다만 '연장'(延長, extension), 즉 '물질의 양적 크기'만을 갖는 순전히 수동적인 것으로 이해했다면, 다산은 유형한 형체를 가진 사물들이란 음양(陰陽)의 상반·상보 작용에 의하여 우연적인 자기 운동을 하는 '기'(氣)로 구성된 것으로 보았다. 그러나 다산에 의하면, 이런 '음양'이란 결코 자립적으로 존재하는 '실체물'을 가리키는 것이 아니다.[37] 그리고 또한 다산은, 이런 유형한 '기'와 구별되는 무형한 "순수이성"(虛靈知覺者)[38]이 반드시 존재한다고 확신하였다. 왜냐하면 유형한 '기'의 우연적이고 무목적인 움직임을 제대로 질서 잡고 통제하기 위해서는 "이성적인 존재"(有靈之物)[39]가 반드시 있어야만 한다고 생각하였기 때문이다. 마치 "한 집의 가장이 아둔하여 어리석고 지혜롭지 못하면 집안의 모든 일이 다스려지지 않고, 한 고을의 장이 아둔하여 어리석고 지혜롭지 못하면 고을의 모든 일이 다스려지지 않는 것"처럼, "무릇 온 세상을 '이성능력이 없는 존재'(無靈之物)는 주재(主宰)할 수가 없다."[40] 이러한 자기 확신을 다산은

---

37 다산에 의하면, 음양이란 "햇볕의 비침과 가림"(日光之照掩), 즉 '명암'(明暗)에 불과하기 때문에, 음기(陰氣)와 양기(陽氣)는 결코 물질적 실체가 될 수 없다. 따라서 "만물의 부모", 즉 만물의 두 근원으로 결코 보고 있지 않다. "陰陽之名, 起於日光之照掩. 日所隱曰: 陰. 日所映曰: 陽. 本無體質. 只有明闇. 原不可以爲萬物之父母.", 『增補與猶堂全書』 II, 景仁文化社(영인본, 이하에서는 『全書』로 표시함), 『中庸講義補』 권1, 61쪽 上左 참조. 그리고 '태극'(太極)이란—성리학에서 말하는 것처럼—모든 사물의 총체적인 존재근거로서의 천리(天理)인 것이 아니라 아직 분화하기 이전의 "太極者, 陰陽混沌之物"에 불과하다.(『全書』 III, 『周易緖言』 권2, 517쪽 下右) 또한 "孔(穎達)云: 太極謂: 天地未分之前, 元氣混而爲一, 卽是太初, 太一也.", 상동, 505쪽 上左 참조.

38 『全書』 II, 『心經密驗』, 36쪽 上右.

39 『全書』 II, 『孟子要義』 권2, 144쪽 下左.

40 "凡天下無靈之物, 不能爲主宰. 故一家之長, 昏愚不慧, 則家中萬事不理. 一縣之長, 昏愚不慧, 則縣中萬事不理." 上同.

말하고 있다. 그렇다면, 다산의 이런 철학적 관점은 바로 우리가 앞 절 (2.3)에서 인용한 바 있는 '이성적 주재자', 즉 '천주'(天主)가 만물들을 "주재(主宰)하고 안양(安養)함"[41]을 그대로 받아들이고 있는 것으로 필자는 생각하지 않을 수 없다. 요컨대, 다산에 있어서도, —『천주실의』에서와 마찬가지로— 유형하지만 "이성능력이 없는"(無靈) '기'와 형체는 없으나 "이성능력이 있는"(有靈) '정신'(神)의 이원구도가 뚜렷이 각인되어 있는 것이다.

이런 '정신'과 '기'의 이원구도에 따라서 다산은 천지만물의 품계를 다음과 같이 분류하고 있다.

무릇 온 세상에서 태어났다가 죽는 존재들은 다만 3가지 등급이 있다. 1) 초목은 '생장'(生)은 하지만 '지각'(知)은 못하고, 2) 짐승은 '지각'(知)은 있으나 '추리력'(靈)이 없고, 3) 사람의 '대체'(大體, 즉 "心")는 '생장'도 하고 '지각'도 하며 또한 '신묘한 이성능력'(靈明神妙之用)을 가지고 있다.[42]

다산은 이와 같이 아리스토텔레스의 '삼혼'(三魂)설에 의거한 사물들의 차등적 품계를 그대로 수용하고 있을 뿐만이 아니다. 그 핵

---

41 "天主始制天地萬物而主宰安養之"(『實義』上卷 제1장의 제목) 참조.
42 "凡天下有生有死之物, 止有三等: 1) 草木, 有生而無知; 2) 禽獸有知而無靈; 3) 人之大體, 旣生旣知, 復有靈明神妙之用.",『全書』II,『論語古今註』권9, 338쪽 上左. 물론 다산은 위에서 인용한『天主實義』의 생혼(生魂), 각혼(覺魂), 영혼(靈魂)설의 구분에 의한 만물의 품계(品階) 이외에도, 순자(荀子)의 4단계 품계론을 인용하여 말하고 있다. "荀子曰: 水火, 有氣而無生; 草木, 有生而無知; 禽獸, 有知而無義; 人有氣有生有知有義. 蓋其受性之品, 凡有四等.",『全書』II,『孟子要義』권1, 124쪽 上右 참조.

심은 바로 무형한 정신(神)과 유형한 육체(形)로 구성(神形妙合)된 인간,[43] 특히 인간의 "순수이성"(虛靈知覺者)을 ― 만물들과 구별되는 ― 인간의 본질적인 특성으로 규정하고 있다는 점이다. 따라서 다산은 '무형한 마음'(無形之心), 즉 '정신적인 사유능력'이 바로 육체(血肉)로부터 독립하여 "삼라만상의 이미지를 포괄하며 모든 이치를 깨달을 수 있는" 인간의 "본체"(本體)로 정의 내리고 있다.[44]

그렇기 때문에, 이성능력을 가진 "인간은 도둑을 만나면, 혹 소리를 질러서 쫓거나, 혹 계략을 세워서 그를 붙잡는다." 그러나 이성능력이 없는 "개가 도둑을 만나면 짖어대며 소리를 낼 뿐, 짖지 않고 (가만히 앉아서) 계략을 낼 수는 없다. 그가 할 수 있는 것은 모두 '정해진 본능'(定能)뿐이다. 인간의 본성과 짐승의 본성은 이처럼 현격하게 구분되는 것이다."[45] 따라서 '이성능력'이 있는 인간이란 그것이 없는 사물(짐승)들과 근본적으로 범주가 다른 것이다.

주자(朱子)에 의하면, 인간과 다른 사물들은 그의 도덕형이상학적인 관점에서 보자면, "그들의 '본성'(性)과 '도리'(道)에서는 같은 것이고 품수 받은 '기'가 다르기 때문에 (그 둘 사이에는) 지나침과 모자람의 차이가 없을 수 없기에, 성인은 사람과 사물들이 마땅히 행할 바에 따라서 그들의 품계를 조절하는 것"이다.[46] 다산은 이제 이런 주자

---

43 "神形妙合. 乃成爲人.",『全書』 II,『心經密驗』, 36쪽 上右.

44 "(金)憙(1729~1800)曰: 心是何物? 鏞曰: 有形之心. 是吾內臟; 無形之心. 是吾本體, 所謂 '虛靈不昧者' 也. 憙曰: 虛靈不昧者, 是何物? 鏞曰: 是無形之體. 是不屬血肉者. 是能包括萬狀, 妙悟萬理. 能愛能惡者. 是我生之初. 天之所以賦於我者也."『全書』 II,『大學講議』 권2, 25쪽 上左 참조.

45 "人遇盜, 或聲而逐之, 或計而擒之. 犬遇盜, 能吠而聲之, 不能 '不吠而計之.' 可見: '其能, 皆定能' 也. 夫人性之於禽獸性, 若是懸絶.",『全書』 II,『孟子要義』 권2, 135쪽 上右.

46 "朱子曰: 性·道雖同, 而氣稟或異, 故不能無 '過不及之差.' 聖人因人物之所當行者, 而品

의 '인물성동론'의 입장을 이렇게 반박한다.

> 지나침과 모자람의 차이는 사람들에게 있지 사물들에 있지 않다. 진실
> 로 사람이 할 수 있는 것은 모두 유동적이고 짐승들이 할 수 있는 것은
> 모두 '한결같이 정해져'(一定) 있다. 일단 정해져 있다면 어떻게 지나
> 치고 모자람의 차이가 있겠는가? 닭이 새벽에 울고, 개가 밤에 짖고, 호
> 랑이가 (동물들을) 붙잡아서 씹어 삼키고, 소가 새김질하며 (뿔로) 치
> 받고, 벌들이 임금을 보위하고, 개미가 무리를 짓는 것은 천년이나 같
> 은 습속이고 만리(萬里)에 같은 풍조이다. 어찌 지나침과 모자람의 차
> 이가 있겠는가? 하물며 초목이 봄에 피고 가을에 시들고 먼저 꽃을 피
> 우고 나중에 결실 맺는 것은 각각의 본성이니 터럭만큼의 차이도 없다.
> 어찌 우리(인간)들의 병통을 여러 사물들에게 비견하는가? 하물며 그
> 들의 소행은 모두 한결같이 천명을 따른 것이다. 사람들이 그들 사이에
> 품계와 절차를 두고서 제재해도 변하는 것은 없을 것이다. 주자가 '본
> 성'(性)과 '도리'(道)에 대하여 매번 사람과 사물을 함께 다 말하기 때문
> 에 그(논리)의 막힘이 대부분 이런 부류들이다.[47]

사람이라면 '선'을 좋아하고 '악'을 부끄럽게 여기며 자신을 닦아서 '도'
로 향하는 것이 그 '본연'(本然)이다. 개라면 밤을 지키며 도둑을 (보고)

節之.",『全書』II,『中庸講義補』권1, 62쪽 上左.

47 "過不及之差, 在於人, 不在於物. 誠以人之所能, 皆活動. 禽獸之所能, 皆一定. 旣然一
    定, 夫安有過不及之差乎? 雞之晨鳴, 犬之夜吠, 虎之搏噬, 牛之齝觸, 蜂之護君, 蟻之
    聚衆, 千年同俗, 萬里同風, 夫豈有過不及之差乎? 況草木之春榮秋瘁, 先花後實, 各有
    定性, 毫髮不差. 安得以吾人之病痛, 擬之於群物乎? 況其所爲, 皆壹聽天命. 人於其間,
    雖爲之品節裁制, 無攸變矣. 朱子於性道之說, 每兼言人物, 故其窒礙難通, 多此類也.",
    같은 책, 62쪽 下右.

짖으며 더러운 것을 먹고 새를 뒤쫓는 것이 그 '본연'이다. 소라면 꼴을
먹고 새김질하며 (뿔로) 치받는 것이 그 '본연'이다. 각각 받은 '천명'은
바뀔 수가 없다. 소는 사람이 하는 일을 억지로 할 수 없고 사람은 소가
하는 일을 억지로 할 수 없다. 그들의 몸체들이 달라서 상통할 수 없는 것
이 아니라, 그들이 받은 '이치'(理)가 바로 원래 자체로 같지 않기 때문이
다. (…… 그러나 지금 성리학을 주장하는) 여러 선생들의 말씀은, "'이'
(理)에는 대소의 차이가 없다. '기'에 청탁(淸濁)이 있으니, (사람과 사물
모두에 똑같은) '본연의 성'이 '기질'에 의탁해 있는 것은 마치 (똑같은)
물이 그릇에 의탁함에, 그릇이 둥글면 물도 둥글고 그릇이 네모나면 물
도 네모난 것과 같다"고 한다. 이 관점을 나(臣)는 이해하지 못하겠다. 둥
근 그릇의 물도 마시면 해갈이 되고 네모난 그릇의 물도 마시면 해갈이
되니 그 물의 본성은 본래 같은 것이다. (그러나) 지금 사람이란 (개처럼)
새를 뒤쫓을 수도 도둑에게 짖을 수도 없고, 소는 (사람처럼) 독서하고
이치를 궁구할 수 없다. 만약 (성리학의 주장처럼) 그들(犬, 牛, 人) '본연
의 성'이 (서로) 같다고 한다면, 어찌 (犬, 牛, 人들이) 이렇게 서로 상통할
수 없는 것인가? (그렇다면) 사람과 동물의 본성이 같을 수 없음이 분명
하도다!48

---

48 "人則, 樂善恥惡, 修身向道, 其本然也. 犬則, 守夜吠盜, 食穢蹤禽, 其本然也. 牛則, 服
軛任重, 食芻齝觸, 其本然也. 各受天命, 不能移易. 牛不能强爲人之所爲, 人不能强爲犬
之所爲. 非以其形體不同, 不能相通也. 乃其所賦之理, 原自不同故. (……) 諸先生之言
曰: "理無大小, 氣有淸濁. 本然之性之寓於氣質也, 如水之寓器. 器圓則水圓, 器方則水
方." 此臣之所未曉也. 圓器之水飮之, 可以解渴; 方器之水, 飮之亦可以解渴, 爲其性本
同也. 今也人不能蹤禽吠盜, 牛不能讀書窮理. 若其本同, 何若是不相通也? 人物之不能
同性也, 審矣!", 『全書』II, 『孟子要義』 권2, 135쪽 下右.

또한 다산은 이러한 성리학의 '인물성동론'(人物性同論), 또는 '이동기이'(理同氣異)설을 다음과 같이 반박하고 있다.

'본연지성'이라면 '사람'(人)과 '사물'(物) 모두에 똑같은 것이 이렇게 분명하다면(즉 성리학의 주장과 같다면 — 필자), 사람들이 모두 '요순'(같은 성인)이 될 수 있을 뿐만이 아니라, 무릇 '본연지성'을 가진 만물들 또한 모두 '요순'이 될 수 있는 것이다. (이런 인물성동론이 — 필자) 어찌 통용될 수 있겠는가?[49]

그리고 이어서 다산은 이렇게 말한다. 만약 주자(朱熹, 1130~1200)가 말하는 '인성과 물성이 같다'는 말의 뜻이, 사람이나 사물들이 각각의 본성을 "천명으로부터 받는다는 점에서 같다"는 것만이 아니고, "아울러 그들이 품수 받은 '영묘한 이치'(靈妙之理)도, 사람과 사물이 모두 같고, 다만 그들이 (받은) '기'(氣)만 다르기 때문에, (사물들은 인의예지의) 사덕(四德)을 온전하게 갖추지 못하고 치우치고 막힌 곳이 있다"라는 뜻으로 해석하게 된다면, 이런 성리학의 '이동기이'설은 유교 본래의 사상으로는 도저히 받아들일 수 없다는 것이다. 그것은 다만 모든 존재물의 근원적인 동일성과 윤회를 말하는 불교, 특히 『수능엄경』(首楞嚴經)의 영향을 받아서 성리학이 기본적으로 공맹의 진정한 유학정신을 왜곡시킨 것으로 다산은 몰아붙이고 있다.[50]

---

49 "而本然之性, 則人物皆同, 審如是也, 不特人皆可以爲堯舜, 凡物之得本然之性者, 亦皆可以爲堯舜, 豈可通乎?",『全書』II,『論語古今註』권9, 339쪽 下左.

50 "但所謂理同者, 不惟曰: 其受命同也, 並其所稟靈妙之理, 人物皆同, 特以其氣異之故, 四德不能全具, 而有所偏塞. 則與佛家水月之喩, 大意未遠, 又取『首楞嚴』本然之說, 名吾性曰: 本然之性.",『全書』II,『中庸講義補』권1, 83쪽 下左; 또한 "本然之說, 本出佛

다산은 이와 같이 성리학의 '이동기이'설[51]을 근원적으로 부정하고 있다.

3.2 인간의 '자유의지'의 발견과 인간의 고유 영역으로서의 '도덕'실천의 강조―성리학의 '본연지성과 기질지성'의 이론 구도에 대한 부정―

『천주실의』에서, 인간은 '육체'(形)와 '정신'(神)으로 구성되었고, '정신의 정교함'은 '육신'을 "초월"하기 때문에, 바로 '정신'이 '진정한 자신'(眞己)이고 '육신'은 '자신'을 담고 있는 '그릇'(器)에 비유하고 있듯이,[52] 다산 역시 "정신"(神)과 육체(形)가 "묘합"하여 "인간이 형성"

書.『楞嚴經』曰: "如來藏性, 清淨本然." 楞嚴經曰: "非和合者, 稱本然性." 又曰: "譬如清水, 清潔本然." 楞嚴經曰: "眞性本然, 故名眞實." '長水'禪師, 語'廣照'和尚曰: "如來藏性, 清淨本然." 本然之性, 明是佛語. 豈可以此解孔孟之言乎? 佛氏之言, 此理, 本無大小, 亦無癡慧. 寓於人, 則爲人, 寓於牛, 則爲牛, 寓於焦螟, 則爲焦螟. 如同一水體, 盛於員器, 則員, 盛於方器, 則方. 如同一月色, 照於員水, 則員, 照於方水, 則方. 故其言曰: "人死而爲牛, 牛死而爲焦螟, 焦螟復化爲人, 世世生生輪轉不窮." 此所謂本然之性, 人物皆同者也."『全書』II, 『論語古今註』권9, 339쪽 上中 참조.

51 '이동기이'설에 대한 다산의 부정(否定)의 입장에 대해서는 또한 그의 다른 입론을 참조 바람. "鏞案: 萬物一原, 悉稟天命.以是而謂之理同, 則誰曰不可? 但先正之言, 每云: "理無大小, 亦無貴賤. 特以形氣有正有偏. 得其正者, 理卽周備. 得其偏者, 理有梏蔽." 至云: "本然之性, 人物皆同, 而氣質之性, 差有殊焉." "斯則, 品級遙同, 豈唯一原之謂哉? 梁惠王命孟子爲賓師, 命太子申伐齊. 命鴻雁麋鹿居沼上. 其受梁王之命, 孟·申·鴈·鹿, 固無異焉. 若以其同受王名, 而遂謂所受無貴賤, 則非其實矣. 齊威王賜群臣酒. 其一人以爵, 其一人以觶, 其一人以散. 於是, 爵受者得一升, 觶受者, 得三升, 散受者, 得五升. 理同氣異者, 謂酒無二味, 而唯以器大小之. 故虎狼得三升, 蜂蠆得一升. 此所謂梏於形氣之偏塞, 而無以充其本體之全者也. 誠觀虎狼·蜂蠆之性, 其果與吾人之性, 同是一物乎? 人所受者, 酒也; 虎狼·蜂蠆之所受者, 穢汁敗漿之不可近口者也. 惡得云: 理同而氣異乎?",『全書』, II,『孟子要義』권2, 135쪽 下左~136쪽 上右 참조.

52 "人以形神二段, 相結成人. 然神之精, 超於形, 故智者以神爲眞己, 以形爲藏己之器.",『實義』, 7-4, 350쪽 참조.

되는 것으로 말하고 있다.[53] 또한 다산에서도 '무형한 정신(마음)'(無形之心)[54]이 인간의 "본체"[55]인 것이다. 다산은―이성능력이 없는 짐승들이나 사물들과 본질적으로 구분되는―인간의 "본체"를 또한 "무형지영명"(無形之靈明)[56] 또는 "영명지심"(靈明之心),[57] 즉 '무형한 이성능력'으로 표현[58]하고 있다. 이런 '이성능력'이 바로 다산에게는 본래의 자기'(本有之己)인 것이다.[59]

사람이 태어날 때에 천명에 의해서 부여된 이런 '이성인식'(靈知)을 이제 다산은 세 가지 측면에서 살펴볼 수 있다고 말한다.

하늘이 '이성'(靈知)을 부여했으니, (이성의) '기본'(才)이 있고, (그것이 처한) '형세'(勢)가 있고, ('천명'이 부여한) '성향'(性)이 있다. 1) '기본'은 그(이성)의 능력과 권력이다. (仁의 상징인) '기린'(의 행동)은 (필연적으로) '선'으로 정해져 있기 때문에 (그) 선은 공로가 될 수 없고, 늑대와 승냥이(의 행위)는 (필연적으로) 악으로 정해져 있기 때문에 (그) 악은 죄가 될 수 없다. 사람이라면 그 '기본'이 '선'으로 갈 수도 '악'으로 갈 수도 있다. 능력이 '자기의 노력'(自力)에 있고 권력이 '자기의 주

---

53 "神形妙合. 乃成爲人.",『全書』II,『心經密驗』, 36쪽 上右.
54 "無形之心"이라는 표현은『實義』, 3-6, 137쪽; 7-6, 353쪽 등에 보인다.
55 "鏞曰: 有形之心. 是吾內臟; 無形之心. 是吾本體, 所謂'虛靈不昧者'也. 憙曰: 虛靈不昧者, 是何物? 鏞曰: 是無形之體. 是不屬血肉者."『全書』II,『大學講議』권2, 25쪽 上左 참조.
56 "大體者, 無形之靈明也.",『全書』II,『孟子要義』권2, 140쪽 上左.
57 "靈明之心",『全書』I,「詩文集·書」, 410쪽 下左.
58 인간에게만 고유한 "이성적 추리능력"을『實義』에서는, 靈, 靈性, 靈才, 靈明, 靈心 등으로 표현(앞의 주 9 참조)하고 있다면, 다산은 靈, 靈明, 靈知, 大體, 無形之心, 虛靈之本體, 虛靈不昧者 등으로 호칭하고 있다.
59 "但此本有之己",『全書』III,『梅氏書平』권4, 202쪽 上右 참조.

재'(自主)에 있기 때문에, 선행을 하면 그를 칭찬하고, 악행을 하면 그를 비난한다. (……) 2) '형세'는 그 (이성이 처한) 지반과 그 계기이니, '선'을 하기 어렵고 '악'을 하기 쉬운 것이다. 식욕과 색욕이 (마음)속에서 유혹하고 명예와 이득이 밖에서 유인한다. 또한 (타고난) 기질의 사욕(私慾)은 쉽고 편한 것을 좋아하고 힘든 것을 싫어하기 때문에 그 형세는 선을 따르기가 (높이) 오르는 것처럼 (어렵고) 악을 따르기는 (삽시간에) 무너져 내리는 것처럼 (쉬운) 것이다. (……) 3) '천명의 성향'(天命之性)은 '선'과 '의'(義)를 좋아함으로써 자신을 양육한다.[60]

이와 같이 다산은 '영지'(靈知), 즉 이성적 추리능력을 가진 인간의 '무형한 마음'에는 기본적으로 "선행을 할 수도 악행을 할 수도 있는" '기본'(才), 요컨대, '자유의지'가 있다고 보았다. 따라서 '의지'의 자유로운 선택이 없는 짐승들은 그들의 본능적인 활동에 매어 있기 때문에 도덕적인 선악을 물을 수 없다는 것이다. 그리고 또한 이 '무형한' 인간의 마음은 언제나 "선행을 하기 어렵고 악행을 하기 쉬운" '형세'(勢)에 처해 있다고 보았다. 그러나 이런 어려운 여건 속에서 인간들로 하여금 악을 피하고 선으로 나아가게 하기 위하여, '하늘'은 또한 우리 인간들에게 "선을 좋아하고 악을 부끄러워하는"(樂善恥惡) 도덕적 성향, 즉 '천명지성'(天命之性)을 우리에게 부여하였

---

60 "天之賦靈知也, 有才焉, 有勢焉, 有性焉: 1) 才者, 其能其權也. 麒麟定於善, 故善不爲功. 豺狼定於惡, 故惡不爲罪. 人則其才, 可善可惡, 能在乎自力, 權在乎自主. 故善則讚之, 惡則訾之. (……) 2) 勢者, 其地其機也. 食色誘於內. 名利引於外, 又其氣質之私, 好逸而惡勞, 故其勢從善如登, 從惡如崩. (……) 3) 夫天命之性, 嗜善義以自養."『全書』III, 『梅氏書平』권4, 203쪽 上 참조.

다는 것이다.[61]

『천주실의』에서 일찍이 마테오 리치가, 인간은 물질성과 정신성을 동시에 가지고 있기 때문에 인간의 마음속에는 항상 "금수 같은 마음"(獸心)과 "인간다운 마음"(人心)이 서로 대립하고 갈등하고 있다고 보았듯이,[62] 다산 역시 "사람들은 항상 서로 반대되는 두 가지 지향", 즉 '도심'(道心)과 '인심'(人心)이 서로 갈등하고 있다고 보았다. "뇌물을 받는 것이 '도의'가 아니라고 한다면, (사람들은) 받으려고도 하고 동시에 받지 않으려고도 한다. 어려운 일을 해야 '인'(仁)을 이룬다고 한다면 (사람들은) 피하려고도 하고 동시에 피하지 않으려고도 한다"고 다산은 말한다.[63] 여기에서 다산은 '자유의지', 다시 말해 마음의 "자주적 권리"(自主之權)를 도덕계발의 가능근거로 들고 있다.

'하늘'은 사람(의 마음)에 '자주적 권리'를 주어서 그들로 하여금 선을 바라면 선을 행하고 악을 바라면 악을 행하게 하였다. (사람의 마음은 늘) 유동하여 일정하지 않다. (그러나) 그 (마음의 결정)권이 자기에게 있기에 짐승들의 '정해진 본능'(定心)과 같지 않다. 따라서 선을 행하면 실제로 자기의 공로가 되고 악을 행하면 실제로 자기의 죄가 된다. (······) 벌들은 임금을 보위하지 않을 수 없으나 논객들이 '충'(忠)으로 여기지 않는 것은 그것을 '본능'으로 본 것이다. 호랑이가 동물들을 해치지 않을 수 없으나 법관들이 법을 끌어내어 그들을 벌주지 않는 것은

---

61 "言乎其才, 則可善可惡; 言乎其勢, 則難善易惡. 持此二者, 將何以爲善也? 是天命之性, 樂善而恥惡.", 上同 참조.

62 앞의 주 15 참조.

63 "今論人性, 人恒有二志, 相反而並發者, 有餽而將非義也. 則欲'受'而兼欲'不受'焉. 有患而將成仁也, 則欲'避'而兼欲'不避'焉." 『全書』II, 『孟子要義』권2, 135쪽 上右 참조.

그것을 '본능'으로 여긴 것이다. 사람들이라면 그(짐승)들과 다르다. 선을 행할 수도 악을 행할 수도 있는 주체가 '자기로 말미암기' 때문에 행동은 '결정된 것이 아니다'(不定). 따라서 선은 이렇게 (자기의) '공'이 되고 악은 이렇게 (자기의) '죄'가 되는 것이다.[64]

요컨대, 다산에 있어서는—『천주실의』에서와 마찬가지로—도덕의 문제가 인간에게만 한정된 것이다. 왜냐하면 그것은 '이성'판단에 따르는 '자유의지'에 의해서만 성립될 수 있기 때문이다. 따라서 이런 '이성능력'(靈知/靈明)이 없기에 사태의 '옳고 그름'을 스스로 판단할 수 없고 결국 '정해진 본능'(定心)에만 의존할 수밖에 없는 (인간 이외의) 존재들에게는 자연히 '의지'의 자기선택이 불가능하기 때문에 그들에게는 도덕적인 선도 악도 성립될 수 없는 것이다. 바로 이점에서 다산의 철학은, 모든 존재물들, 즉 인간(人)이나 사물(物) 모두에게 '도덕적인 본성', 즉 '본연지성'을 부여하는 성리학적 도덕형이상학의 패러다임을 수용할 수 없다. 그러므로 다산은 '선'을 '본연의 성'(本然之性 또는 義理之性)으로, 악을 기질지성으로 구분하여 논하는 성리학적 관점을 배격한다.

지금 사람(성리학자)들은 '순수한 마음'(純乎虛靈者)을 '의리의 본성'으로 여기고, '몸'(形氣)에 말미암는 것을 '기질의 본성'(氣質之性)으로

---

64 "天之於人, 予之以'自主之權', 使其欲善則爲善, 欲惡則爲惡, 游移不定. 其權在己, 不似禽獸之定心. 故爲善則實爲己功. 爲惡則實爲己罪. (……) 蜂之爲物, 不得不衛君, 而論者不以爲忠者, 以其爲定心也. 虎之爲物, 不得不害物, 而執法者, 不引律議誅者, 以其爲定心也. 人則異於是, 可以爲善, 可以爲惡, 主張由己, 活動不正. 故善斯爲功, 惡斯爲罪.", 『全書』II, 『孟子要義』권1, 111쪽 下左~112쪽 上右.

여긴다. 천만 가지 죄악은 모두 식욕, 색욕, 편안함(의 추구)에서 말미암는다고 여긴다. 무릇 악은 모두 '몸'(의 私慾)에로 귀결되고, '허령불매'한 심체는 다만 모든 미덕을 갖추고 조금도 악이 없는 것으로 인정된다. (이런 주장은) 매우 잘못된 것이다. 허령한 존재들이 악을 저지를 수 없다면, 저 무형한 귀신들 중에 또한 어찌하여 밝은 천신과 악귀들(의 구분)이 있는가? 먹는 것, 미색, 편안함의 욕구가 모두 '육체'(形氣)에서 비롯된다고 하지만, 무릇 오만불손한 죄는 '마음'(虛靈)에서 나온 것이니, '허령한 것'(마음)에는 전혀 악이 없다는 이치는 옳지 못하다. 사람 중에 '도'로써 문장을 배워서 '스스로를 높이'(自尊) 보는 자는 그를 칭찬하면 기뻐하고, 비난하면 화를 내는데, 이런 것은 '몸'(形氣)과 무슨 관계가 있겠는가! 무릇 '허령한 마음'이 순수하여 악이 없다는 이치는 불교의 논설인 것이다.[65]

이와 같이 다산은, 인간의 "자유의지"를 통한 도덕적인 실천의 노력 없이, 성리학에서 말하는 도덕적으로 순수한 '마음'에서 나오는 '본연지성'과 '몸'(形氣)에서 나오는 선악이 혼재해 있다는 '기질지성'의 구분을 무의미한 것으로 보고 있다. '마음'에서 우러나오는 것이 반드시 '선'일 수도, '몸'(形氣)에서 나온 것이 반드시 '악'일 수도 없는데, 허령한 마음속에 자리 잡고 있는 '본연지성'만은—의지의 자유

---

65 "今人以純乎虛靈者, 爲義理之性, 以由乎形氣者爲氣質之性. 千罪萬惡, 皆由於食色安逸, 故凡惡皆歸之於形氣. 而虛靈不昧之體, 認之爲但具衆美, 都無纖惡. 殊不然也. 虛靈之物, 不能爲惡, 則彼無形之鬼神, 又何以有明神·惡鬼哉? 食色安逸之欲, 皆由形氣, 而凡驕傲自尊之罪, 是從虛靈邊出來, 不可曰: 虛靈之體, 無可惡之理也. 人有以道學文章自尊者, 譽之則喜, 毁之則怒. 是於形氣有甚關係. 凡以虛靈之體, 謂純善無可惡之理者, 佛氏之論也.", 『全書』 II, 『孟子要義』 권1, 112쪽 上右 참조.

로운 선택을 거치지 않고서도—그 자체만으로 절대적 선으로 선험적으로 천명에 의해 부여되었다는 성리학적 도덕형이상학을 다산은 더 이상 수용할 수 없기 때문이다. 따라서 다산은 성리학에서 주장하는 품수 받은 '기질'의 청탁(淸濁)에 의한 도덕결정론을 격렬히 부정하고 반박하고 있다.

맹자는 (인간의) '본성'(性)을 논하면서 '불선'(不善)을 (유혹의) 함정에 빠져드는 것에 귀결시켰고 송나라 유학자들은 '불선'을 '기질'에 결부시켰다. (만약 죄악의) 함정에 빠지는 것이 '자기 자신'으로부터 말미암았다면 그것을 구제할 방도가 있다. (그러나 성리학의 주장처럼—필자) 기질은 '하늘'로부터 말미암는 것이라면 탈출할 길이 없으니, 사람들이 어찌 기꺼이 스스로 자포자기하며 비천한 하류에 귀속하려 하지 않겠는가? 하늘의 품부는 원래 그 자체가 고르지 못한 것이다. 어떤 이에게는 아주 아름답고 아주 맑은 기질이 부여되어 그로 하여금 '순'과 '요' (같은 성인)가 되게 하고, 어떤 이에게는 아주 밉고 아주 탁한 기질을 부여하여 그로 하여금 '걸'과 '도척'(같은 악인)이 되게 하니, 하늘이 공정하지 못함이 어찌 이토록까지 이르겠는가? 이른바 '요순'이라면, 나는 그들이 선행을 한 것이 마침 그들이 얻은 맑은 기(의 덕)인지를 모르겠다. 이른바 '걸과 도척'이라면, 나는 그들이 악행을 한 것이 마침 그들이 얻은 탁한 기(때문)인지를 모르겠다. 일단 그들에게 맑은 기를 주었고, 또한 그들에게 성인의 이름을 주었다면, (하늘은) 왜 요순에게 후덕한 것인가? 일단 탁한 기를 주었고 또한 그들에게 악인의 호칭을 주었다면, (하늘은) 왜 걸과 도척에게 각박한 것인가? 만약 걸과 도척이 죽어서도 지각이 있다고 가정한다면, (그들은) 장차 매일 하늘을 보고 소

리 내어 울면서 (그들의) 억울함을 호소할 것이다.[66]

모든 도덕적 선과 악이 이미 '하늘'이 품부한 '기질'에 의하여 결정된다면, 사람들은 모두 자포자기하고 도덕적 개선의 노력을 하지 않을 것이다. 만약 요순 같은 성인이 타고난 맑은 '기' 때문에 성인이 되었고, 결과 도척이 타고난 탁한 기질 때문에 악인의 이름을 갖게 되었다면, 이것은 '하늘'의 처사가 너무나 불공평하다는 난센스일 뿐이다.

따라서 기질 때문에 선악이 나누어진다면 요순은 저절로 선한 것이니 우리들은 (그것을) 기릴 만하지 못하고 걸주(桀紂)는 저절로 악행을 한 것이니 우리들은 (그것을) 경계할 만한 것이 못 된다. 받은 기에는 다만 다행인가 아닌가만 있을 뿐이다. (……) 맑은 기를 받아서 상지(上智)가 되었다면 그것은 그렇게 되지 않을 수 없는 선이니, '선'이라고 할 수 없고, 탁기를 받아서 하우(下愚)가 되었으면 그것은 그렇게 되지 않을 수 없는 악이니 '악'이라 할 수 없다. 기질은 사람을 지혜롭게나 어리석게 할 수는 있으나, 사람들을 선하게도 악하게도 할 수는 없는 것이다.[67]

---

66 "孟子論性, 以不善歸之於陷溺. 宋儒論性, 以不善歸之於氣質. 陷溺由己, 其救有術. 氣質由天, 其脫無路. 人孰不自暴自棄, 甘自歸於下流之賤乎? 天之賦予, 原自不均, 或予之以純美純淸之氣質, 使之爲舜爲堯. 或予之以純惡純濁之氣質, 使之爲桀爲跖, 天之不公, 胡至是也? 夫所謂堯舜者, 吾不知: 其爲善, 適其所得者淸氣也. 而所謂桀跖者, 吾不知: 其爲惡, 適其所得者濁氣也. 旣予之以淸氣, 又歸之以聖人之名, 何厚於堯舜乎? 旣予之以濁氣, 又歸之以惡人之名, 何薄於桀跖乎? 使桀跖而死而有知也, 則將日號泣於昊天, 以愬冤枉矣.", 『全書』 II, 『孟子要義』 권2, 138쪽 上右.

67 "苟以氣質之故, 善惡以分, 則堯舜自善, 吾不足慕. 桀紂自惡, 吾不足戒. 惟所受氣質, 有幸不幸耳. (……) 受淸氣而爲上知, 則是不得不然之善也. 何足爲善? 受濁氣而爲下愚, 則是不得不然之惡也. 何足爲惡? 氣質能使人慧鈍, 不能使人善惡.", 『全書』 II, 『論語古今註』, 338쪽 下左.

다산은 이와 같이 인간의 도덕계발과 관련하여 성리학의 '본연지성'과 '기질지성'의 구분을 무용하거나 도리어 해로운 것으로 비판하고 있다. 이제 다산은 도덕의 계발과 관련하여—마치 리치가 『천주실의』에서 선천적으로 주어진 '양선'(良善), 즉 잠재적 도덕의 가능성을 인정하고 있듯이—사람의 마음 안에 천명에 의해 부여된 "선을 좋아하고 악을 부끄러워"하는 도덕적 기호 또는 성향(性)을 바로 도덕계발의 출발점으로서 강조하여 말하고 있다.

> 무릇 '성향'(性)은 모두 기호(嗜好)이다. 천명이 (부여한) '성향'(性)이란 '선'을 기호하고, '올바름'을 좋아하는 것이다. (……) 불의한 재물이면 의지를 가지고서 받지 않으면 (마음이) 즐겁고, 잘못인 줄 알고도 마침내 물들게 되면 부끄러운 것이다. 오늘 좋은 일 하나를 하고 내일 의로운 일 하나를 하여 선을 쌓아나가서 심성을 기르면 심기는 매일 매일 편하게 된다. (……) 오늘 마음을 어기는 일을 하나 하고 내일 마음에 부끄러운 일을 하나 하면 마음은 부끄러움을 느낀다. (……) 보리의 성향은 오줌을 좋아하여 그것을 오줌으로 배양하면 쑥쑥 자라나서 통통하게 된다. 오줌으로 기르지 않는다면 시들고 마르게 된다. (……) 사람의 성향은 선을 좋아하기 때문에 선으로 길러 나가면 (마음이) 호연스럽고 강대해진다. 선으로 배양하지 않으면 초췌하게 쇠잔해진다. (……) '성향'(性)이란 기호(嗜好)를 이름하는 것이 아닌가!⁶⁸

---

68 "凡性皆嗜好也. 天命之性, 嗜善好義. (……) 有財不義, 秉志而卻不受, 則樂; 知非而終染指, 則愧. 其所嗜好, 可知矣. (……) 今日行一善事, 明日行一義, 舉積善集義, 以養心性, 則心氣日舒日泰. (……) 今日行一負心事, 明日行一愧心事, 心覺忸怩. (……) 麥性嗜溲, 養之以溲, 則肥而苗, 不養之以溲, 則瘻而槁. (……) 人性嗜善, 故養之以善, 則浩浩然剛大. 不養之以善, 則悴悴焉衰殘. (……) 性之爲物, 非以嗜好得名者乎?", 『全書』 III,

다산에게 있어서, 덕과 부덕, 또는 선과 악이란 천명에 의하여 본래 주어져 있는 것이 아니다. 도덕적인 선이란 사람들이 각자의 자유의지에 따라서 각고의 실천을 통해 '도덕성향'을 확충해 나감으로써만 성취되는 후천적인 것이다. 말하자면, "인의예지(仁義禮智)의 이름은 '실천'(行事) 뒤에 이루어지는 것이다. 따라서 남을 사랑한 뒤에 '인'(의 덕)을 말할 수 있다. 남을 사랑하기 전에는 (결단코) '인'의 이름이 확립되지 않는다. 자기 자신을 좋게 만든 뒤에 '의'(義)를 말할 수 있다. (……) 어찌 '인의예지'라는 네 개의 구슬이 동글동글하게 마치 복숭아씨나 살구씨처럼 사람의 마음속에 (선천적으로) 박혀 있는 것이겠는가?"[69] 인의예지(仁義禮智)의 사덕(四德)은 다름이 아니라 우리 마음속에 내재하는 4가지 성향, 즉 사심(四心)을 확충하여 후천적으로 이루어 낸 것이라고 다산은 말한다. 맹자가 말하는 이른바 "밖으로 말미암아 나를 바꾸는 것이 아니다"(非由外鑠我者)라는 것은 내 속에 있는 '사심'을 밀고 나가서 밖으로 '사덕'을 성취하는 것을 말한다. 밖의 '사덕'을 이끌어 들여서 (마음)속의 '사심'을 발동시키는 것이 아니다. 곧 (마음속의) 이 '측은지심'(惻隱之心)으로부터 나가면 (나중에) 바로 인(仁)을 얻을 수 있다. 곧 이 '수오지심'(羞惡之心)으로부터 나가면 바로 의(義)를 얻을 수 있다. 이것으로 '사심'은 인성(人性)에 고유한 것이나 '사덕'은 (노력하여) 확충한 것임을 알 수 있다. 확충하지 못했으면, '인의

『梅氏書平』권4, 202쪽 下左.

69 "仁義禮智之名, 成於行事之後. 故愛人而後, 謂之仁. 愛人之先, 仁之名未立也. 善我而後, 謂之義. (……) 豈有仁義禮智四顆, 磊磊落落, 如桃仁杏仁, 伏於人心之中者乎?", 『全書』 II, 『孟子要義』권1, 105쪽 下右 참조.

예지'(라는 '사덕')의 이름은 마침내 확립될 수 없는 것이다.[70] 따라서 "부모를 섬기는 것이 '인'이라는 것을 안다면, (방이 추우면) 따뜻하게 해주고 (더우면) 시원하게 해주고 (식사를 잘 소화시키지 못하면) 죽을 쑤어서 올리고 바로 아침저녁으로 공력을 들여야 한다." 그러나 명상적인 성리학자들은 "천지가 만물들을 생성하는 마음(그 자체)이 (곧) '인'이라고만 말하면서 오직 단정히 앉아서 눈을 감고 있을 뿐이다."[71] 다산은 도덕의 실천 없이 그 자체로 선험적으로 주어진 '덕'은 있을 수 없다고 보기 때문에, 덕을 이루어 내기 위한 구체적인 실천행위를 적극적으로 강조하고 있다. 따라서 도덕적 실천은 조금도 하지 않고 조용히 앉아서 '거경궁리'(居敬窮理)에만 몰두하고 있는 그 당대 성리학자들의 관념적인 명상적 태도를 또한 심각하게 비판한 것이다. 다산에게 있어서 '도덕'이란—『천주실의』에서의 철학적 구도와 마찬가지로—바로 이성능력과 자유의지를 가진 인간에게만 고유한 영역이요, 그것은—성리학에서 주장하는 것처럼—천명에 의하여 우리의 마음속에 이미 선험적으로 주어져 있는 그런 것이 아니다. 인간의 덕은 바로 '행사'(行事), 즉 구체적 실천을 통해서만 후천적으로 성취될 뿐인 것이다. 요컨대, 다산의 철학적 관심은—더 이상 성리학자들의 도덕형이상학적인 명상적 관념적 유희에 동조하는 것이 아니라—인간, 특히 지식인들의 구체적인

70 "鏞案: '非由外鑠我'者, 謂推我在內之四心, 以成在外之四德. 非'挽在外之四德, 以發在內之四心'也. 卽此惻隱之心, 便可得仁; 卽此羞惡之心, 便可得義. (……) 是知'四心者, 人性之所固有也. 四德者, 四心之所擴充也.' 未及擴充, 則仁義禮智之名, 終不可立矣.", 『全書』 II, 『孟子要義』 권2, 137쪽 上右 참조.

71 "知'事父孝爲仁', 則溫凊滫瀡, 便當朝夕著力. 謂天地生物之心爲仁, 則惟瞑目端坐而已." 『全書』 II, 『孟子要義』 권1, 105쪽 下左 참조.

사회적 실천행위, 즉 인도(人道)의 구현에 있다고 생각한다. 바로 이런 점에서 『천주실의』에서 보이는 철저한 '반성리학적 사유'와 이성적 존재로서의 인간의 도덕적 실천을 통한 '자아완성'의 철학적 메시지를 다산은 환영할 수밖에 없었다고 필자는 생각한다.

3.3 '이'(理)는 '속성'에 불과하며 '이성적 절대자'로서 '하느님'(上帝)의 주재성 강조

『천주실의』나 다산철학 양자에 의하면, 인간을 포함한 삼라만상의 세계는 한편 '유형한' 물질(形)과 다른 한편 눈에 보이지 않는 '무형한' 정신(神)이라는 이원구도로 되어 있다. 특히 다산에게 있어서, 이 현상세계는 끊임없이 무목적적으로, 그리고 무정형하게 변화·변동하고 있는 '기'(氣)로 충만한 세계이다. 그렇다면, 다산은, 이런 무정형하고 무질서하게 움직이는 '기'의 세계는—도덕형이상학적인 성리학의 패러다임에서처럼 '이'(또는 天理), 즉 '형이상학적인 실체들'에 의하여—선험적으로 규정되어 있다고 보고 있는가? 만약 그렇지 않다고 한다면, 이런 무정형하고 무질서하게 움직이는 현상세계는 도대체 '무엇'에 의거하여 '올바르게' 질서가 잡힌다고 다산은 생각하였는가? 인간을 포함하여 이 세상은 도대체 무엇에 의하여 주재되어 나가는 것인가? 우리는 이제 이 장에서—특히 인간의 도덕계발과 관련하여—천지만물의 주재자에 대한 다산의 입장을 좀 더 깊이 있게 논의하고자 한다. 다산에 의하면, 인간의 마음이란 이 세상에서 악인이 되기는 쉽고 선덕을 쌓아서 성인이 되는 것은 지극히 어려운 형세 속에 있다는 것이다. 그렇다면, 그는 인간의 행위에 대한 '초월적인 존재',

즉 '하느님'의 주재(主宰), 또는 그의 '상선벌악'의 문제를 과연 어떻게 받아들이고 있는가?

일찍이 우리들은 앞(2.3)에서, 성리학적 도덕형이상학이 그 출발점에서부터 전제하고 있는 만상만물들의 존재론적 근거로서의 "태극', 즉 '이'(理)가 도대체 만물의 주재자가 될 수 없다는 리치의 논거들을 살펴보았다. 다산의 철학적 관점과 연결하여 생각해 볼 때, 그 요점은 다음의 두 가지로 귀결된다고 필자는 생각한다.

1) 아리스토텔레스에서 기원하는 만물에 대한 '실체'(自立者)와 '속성'(依賴者)의 범주론적 구별, 2) '이'가 도대체 '영'(靈, 이성)과 '각'(覺, 지각)을 가지고 '의지'와 '운동·조작'을 하는 '이성적인 실체'(즉 天神, 惡鬼 등)인가, 아닌가에 관한 논의였다.

리치의 논증에 의하면, 물론 '이'는 '형체가 없는 부류'(無形之類)에 속하지만, 그것은 결코 독립적인 실체가 아니라, 실체들(예: 개개의 사물들이나 "心")에 부속되어 있는 '속성'에 불과하기 때문에, '이'는 자립적인 존재물이 아니라는 것이다. 만약 이러한 '이'가 '이성능력'과 '의지'를 가진 존재라면 그것은 이미 '천신'들과 동일한 것이기 때문에 따로 '태극'이나 '이'로 호칭할 이유가 없다고 리치는 말하였다. 이와 같은, 두 가지 논거를 들어서, 리치는 '이'가 결단코 만물의 주재자가 될 수 없음을 논증하였다.

우리는 다산에게 있어서도—리치의 이런 논증과 거의 일치하는—두 가지 논점을 빌려서, '이'의 '실체성'을 부정하는 논증을 발견하게 된다.

다산에 의하면 이(理)는 실제로 존재하고 있는 사물들 밖에 자립적으로 존재하는 '자유지물'(自有之物), 즉 독립적인 '실체'가 아니라는 것이다. 다산은 자체적으로 존재하는 것은 '유형한' '기'(氣)밖에 없으며 "'기'는 '실체'(自有之物)이지만 '이'는 '속성'(依附之品)이다. '속성'은 반드시 '실체'에 의탁해 있는 것이다"라고 판단한다. 결국, '이'는 속성에 불과한 것이다.

다산에게 '이'는 스스로 이성적으로 사유를 하며 권위를 발휘하는 이성적 존재가 아닌 것이다. 요컨대, '하느님'(上帝)이나 '천신'(天神)들 같은 이성적 실체가 아니다. 따라서 '이'는 이런 인격적 존재들과 다르게 '비이성적인' 사물들을 주재할 수가 없는 것이다.

이어서 다산은 또한 인간을 포함한 우주만물을 주재하는 것이 도(道)라는 도가철학의 주장도 반대한다. "도대체 '도'란 무엇인가? 그것은 '이성능력'(靈知)을 가진 존재인가? '이성'능력을 아울러 가지고 있으면서도 그것을 '없는 것'(無)으로 하는 것인가? ('도'는) '마음'(心)도 '형적'(跡)도 없는 것이라면 그것은 '이성'(靈知)도 없고 (만물을) '창조'(造)하고 '변화 발전'(化)시키는 흔적도 없는 것이다. (그렇다면) '도'란 필경 무슨 존재란 말인가?"[72] 이와 같이 다산은 반드시 '이성적인 존재'만이 만물을 다스리고 주재할 수 있다고 확신하는 것이다.

다산은 "푸르고 푸른 하늘"이나, 장재(張載)가 말하는 멍하니 텅비어 있는 '태허'(太虛)라는 하나의 '도리'는 모두 이성능력이 없는 '유형한' 물질에 불과하기 때문에, 천지만물의 주재자가 될 수 없다고 보고 있다.

---

72 "道是何物? 是有'靈知'者乎? 並與靈知而無之者乎? 旣云: 心跡俱無, 則是無靈知, 亦無 造化之跡, 究竟道是何物? 況以空蕩蕩之太虛一理, 爲天地萬物主宰, 根本天地間事, 其 有濟乎?",『全書』III,『周易緖言』권2, 504 下左.

마테오 리치가 늘 '천주'를 '형체도 없고 소리도 없는 존재'(無形無聲者)[73]로 규정하고 있다면, 다산 역시 인간들의 악행을 막고 선행을 이끌기 위해서는 '보이지 않고 들을 수 없는'(不覩不聞) 무형한 '상제'의 주재가 절대적으로 필요한 것으로 전제하고 있는 것이다.

옛날 사람들은 신실한 마음으로 '하늘'을 섬겼고 신실한 마음으로 (천)신들을 섬겼다. (그들이) 한 번 움직이고 한 번 멈출 때마다 생각이 움터나면 혹 '참'되기도 하고 혹 '거짓'되기도 하고 혹 '선'하기도 하고 혹 '악'하기도 하니, 이들을 경계하여, '(하느님이) 태양 같이 이 자리에서 감시하고 계시다'라고 말하였다. 따라서 그들이 경계하고 조심하고 두려워서 떨며 '홀로 있음을 삼가는 것'의 절절함이 정말로 참되고 독실하여 '하늘'을 (섬기는) 덕행에 달통하였다.[74]

위대하신 하느님은 형체도 없고 바탕도 없으면서 (밝은) 태양처럼 이 자리에서 (우리들을) 감시하며 천지자연을 온통 다 다스리니, 만물들의 조상이며 모든 (천)신들의 으뜸이시다. 밝게 밝게 빛나고 빛나는 (하느님이 우리들) 위에 임하여 계시도다! 따라서 이에 성인들이 조심조심 그들을 받들게 되니. 이것이 (성 밖에서 드리는) '교제'(郊祭)가 생겨난 까닭이다.[75]

---

73 '천주', 또는 '정신'(神, spirit)을 "無形無聲"한 존재로 묘사하는 것은 『實義』의 도처에 보인다. 『實義』, 2-5, 80쪽, 81쪽; 2-12, 95쪽, 96쪽; 2-15, 105쪽; 2-16, 107쪽; 3-5, 132쪽, 133쪽, 134쪽; 3-6, 137쪽; 5-6, 240쪽; 7-3, 348쪽; 7-6, 353쪽, 354쪽 등이다.

74 "古人實心事天, 實心事神. 一動一靜, 一念之萌, 或誠或僞, 或善或惡. 戒之曰: "日監在玆." 故其戒愼恐懼, 愼獨之切, 眞切篤實, 以達天德.", 『全書』 II, 『中庸講義』 권1, 71쪽 上右.

75 "惟其皇皇上帝, 無形無質, 日監在玆, 統御天地, 爲萬物之祖, 爲百神之宗, 赫赫明明, 臨之在上, 故聖人於此, 小心昭事, 此郊祭之所由起也.", 『全書』 III, 『春秋考證』 권1,

다산에 의하면, 무형하고 이성적인 하느님이 최고신의 존재로서 '수많은 천신'(百神)들을 거느리고 우리 인간들의 머리 위에 임하고 계시면서 우리 행동의 일거수일투족을 감시하고 있다는 것이다. 따라서 다산은 —『천주실의』에서와 마찬가지로 — 인간의 도덕계발을 위해서는 상선벌악하시는 이성적 하느님이 유일한 최고신으로 천신들을 거느리고 인간을 포함한 천지만물을 주재하고 있음을 자명한 진리로 받아들이고 있는 것이다.

4 다산의 성리학적 '이기론'의 해체와 '도덕실천'의 강조

이제까지 기술된 『천주실의』와 다산철학 양자에 공통하는 철학적 패러다임의 특징은 우선 다음의 일곱 가지 관점으로 정리해 볼 수 있다고 필자는 생각한다.

1) 인간을 포함한 삼라만상의 세계는 한편 '유형한' 물질(形, 또는 무목적적으로 언제나 변동하는 '기')과, 다른 한편 눈에 보이지 않는 '무형한' 정신(神)이라는 이원구도로 되어 있다. 따라서 만물은 '이성능력을 가진 존재물'(有靈之物, 예: 上帝, 인간, 천신, 악귀 등)과 '이성능력이 없는 존재물'(無靈之物, 예: 무생명체, 초목 및 금수 등)이라는 두 개의 범주로 구분될 수 있다.

2) 사태를 추론하여 판단하는 '이성능력(靈才, 또는 靈明 등)이 없는 존재물'(無靈之物)은 도대체 무엇이 도덕적으로 '옳고 그른지'를

229쪽 上左.

추론하여 분별할 수 없기 때문에 '도덕행위'를 할 수 없다. 만약 비이성적인 존재물(예: 꿀벌이나 호랑이 등)이 도덕적 관점에서 보면, 마치 '선' 또는 '악'으로 보이는 행위들을 했어도, 그것은 천명에 의해 '정해진 마음'(定心)에서 행한 것에 불과하기 때문에, 그런 동물들의 행위에 대하여 인간들은 도덕판단을 유보해야만 한다.

3) 육체(形)와 정신(神)으로 결합된 인간은 이성적 존재(有靈之物)이지만, 육체를 가지고 있기 때문에 그것이 없는 '이성적 존재들'(예: 上帝, 天神, 惡鬼 등)과 또한 구분된다. 후자의 '상제'나 천신들은 추론할 필요 없이 모든 것을 '분명하고 충분하게 파악'(明達)하고 있으나, 전자의 인간은 반드시 추론을 통하여 사물을 파악하고 이해한다는 점에서 차이가 있다.

4) 형체에 매여 있지 않은 인간의 '무형한 마음'(無形之心), 즉 사태의 '시비'를 추론하고 판단할 수 있는 '이성적인 마음'(靈知, 虛靈之心 등)에는 "선을 좋아하고 악을 부끄러워하는"(樂善恥惡) 도덕적 본성이─덕행의 잠재적 가능성으로서─'천명'에 의하여 부여되어 있다. 리치가 그것을 특히 '양선'(良善)이라고 불렀다면, 다산은 똑같은 그것을 도덕적인 '기호'(嗜好)로서의 '인성'(人性)으로 말하였다.

5) 인간은 물질성과 동시에 정신성을 함께 가지고 있기 때문에, 인간의 '무형지심'에는 선을 추구하려는 '도심'과 악을 추구하려는 '인심'이 항상 서로 충돌·갈등하고 있다. 따라서 인간의 의지는 '선행을 할 수도 악행을 할 수도'(可善可惡) 있다. 요컨대, 인간의 '마음'에는 자기 스스로 '악행과 선행'을 선택할 수 있는 "자유의지"가 부여되어 있다. 선행과 악행을 스스로 선택하여 결정하는 '마음의 권능'(其能其權, 또는 自主之權 등)이 있기 때문에, 인간이 쌓은 덕도 '자기의

공로'가 되고, 저지른 악도 자기의 '죄'가 되는 것이다.

6) 인간의 마음이 처한 상태는 실제로 "선을 행하기는 어렵고 악을 행하기 쉽기"(難善易惡) 때문에, 『천주실의』에서는 인간이 끊임없는 실천을 통하여 자기 인격의 완성을 도모하기 위해서는, 무엇보다도 먼저 '천주', 즉 '하느님'으로부터의 인간의 행위에 대한 '주재'(主宰), 또는 '상선벌악'의 문제를 지극히 자명한 진실로 전제하고 있다. 다산도 역시 보이지 않는 '하느님', 즉 '절대적 이성적 존재'로서의 '상제'(上帝)가 바로 우리 인간들 위에 군림하면서 인간의 행위를 감시하며, 그들에 대한 상선벌악을 주재해 나간다고 하는 확고한 신념을 피력하고 있다.

7) 성리학에서 말하는 '이'란 물론 '형체'가 없는 부류에 속하지만, 그것은 '이성'능력도 '의지'도 '동정'도 없는 것이기 때문에, '이성'능력을 가진 '정신적 실체'가 될 수 없다. 따라서 '이'는 자립적인 '실체'로서 존재하는 것이 아니라, '실체'에 의탁해 있는 '속성'에 불과하다.

이런 『천주실의』와 다산철학의 패러다임에서 보이는 여러 특성들은—특히 성리학의 그것과 대비한다면—또한 다음의 두 가지 관점으로 총괄될 수 있다.

첫째, '천인합일'(天人合一)적인 세계관의 부정이다.

『천주실의』나 다산의 철학적 구도에 의하면, 자연세계(天道)와 인간의 가치세계(人道)를 함께 관통하여 묶어 주는 도덕형이상학의 존재론적 기초는 없다. 왜냐하면 『천주실의』나 다산의 철학적 구도에 의하면, 사태의 '옳고 그름'을 추론하고 판단하며 그것에 근거하여 '도덕적인' 선악을 선택할 수 있는 '이성능력'이 (인간을 제외하고) 자연계에 속한 존재물들에게는 결여되어 있기 때문에, 인간세계의 가치론을 자연세계에 미루어서 그것을 억지 해석할 수 없다고 보기 때문이다. 따라서 자연계와 인간세계 안의 모든 사물들의 당위론적인 도덕형이상학의 근거로 성리학이 제시하고 있는 '이'(또는 天理)는 결국 만물들을 주재·규정하는 근거로 수용될 여지가 없다. 자연계를 규율하는 법칙(天道)과 인간세계의 법칙(人道)은 전혀 별개의 범주이다.

둘째, 오직 인간의 실천에 의해서만 도덕은 성립한다.

이성적인 시비판단을 할 수 있는 인간들이 자기의 의지에 따라서 선을 좇을 수도 악을 좇을 수도 있기 때문에, 이런 마음의 '자유의지' 또는 "자주지권" 없이는 덕(virtues)을 성취해 낼 수 없다. 성리학에서 '이'를 곧바로 영원불변하게 타당한 객관적인 도덕법칙으로 이해하고—자유의지에 의한 도덕적 실천행위 없이—그것에 대한 명상적 접근, 즉 "거경궁리"(居敬窮理)만으로 덕을 성취해 낼 수 있다고 말한다면, 그런 사유체계는 성립될 수 없다. 항상 인간의 선악을 감시하고 인간들에게 상과 벌을 내리는 이성적인 주재자, 즉 하느님 앞에서 모든 유혹을 뿌리치고 '계신공구'하며 조금씩 조금씩 오직 몸소 끊임없는 부단한 도덕적 실천을 통해서만 덕이 성취되며 성인이 될 수 있다는 것이다.

우리가 이와 같이 『천주실의』와 다산철학의 핵심을 이해한다면, 이미 성리학적 이기관은 그것들에 의하여 해체된 셈이다. 왜냐하면 도덕의 영역을 자연세계로부터 축출하여 오직 인간의 활동영역, 즉 인간의 사회윤리론, 요컨대 오직 '인도'(人道)에만 한정시키고 있기 때문이다. 따라서 『천주실의』나 다산철학에서는 관념적 형이상학적인 '이'는 더 이상 자리매김할 수 있는 여지가 없다. 다산에 의하면, 성리학이 가진 이런 '형이상학적인' 특색은 모두 불교의 영향을 받아서 왜곡된 모습일 뿐이라는 것이다. 따라서 인격신을 신봉하였고 또한 인간의 실천적 사회윤리에 초점을 두었던 고대의 '공자'의 유학으로 되돌아가는 것이 진정한 '유학', 즉 "수사학"(洙泗學)을 회복하는 일이라고 다산은 강조하고 있다.

이 글에서 필자는 다산철학의 위와 같은 핵심적인 이해를 위하여, 다산(1762~1836)의 여러 가지 저작들(예:『中庸講義』(1784),『易學緖言』(1808),『春秋考證』(1812)『論語古今註』(1813),『孟子要義』(1814),『大學公議』(1814),『中庸講義補』(1814),『大學講義』(1814),『中庸自箴』(1814),『心經密驗』(1815),『梅氏書平』(1834),『尙書古訓』(1834) 등)을 살펴보았다. 다산이『천주실의』를 처음으로 접하게 된 것은 그가 23세(1784)가 되던 청년기의 일이다.[76] 그럼에도 불구하고 위에서 서술된 사상들의 핵심들은 주로 그가 51세(1812)부터 73세(1834)까지라는 그의 인생 만년기의 저술들에서 주로 보이고 있음을 알 수 있다. 우리는 이제 그의 만년기 이전에도 다산이 '이기론'에 대하여 간간이 언급하고 있는 약간의 주장들에 대하여 주목해 보고자 한다.

조선조에 있어서 16세기 이래로 인간의 마음에 존재하는 '사단칠정'(四端七情)을 놓고서 그것을 '이기'(理氣)론과 연관시키면서 퇴계(退溪, 李滉, 1501~1570)학파와 율곡(栗谷, 李珥, 1536~1584)학파 간에 벌어진 논쟁과 갈등은 다산(1732~1836)의 시대에까지 치열하였다. 따라서 장년시절의 다산은 이런 퇴계와 율곡의 '이기'논변에 대한 자기의 입장 표명을 강요받곤 하였다. 그러한 예들이 다산이 33세에 쓴 「서암강학기」(西巖講學記, 1795)와 그가 39세에 작성한 「이발

---

76   금장태,『茶山 정약용: 실학의 세계』, 성균관대학교출판부, 1999, 35~36쪽 참조.

기발변」(理發氣發辨 1과 2, 1801)에 보이고 있다. 사실 주자가 말하는 '이'는 "무형적인" 것이고 개개 사물들로 하여금 바로 그런 사물로 만들어 준 '사물들의 소이연'(物之所以然)이기 때문에, '이'란 능동적으로 발동할 수 없는 것이다. 그러나 '기'는 "유형한" 것이고 사물들을 구성해 주는 물질적 재료이기 때문에, '기'는 언제나 무목적적으로 변화·변동하는 것이라고 파악한 율곡의 입장을 다산은 원칙적으로 긍정하고 있다. 따라서 다산은 율곡의 "'기'가 발하여 '이'가 그것에 올라탄다"(氣發而理乘之)는 입론을 총론적 전체적으로는 인정한다. 그러나 다산에 의하면 퇴계는 '이'와 '기'의 의미를 주자나 율곡과는 다른 의미로 쓰고 있다는 것이다. 퇴계에게 있어서 '이'의 의미는 '도심'(道心)을 말한 것이고, '기'의 의미는 '인심'(人心)을 의미하기 때문에, 퇴계로서는 순수도덕의 근원인 '사단'(四端)을 도저히 '기의 발동'(氣發)으로 받아들일 수 없었기 때문에 그것은 '이의 발동'(理發)이라고 말할 수밖에 없었다. 퇴계는 다만 악의 성분을 내포하고 있는 '칠정'(七情)만을 '기의 발동'(氣發)으로 말한 것으로 다산은 해석하고 있다. 따라서 퇴계와 율곡의 경우, "'이기'의 글자의 뜻이 일단 달랐기에, 전자도 스스로 한 학설을 이루었고, 후자도 스스로 한 학설을 이루었으니, (이 두 학설 중에) 옳고 그름과 장점과 단점을 '하나'에만 귀결시킬 수는 아마도 없을 것이다"[77]라는 타협적인 입장을 다산은 보여 주고 있다.[78]

---

77 "理氣字, 義旣異, 則彼自一部說, 此自一部說, 恐無是非得失之可以歸一者. 未知如何?", 『全書』I, 『西巖講學記』, 1795, 451쪽 上右.

78 다산의 이런 타협적인 입장에 대하여는 「西巖講學記」, 상동 및 「理發氣發辨」1, 『全書』I, 248쪽 上右 참조.

그러나 다산은 「이발기발변 2」(1801)에서, '이기'에 대하여 ─ 성리학의 입장과 구별되는 ─ 자기 자신의 철학적 견해를 다음과 같이 밝히고 있다.

　　(퇴계의 주장처럼) '사단'은 대체로 '이'의 발동이다. 비록 그렇지만, 당 현종(玄宗, 통치 713~755)이 '마외'(馬嵬)에서 양귀비를 이끌고서 '측은지심'을 발동하였고 한 고조(高祖, 통치 기원전 206~195)가 '백등'(白登)에서 돌아와서 '수오지심'을 발하였다. (……) 이런 부류들은 그것이 공정한 '천리'에서 발동했다고 말할 수 없다. '칠정'은 대체로 '기'의 발동이다. 비록 그렇지만, 자로(子路)는 허물을 (남으로부터) 듣는 것을 기뻐했으며, 문왕(文王, 기원전 11세기)이 한 번 분노하여 천하의 백성들을 편안하게 하였다. (……) 이런 부류들은 그것이 '형기'의 사욕에서 발동했다고 말할 수 없다. '사단'도 우리의 마음에서 말미암고, '칠정'도 우리 마음에서 말미암은 것이다. 그런 마음이 '이기'라는 두 구멍에서 각각 (따로따로) 나와버린 것이 아니다. 군자는 가만히 있을 때 (이 마음을) 보존하고 활동할 때 (이 마음을) 살피는 것이다. 무릇 하나의 상념이 발동하면 곧 두려운 마음으로 '이 상념이 공정한 '천리'에서 발동했는가? 사사로운 '인욕'에서 발동했는가? 이것은 '도심'인가? 이것은 '인심'인가?'를 맹렬히 반성해야 한다. 세밀하고 철저하게 추론하고 궁구하여 이것이 과연 공정한 천리라면 그것을 배양하여 기르고 넓히고 확충하는 것이다. 혹 사사로운 인욕에서 나왔다면, 그것을 막고 꺾어서 극복하는 것이다. 군자들이 입술이 마르고 혀가 닳도록 격렬하게 '이발기발'의 논변을 하는 것은 바로 이런 (실천공부) 때문이다. 만약 상념이 발동된 곳을 (단지 이론상으로만) 알고 이미 그것을 논변했다면, 무엇

때문에 그렇게 하겠는가? (진실로) 퇴계 선생은 마음을 다스리고 (도덕적) 본성을 기르는 (실천)공부에 평생 노력을 기울였다. 따라서 (그가) '이발'과 '기발'을 나누어서 말하였으나, (후학들이 퇴계의 실천공부의 뜻을) 아마도 명백히 깨닫지 못할까 두려울 뿐이다. 학자들이 이런 뜻을 살펴서 그것을 깊이 체득하게 된다면, 그렇게 함으로써 퇴계의 충실한 문도가 되는 것이다![79]

다산에게 있어서는 '이발'설이든, '기발'설이든 공허한 이론논쟁이 결코 중요한 것이 아니다. 중요한 것은 마음에서 일어나는 상념들 하나하나를 계신공구하는 마음으로 조심조심 살피고 살펴서, 도심을 기르고 인욕을 억제하는 실천공부가 중요하다는 것이다. 사실 퇴계 선생이 '이발', '기발'을 나누어 말한 본뜻도 그의 이런 '실천공부'에 핵심이 있다고 다산은 강조하여 말한 것이다. 따라서 이런 '실천공부'의 본뜻을 망각하고 공허한 이론논쟁에만 몰두하는 후학들의 난맥상을 다산은 예리하게 지적하고 있다. 이와 같은 공허한 '이기'논변과 관련하여 다산은 이여홍(李汝弘)에게 답하는 글에서 "'이기'설은 동

---

79 "理發氣發辨二: 四端大體是理發. 雖然, 明皇於馬嵬引貴妃而發惻隱之心, 漢高祖自白登還而發羞愧之心, (……) 若此類, 謂其發於天理之公, 不可得也. 七情大體是氣發. 雖然, 子路喜聞過, 文王一怒, 而安天下之民, (……) 若此流, 謂其發於形氣之私, 不可得也. 四端由吾心, 七情由吾心. 非其心有理氣二竇, 而各出之後去也. 君子之靜存而動察也, 凡有一念之發, 卽已惕然猛省, 曰: 是念, 發於天理之公乎? 發於人欲之私乎? 是道心乎? 是人心乎? 密切究推, 是果天理之公, 則培之養之, 擴而充之. 而或出於人欲之私, 則遏之折之, 克而復之. 君子之焦脣敝舌, 而慥慥乎理發氣發之辨者, 正爲是也. 苟知其所由發, 而已辨之則, 何爲哉? 退溪一生用力於治心養性之功, 故分言其理發氣發, 而唯恐其不明, 學者察此意而深體之, 則斯退溪之忠徒也.", 『全書』 I, 「詩文集·辨」, 248쪽 上左~下右.

쪽이라고도 하고 서쪽이라고도 하고, '희다'고도 하고 '검다'고도 한
다. 왼쪽으로 끌면 왼쪽으로 기울어지고 오른쪽으로 잡아당기면 오른
쪽으로 기운다. 평생을 서로 논쟁을 하고도 그것을 (또) 자손들에게
까지 전하니 또한 끝이 없다. 사람이 태어나서 (할) 일이 많은데, 형과
저는 이런 (공허한) 논쟁을 할 틈은 없다"[80]고 잘라 말한다. 다산의 실
천철학적 관심은 성리학적 이론구도에 얽매어서 공허한 '이기'론이나
'심성'론 논쟁에 휘말려 들어가는 것을 크게 경계했을 뿐만 아니라.
다산은 실로 『천주실의』에 소개된 서구적인 윤리사상의 구도를 적극
적으로 원용함으로써, '명상적 관념적인 성리학'의 패러다임을 '실천
적 윤리 중심'의 새로운 패러다임으로 전환시킬 수 있었다.

5   결론

필자는 이 글에서 『천주실의』에 나타나 있는 철학적 사유의 기본틀과
다산철학의 그것 사이에 존재하는 구조적 동일성을 입증해 보이고자
하였다. 그것은 특히 다음의 두 가지 점에서 두드러진다.

1) 만물은 근원적으로 '이성을 가진 존재'(有靈之物)와 '이성이 없는
   존재'(無靈之物)로 구분된다.
2) 만물 중에서 '옳고 그름'(是非)을 판단할 수 있는 이성능력과 자

---

80 然理氣之說, 可東可西, 可白可黑, 左牽則左斜, 右挈則右斜, 畢世相爭, 傳之子孫, 亦無
    究竟, 人生多事, 兄與我不暇爲是也.『與猶堂全書』I,「詩文集‧書」, '答李汝弘' 410쪽 下
    左.

유의지를 가진 인간만이 도덕적인 행위를 할 수 있다. 따라서 도덕의 문제는 오로지 인간의 실천적 활동에만 귀속되는 것이다 (인간 이외의 자연계에 속한 다른 존재들에게는 도덕실천의 문제를 물을 수 없다).

이런 점에서 다산에게 보이는 '인도'(人道), 즉 인간의 실천윤리 중심의 새로운 철학적 패러다임으로의 전환은 18세기 당대 조선사회에서 '자연관'과 '인간관'에 대한 근대적인 전환의 커다란 계기를 연 것으로 볼 수 있다. 더 이상 자연을 '인간의 가치척도'로 재지 않는 근대적 자연관이 나올 수 있는 첫 번째 장을 연 셈이다. 또한 '이성적 존재'로서의 인간에 대한 정의와 개별적 인간의 자유의지를 통한 실천적 윤리학을 말하는 다산철학의 패러다임 속에서 우리는 전통적 유교사상과 '근대성'과의 창조적인 만남을 보게 된다.

이제 필자는 다음의 한 가지 사실을 언급함으로써 이 글의 중요한 결말을 제시하고자 한다. 이제까지 우리들이 공들여 논증해 온 것처럼, 『천주실의』와 다산철학사상 사이에는 철학적 사유의 구조적 동일성이 존재한다. 그러나 그것으로부터 바로 이 두 개의 철학이 담고 있는 철학 정신(목적)까지도 동일하다는 성급한 결론은 결코 쉽게 도출될 수 없다고 필자는 생각한다. 왜냐하면 동일한 구조 원리를 가진 건축물이라고 할지라도 무슨 목적으로, 그 안에 무엇이 진열되어 무슨 용도로 쓰이고 있느냐에 따라서 그 구조물의 성격이 달라지기 때문이다.

예를 들어서, 사람의 병을 치료할 목적으로 각종 의료 기기들이 설치되어서 의료의 용도로 쓰이고 있으면 그곳은 엄연한 '병원'이지만, 반대로 죽은 사람을 위하여 장례용구들이 비치되고 장례 예식을 치르는 곳이라면, 그곳은 또한 엄연한 '장례식장'인 것이다. 이와 같이 동일한 구조 원리가 바로 그것이 구현해 내려는 목적(정신)까지도 동일한 것으로 규정지을 수는 결코 없는 것이다. 이런 관점에서 보자면, 『천주실의』에서 보이는 마테오 리치의 궁극적 관심은―'천당지옥'설을 빌려서 인간들이 '죽고 난 다음의 내세에서 받게 될 행복과 불행을 강조함'으로써―유교적 지식인들로 하여금 기독교적인 교리의 수용 내지 그것에로의 개종 설득에 초점이 맞추어져 있다고 말할 수 있다. 그러나 우리들은 다산철학의 핵심적인 목적(정신)이 바로 이런 '기독교적인 내세관에 대한 종교적 신념의 수용'에 있다고 단정하기는 쉽지 않을 것이다. 오히려 그것보다는―성리학적인 관념적 형이상학으로부터 조선의 지식인들을 해방하여―사실 "선을 행하기는 어렵고 악을 행하기는 쉬운"(難善易惡) 그들로 하여금 인간의 행위를 언제나 투시하고 있는 보이지 않는 하느님(上帝)의 '상선벌악'의 권위를 빌려서 현세에서 도덕적인 자아완성을 격려하려는 데 그 초점이 맞추어져 있다고 하겠다. 이렇게 본다면, 『천주실의』에서는 인간의 행위에 대한 '천주'의 상선벌악이 사후의 천당지옥설과 매우 밀접한 관계 속에서 설명되고 있지만, 다산철학에서는 이러한 기독교적인 '천당지옥'설은 그의 저작 어디에도 두드러진 의미를 가지고 논의되고 있지 않음에 우리는 주목해야 할 것이다.

요컨대, 다산은 『천주실의』로부터 중요한 서양철학의 개념틀을 차용하고 있지만, 그는 역시 현세에서의 '자아'의 인격완성을 지향하는 유교인의 정신 자세를 그대로 견지하고 있는 것이다. 따라서 필자는 다산철학의 결정적 의의는 결국 성리학적 '천인합일'론의 폐기와 동시에 공맹 등의 선진(先秦) 유학에 보이는 '경세론'(經世論), 즉 '인도'(人道)의 적극적인 실현(복원)에 있다고 본다. 이제 필자는, 성리학의 도덕형이상학적 패러다임으로부터 '경세론', 즉 '인간의 사회적 실천윤리' 중심으로의 철학적 패러다임의 전환이라는 다산철학의 업적을, 과거 17세기 이래로 이미 서양 선교사들을 통하여 동아시아에 들어왔던 '서양사상'을 적극적으로 수용하여 지금부터 거의 2세기 전에 전통철학을 새롭게 해석하고 창조적으로 구현해 낸 동서 철학 융합의 위대한 선구적인 작업으로 높이 평가하고자 한다.

참고문헌

『交友論·二十五言·畸人十篇』, 宋榮培 譯註, 서울대학교출판부, 2000.

『論語譯注』, 楊伯峻 譯注, 北京: 中華書局, 1980.

『茶山 孟子要義』, 李篪衡 역주, 서울: 現代實學社, 1994

『茶山과 文山의 人性論爭』, 丁若鏞·李載毅 著(茶山經學資料譯編), 한길사, 1996.

『孟子譯注』, 楊伯峻 譯注, 北京: 中華書局, 1984.

『增補與猶堂全書』(총6권), 서울: 景仁文化社, 1970.

『天主實義』, 利瑪竇 作, (宋榮培 외 공역본), 서울대학교출판부, 1999.

姜在彦, 「丁茶山의 西學觀」, 『茶山學의 硏究』, 民音社, 1990.

金炯孝 외, 『茶山의 사상과 그 현대적 의미』, 한국정신문화연구원, 1998.

金玉姫, 『韓國天主教思想史 II ─茶山 丁若鏞의 西學思想研究 ─』, 도서출판 殉教의 脈,
    1991.

琴章泰, 『정약용』, 성균관대학교출판부, 1999.

柳初夏, 「丁若鏞의 宇宙觀」, 고려대학교 철학과 박사학위논문, 1990.

_____, 「성리학적 인물성동이론에 대한 정약용의 비판」, 『泰東古典研究』第12輯, 1995.

_____, 「茶山 存在觀의 哲學史的 位置」, 『民族文化』第19輯, 1996.

朴秉濠 외, 『茶山學의 探究』, 民音社, 1990.

李東歡, 「茶山思想에 있어서의 '上帝'의 문제」, 『民族文化』第19輯, 1996.

李乙浩 외, 『丁茶山의 經學』, 民音社, 1989.

李相益, 『畿湖性理學研究』, 한울아카데미, 1998.

李元淳, 『朝鮮西學史研究』, 一志社, 1986.

李篪衡, 『茶山 經學研究』, 태학사, 1996.

_____, 「茶山의 經傳註釋에 대하여 ─朱子集註와의 비교─」, 『民族文化』第19輯,
    1996.韓亨祚, 『朱熹에서 丁若鏞으로』, 世界社, 1996.

鄭奭鍾 외, 『丁茶山과 그 時代』, 民音社, 1986.

崔奭祐, 「丁茶山의 西學思想」, 『丁茶山과 그 時代』, 民音社, 1986.

韓沾劢 외, 『丁茶山研究의 現況』, 民音社, 1985.

Kalton, M.C., "Chong Ta San's philosophy of Man: A Radical Critique of the Neo-
    Confucian World View," *The Journal of Korean Studies* 3, Seattle: University of
    Washington, 1981.

마테오 리치의 『곤여만국전도』와 중국인들의 반응

1　머리말

마테오 리치는 예수회 소속 이탈리아 선교사요, 중국 최초의 천주교 회 창립자이며, 17세기 이래 동서 문명교류를 촉발한 위대한 문화매 개와 융합의 사도라고 평가될 수 있다. 그는 당시 로마의 교황령에 속 한 중부 이탈리아의 마체라타(Macerata)에서 출생하였다(1552. 10. 6). 16세에 부친의 권유로 법학을 공부하기 위해 로마로 갔으나 법학공 부를 중도 포기하고, 예수회수련원 산트 안드레아(Sant’ Andrea)에 들 어갔다(1571. 8. 15). 일 년 뒤 로마대학(Roman College)에 입학하여, 당시 유명한 수학자 클라비우스(Christopher Clavius)로부터 수재로 인정을 받았다. 그러나 그는 예수회의 동양 전교 사업에 마음을 정하 고, 당시 인도로의 정기항로는 일 년에 단 한 번 오직 포르투갈의 리 스본에서만 있었기 때문에 그곳으로 갔다(1577. 5. 18). 다음해 봄 출 항할 때까지 리스본의 코임브라(Coimbra)대학에서 수학하였고, 1578 년 봄에 리스본을 출항하여 당시 천주교 동방전교의 중심지인 인도의 고아(Goa)에 도착하였다(1578. 9. 13). 그곳에서 신학을 공부하고 코친(Cochin)에서 사제서품을 받았으며(1580. 7. 25), 드디어 1582년 마카오로 출항했다.

사실 중국과 서양과의 문명 교섭은 기원전 3세기 한(漢)제국의 성립 이래 중앙아시아, 즉 실크로드를 통한 서역과의 교역이 그 대표적인 것이었다. 이 과정에서 칭기즈칸(1162?~1227)의 대정벌이 돌출적인 특징이었다면, 이 시대를 마감하는 동서 교섭의 위대한 증거인은 마르코 폴로(Marco Polo, 1254~1324)였다고 하겠다. 그러나 원(元, 1271~1368)제국의 멸망과 함께 이러한 북방경로의 카라반여행을 통한 동서 교섭은 그 (세계사적인) 실질적 의미를 상실하고 만다. 그 대신 해상무역의 발전과 함께 해로를 통한 동서교섭이 점점 더 큰 의미를 갖게 되었다. 포르투갈인 바스코 다가마(Vasco da Gama, 1469?~1524)의 인도항로 발견(1497)은 현대사의 시작인 서세동점(西勢東漸)의 효시라고 하겠다. 그러나 넓은 동아시아대륙에서 몇 천 년 동안 자체의 찬란한 문명과 전통을 지녀 온 중국은 명조(明朝, 1368~1644)에서도 여전히 스스로를 '천하의 중심의 나라'(中國)로 당연하게 확신하는 중국문화 중심주의적 세계관 속에 완고하게 젖어 있었다. 중국문명만이 '화'(華), 즉 문화의 꽃이요, 이 문명의 교화를 받기를 거부하거나 도대체 그것과 이질적인 먼 변방의 문명은 '이'(夷) 즉 야만의 상태일 수밖에 없다고 생각하였다. 따라서 중국을 지도하는 문화적 엘리트, 즉 유림(儒林)들이나 관료들은 화승총을 들고 해안을 노략질하는 포르투갈 사람이나 왜구(倭寇)들 모두를 야만인으로 취급하였다. 따라서 포르투갈 사람이나 기타 서구의 스페인이나 네덜란드 상인들의 활동은 마카오와, 광주(廣州, '광저우')에서의 연 2

회에 걸친 시장교역에만 제한되어 철저한 감독을 받고 있었을 뿐, 중국내륙 전역에 대한 그들의 접근은 거의 완전 봉쇄되어 있었다. 그러나 당시 예수회의 동방전교 총책임자인 프란치스코 사베리오는 그의 성공적인 일본전교에 이어 강력하게 중국전교를 추진하는 도중 중국내륙에 발을 디뎌보지도 못하고 발병하여 광주(廣州) 근해의 상천(上川, '상촨')도에서 사망하였다. 예수회 동방전교의 순안사(巡按使, Visitator)가 된 발리냐노는 그의 유지를 이어 중국의 언어관습과 세계관을 철저하게 습득한 탁월한 인재를 통하여 당시 폐쇄된 '중화제국'을 복음화하려는 매우 야심찬 계획을 수행해 나갔다. 그는 먼저 고아로부터 루지에리를 1579년 마카오로 불렀다. 그로 하여금 삼 년여에 걸쳐서 중국어와 한문을 열심히 배우게 하면서 중국인들과의 몇 가지 예비적인 접촉시도를 해보게 하였다. 이런 무수한 시도들을 통하여 루지에리는 중국관헌들의 호의를 얻게 되었다. 발리냐노는 마침내 루지에리와 로마와 고아에서 동학한 마테오 리치를 마카오로 불러서(1582. 8. 7), 이 둘로 하여금 중국 전교 사업을 맡게 하였다. 이들은 갖은 노력을 통해 마침내 당시 광동(廣東)과 광서(廣西) 양성의 겸임총독인 진서(陳瑞)의 이해와 당시의 성도 조경(肇慶, '자오칭')의 지부(知府)인 왕반(王泮)의 호의를 얻어서 드디어 1583년 9월 10일(후에 중국전교사의 기념일이 됨)에 그곳 조경(肇慶)에 정착하게 된다. 이들 최초의 두 예수회 선교사 루지에리와 리치의 최대의 과제는 결국 자신들이 노략질이나 폭력을 일삼는 포르투갈이나 카스틸리아(스페인)에서 온 상인(즉 '야만인')이 아니라는 점을 강조하는 일이었다. 그들은 사실 언제라도 중국의 관헌들에 의해 가차 없이 추방당할 수 있는 불안과 악몽에 시달렸기 때문에, 한편으로는 열심히 중국의 경전들과 관습들을 배우고 이해하고자 했으며, 그리고 다른 한편으로는 기회 있을 때마다 당시 서방의 최고 명품들을 지부(知府)나 총독(總督)에게 선사함으로써, 그리고 동시에 중국의 지식인들에게 '새로운' 우수한 서방의 기기(機器)를 제시함으로써, 자기들이 결코 '야만인'이 아님을 입증하고자 노력하였다. 그리고 중국인들로부터 이상한 혐오감을 사지 않기 위해 그들은 우선 일본에서의 성공적인 전교경험을 토대로 불교식의 복장과 삭발을 한 서방의 승려(西僧)로 행동을 했고, 따라서 그들은 조경(肇慶)에서 중국총독의 윤허와 도움으로 최초로 세운 천주교회의 이름을 '선화사'(僊化寺)라고 하였다.

2 마테오 리치의 저술업적

400여 년 전 완전히 봉쇄된 중국지역에 들어가 서구적 학문을 바탕으로 오로지 중국문화를 배우고 또 그것에 탁월하게 적응함으로써 동서 문명융합의 새로운 지평을 열 수 있었던 리치의 가상한 업적은 그의 초인적인 재능과 노력뿐만 아니라 그에게 감화된 당시 중국 지성계의 열린 마음이 함께 어우러져 성취된 것임에 틀림없지만, 이러한 대성공의 배경적 이유는 또한―그 당시 세계문명 어디에도―찾아볼 수 없었던 당대 중국의 높은 인쇄문화와 광범한 독서문화층의 절대적 지배에서도 찾 수 있다. 사실 리치의 활동과 업적은 이렇게 발달된 당대 중국의 높은 문화수준과 목판 인쇄술에 의한 용이한 서적의 간행과 보급에 의한 것이었다. 새로운 관념 및 지식의 유포에 주요한 수단이 되었던 목판 인쇄술의 뛰어난 역할은, 리치를 비롯해서 그의 뒤를 이어 중국에 온 서양선교사들에게 매우 놀라운 사실이었으며, 그들은 그것을 최대로 이용하였다. 리치는 그의 회고록에서 인쇄된 서적 덕택에 "기독교법의 명망이 점점 더 빨리 그리고 점점 더 널리 전파되고 있다"고 말하고 있다. 그리고 그는 다음과 같이 쓰고 있다. "이 왕조(明朝)에서는 책읽기가 너무나 일반화되어 있기 때문에 서적에 관해서 완전히 무지한 사람은 별로 없다. 그들의 모든 교과는 민간에 대한 설교나 연설을 통해서가 아니라, 서적을 통해서 전파되고 발전되어 왔다. 이 점은 우리들이 기독교도들에게 필요한 기도문들을 가르치는 데 큰 도움이 되었다. 왜냐하면 인쇄된 기독교 교리서를 그들이 스스로 읽거나, 아니면 친척이나 친구들로 하여금 그것을 낭독시킴으로써, 그들은 즉각 그 기도문들을 암기하였기 때문이며, 결코 그들 중에 읽을 줄 아는 사람들을 찾지 못하는 경우는 없었기 때문이다."[1] 리치가 중국에 와서 활동하다 죽기까지(1582~1610) 28년 동안 그는 "사전의 편찬과 『사서』(四書)의 번역을 비롯해서 종교와 천문, 그리고 지리와 수학 등 전교에 도움이 될 만한 저술들을 한문으로 이십여 권이나"[2] 저술하였다. 이 중에서 그 유명한 건륭(乾隆, 1736~1795)년간에 수집·정리된 방대한 양의 『사고전서총목』(四庫全書總目)에 수록된 리치의 저술은 다음과 같다.

『건곤체의』(乾坤體義) 2권; 『동문산지』(同文算指)전편(前篇) 2권; 통편(通編) 8권, 利瑪竇역; 『기하원본』(幾何原本) 6권, 利瑪竇역; 『변학유독』(辨學遺牘) 1권; 『이십오언』(二十五言) 1권; 『천주실의』(天主

---

1   Gernet, 16쪽.
2   Cronin, 이기반 번역, 318쪽.

實義) 2권; 『기인십편』(畸人十編) 2권(부록 「서금곡의」(西琴曲意)1권);
『교우론』(交友論) 1권 등이다.

　　이 중에서 전통적인 중국문화권의 지식인들에게 가장 널리 읽혔
으며, 가장 영향력이 큰 저술은 『천주실의』라고 하겠다. 이 책은 수세
기에 걸쳐 중국은 물론 조선, 월남, 일본 등에서 까지 광범위하게 읽
혔으며 그 발행 부수만도 20여 만부를 헤아린다. 그 외에 리치의 최
후의 한문저작인 『기인십편』(1608)에는 동서 문명을 융합한 그의 완
숙한 정신과 신앙의 경지가 드러나고 있다.[3]

　　하지만, 동서 문명교류의 관점에서 볼 때, 가장 큰 마테오 리치의
업적은 유크리드의 『기하원본』의 번역소개이며, 『곤여만국전도』(北
京, 1602)의 제작이다.[4] 리치는 철저하게 16세기 서양교육을 받고 중
국에 들어왔기 때문에, 중국인들에게 서양 학문방법의 특징인 연역법
을 자세히 소개하지 않을 수 없었다. 그것이 마테오 리치가 구술하고,
서광계(徐光啓, Xu Guangqi)가 찬술한 『기하원본』이다. 이 『기하원본』
의 영향력에 관해서는 마테오 리치의 장지(葬地) 하사를 두고 벌린 섭
향고(葉向高, Ye Xianggo, 1559~1627)의 논변에서 극명하게 드러난다.

3　　"『사고전서총목』에는 다음과 같은 해제가 실려 있다. "열편 모두 문답식으로 천주교
　　　의를 전개하고 있다. 1편 사람들은 지나간 나이(세월)가 아직 있다고 잘못 생각한다;
　　　2편 현세는 잠시 머물다 갈 뿐이다; 3편은 늘 죽을 때를 생각하고 좋은 일을 함이 길
　　　하다; 4편 늘 죽을 때를 생각하고 죽음의 심판에 대비하라; 5편 군자는 말 수가 적고
　　　무언(無言)하고자 한다; 6편 금식의 본뜻은 살생을 금하는 것이 아니다; 7편 스스로
　　　반성하고 스스로 책임을 물어 허물이 없게 하라; 8편 선악의 보응은 죽고 난 다음 (영
　　　혼이 받는 것이다); 9편 미래를 헛되이 찾으면 갑자기 불행을 만나 죽게 된다; 10편 부
　　　자이면서 인색한 것은 가난한 것보다 더 괴롭다. 언론전개가 장대하며 거침없는 달
　　　변이여서 자못 설득력이 있다.", 『四庫全書總目』, 上권, 1080쪽.
4　　송영배, 이 책의 제3장 「마테오 리치가 소개한 서양학문관의 의미」, 『韓國實學硏究』
　　　제17호, 2009, 16~41쪽 참조.

당신은 원방에서 온 빈객들 중에 도리(道)와 덕행(德)에서 리치 선생 같은 이가 한 사람이라도 있는 것을 보았습니까? 다른 일은 따지지 않더라도 『기하원본』 하나를 번역한 것으로도 장지를 하사할 만합니다![5]

그리고 마테오 리치의, 중국 전래의 〈천원지방(天圓地方)〉설을 송두리째 뒤엎었으며, 중국 중심의 천하관을 부정하는 『곤여만국전도』의 제작이다.

3   『곤여만국전도』 제작의 의미

마테오 리치가 중국을 중심에 두고 처음으로 제작한 「산해여지도」 (山海輿地圖, 肇慶, 1584)는 종래의 중국 중심의 '천하관'을 허물기 시작한 것이요, 중국의 문화와 위치를 서양의 그것에 대해서 상대적으로 생각할 수 있게 하는 새로운 세계인식의 지평을 제시하는 첫발이었던 셈이다. 사실 이로부터 중국 전통문화 속에 "서학"(西學)이 발붙일 수 있는 최초의 계기가 마련되었다고 하겠다. 리치의 중국학자들과의 교류에 결정적인 계기가 된 것은 그가 조경(肇慶)에 부임한 신임 총독에 의해 그곳에서 쫓겨나서 좀 더 내륙의 소주(韶州, '싸오조우')에 정착(1589. 8. 26)하게 된 이후의 일이다. 리치는 그곳에서 자기로부터 연금술을 배우겠다고 찾아온 중국의 문인 구태소(瞿

---

5   "有內官言於相國葉公文忠曰:「諸遠方來賓者從古皆無賜葬, 何獨厚於利子?」文忠公曰:「子見從古來賓, 其道德有一如利子乎? 毋論其他事, 卽譯《幾何原本》一書, 便宜賜葬地矣!」",『大西利先生行蹟』, 艾儒略述, 北京, 1919再版, 7쪽.

太素, '취 타이쑤')를 최초의 천주교 교화인으로 만들기에 성공하였다. 리치는 그에게 천주교의 교리 외에 서양의 수학, 기하학, 역학 등을 가르쳤으며, 동시에 그로부터 사서오경(四書五經)을 배우면서 그것을 라틴어로 번역하고 주해하기 시작하였다. 특히 구태소의 제안에 따라 당시 중국사회의 지도층인 유림(儒林)들과의 자유로운 접촉과 교류를 위하여, 불교식의 승복을 벗고 중국에 온 지 12년 뒤인 1594년부터는 로마본부의 허락을 얻어 유림의 복장을 하고 '리 마또우'(利瑪竇, 리치 마테오의 漢音譯)라는 이름 외에 별도로 문인들의 관습에 따라서, 호(號)를 서태(西泰)라 짓고 서방에서 온 학자(西士)의 신분으로 중국 문인들과 본격적인 교류를 시작하였다. 리치는 이들 중국문인들에게 정밀한 지도, 지구의, 천체의(天體儀)를 제작해 보이는 일 외에 그의 한문지식이 발전되어 감에 따라 한문으로 저술함으로써 그의 전교활동을 더욱 발전시켰다. 이런 학문과 저술 활동을 통하여 리치는 많은 중국 문인들을 지기로 만들 수 있었다. 1598년 남경(南京, '난징')의 예부상서(禮部尚書) 왕충명(王忠銘, '왕쭝밍')을 수행하여 북경에 가서 황제를 알현하고 조공을 바치고자 하였으나 실패하고 남경(南京)으로 다시 돌아와 전교활동을 하였다. 그리고 유교경전이나 효(孝)관념에 근거하여 중국 전래의 〈천〉(天) 또는 〈상제〉(上帝, 하느님)관념과 연관하여 천주교의 하느님을 〈천주〉(天主)라 설명하였다. 그는 '천주교'의 교리란 중국의 전통적인 유교적 세계관과 윤리관에 적대적 모순적인 것이 아니라 오히려 그런 유교적인 관념을 더욱 완전하게 하는 것이라고 하는 보유론(補儒論)을 강하게 표명하였다. 이와 같이 유교적 세계관에 타협적인 그리스도교 호교론을 폄으로써 중국 지식인(士大夫)들의 일부를 그리스도교에 귀의시킬 수 있는 대단한 호응을 얻기 시작하였다. 리치는 그가 중국에서 활동한지 19년 만에, 그의 나이 49세에 마침내 그와 예수회가 간절히 목표하던 북경에 입성하여 명(明) 신종(神宗) 황제(萬曆, 1573~1619년간)를 알현하게 된다. 리치는 중국 황제에게 정교한 자명종(自鳴鍾), 프리즘, 클라비어코드, 원색의 천주상과 성모상 등 당시 진귀한 서방의 진품들을 조공하고 결국 자명종의 수선이나 클라비어코드의 교수, 또는 천문역학에 관한 일로 인해 명 황궁(紫禁城)에서 일을 하게 되면서 북경에서의 거주를 허락받게 되었다.

당시 자아독존적인 중국인들의 세계관에 전혀 생소한 서방의 기독교진리를 성공적으로 전교한 리치의 업적은 사실 초대교회의 사도들의 전교활동만큼이나 지난한 업적으로 평가받을 만한 것이다. 먼 서방에서 온 이국선교사로서 당대 중국을 대표하는 최고의 지성인인 서광계(徐光啓, 1562~1633)나 이지조(李之藻, 1565~1630) 등을 천주교로 개종시킨 사실은 리치의 사상과 신념의 크기가 결국 동서 문화의 융합의 새로운 지평을 열 수 있었을 만큼 대단히 큰 것이었음을 입증하고도 남는 것이다. 그는 그곳에서 많은 중국의 최고급 문인들과 교류하면서 서양의 수학과 천문지식뿐만 아니라 중국문명에 이미 훈습된 필치로 서양의 그리스도 교리를 전파하였다. 바로 이 점에서 이지(李贄, 1527~1602), 황종희(黃宗羲, 1609~1695), 왕부지(王夫之, 1619~92) 등과 같은 명말의 대표적인 탁월한 철학자들은, 그의 교설에 우호적이든 혹은 비판적이든, 모두 서방학자 리치(利西泰子, 즉 利瑪竇)의 이와 같은 학문적 업적을 증언하고 있다. 그가 58세의 나이로 북경에서 사망(1610. 5. 11)하자 신종(神宗)황제는 그에게 북경성 밖에 장지를 하사하고 그의 덕을 기렸다.

리치는 16세기 유럽에서 배운 서양의 서양학문의 우수성을 세계지도 제작을 통해 중국인들에게 선포하고자 했고, 서방의 프톨레마이오스의 우주관을 소개하였다. 리치는 프톨레마이오스의 천문학을 소개함으로써, 중국의 전통적인 '천원지방'의 세계관을 부정한 것이다.[6]

물론 리치는 중국인들의 중화중심관을 시각적으로 세계지도에서 도전한 것은 아니지만, 지구가 평평한 것이 아니라 구형이기 때문에 중국을 포함한 어느 나라도 중심이 될 수 없음을 명백히 설명하고 있다. 지구는 북극에서 남극에 이르기까지 유럽, '리웨이야'(즉 아프리카), 아시아, 남북아메리카와 '모와라니쟈'(Magellanica) 대륙으로 구성되었음을 말하고 있다. 또한 대륙 각각에 속한 나라들과 사람들의 풍속 등을 해설하고 있다. 그중에서 아세아에 속한 지역으로 "따차따"(大茶荅)섬, "북(극)해", "꺼얼모"(哥兒墨), "니우티 투췌"(牛蹄 突厥), "이모"(意貌)산, "다탄"(韃韃), "어우췌리"(媼厥律), "우러허우"(烏洛侯), "취뚜메이"(區度寐), "와지에즈"(襪結子), "누얼깐"(奴兒干), "북쪽(北) 스웨이"(室韋), "이리바리"(以力把力), "조선"(朝鮮), "위티엔"(于闐), "일본"(日本), "중국"(大明), "안이허"(安義河), "방글라데시"(榜葛剌), "따니"(大泥), "태국"(暹羅), "짠청"(占城), "수마트라"(蘇門荅剌), "말라카"(滿剌加), "뽀얼뭐허"(波爾匿何), "마루꾸"(馬路古) 지방, "큰 쨔바"(大爪蛙), "쨔바"(爪蛙), "뉴 기니아"(新入匿), "마리뚜"(馬力肚), "왜인국"(矮人國), "유대아"(如德亞) 등을 열거하여 설명하고 있다.[7] 중국은 아시아의 동북부에 속하는 나라이며, "문물이 풍성한 것으로

---

6   이와 관련해서 보다 자세한 내용은 『마테오 리치가 소개한 서양학문관의 의미』 92~100쪽 참조.

7   『利瑪竇著譯集』, 205~211쪽 참조.

명성이 나 있으며, (북위) 15도에서 42도에 이르기까지의 모든 (지역)
이다. 그 밖에 조공국들이 매우 많다"[8]라고 소개하면서 중국이 천하의
중심이라는 중화중심관을 명백히 부정하고 있다.

리치는 또한 『곤여만국전도』에서 중앙의 열대, 남반부와 북반부
에 각각 온대, 남북 양극지방의 한 대를 구분하여, 지구의 기후대를
소개하고 있다. 그리고 지구상의 모든 곳을 경도와 위도의 숫자로써
표시했으며, 남반부와 북반부에 있는 대척점(antipodes)에서 계절의
변화는 정반대이며, 또한 같은 경도상에서 사는 사람이면 같은 시간
대에 살기 때문에 일식·월식을 동시에 볼 수 있지만, 경도가 다른 곳
에 살면 경도의 차에 따른 시차가 불가피하다는 설명을 하고 있다.

16세기 유럽의 사상가들(예 클라비우스, 갈릴레이 등)은 토미즘
의 자연신학에 훈습되어 있었기 때문에, "이성의 빛"을 통해서 자연
을 연구하는 것은 하느님의 창조의 섭리를 이해하는 것이었다. 그들
에게는 천지자연의 비밀을 연구하고 해독하는 것은 만물을 창조한
하느님의 섭리를 연구하고 해독하는 것과 같았다. 16세기 서양의 자
연과학자들에게 자연이란―성경과 마찬가지로―"하느님의 책"(ein
Buch Gottes)[9]에 다름이 아니었다. 리치는 이런 서양의 16세기 정신
문화에 익숙하였기 때문에, 그가 배운 세계지도 작성법에 따라서 자
연스럽게 세계지도를 제작하고 그것을 중국문인들에게 소개하였다.
이것이야말로, 그들에게 기독교 하느님의 교리를 전하는 효과적인

---

8 "大明聲名文物之盛, 自十五度至四十二度皆是, 其餘四海朝貢之國甚多.", 상동,
   207~208쪽.
9 *Europäische Enyzklopädie zu Philosophie und Wissenschaften*, (hrsg., Sandkhüler), Bd. 3,
   Hamburg, 1990, 510 쪽.

방법이라고 그는 확신하였다.

4 중국 문인들의 반응

리치의 지시대로, 『곤여만국전도』의 제작에 참여한 이지조(李之藻, 1565~1630)는 중국에서는 처음으로 "위로 천문(天文)을 취하여 아래로 '땅의 도수'(地度)의 기준"[10]을 삼았다고 『곤여만국전도』의 특징을 말하고 있다.

그는 이렇게 설명하고 있다.

저들 나라 유럽에는 원래 판각(板刻)인쇄법이 있어서, 지도를 만들 때, 하늘의 남북양극을 경(經)으로 삼고, 천구(天球)를 둘러 싼 경위(經緯)를 360도로 하고 지구도 그에 상응하게 하였다. 지구의 1도(度)마다 250리(里)로 고정하였다. (……) 지구의 남과 북은 극성(極星)을 가지고 징험(徵驗)하고, 지구의 동과 서는 해와 달의 충(衝)과 식(蝕)에서 추산했다. (리치가 말하는) 땅의 원형은, 채옹(蔡邕)이 『주비』(周髀)를 풀어 말한, 하늘과 땅은 각각 가운데는 높고 밖은 낮다(中高外下)는 설명에 이미 나와 있으며, 『혼천의주』(渾天儀注) 역시 땅은 계란(鷄卵)의 노른자와 같이, 외로이 하늘 안에 자리 잡고 있다고 말했다. 각처 주야(晝夜)의 장단(長短)이 같지 않다는 것도, 이미 원(元)대 사람이 27 곳

---

10   "不謂有上取天文, 以準地度, 如西泰子萬國全圖者.", 『곤여만국전도』에 실린 李之藻의 서문(이하에서 〈李之藻의 서문〉으로 인용).

을 측경(測景)하여, 역시 밝혀 기록해 놓았다. 다만 바닷물이 육지와 함께 하나의 원형을 만들고, 그 원을 빙 둘러서 모두 사람들이 산다는 말은 처음 듣는 얘기로 매우 놀라웠다.[11]

이지조는 이와 같이 리치가 전하는 유럽의 세계(우주)에 대한 지식을 중국 전래의 천문학적 지식에서 합당하는 부분을 찾아서 이해하면서, 리치가 전해 준 새로운 서양의 천문지리 지식에 감탄해 하였다. 그리고 이지조는 그의 서문을 계속 이렇게 쓰고 있다.

"태자 선생은 몸소 배를 타고 적도(赤道) 아래를 지났는데, 그때 그는 하늘의 남북 두 극을 수평선 위에서 동시에 바라볼 수 있었다. 그리고 더 남쪽으로 내려가 대랑산(大浪山)에 이르러 하늘의 남극이 땅에서 얼마나 올라왔는지를 바라보니, 그 각도가 36도에 이르렀다. 옛날 사람 중에서, 일찍이 이처럼 멀리 가서 측경(測景)한 사람이 있었는가? (리치) 선생은 조용하고 담백하여 이익을 탐하지 않고, 도를 터득한 사람 같다. 말하는 바는 이치에 맞고, 망령스럽지 않다. 또 그 나라 사람들은 멀리 여행하기를 매우 좋아하고 천문학을 배웠다. 산을 오르거나 항해하면서, 도처에서 (하늘과 땅을) 측정하니, (옛날 禹임금의 부하) 대장(大章)과 수해(豎亥)를 훨씬 뛰어 넘는다. 계산은 절묘하여 (우리 중국 사람들을) 어리둥절하게 하고 연구하게 만든다. 그가 가지고 온 그 나라의 지

---

11   "彼國歐邏巴原有鏤版法, 以南北極爲經, 赤道爲緯, 周天經緯捷作三百六十度, 而地應之. 每地一度定爲二百五十里, (……) 其南北則徵之極星, 其東西則算之日月衝食, 種種皆千古未發之祕. 所言地是圓形, 蓋蔡邕釋〈周髀〉已有, 天地各中高外下之說, 渾天儀注亦言地如鷄子中黃, 孤居天內. 其言各處晝夜長短不同, 則元人測景二十七所, 亦已明載. 惟謂海水附地共作圓形, 而周圍俱有生齒, 頗爲創聞可駭. ",〈李之藻의 서문〉

도와 서적을 보면 가장 완벽하게 연구하였다. 어찌 분명하게 설명한 성인이 없었겠는가? 기이한 사람이나 기이한 책은 세상에서 쉽게 만날 수 있는 것이 아니다. 그의 나이와 체력이 쇠해 가면서 그것들을 다 번역할 수 없음이 안타깝다. 이 지도는 남경(南京)의 여러 분들이 일찍이 번각한 바 있으나, (지도의) 폭이 좁아서 (내용을) 다 싣지 못했었다. 나는 동지들의 권유로 여섯 폭짜리 병풍을 만들게 되었다. 틈이 날 때 다시 써 나갔다. 역관들의 잘못을 바로 잡고 빠진 곳을 채우니, 옛날 일보다 두 배가 되었다. 고금에 중국에 조공한 여러 나라들이 다수 빠져 있었다. 혹 옛날과 지금 명칭이 다르거나, 또는 방언이 다르게 번역되었어도 의심나는 것은 전하지 않았고, 스스로 자신의 견해가 있어도 크게 무리하지 않았다. 따로 남북 양반구지도가 있는데, 적도를 따라서 둘로 가르고, 바로 남북 양극성이 중심이 되어, 동서와 상하를 지도의 가장자리로 삼아서, 왼편에 부각(附刻)하였다. (……) 나는 옛날 선비들이 하늘을 잘 설명했다고 여겼는데, 지금 이 지도(『곤여만국전도』)를 보니, 뜻이 암암리에 맞는다. 동양과 서양은 마음도 같고, 도리도 같다. 이 말을 어찌 믿지 않을 수 있는가? (……) 이지조 씀[12]

---

12 "西泰子汎海, 躬經赤道之下, 平望南北二極. 又南至大浪山, 而見南極之高出地至三十六度. 古人測景曾有如是之遠者乎? 其人恬澹無營, 類有道者, 所言定應不妄. 又其國多好遠遊, 而曹習於象緯之學, 梯山航海, 到處求測, 蹤逾章亥, 算絕撓隸, 所攜彼國圖籍, 玩之最爲精備, 夫也奚得無聖作明述焉者. 異人異書, 世不易遘, 惜其年力向衰, 無能盡譯. 此圖白下諸公曾爲翻刻, 而幅小未悉. 不佞因與同志爲作屛障六幅, 暇日更事殺青, 釐正象胥, 益所未有, 蓋視舊業增再倍, 而于古今朝貢中華諸國名尙多闕焉. 意或今昔異稱, 又或方言殊譯, 不欲傳其所疑, 固自有見, 不深强也. 別有南北半球之圖, 橫剖赤道, 直以極星所當爲中, 而以東西上下爲邊, 附刻左方. (……) 昔儒以爲最善言天, 今觀此圖, 意與暗契. 東海西海, 心同理同, 于玆不信然乎? (……) 李之藻撰.", 〈李之藻의 서문〉

이 글을 보면, 이지조가 리치의 뜻을 잘 이해하고 잘 따랐음을 알 수 있다. 그리고 이지조가 얼마나 『곤여만국전도』의 새로운 가치를 흠모했는지를 알 수 있다. 이 지도를 통해서 그가 도달한 결론은 "동양과 서양은 마음도 같고, 도리도 같다"는 확신이었을 것이다. 그러나 리치가 힘주어서 설명하고자 하였던 우주에 대한 그의 이해가 얼마나 당시의 중국 지식인들에게 전해졌을까는 큰 의문이다.

1600년에 남경(南京)에서 일찍이 '짜오칭'(肇慶)에서 최초로 출판된 세계지도, 즉 「산해여지도」(山海輿地圖)(1584)를 자기가 비용을 들여서 「산해여지전도」(山海輿地全圖)라는 이름으로 출판했던 오중명(吳中明)은 다음과 같이 서문을 쓰고 있다.

추연(鄒衍) 선생은, "(중국 밖에) 중국과 같은 땅이 아홉인데, 비해(裨海)가 그것들을 둘러싸고 있다"고 했다. 이 말은 너무 커서 근거가 없는 것 같다. 세전(世傳)에 의하면, 곤륜(崑崙)산의 동남쪽 한 지맥(支脈)이 중국(中國)으로 들어와, 그 때문에 중국의 물은 모두 동류(東流)한다고 한다. 그러나 곤륜산의 서북쪽 한 지맥도 중국의 반(半)을 차지하고 있어서, 결국 역시 그 경계를 밝힐 수 없다. 과연 땅은 넓고 크다. 그러나 형태를 가진 것은 반드시 다함이 있는 법인데, 중국의 경우를 보면, 그 땅은 동남쪽으로는 바다를 넘지 못하고, 서쪽은 곤륜(崑崙)산을 넘지 못하고, 북쪽으로는 사막(沙漠)을 넘지 못한다. 이렇게 볼 때, 하늘과 땅의 끝을 궁구하는 일이 어찌 어렵다고 하지 않을 수 있겠는가? 이미 본 것에 구속되어, 천지(天地)가 작다는 의견을 낸다든지, 보지도 못한 것을 과장하여 멋대로 크다는 의견을 내는 경우가 있는데, 이런 의견은 모두 망령된 것이다. 산인(山人) 이마두 선생은 유럽으로부터 중국에 들어와서, 『산해여지전도』(山海輿地全圖)를 저술했다. 그리고 많은 사대부들이 이를 전파하였다. 나는 지도를 보기 위하여, 그의 처소를 방문한 일이 있는데, 거기 있는 지도는 모두 그 나라에서 판각한 구본(舊本)들이었다. 그 나라(즉 이탈리아)의 사람들과 포르투갈 사람들은 모두 먼 곳을 여행하기를 좋아한다. 그리하여, 때로는 절역(絶域)을 지나갈 때도 있는데, 이런 경우에는 서로 그곳의 정보를 전하고 기록해 둔다. 이런 기록이 누적(累積)되어 여러 해가 지나면, 그 절역의 지형의 전체 모습을 얻을 수 있게 된다. 그러나 남극(南極) 일대처럼, 아직 사람의 발이 닿지 않은 곳도 있다. 그러므로 현재 남극 일대는 사람들이 바라본 세 귀퉁이만을 가지고 그 일대를 추측할 수밖에 없으니, 이치상 마땅히 이러할 뿐이다. 산인(山人) 선생은 깨끗하여 요구가 없으며 조용히 수행하여 하늘을 공경하는 분이다. 아침저녁으로 스스로에게 맹세하는 것은 망념(妄念), 망동(妄動), 망언(妄言)이 없는 것이다. 하늘과 일월성신(日月星辰)의 멀기와 크기를 나타내는 수(數)에 이르러서는, 나는 쉽게 이해할 수 없다. 그렇지만 그 주장은 스스로 근거를 가지고 있을 것이다. 여기에 아울러 기록해 놓으면서, 잘 설명해 줄 사람이 나타나기를 기다린다. 안휘성(安徽省) 섭현(歙縣)사람 오중명(吳中明) 씀[13]

---

13 "鄒子稱: 中國外, 如中國者九, 裨海環之. 其語似閎大不經. 世傳崑崙山東南一支入中國, 故水皆東流; 而西北一支仍居其半, 卒亦莫能明其境. 夫地廣且大矣, 然有形必有盡, 而齊州之見, 東南不踰海, 西不踰崑崙, 北不踰沙漠, 於以窮天地之際, 不亦難乎? 囿於所見, 或意之爲小, 放浪於所不見, 或意之爲大, 意之類皆妄也. 利山人自歐邏巴入中國, 著山海輿地全圖, 薦紳多傳之. 余訪其所爲圖, 皆彼國中鏤有舊本. 蓋其國人及拂郎機國人皆好遠遊, 時經絶域, 則相傳而誌之, 積漸年久, 稍得其形之大全. 然如南極一帶, 亦未有至者, 要以三隅推之, 理當如是. 山人淡然無求, 冥修敬天, 朝夕自盟以無妄念'無妄動'無妄言. 至所著天與日月星遠大之數, 雖未易了, 然其說或自有據, 並載之以俟知者.

여기에서 오중명은『산해여지전도』(山海輿地全圖)를 소개하면서, 특히 남극 일대의 '모와라니쟈' 주는 사람들이 아직 가본 일이 없으며, 추측하여 쓴 것임을 밝혀 두고 있다. 그 자신은 천문학적인 수치는 잘 이해하지 못하지만, 후일에 이것들을 잘 설명해 줄 선비가 나타나주기를 기대한다고 말하고 있다. 그리고 산인(山人) 리치 선생의 인품은 욕심이 없이 맑고 조용하여 하늘을 조용히 공경하는 분으로 묘사하고 있다. 이러한 인격의 소유자에게 지도를 그린 공적에 감사하며 이 지도의 천문학적 의미들도 잘 해명되기를 오중명은 바라고 있다.

　　양경순(楊景淳)의 발문(跋文)은 중국 전래의 지리서인 순(舜)임금의 신하 대장(大章)과 수해(豎亥), 우공(禹貢)의 책, 중국관청에 기록한 지리서, 즉 직방(職方)의 기록, 그리고 반고(班固)의『한서지리지』(漢書地理志)의 기록들이 다 훌륭하지만, 리치의『곤여만국전도』와 비교해 보면, 크게 부족한 것들이라고 말한다. 그의 발문은 이렇게 계속된다.

　　그러나 육합(六合, 우주)과 대조하면 한 가지는 건질 수 있지만 만 가지가 빠진다. 누가 서태자(西泰子)처럼 육합을 큰 주머니에 싸서 다 열거할 수 있는가? (리치) 선생의 지도와 설명은 매우 상세하여, 위로는 극성(極星)에 대응하고, 아래로는 지기(地紀)를 궁구했으니, 위아래로 관찰한 내용은 최고의 경지에 가깝다. 즉 (아득한 황제黃帝 시대의) 대요(大橈)가 다시 살아 난다해도, 아마도 마땅히 이 지도를 골라 뽑을 것이다. 이 지도는 마치 대장(大章)의 빠른 걸음이 우(禹)임금의 개척을 도운 것

────────────

歙人吳中明撰.",『坤輿萬國全圖』에 실린 〈吳中明의 서문〉

과도 비슷하고, 반고(班固)의 「지리지地理志」의 수집과도 비슷하다. 그러하니 (리치 선생의) 공(功)을 묘소(渺少)하다 할 수 있겠는가? 그리고 모든 곳을 유헌(輶軒)을 타고 가서, 마음과 눈으로 인식했으며, 또 평생을 다 했으니, 어찌 그것을 이식(耳食), 억결(臆決), 관규(管窺), 려측(蠡測)과 한 자리에 놓고 얘기할 수 있겠는가? 이 중에는 아직 해석이 미진(未盡)한 부분이 남아 있으니, 역시 (장자莊子가 말한) 논이불의(論而不議)의 뜻이 아닐까? 서태자(西泰子) 선생도 어려움이 있었을 것이니, 서태자 선생도 또한 쉽지 않았음을 알겠다. (『장자』(莊子)에 이르기를) "천년(千年)이 지나야 지기(知己)가 나오나, 그 만남은 하루 사이에 이루어지는 것과 같다"고 했는데, 원(元)나라의 야율(耶律)과 절강(浙江)의 청전(青田)이 그 하나의 증험(證驗)이다. 이처럼, 진지(振之) 이지조(李之藻)씨와 서태자(西泰子)는 천년(千年)이 하루와 같았으니, 크게 기이한 일이 아닌가? 이 지도가 일단 나오니, 그 범위는 (지구의) 규모를 넓히는 데 기여했고, 그 박아(博雅)함은 밝혀 살펴볼 대상을 넓히는 데 기여했고, 그 초연원람(超然遠覽)함은 또한 (일찍이 장자의) '큰 창고 안의 낟알'(太倉稊米)이란 말이나 '말 몸통에 터럭 하나'(馬體毫末)란 말이 빈 말이 아님을 실증해 주었다. 유독 (장자의) 거창한 하늘 이야기나 보잘 것 없는 달팽이 뿔 같은 나라의 이야기는 하물며 황망한 견해로 볼 수만 있겠는가? 나 양경순(楊景淳)은 진지(振之) 이지조씨와 동료 간으로 막역(莫逆)하다 할 수 있고, 서태자(西泰子)는 처음 만났으나, 옛 친구와 같다. 그러므로 이 지도의 판각(板刻)에 (세 사람 모두) 같은 마음이다.

사천성(四川省) 촉동(蜀東) 사람 양경순(楊景淳) 씀[14]

---

14 "而質之六合, 蓋且挂一而漏萬, 執有囊括苞擧六合如西泰子者? 詳其圖說, 蓋上應極星,

양경순 역시 리치를 존경하고, 그와 이지조와의 만남을 천년만에 만나는 지기(知己)들의 만남으로 비유하고 있다.

기광종(祁光宗)이나 진민지(陳民志)도 비슷한 입장에서 리치의 지도제작의 수고와 그 작품의 영향력에 대하여 다음과 같이 감탄하고 있다.

옛 사람이 말하기를, 천지인(天地人) 삼재(三才)를 통달하면 유(儒)라 했다. 그런데 그 통달이 어찌 쉽게 용허(容許)될 일이겠는가? 다만 고리타분한 말재주를 긁어 모아도, 천고(千古)의 비밀을 캐낼 수는 없는 일이니, (좁은) 대롱으로 하늘을 살피는 것처럼 어찌 허망한 소견이 아니겠는가? 그것이 천지(天地)에 무슨 도움이 되겠는가? 서태자(西泰子)는 제국(諸國)을 유람하기 수십 년에, 몸소 듣고 본 것에 의거하고, 자신의 독자적 해석을 가미하여, 왕왕 앞 사람들이 아직 말한 일이 없는 것을 말하고 있다. 지구의 도수(地度)가 하늘의 궤도(天躔)에 상응한다든지, 천지(天地)의 책을 읽는다든지 하는 말에 이르러서는, 그는 위기지학(爲己之學)을 하고 있는 것이니, 이는 '도'(道)에 가깝다. 내 친구 진지(振之) 이지조는 (리치 선생의) 이런 뜻을 크게 사랑하고 전파했다. 그리고 그것을 다시 글로 쓰고 지도로 그려, 병풍을 만들었으니,

下窮地紀, 仰觀俯察, 幾乎至矣. 卽令大橈而在, 當或採撫之; 其彷彿章步羽翼禹經開拓, 班志之蒐羅者; 功詎眇小乎哉! 而凡涉之乎輶軒, 識之乎心目, 亦且窮年, 夫豈耳食臆決管窺蠡測者可同日語? 而其中有未盡釋者, 儻亦論而不議之意乎? 第西泰子難矣, 而知西泰子亦不易. 語云: 千載而下有知己者出, 猶爲旦暮遇. 元之耶律`浙之青田, 其一證矣. 妓振之氏與西泰子聯千載於旦暮, 非大奇遘耶? 此圖一出, 而範圍者藉以宏其規摹, 博雅者緣以廣其玄矚, 超然遠覽者亦信太倉稊米馬體毫末之非窾語, 寧獨與譚天蝸角之論, 倘怳悠謬之見並睎之也. 不佞淳與振之氏爲同舍郞, 稱莫逆, 而與西泰子傾蓋如故者. 妓刻也, 蓋同心云. 蜀東楊景淳識.", 『坤輿萬國全圖』에 실린 〈楊景淳 발문〉

앉은 채로 천지(天地)의 광대함을 첩미간(睫眉間)에 똑똑히 볼 수 있게 되었다. 이 지도를 그린 사람의 가슴속에 이 지도가 이미 갖추어져 있지 않았다면, 어떻게 이런 지도가 만들어질 수 있단 말인가? 아마도 그 사람은 천지인(天地人) 삼재(三才)를 통달한 사람이 아닐까? 나는 아직 문도(聞道)의 경지에 이르지 못했고, 홀로 유도지언(有道之言)을 배고프고 목마르게 좋아할 뿐이다. 그러므로 넘쳐나는 '도'가 이와 같음을 느끼지는 못한다. 내가 이 지도에 서(敍)를 썼다고 해서, 내가 (지도의) 뜻을 이해했을 것이라고 말한다면, 나는 부끄럽다. 하남성(河南省) 동군(東郡)사람 기광종(祁光宗) 씀[15]

서태자 리선생의 이 지도는 차라리 배를 띄워서 바둑 두기, 발로 걷지 않고 방안에서 세상구경하기가 아닌가? 배수(裴秀)[16]가 그린 지도의 육체(六體)가 (그릇으로 쓰는) 게 등껍질(蟹匡)[17]이고, 계연(計然)[18]의 오토(五土)[19]도 매미장식 모자(蟬冠)의 갓끈 정도이다. 또 수해(豎亥)와

---

15 "昔人謂通天地人曰儒. 夫通何容易? 第令掇拾舊吻, 未能抉千古之秘, 何必非管窺也, 于天地奚裨焉! 西泰子流覽諸國, 經歷數十年, 據所聞見, 參以獨解, 往往言前人所未言. 至以地度應天躔, 以讀天地之書, 爲爲己之學, 幾於道矣. 余友李振之甫愛而傳之, 乃復畫爲圖說, 梓之屛障, 坐令天地之大, 歷歷在眉睫間, 非胸中具有是圖, 烏能爲此, 儵所謂通天地人者耶? 余未爲聞道, 獨于有道之言嗜如饑渴, 故不覺津津道之如此. 如以余之敍玆圖也, 而倂以余爲知言, 則余愧矣. 東郡祁光宗題.", 『坤輿萬國全圖』에 실린 〈祁光宗 발문〉

16 배수(裴秀, 224~271)는 진(晉) 무제(武帝)때 사람으로, 『禹貢地域圖』18편이 있다. 그의 "制圖六體"가 알려져 있다.

17 해광(蟹匡)은 해광(蟹筐)으로도 쓰며, 게의 등껍질이다. 물건을 담을 수 있는 바구니로 쓸 수 있다.

18 계연(計然)은 중국고대 범려(范蠡)의 스승이다.

19 오토(五土)는 산림, 천택(川澤), 구릉(丘陵), 분연(墳衍, 산등성이의 땅과 평지)과 원습(原隰, 고원과 저습한 땅)을 말한다.

대장(大章)의 빠른 걸음으로 땅끝까지 갔어도 결국 되돌아오고 말았다. 그런데 이 지도는 위로는 푸른 하늘의 끝까지 닿았고, 아래로는 황천의 극(極)에 달했다. (세상의) 사유(四遊)와 구영(九瀛) 가운데 아직 다 가 보지 못한 곳까지도 모두 하나의 끈으로 묶었다. 하나하나 짚어 가며, 저것은 오계(惡溪)요, 비해(沸海)요, 함하(陷河)요, 현도(懸度)요, 하다 가 곧바로 빈한한 사람들이 남에게 말하기를, "야랑(夜郞)국은 한(漢) 나라보다 크다"는 것을 꾸짖었다는 것은 또한 통사들의 부질없는 말이 요, '(하늘을) 지탱한다는 거대한 바다거북'은 허황된 것이리라! 서태자 께서 10만 리를 거쳐 와서, 20년을 우리나라에서 머물고, 마침내 장안 (長安)에 들어와서, 선부(繕部)의 이지조(李之藻)와 아침저녁으로 만난 일, 이 모두 우연이요, 기이한 일이다! 하남성 비양(沘陽)사람 진민지 (陳民志) 발문[20]

기광종(祁光宗)에 의하면, 천·지·인에 통달한 사람이 유(儒)인데, 『곤여만국전도』를 지은 리치는 그런 '유'라고 보았다. 지구의 도수를 하늘의 궤도에 따라 계산한 리치나 이지조 모두 천지인 삼재에 통달 한 사람으로 찬탄하고 있다. 진민지(陳民志) 역시 『곤여만국전도』에 서 옛사람들이 하지 못한 새로운 신비감을 느끼고 기이한 일로 여긴 다. 그리고 최석정(崔錫鼎)은 1708년에 숙종에게 『곤여만국전도』를

---

20 "西泰子之有是役也, 夫寧是浮舟某局, 脛之所不走而以卧遊? 蓋裹秀體蟹匡爾, 計然 五土蟬緌爾, 亥之步而章之搜至涯而反爾, 方之此圖, 窮靑冥, 極黃壚, 四遊九瀛之所 未嘗而纍纍焉. 臚而指諸掌, 彼惡溪沸海, 陷河懸度, 直以甕牖語人, 而叱夜郞爲大于 漢, 此亦胥象之侈事, 柱黿之曠則矣. 夫西泰子經行十萬里, 越二十禩而屆吾土, 入長 安, 李繕部且暮而遇之, 遇亦奇矣哉! 沘陽陳民志跋", 『坤輿萬國全圖』에 실린 〈陳民 志 발문〉

다시 모사하여 올리면서 다음과 같이 말하고 있다.

> 이제 서사(西士)의 설은, 땅이 구(球)라고 주장하면서, 말하기를, "천(天)이 원(圓)하고 지(地)도 원(圓)하다. 소위 지(地)가 방(方)하다는 말은 곤도(坤道)가 주정(主靜)하고, 그 덕(德)이 방정(方正)하다는 말이다"라 하고 있사옵니다. 그리고 하나의 큰 원권(圓圈)으로 체(體)를 삼고, 남북으로 세만선(細彎綫)을 가(加)하고, 동서로는 횡직선(橫直線)을 그려 놓았사옵니다. 둥근 지구의 상하사방(上下四方)에 만국의 명목(名目)을 분포하고, 중국(中國)의 구주(九州)는 북계(北界) 가까이의 아세아(亞細亞) 땅이 있다고 하니, 그 설(說)은 굉활교탄(宏闊矯誕)하고, 무계불경(無稽不經)하다 아니할 수 없사옵니다. 그러나 그 학술이 전해주는 바는 스스로 경솔히 변파할 수 없는 무엇을 가지고 있으니, 우선은 마땅히 보존하여, 그 새로운 견문을 널리 알릴 필요가 있다고 생각되옵니다.[21]

당시 조선의 형편으로 서양인들의 천문지리의 설명은 황탄한 것이겠으나, 이 "새로운 견문을 보존"할 필요가 있음을 최석정은 말하였다.

---

21 "今西士之說, 以地球爲主. 其言曰: 天圓地亦圓, 所謂地方者, 坤道主靜, 其德方云爾. 仍以一大圓圈爲體, 南北加細彎綫, 東西爲橫直線. 就地球上下四方, 分佈萬國名目. 中國九州在近北界亞細亞地面, 其說宏闊矯誕, 涉於無稽不經. 然其學術傳授有自不可率而卞破者, 姑當存之, 以廣異聞.", 崔錫鼎, 「西洋乾象坤輿圖二屛總序」

5 결론

리치는 무엇보다도 먼저 토미즘의 입장에서 출발하여 자연이성이나 도덕성에 초점을 맞추어서, 천주교의 교리를 중국의 문인들이 잘 납득할 수 있게끔 설명했기 때문에, 유교적 토양에 천주교 교리의 조화적 적응, 말하자면 천주교 교리에 "중국옷을 잘 입힘"[22]으로써, 여하간 상당한 전교의 성과를 잠정적으로 크게 얻을 수 있었다고 하겠다. 그러나 계시종교로서의 천주교의 특성은 인간의 원죄에 의한 유한한 자기한계와, 그로 인한 하느님에 대한 절대적 귀의와 신앙을 강조한다. 따라서 이런 계시종교로서의 천주교 교리는 결국 '자기계발'에 의한 자기의 인격과 도덕의 완성("爲己之學")이라는 중국인들(특히 "新儒學")에게 고유한 자율적 학문경향과 배치되기 때문에, 리치는 『천주실의』에서 계시종교로서의 천주교 교리의 특성에 대하여는 별로 언급하지 않거나 타율신앙적 성격을 상당히 변조하여 중국인들을 설득하였다. 이런 관점에서 『곤여만국전도』의 완성은 서양 천문지리의 정확성·과학성을 입증한 좋은 사례이다. 그러나 그의 이런 자연과학적, 또는 그리스도교 전파의 목적은 그리 성공적이라고 볼 수 없다. 왜냐하면 지구가 평면이 아니고 둥글다면, 지구 아래쪽에 있는 사람이 왜 떨어지지 않고, 계속 편안한 생활을 하는지를 만족스럽게 설명해 주어야 했다. 사실 지구가 구체(球體)라는 리치의 설명을 도무지 받아들이지 않는 전통 보수적 중국지식인들이 그만큼 많았기 때문이다.

---

22   P. A. Rule, 54 쪽

참고문헌

『大西利先生行蹟』, 艾儒略述, 北京, 1919再版.

『利瑪竇著譯集』(朱維錚主編), 上海: 復旦大學出版社, 2001.

『坤輿萬國全圖』에 실린 〈李之藻의 서문〉.

『坤輿萬國全圖』에 실린 〈吳中明의 서문〉.

『坤輿萬國全圖』에 실린 〈楊景淳 발문〉.

『坤輿萬國全圖』에 실린 〈祁光宗 발문〉.

『坤輿萬國全圖』에 실린 〈陳民志 발문〉.

『四庫全書總目』, 全二冊, (淸) 永瑢 等撰, 北京: 中華書局 影印本, 1965.

빈센트 크로닌, 『서방에서 온 현자 : 마테오 리치의 생애와 중국 전교』, 분도출판사, 1989.

송영배, 「마테오 리치가 소개한 서양학문관의 의미」, 『韓國實學硏究』제17호, 2009.

孫尙揚, 『明末天主敎與儒學的交流和衝突』, 臺北: 文津出版社, 1992.

崔錫鼎, 「西洋乾象坤輿圖二屛總序」.

Gernet, Jacques, *Chine et Christianisme*, Paris: Editions Gallimard, 1982.

Rule, Paul A., *K'ung-tzu or Confucius?: The Jesuit interpretation of Confucianism*, Allen & Unwin Ausralia, 1986.

Europäische Enyzklopädie zu Philosophie und Wissenschaften, (hrsg., Sandkhüler), Bd. 3, Hamburg, 1990.

마테오 리치가 우리에게 주는 의미

1 머리말

2010년은 마테오 리치 신부가 서거한 지 꼭 400년이 되는 해이다. 이 기회에 동서 문화교류의 차원에서 그가 남긴 공적을 한번 살펴보는 것은 의미 있는 일이다.

몽고제국의 확대와 함께 중앙아시아를 거쳐서 중국에 온 마르코 폴로(Marco Polo)는 쿠빌라이 칸(Kublai Kahn, 1215~1294)의 특사로서 남송(南宋, 1127~1279)의 멸망을 지켜보았다. 그리고 그는 『동방견문록』에서 남송의 수도 항주(杭洲)의 아름다움을 예찬하였다. 중국에서도 '정화'(鄭和, 1371~1433)가 수만의 군사를 거느리고 인도양과 아프리카까지 여러 차례 원정을 하였다. 그러나 중국말을 몰랐던 마르코 폴로나 중국 밖 세계의 언어와 문화를 다소 이해했던 이슬람교도 '정화'에 의한 동서 문명의 교류는 그들이 보았던 지역의 특색과 문화를 외면적으로 관찰할 수밖에 없었다.

콜럼버스가 아메리카대륙을 발견(1492)하고 바스코 다가마가 아프리카를 돌아 인도 남부에 이르는 인도항로를 발견(1497)한 뒤에, 말하자면 16세기 대항해시대 뒤에 중국에 왔던(1582) 마테오 리치는 그의 나이 32세까지 16세기 서양의 체계적인 교육과 정신적 훈련을 받았으며, 1610년 북경에서 59세에 사망하기까지 거의 30년간 중국의 사대부들과 폭넓은 대화와 기록을 남겼다.[1] 따라서 그는 서양의 과학지식과 철학, 종교사상을 중국인들에게 전했을 뿐만 아니라, 또한 유럽어로 발표된 그의 저술과 서신 등을 통해 중국의 사회정치제도나 종교, 철학사상을 서양에 확실하게 전한 사람이다. 말하자면, 동서 문명의 본격적인 교류는 그로부터 발단하였다고 말할 수 있다.

예수회에 속한 선교사로서, 이냐시오 로욜라(Ignatius Loyola, 1491~1556)의 가르침에 따라서, 마테오 리치는 해당 지역 토착의 언어, 문화의 습득을 통하여 상층지식인들에게 기독교의 도리를 전파하고자 하였다. 그의 전교의 요점은, 장동웬(蔣棟元)에 의하면, 세 가지이다. "유럽의 과학문화를 소개하는 학술전교(學術傳敎)요, 중국의 고유한 풍속과 예교(禮敎)를 존중하는, 즉 합유(合儒)보유(補儒)하는 토착화(本土化)정책이며, 상층(지식인)과 교분을 맺어 위에서 아래로 국면을 타개하는 상층노선의 추구이다."[2]

필자는 천주교 교리를 전파하고자 하는 마테오 리치의 공적(功績)을 다음의 세 측면에서 특히 주목하고자 한다.

첫째로 16세기 서양인들의 지리상의 발견을 통한 첨단적인 지리학 지식을 전한 '세계지도' 제작과 서양학문의 대표적인 논증방식인

---

1   蔣棟元, 「附錄 2: 利瑪竇主要著述」, 『利瑪竇與中西文化交流』, 中國礦業大學出版社, 2008, 185~186쪽 참조.
2   蔣棟元, 같은 책, 46쪽.

연역법의 소개가 갖는 학문적 의의를 짚어보고자 한다.

둘째로 그가 『천주실의』(天主實義, 1603) 속에서, 유교의 도덕론과 다른 기독교의 윤리를 어떻게 소개하고 있으며, 그런 면이 정약용(丁若鏞, 호 茶山, 1762~1836)에게 어떻게 반영되었는가를 요점적으로 살펴보고자 한다.

그리고 끝으로 그가 서양인들에게 전한 중국 사회나 문화, 종교 등에 대한 지식들이 17, 18세기 서양의 지식인, 철학자들에게 어떠한 의미를 지녔는가를 간단히 개괄해 보고자 한다.

2 마테오 리치의 세계지도 제작과 서양 연역법 소개의 의미

로마대학에서 클라비우스[3]로부터 일찍이 지도 제작법을 배운 리치는 그의 나이 27세(1578)에 포르투갈의 리스본을 출발하여 인도의 남부로 올 때까지 자기가 거쳐가는 곳의 지형과 풍습 등을 이해하기 위하여, 실제로 "천측구(天測具, astrolabe)를 써서 각지의 위도(緯度)와 또한 일월식을 이용하여 경도(經度)를 측정하였으며, 얻어진 결과는 오늘날의 측정치와 별반 차이가 없다."[4] 그리고 포르투갈의 코임브라 대학에서 동방으로 떠날 준비를 위해 포르투갈어를 배울 때에도 벨

---

3   클라비우스(Christopher Clavius, 1537~1612)는 독일 아우구스부르크(Augusburg) 출신의 자연과학자이다. 리치는 그의 성 Clavius가 라틴어 clavus(못, 釘)에서 유래하기 때문에 그를 정(丁) 씨로 소개하고 있다. 그는 갈릴레오(1564~1642)가 로마교황청에서 재판을 받는 동안 그를 믿고 이해했던 유일한 물리학자였다.
4   鄒振環, 「坤輿萬國」, 『利瑪竇行旅中國記』, 陳燮君 主編, 北京大學出版社, 2010, 135쪽.

기에의 유명한 지리학자 오텔리우스(Abraham Ortelius, 1527~1598)가 제작한 지도집 『지구대관』(*Theatrum Orbis Terrarum*)을 가지고 있었다.[5] 이들을 참조하여 '조경'(肇慶)에서 출판한 세계지도(『山海輿地圖』)의 출판 효과는 리치가 상상한 것보다 훨씬 대단하였다. 리치가 제작한 세계지도는 기회가 있을 때마다 리치 자신에 의해서 수정 보완되거나 중국 문인들에 의해 자발적으로 출판되었다.[6] 이 중에서 현존량도 비교적 많고 유명한 것이 『곤여만국전도』(坤輿萬國全圖, 1602, 北京)이다.

유럽 전래의 프톨레마이오스의 우주관에도 합치하고, 마젤란(Ferdinando Magellan, 1480?~1521)의 세계일주 항해를 통하여 지구가 구체(球體)임이 이미 입증되었기 때문에, 리치는 세계지도의 제작을 통하여 우선 중국인들의 중화중심적 세계관, 또는 천원지방(天圓地方)의 세계관을 부정하고 중국이 아시아의 동북방에 위치한 한 나라에 불과함을 입증하려고 노력하였다. 『곤여만국전도』에 실린 해설문에서 볼 수 있듯이,[7] 리치는 서양 고대의 프톨레마이오스의 우주

---

5 蔣棟元, 앞의 책, 96쪽.

6 張奉箴은 12차례 출판된 것으로 고증하고 있다. 1) 『山海輿地圖』(1584, 王泮刻於肇慶), 『世界圖誌』(1595, 利子繪於南昌, 贈建安王), 2) 『世界圖誌?』(萬曆二十三年(1595), 繪於南昌, 贈建安王多㸅), 3)『山海輿地圖』(1595 및 1598, 趙可懷於蘇州翻王泮本), 4) 『世界圖記?』(1596, 利子於南昌爲王佐編製), 5) 『世界地圖?』(1596, 利子於南昌繪得1本或2本), 6) 『山海輿地全圖』(1600, 吳中明於南京, 增訂王泮本刻刊), 7) 『坤輿萬國全圖』(1602, 李之藻於北京增訂吳中明本刻刊), 8) 『坤輿萬國全圖』(1602, 刻工某於北京, 仿李之藻本刻刊, 無耶蘇會三印鑑), 9) 『兩儀玄覽圖』(1603, 李應時與阮泰元等改訂李之藻本於北京刻刊), 10) 『山海輿地全圖』(1604, 郭子章縮刻吳中明本, 於貴州刻成書形板本), 11) 『坤輿萬國全圖』(1608, 北京太監摹繪李之藻本), 12) 『坤輿萬國全圖』(1644). 張奉箴, 『利瑪竇在中國』, 臺南: 聞道出版社, 1983, 76~77쪽.

7 『坤與萬國全圖』, 수록: 『利瑪竇著譯集』, 朱維錚 主編, 上海: 復旦大學出版社, 2001, 173~176쪽.

관과 함께 16세기 지리상의 발견으로 얻은 새로운 지리적 지식을 중국인들에게 소개하였다. 물론 리치는 세계지도에서 중국인들의 중화 중심관에 시각적으로 도전한 것은 아니지만, 지구가 평평한 것이 아니라 구형이기 때문에 중국을 포함한 지상의 어떤 나라도 중심이 될 수 없음을 명백히 설명하고 있다.

기후대로 말하면, 적도지역의 열대, 남극권과 북극권의 한대, 그리고 북극권과 북회귀선 사이와 남극권과 남회귀선 사이의 온대의 공간을 말하였고, 또한 지구에는 북극에서 남극에 이르기까지 유럽, '리웨이야'(Libya, 지금의 아프리카), 아시아, 남북아메리카와 남반부의 '모와라니쟈'(墨瓦蠟泥加, 지금의 오스트레일리아 대륙)[8]로 구성되었음을 밝히고 있다. 또한 대륙 각각에 속한 나라들과 사람들의 풍속 등을 해설하고 있다. 중국은, 아시아에 속한 40여 개의 나라 중 하나임을 분명히 밝히고 있다.[9] 지구상의 모든 곳을 경도와 위도의 숫자로써 표시했으며, 남반부와 북반부에 있는 대척점(antipodes)에서 계절의 변화는 정반대이며, 또한 같은 경도상에 사는 사람이면 같은 시간대에 살기 때문에 일식, 월식을 동시에 볼 수 있지만, 경도가 다른 곳에 살면 경도의 차에 따른 시차가 불가피하다는 설명까지 하고 있다. 리치는 "비교적 정확하게 '북경'(北京), '남경'(南京), '대동'(大同), '광주'(廣州), '항주'(杭洲), '서안'(西安), '태원'(太原), '제남'(濟南) 등 도시의 경위도(經緯度)를 실측했으며, 실측해서 얻은 '북경', '남경' 등 중국 도시의 경위도의 수치를 보면 현대의 수치와 상당히 근접하다.

---

8 '모와라니쟈'(墨瓦蠟泥加, Magellanica)는 세계를 일주한 항해사 마젤란(Magellan)에서 비롯된 음역이다.
9 같은 책, 207~208쪽.

리치는 자정(子正)과 정오(正午)에 지리상의 위도를 측정하는 방법을 지도에 그려냈으며, 경위도(經緯度)의 의의와 용법을 중국 지리학계에 소개하였다."[10] 그리고 "실지(實地)의 측량에서 보면, 리치의 세계지도에서 중국과 동아시아 부분의 정확성은 동시대에 유럽에서 간행한 세계지도를 훨씬 능가하였다. (……) 예를 들면 일본의 네 섬은 30도에서 42도 사이에 안치되어서, 비록 실제의 위도와 3도의 오차가 나지만, 1569년 메르카토르[11]의 세계지도나 1570년 오텔리우스의 아시아지도보다 훨씬 정확하다."[12]

중국의 문인들은 리치의 세계지도를 접하고서, 천원지방의 우주관과 중화사상을 포기할 수밖에 없었다. 섭향고(葉向高, 1559~1627)는 "(리치가) 그린 『여지전도』(輿地全圖)에는 무릇 사방의 대지에 모두 나라들이 있고, 중국은 손바닥 크기 만한 것을 사람들이 이상히 여긴다. (……) 그러나 리치 선생이 기록한 것처럼, 우리는 도리(道理), 명칭, 풍속, 물산(物産)을 궁구할 수 없다."[13] 지구가 구체라면, 어디도 중심이 될 수 없다. 중국이 세계중심이라는 것은 말이 안 된다. 리치의 세계지도에 의해, 중국 전래의 "자기중심"의 천하관념의 부정이 일부 진보적인 중국 문인들 사이에 감지되면서, "동양과 서양은 마음도 같고 도리도 같다"[14]는 "세계의식"[15]이 대두하게 되었다. 이것이 리

---

10   鄒振環, 앞의 글, 2010, 132쪽.
11   메르카토르(Gerhardus Mercator, 1512~1594), 네덜란드의 수학자, 지리학자.
12   鄒振環, 앞의 글, 2010, 132쪽.
13   같은 글, 139쪽.
14   "東海西海, 心同理同.", 李之藻, 「天主實義重刻序」, 수록: 『天主實義』, 臺灣: 國防研究院, 1967, 3b쪽.
15   鄒振環, 앞의 글, 2010, 139쪽.

치가 전한 세계지도의 공적이다.

그리고 중국에서는 『노자』(기원전 5~3세기 성립)에서 형이상학적인 철학주제가 처음으로 분명히 나타난다. 자연의 운행의 원리(天道)와 인간사회의 운영원리(人道)를 통관하는 근원원리를 도(道)라고 일컬으면서, 『노자』의 1장은 "말할 수 있는 도는 상도(常道)가 아니요, 말할 수 있는 이름은 상명(常名)이 아니다"로 시작하고 있다. 세상만물은 모두 이름을 가지고 있지만, 그것의 존재론적, 형이상학적인 근원, 즉 도는 언어로 규정될 수 없다는 것이다. 말로 설명되고 규정되는 도(道)는 상도(常道), 즉 만유의 생명적 근원(또는 소이연자)이 아니라는 것이다. 따라서 중국인들은 처음부터 언어를 통해서는 진상(眞相), 진리의 세계를 찾을 수가 없었다. 만유의 근원적 소이연자는 다만 끊임없이 변동·변화하는 오직 경험세계에 내재할 뿐이며, 그것으로부터 추상화된 불변적 형식(the unchanged Form)일 수가 없었다. 무한히 변동 변화하는 경험세계의 원인자는 바로 이 경험세계 안에 존재할 뿐, 그 밖에서 홀로 추상화된 개념적 원리(a conceotual Principle)로 파악될 수 없었다.[16] 따라서 인간의 실천행위(pratices)와 무관한 순수이론(theory)은 나올 수가 없었다. 다만 현실 경험세계로부터 얻은 지식을 조금씩 확대해 가는 귀납적 추리방법(induction)만이 허용되었다.

이런 실천을 통한 비법의 전수를 강조하는 경향[17]은 순수이론의

---

16 우리는 『墨子』 속에서 근원적 원리에 대한 定義나 순수이론 논리에 관한 언급들(예: 「大取」, 「小取」 등)을 찾아볼 수 있으나, 그 이론적 전모는 기원전 2세기 漢初의 司馬遷(기원전 145~?)의 기록에서도 자취를 감추었다.
17 이와 관련해서 보다 자세한 내용은 이 책의 『마테오 리치가 소개한 서양학문관의 의미』 100~103쪽 참조.

체계적인 발전을 저해하였고 연역법적 추론(deduction)을 통하여 간단한 것에서 점차 복잡한 것으로 확대해 가는 이론적 학문방법의 구축을 크게 위축시키는 결과를 가져 왔다.

반대로 16세기 서양의 교육을 받은 리치는 연역추리에 밝았으며, 또한 당시 중국의 학문에 나타나는 이런 맹점을 잘 알고 유클리드가 쓴 『기하원본』(Elements)을 중국에 소개한다.

리치는 중국의 학문이 경험세계와의 교섭에서 얻은 귀납법적 추론에만 의존하는 실천(practice)-의존적 응용기술만 있을 뿐, 응용기술의 바탕이 되는 순수이론과 그 순수이론에서 논리적 필연성을 근거로 전개되는 연역적 논증(deduction)이 없다는 것을 간파하고, 『기하원본』의 소개를 통해 연역추리에 의한 서양학문의 우수성을 알리고자 한 것이다.

3 『천주실의』의 기독교 윤리관과 다산의 실천적 도덕철학

주희는 이렇게 말한다.

> 저 푸른 하늘은 운행을 계속하고 멈추지 않는 바로 그것이다. 지금 저 하늘에 인격적인 존재가 있어서 죄악을 심판한다고 말한다면, (그것은) 진실로 말이 안 되는 것이다. 그러나 그것을 주재하는 것이 없다고 말한다면, 그것 또한 말이 안 되는 것이다.[18]

---

18 "蒼蒼之謂天, 運轉周流不已, 便是那個. 而今說天有個人在那裡批判罪惡, 固不可. 說道

이와 같이, 소가 말을 낳을 수 없고 복숭아나무에서 자두꽃이 필 수 없으며, 오직 소가 소를, 말이 말을 낳고 복숭아나무에서 오직 복숭아꽃이 필 수밖에 없다. 주자에 의하면, 천지만물의 무궁한 변화, 발전에는 반드시 그것을 주재하는 객관적인 이치, 즉 이(理, 또는 天理)[19]가 선험적으로 존재한다.

　　'이'란 (선험적으로) 하늘에 있는 것으로 소리도 없고 냄새도 없지만, 실로 모든 변화의 핵심이요, 만류의 뿌리이다.[20]

　　주자철학에서, '이'는 이와 같이 구체적인 역사, 사회, 자연 현상으로부터 유리되어 그것들의 선험적인 존재근거로서 영원히 초역사적으로 타당한 천지만물의 주재자로 등장한다. 성리학은 이런 '이', 즉 형이상학적 실체를 궁구하며, 그것을 실현해 나가려는 실천도덕철학이라고 말할 수 있다.

　　그러나 리치는 『천주실의』에서 아리스토텔레스의 사물에 대한 실체와 속성의 범주적 구별을 원용하여 "태극(즉 理)이 만물의 근원"이 될 수 없음을 주장한다.

　　이 점을 충실히 계승하고 있는 다산(茶山)은, 첫째로 "기(氣)는 실체(自由之物)이지만 '이'는 속성(依賴之品)이고, 속성(依賴者)은 반드시 실체(自由者)에 의탁해 있다"[21]고 말한다. 둘째로 성리학의 관점

全無主之者, 又不可.", 『朱子語類』卷1.

19　그것을 태극(太極) 또는 도(道)라고도 부른다.

20　"上天之載, 無聲無臭, 而實造化之樞紐, 稟匯之根柢也.", 朱憙, 『太極圖說解』.

21　"氣是自由之物, 理是依賴之品, 而依賴者必依於自由者.", 『增補與猶堂全書』(이하에서 『全書』로 인용) 2권, 『中庸講義補』권1, 서울: 景仁文化社, 1970, 92쪽 下左~93쪽 上右

에 따른다면, "'이'는 본래 지능도 없고 또한 위세, 권능도 없다."²² 또한 "'이'는 사랑하고 미워함도 없고 기쁨도 노여움도 없고 공연하고 막연하여 (개별적인 자기) 이름도 몸체도 없다."²³ 요컨대, '이'는―하느님(上帝), 천신들과 다르게―만물들을 주재할 수가 없다. 다산은 또한 천하만물을 주재하는 것이 도(道)라는 주장에도 반대한다. 도대체 "도란 무엇인가? 그것은 이성능력(靈知)을 가진 것인가? 이성능력을 아우르면서도 그것을 없이하는 것인가? (도는) 마음(心)도 없고 형적(形)도 없는 것이라면 그것은 이성(靈知)도 없고 (만물을) 창조(造)하고 변화 발전(化)시키는 흔적도 없는 것이다."²⁴

리치가 늘 천주(天主)를 '형체도 없고 소리도 없는 존재'(無形無聲者)²⁵로 규정하고 있듯이, 다산 역시 보이지 않는 상제의 주재가 인간의 도덕계발을 위해 반드시 필요하다고 보았다.

위대하신 하느님은 형체도 없고 바탕도 없으면서 태양처럼 이 자리에서 (우리들을) 감시하며 천지자연을 온통 다 다스리니, 만물들의 조상이며 모든 (천)신들의 으뜸이시다. 밝게 밝게 빛나고 빛나는 (하느님이 우리들) 위에 임하여 계시도다! 따라서 성인들이 조심조심 그들을 받들게 되

참조.

22 "理本無知, 亦無威能.",『全書』2권,『中庸自箴』권1, 47쪽 上右.

23 "夫理者何物? 理無愛憎喜怒, 空空漠漠, 無名無體.",『全書』2권,『孟子要義』권2, 144
    쪽 下左.

24 "道是何物? 是有靈知者乎? 幷與靈知而無之者乎? 旣云: 心跡俱無, 卽是無靈知, 亦無
    造化之跡.",『全書』3권,『周易緖言』, 권2, 504쪽 下左.

25 天主, 또는 神을 無形無聲한 존재로 묘사하는 것은 리치의『천주실의』도처에 보인다.
   『천주실의』, 2-5, 80쪽, 81쪽; 2-12, 95쪽, 96쪽: 2-15, 105쪽; 2-16, 107쪽; 3-5, 132쪽,
    133쪽, 134쪽: 3-6, 137쪽; 5-6, 240쪽; 7-3, 348쪽; 7-6, 353쪽, 354쪽 등이다.

니 이것이 교제(郊祭)가 생겨난 까닭이다.[26]

다산에 의하면, 무형하신 하느님이 최고신의 존재로서 수많은 천신(百神)들이 우리 인간들의 머리 위에 임하고 계시면서 우리 행동을 감시하고 있다는 것이다.

또한 성리학에서는 우주 삼라만상의 움직임 자체를 삶(生)으로 파악하고 그 삶의 실현을 인(仁)으로 본다. 삶의 영위 자체가 자연세계와 인간세계를 관통하는 인(仁)의 발현이라고 보기 때문에, 천도(天道)의 원(元), 형(亨), 이(利), 정(貞)은 곧 바로 인(仁), 의(義), 예(禮), 지(智)로 해석되었다. 따라서 성리학에서는 자연 자체의 움직임을 도덕의 발현으로 이해했기 때문에, 자연현상과 도덕현상은 분리되는 둘이 아니라 처음부터 하나였다. 그렇기 때문에, 성리학은 근원적으로 도덕형이상학이다.

그러나 이런 도덕형이상학을 처음부터 부정하는 리치는—아리스토텔레스와 토마스 아퀴나스의 윤리론을 원용하면서—기독교 윤리를 다음과 같이 말한다.

무형한 정신은 세 가지 기능이 있어서 이것(즉 知覺)들을 받아들이고 소통시킵니다. 기억능력(司記含), 이성능력(司明悟)과 의지력(司愛欲)입니다. (……) 우리들이 한 사물을 명백하게 인식하고자 하면, 곧 바로 이성능력은 기억 속에 그 사물의 자료를 취하여, 그 사물의 실체와

---

26 "惟其皇皇上帝, 無形無質, 日監在此, 統御天地, 爲萬物之祖, 爲百神之宗, 赫赫明明, 臨
    之在上, 故聖人於此, 小心昭事, 此郊祭之所由起也.", 『全書』 3권, 『春秋考證』 권1, 229
    上左쪽.

이모저모로 절충하여 보고, 그 사물의 본성과 실정들이 참으로 이(理, ousia)에 합당한지 아닌지를 합치시켜 봅니다. 그것이 좋으면 우리는 의지로써 그것을 사랑하고 원하게 됩니다. 그것이 나쁘면 우리는 의지로써 그것을 미워하고 원망하게 됩니다. (……) 인간의 의지와 이성능력이 일단 이루어지면, 그의 기억능력은 저절로 완성되는 것입니다.[27]

이성능력이 없는 짐승들은 오직 천부적으로 부여된 본능만을 따르는 "하나의 마음"(一心)밖에 없어서 도덕적 행위의 선택이 불가능하지만, 인간의 마음속에 이성능력과 의지를 동시에 가지고 있기 때문에, 사리 분별을 통하여 선으로도, 악으로도 나갈 수 있다. 따라서 이성능력(靈)도 (자유)의지(意)도 없는 존재들은 도덕적 선악을 물을 수 없다.

의지를 따를 수도 그만둘 수도 있어야 그 다음에 덕도 부덕도, 선도 악도 있게 됩니다. 의지는 마음에서 발동하는 것입니다. 쇠나 돌이나 초목들에는 마음이 없으니 의지가 없습니다. (……) 짐승이라면 짐승의 마음과 의지가 있다고 하겠습니다. 그러나 옳은지 그른지를 변별할 수 있는 이성(靈心)이 없으니 느낀 바에 따라서 멋대로 즉시 반응하는 것이며 이치를 따져서 자기가 할 바를 절제하지 못합니다. 옳은 예(是禮)인지 아닌지(非禮)를 분간하지 못합니다. 어찌할 수 없어서 할 뿐만 아니라 또한 스스로 (자기 행동의 옳고 그름을) 알 턱이 없습니다. (……) 세상 여러 나라에서 제정한 법률에는 짐승의 부덕함에 벌을 주거나 짐

---

27 『천주실의』, 7-6, 354~355쪽.

승의 덕행에 상을 주는 일은 없습니다. 오직 사람만은 그와 같지 않아서 (…… 하는 일이) 옳은지(是) 그른지(非), 합당한지(當) 아닌지(否)를 지각할 수도, (그 일을) 할 수도 그만둘 수도 있습니다.[28]

아리스토텔레스의 도덕설을 그대로 전하고 있는 리치의 윤리관을 다산은 그대로 계승하여 인간의 본성을 영지(靈知), 즉 이성적 추리능력에서 보았다. 따라서 인간의 마음에는 "선행을 할 수도 있고 악행을 할 수도 있는" 기본(才), 즉 자유의지(自主之權)가 있다고 보았다.

다산에게 도덕이란 『천주실의』에서의 철학구도와 마찬가지로 이성능력과 자유의지를 가진 인간에게만 고유한 영역이요, 그것은 성리학에서 주장하는 것처럼 천명에 의하여 우리 마음속에 이미 선험적으로 주어진 것이 아니다. 인간의 덕은 바로 행사(行事), 즉 구체적 실천을 통해서만 후천적으로 성취될 뿐이다. 요컨대, 다산의 철학적 관심은—더 이상 성리학자들의 도덕형이상학적인 명상적, 관념적 유희에 동조하는 것이 아니라—인간, 특히 지식인들의 구체적인 사회적 실천행위, 즉 인도(人道)의 구현에 있다. 바로 이런 점에서 『천주실의』에서 보이는 철저한 반–성리학적 사유와 이성적 존재로서의 인간의 도덕적 실천을 통한 자아완성의 철학적 메시지를 다산은 환영할 수밖에 없었다.

---

28 같은 책, 6-3, 282~283쪽.

4 리치의 서양세계에 중국 소개의 의미

"리치는 중국 고대문화에 대한 직접적인 지식을 가지고 중국어와 글을 터득했으며 중국 전적들에 대하여 연구한 첫 번째 서양학자이다."[29] 처음부터 그는 유교의 고전사상 속에서 기독교와의 연관을 찾으려고 했기 때문에, 유교사상 연구에 상당한 심혈을 기울였다. 그는 "유가경전의 번역과 연구를 종교사업의 중요한 구성 부분"으로 생각하였다. 한편으로 "중국의 전통문화를 더 좋게 알고, 중국인의 사유와 행위방식에 숙달"되고자 하였으며, 다른 면에서는 "기독교와 유교의 상통점을 찾기 위함이었다."[30] 그는 순안사(巡按使) 발리라뇨(Alessandro Valignano, 1539~1606)의 명령에 의해 1591년에 사서(『논어』, 『맹자』, 『대학』, 『중용』)를 라틴어로 번역하기 시작하여 1593년 11월에 번역을 완성하였다.[31]

그러나 서양에서 이들 『사서』의 출판은 리치 사후의 일이다. 1662년 유가경전의 라틴어 번역문은 곽납작(郭納爵)[32]과 은탁택(殷鐸澤)[33] 신부가 중국에서 출판했는데, 그 책에는 『논어』와 『대학』이 포함되었다. 또 1667년에 은탁택이 『중용』의 일부분을 (*Sinarum Scientia Politico-Moralis*에 넣어) 출판하였다. 1669년에 이 책이 (인도의) 고아

---

29 『利瑪竇中國札記』, 利瑪竇·金尼閣 著, 何高濟·王遵仲·李申 譯, 北京: 中華書局, 1983, 10쪽.

30 朱維錚, 「利瑪竇在中國」, 載于『利瑪竇行旅中國記』, 앞의 책, 5쪽.

31 蔣棟元, 『利瑪竇與中西文化交流』, 앞의 책, 143쪽 참조.

32 곽납작(郭納爵)의 서양 원명은 Ignatius da Costa(1617~1666) 신부이며, 포르투갈 출신이다.

33 은탁택(殷鐸澤)의 서양 원명은 Prosper Intorcetta(1625~1676) 신부이며, 이탈리아 출신이다.

에서 출판되었는데, 부록 및 서문, 그리고 '공자전기'가 수록되었다. 이것을 은탁택이 1668년에 유럽에 가져갔고, 그의 책은 1672년 파리에서 출판되었고, 1676년에는 프랑스어 번역본이 나왔다.[34]

리치가 라틴어로 번역한 원고가 "*Confusius Sinarum Philosophus*" (공자 중국의 철인)라는 이름으로 프랑스의 파리에서 1687년에 출판되었고, 그 후 영어판 『논어』도 서양에 나타났다.[35] 이 라틴어판본 『논어』에는 『맹자』를 제외하고, "『대학』(*Magnae Scientiae*), 『중용』(*Sinarum Scientia Politico-Moralis*), 『논어』(*Rationcinantium Sermones*)"[36]가 수록되었다. 이 책의 출판 뒤에, 유럽인들은 중국에 주의를 기울이게 되었다.

초기의 중국 선교사들이 중국경전의 라틴어 번역에 주력한 이유는 다음의 두 가지이다. 하나는 중국인들에게 "유교와 기독교가 대립하지 않는다"는 것을 설득하려는 것이고, 다른 하나는 중국인들이 "비록 조상과 공자를 제사 지내고 존숭하지만" "천주를 진심으로 믿는다"는 것을 로마교황에게 설득하기 위함이었다.[37]

리치는 그가 죽기 2년 전인 1608년부터 1610년 2월에 이르는 2년 동안, 중국의 풍속, 습관 등, 그리고 그와 그의 동료 선교사들이 중국에 들어와서 겪었던 여러 가지 일화들을 이탈리아어 "*Della Entrata della Compagnia di Giesu e Christiantia nella Cina*"(예수회와 기독교의 중국 진입, 총5책)로 집필하였다. 이것을 트리고(Nicolas Trigault, 金尼

---

34 戴維揚, 「從『交友論』看中西文化交流思想的一個範例: 利瑪竇與徐光啓」, 수록: 『紀念利瑪竇來華四百週年中西文化交流國際學術會議』, 臺北, 1983, 185쪽 참조.
35 蔣棟元, 『利瑪竇與中西文化交流』, 143쪽.
36 蔣棟元, 『利瑪竇與中西文化交流』, 144쪽.
37 戴維揚, 위의 글, 185쪽.

閣)가 1614년에 라틴어로 번역했고, 리치 사후의 기사를 약간 첨부하여 1615년에 유럽에서 출판을 하였다.[38] 트리고의 유려한 라틴어본의 출판 효과는 상당하였다. 벤투리(Pietro Tacchi Venturi) 신부가 1909년에 로마의 예수회 자료실에서 우연히 이탈리아어로 쓰인 마테오 리치의 유고를 발견하였다. 그는 이것을 『마테오 리치 신부의 역사저작』(Opere Storiche de P. Matteo Ricci)이라는 이름으로 2권을 발간하였다. 상권은 『중국론』(Commentari della Cina)으로 1911년에, 하권은 『중국에서 온 서신』(Lettere delia Cina)으로 1913년에 출판되었다. 이것을 중국의 역사, 지리 등에 해박한 지식을 가진 이탈리아의 델리아(Pasquale D'Elia, 德禮賢)가 1942년에서 1949년까지 상세히 주석하고 중국의 지명과 인명을 바로잡아 이탈리아국립왕실학원에서 『리치학 자료』(Fonti Ricciane, 총3권)로 출판하였다.[39]

바로 이 책을 통하여 17, 18세기의 유럽인들은 최초로 중국 역사, 문화, 사상 등에 대한 정확한 정보를 갖게 되었다. 따라서 이 책은 굉장한 인기가 있었다. 1615년에 트리고가 출판한 라틴어판은 "1616, 1617, 1623 그리고 1648년"에 다시 반복하여 출판되었다. "프랑스어판도 1616, 1617과 1618년에, 독일어판은 1617년에, 스페인어판은 1621년에, 이탈리아어판은 1621년에, 그리고 영어로는 1625년에 『푸차스 그의 순례』(Purchas His Pilgrims) 속에 발췌문이 보인다."[40] 17세

---

38 『利瑪竇全集』, 劉俊餘·王玉川 合譯, 臺北: 光啓出版社, 1986, 2쪽 참조.

39 이것을 1953년에 갤러거(Louis J. Gallagher)가 China in the Sixteenth Century: The Journals of Matthew Ricci: 1583~1610으로 뉴욕에서 영역 출판하였고, 이 영어본을 중국에서는 何高濟, 王遵仲, 李申이 번역하여 1983년에 北京: 中華書局에서 출판하였다.

40 Louis J. Gallagher, The Journals of Matthew Ricci: 1583~1610, xvii쪽 참조.

기 초반 유럽에서 이 책이 이렇게 많은 유럽언어로 번역되어 읽혔다는 것은 리치의 중국에 관한 보고가 17세기 당시에 유럽에서 상당한 주목을 받았다는 뜻이다. 이 책을 영어로 번역한 갤러거(Louis J. Gallagher)는 이렇게 말한다.

> 한학자나 중국역사학도들 제외하고, 비교적 소수에게게만 이 트리고의 책은 알려져 왔다. 그러나 이 책은 아마도 유럽의 문학, 과학, 철학, 종교 등 생활의 여러 면에서 16세기의 어떤 역사책보다 더 많은 영향을 주었다. 이 책은 공자를 유럽에, 코페르니쿠스와 유클리드를 중국에 소개하였다. 이 책은 (유럽인들에게) 하나의 새로운 세계, 하나의 새로운 민족을 보여 주었다. (……) 이 책의 총체적 주제는 예수회 수사들의 16세기 중국 발견이다.[41]

중국의 문화 풍습 등에 관하여 자세히 소개하고, 예수회 신부들의 전교방식과 중국에서 맛보았던 쓰라린 경험, 좌절, 성공 등을 전하는 이 책에서 독자들의 마음을 사로잡는 것은 마르코 폴로가 말한 Cathay(契丹)가 다름이 아닌 중국이라는 보고이다. 동인도 예수회의 순안사(巡按使, Visitor)인 피멘타(Nicolo Pimenta) 신부는 페르시아어와 사라센인들의 풍습을 잘 아는 고에스(Bento de Goës) 수사로 하여금 1603년 1월에 중앙아시아의 여러 제국을 거치는 이 위험하고 장대한 모험여행을 시작하게 하였다. 그는 1605년 말에 중국의 Soceu(쑤조우, 肅州)에 도착하였다. 여행의 갖은 고통에 지친 그는 북

---

41 같은 책, xix 쪽.

경에 있는 리치에게 연락하여 도움을 청하였다. 그는 그곳에서 죽었지만 그의 부하는 북경에 왔다. 이것으로 Cathay는 중국이라는 것이 입증되었다.[42]

이 책에서 가장 눈에 띄는 것은 중국 문인사회에 대한 기술이다. 중국은 당시 유럽의 봉건적 신분제가 없었다. 국가는 중앙집권하는 군주에 의하여 다스려졌으나, 실상은 국가에서 철저히 통제하는 국가시험(科擧)에 통과한 지식인관료(士大夫) 계층에 의해 사회적 신분이 보장되었다. 따로 혈연적인 귀족계급이 없었다. 이것이 당(唐)제국 이래 중국을 풍미한 과거제도이다. 이에 대하여 리치는 이렇게 말한다.

"철학 분야에 3종의 학위가 있는데, 매종 학위를 통과한 사람에게 주어졌다. 첫째 학위는 이 목적을 위해 황제가 임명한 몇몇 저명한 학자들이 비교적 큰 도시나, 공립학교에서 수여되었다. 그의 직무 때문에, 이런 관리는 제학(提學)으로 불렸다. 이 첫째 학위는 우리(서양)의 학사학위에 상당하며, (통과하면) 수재(秀才)로 불렸다. (……) 누구나 모두 이 첫 시험은 참가할 수 있었는데, 어떤 때는 한 지역에서 응시자가 사오천 명이나 되었다. (……) 중국 사대부들의 두 번째 학위를 통과한 사람은 거인(擧人)이라고 하였는데, 우리(서양)의 석사에 비견된다. 각기 큰 성(省)들에서는 상당히 장중한 의식으로 수여되었으며, 다만 매 3년마다 8월 달에 거행하였다. 결코 이런 학위를 받고자하는 모든 사람이 다 받을 수는 없었다. 다만 일류의 사람만이 뽑힐 수 있었으

---

42   고에스의 여행에 대하여는, Gallagher의 앞의 책, 5부(Book Five), 제11, 12, 13장 (499~521쪽) 참조.

며, 그 숫자는 해당된 성(省)의 지위와 명성에 의해 결정되었다. (……)
중국인의 세 번째 학위는 진사(進士)였다. 우리(서양인)들의 박사학위
에 해당하며, 매 삼년에 한 번 수여되었는데, 다만 북경(北京)에서만이
었다."[43]

이런 관료선발시험을 통과한 관료계층의 최상에 황제가 군림
한다. 17, 18세기 중국에서는 실제로 유식한 강희황제(康熙, 통치
1662~1722)가 통치하였다. 강희황제에게 만주어로 된 『기하원본』을
거의 매일 강의했던 부베(白晉, Joachim Bouvet, 1656~1730) 신부는
프랑스국왕 루이 14세에 비견한 『강희황제』(파리, 1679년 출판)를 루
이 14세에게 헌정하였다. 17, 18세기 유럽에서는 중국의 인기가 굉장
하였다. 그리고 유럽 왕궁의 어디를 가나 중국 물건(예: 도자기, 그림
등)이 넘쳐 났다.
　　서종택(徐宗澤, Xu Zongze)과 장동원(蔣棟元, Zhang Dongyuan)
은 중국어와 유럽어로 작성된 서양 선교사 100여 명의 저역서(著譯
書) 등에 체계적인 해설을 해주거나, 또는 상세한 저역서 목록[44]을 보
여주고 있다. 프랑스의 한학자 고디에(H. Cordier, 1849~1925)가 그
의 『중국문헌』(*Bibliotheca Sinica*, 2, 4, 5권)에서 열거하는 책은 "1645
년에서 1742년까지 중국에 온 선교사들의 중국에 관한 서양저술은
262부에 달하며, 또한 수백 종의 미발표 저서가 있다"[45]고 한다. 이것

43　『利瑪竇中國札記』, 利瑪竇·金尼閣 著, 何高濟·王遵仲·李申 譯, 앞의 책, 36~41쪽.
44　徐宗澤, 『明淸間耶穌會士譯著提要』, 北京: 中華書局, 1989; 蔣棟元, 「附錄 3: 外國傳
　　教士譯著書目一覽表」, 앞의 책, 187~195쪽 참조.
45　蔣棟元, 앞의 책, 187쪽, 주 1 참조.

이 중국에서는 명청(明淸) 시기의 동서 문화, 문명교류의 위대한 증언이다. 실제로 유럽의 철학사상면에서 라이프니츠(Gottfried Wilhelm von Leibniz, 1646~1716), 볼프(Christian von Wolff, 1679~1754), 볼테르(François M. A. Voltaire, 1694~1778) 등이 나타나 중국의 철학사상과 문화를 예찬하였다. 소위 '중국풍'(chinoiserie)이 유행한 것이다. 이런 "중국풍"의 시작점에 마테오 리치 신부가 자리한다.

5 결론

필자는 동서 철학, 문화 교섭의 측면에서 리치 신부의 공적을 다음의 세 가지 관점에서 생각해 보았다. 그것은 첫째 리치가 16, 17세기의 중국에서 그가 서양에서 터득한 지식을 어떻게 나타내었고, 중국의 지성인들에게 어떻게 서양의 지식을 전달했는가의 문제요, 둘째는 그의 『천주실의』가 한국에서 정다산(丁茶山, 1762~1836)에게 어떤 영향을 미쳤는가를 살피는 문제였고, 끝으로 리치가 어떻게 중국에 대한 지식을 서양세계에 전했는가 하는 서양세계에 대한 그의 학문적 영향력을 살폈다.

첫째 문제와 관련하여 그의 『곤여만국전도』가 지닌 학문사적인 의미와 서양의 연역법에 기초한 학문방법의 소개의 의미를 크게 부각시켰다. 두 번째는 『천주실의』 속에 리치가 반-성리학적, 또는 아리스토텔레스와 토마스 아퀴나스 윤리학의 요점을 어떻게 개진하였으며 그것을 다산이 그의 철학에서 어떻게 수용했는가를 살펴보았다. 셋째로 중국의 사상과 문화, 사회조직과 운용 등에 관하여 그가 파악한 정보를 어떻게 서양세계에 전달했는지, 그 후학들에 의한 17, 18세기 서방세계에 중국 소개의 의미를 살펴보았다.

마테오 리치로부터 시작된 서양 선교사들의 전교활동과 학문활동은 동서 문명의 접촉과 동서양 서로에게 고무되는 많은 영향력을 미쳤음에도 불구하고, 유럽중심주의를 표방하는 일부 서양 선교사들과 로마교황청의 문제제기로 발달된 '예의 논쟁'으로 인해, 예수회의 해산과 강희제의 천주교금령으로 1773년에 막을 내렸다. 그러나 마테오 리치로부터 발달된 17, 18세기의 동서 문화, 문명의 접촉은 중국과 유럽의 사상계에 상당히 긍정적 영향력을 미쳤다.

참고문헌

『莊子』.

羅光, 『紀念利瑪竇來華四百週年中西文化交流國際學術會議論文集』, 臺北: 輔仁大學出版社, 1983.

利瑪竇, 『天主實義』, 臺灣: 國防研究院, 1967.

_____, 『천주실의』(송영배 외 공역), 서울대학교출판부, 1999.

利瑪竇 述, 徐光啓 撰, 『幾何原本』.

利瑪竇·金尼閣, 『利瑪竇中國札記』, 何高濟·王遵仲·李申 譯, 北京: 中華書局, 1983.

徐宗澤, 『明淸間耶蘇會士譯著提要』, 北京: 中華書局, 1989.

劉俊餘·王玉川 合譯, 『利瑪竇全集』, 臺北: 光啓出版社, 1986.

蔣棟元, 『利瑪竇與中西文化交流』, 中國礦業大學出版社, 2008.

張奉箴, 『利瑪竇在中國』, 臺南: 聞道出版社, 1983.

朱維錚 主編, 『利瑪竇著譯集』, 上海: 復旦大學出版社, 2001.

朱憙, 『太極圖說解』.

_____, 『朱子語類』.

丁若鏞, 『中庸自箴』.

_____, 『中庸講義補』.

_____, 『孟子要義』.

_____, 『周易緖言』.

_____, 『春秋考證』.

_____, 『增補與猶堂全書』(8권), 서울: 景仁文化社, 1970.

陳燮君 主編, 『利瑪竇行旅中國記』, 北京大學出版社, 2010.

Louis J. Gallagher, *China in the Sixteenth Century: The Journals of Matthew Ricci: 1583~1610*, New York, 1953.

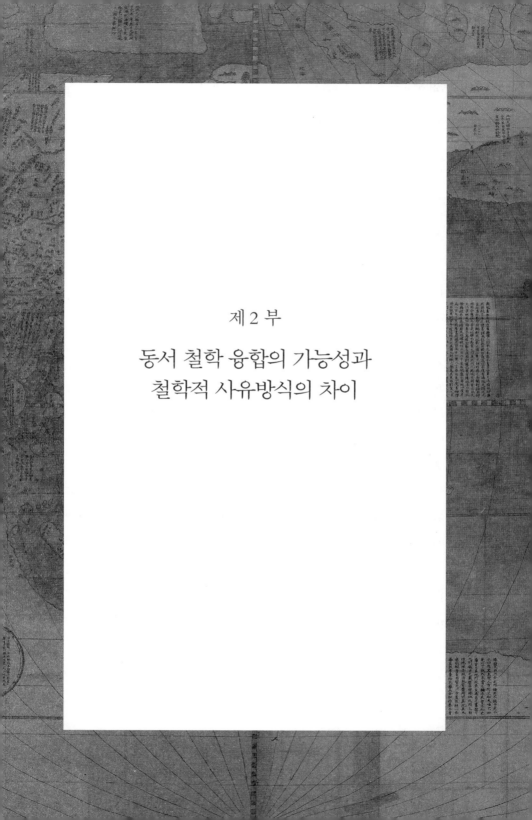

제 2 부

동서 철학 융합의 가능성과
철학적 사유방식의 차이

맥킨타이어의 역사주의적 관점과
유교와의 대화 가능성

1 들어가기

현재 미국의 듀크 대학 철학과 교수인 알래스대어 맥킨타이어(Alas-dair MacIntyre, 1929~)는 스코틀랜드 출신이며 대부분 영국에서 교육을 받았고 영국의 옥스퍼드 대학 등에서 강의를 하다가 1970년에 미국으로 이주하여 도덕철학에 관한 강의를 주로 하고 있다. 그는 80년대부터는 자유주의적 개인주의에 기초하는 현대사회의 문제점을 통렬히 비판하고 테일러(C. Taylor)나 샌델(M. Sandel) 등과 함께 공동체주의 논의를 활성화시키고 있는 대표적인 현대 미국 철학자 중의 하나로 우리에게 알려져 있다. 그러나 그의 철학사상이 우리 학계에서 친숙하게 논의되지 않는 이유는 아마도 우리의 철학 풍토가 아직도 분석철학이나 현상학이 그 주류를 이루고 있음에 있다고 필자는 보고 싶다. 따라서 아직 그의 철학적 문제제기에 대한 본격적인 소개가 없는 형편이다.[1] 필자는 그의 철학적 문제의식을 돋보이게 하

---

1   맥킨타이어의 사상에 대한 간략한 소개로는 정치학 교수인 유홍림(1997)과 김비환

기 위하여 그의 주저인 『덕 이후』(*After Virtue*, 1984), 그리고 넓게 말해서는 중국과 서양 사상, 좁게 말해서는 유교와 아리스토텔레스주의 간의 "합리적인 논의와 만남", 즉 "대화"의 가능성을 진지하게 타진하고 있는 중요한 논문인 "통약불가능성, 진리, 그리고 덕에 관한 유학자들과 아리스토텔레스주의자들 간의 대화"("Incommensurability, Truth, and the Conversation between Confucians and Aristotelians about the Virtues", 1991)를 검토해 봄으로써 그의 철학적 핵심주제들을 다음과 같이 논의해 보고자 한다.

1) 맥킨타이어의 역사주의적 관점과 전통의 의미
2) '현대'의 문제점(계몽주의 기획의 실패)과 아리스토텔레스주의적 전통
3) 아리스토텔레스주의와 유교의 합리적 대화의 모색

(1998)의 논문이 있다. 김비환은 자유주의 관점에서 맥킨타이어의 공동체주의의 대안은 그것이 제도적으로 구체화될 수 없기 때문에 자유주의적 개인주의가 지배적인 현대사회에 대한 하나의 "공상적" 비판에 불과한 것으로 치부하고 있다. 그리고 유홍림은 미국 공동체주의자들의 개괄적인 소개에서 맥킨타이어의 현대사회에 대한 비판의 면모를 간단히 소개하고 있다. 그러나 이들 모두에게는 맥킨타이어의 논지의 핵심적 철학적 관점인 역사주의(historicism)에 대한 논의가 보이지 않고 있다. 그리고 다행스럽게도 맥킨타이어의 핵심 주저인 *After Virtue*(1981, 1984)에는 아마도 독일어 번역판 *Der Verlust der Tugend*(tr. Wolfgang Rhiel, 1995)을 참조하여 번역한 듯한 『덕의 상실』(이진우 역, 1997)이 있다. 그러나 한글 번역본에는 주요한 몇몇 핵심 개념들이 정확하게 옮겨지지 못했기 때문에 아쉬운 점이 있다.

2 맥킨타이어의 역사주의적 관점과 전통의 의미

맥킨타이어는 우리의 삶을 이루는 행동들은 항상 어떤 "테두리"(set-tings) 안에서 이루어지고 있다고 본다. 그 테두리는 우리가 소속된 "기관들"이나 "조직들"(institutions)일 수도 있고, 우리의 생활환경일 수도 있으며 우리의 언어나 습관을 통하여 발휘되는 "실천행위들"(practices)일 수도 있다. 우리는 상당한 시간을 거치면서 이런 테두리 안에서 우리의 "의도"나 "신념들"을 가지고 살아가는 것이다. 예를 들어, 어떤 사람이 '무엇을 하고 있느냐'에 대한 질문에, 그의 행동은 여러 가지로 대답될 수 있다. "땅을 파고 있다", "정원을 손질한다", "운동을 한다", "월동 준비를 한다", "부인을 기쁘게 한다" 등 하나의 똑같은 동작을 보는 관점에 따라서 많은 개별적 행위들로 말할 수 있다. 그러나 일견—서로 연관 없는(disparate) 듯이 보이는—이런 하나하나의 행위의 조각들은 구체적으로 "정원이 있는 집에서의 결혼생활"이란 '테두리' 속에서만 이해될 수 있는 하나의 같은 행위에 대한 다양한 '이야기'에 불과하다. '그가 무엇을 하고 있느냐?'라는 질문에 대한 대답으로 또 다른 예를 들면, 그는 "문장을 쓰고 있다", "책을 끝내고 있다", "행동이론에 관한 논쟁에 참여하고 있다", "대학에서 정년보장을 받으려고 한다" 등으로 말할 수 있다. 이것은 젊은 교수가 앞으로 정년보장을 받기 위하여 대학 당국에 제출할 '행동이론'에 관한 저술을 막 끝내려고 하고 있다는 동일한 하나의 행동을 여러 단락으로 기술한 것에 불과하다. 그렇다면, 같은 '테두리' 안에서 전개되는 이런 개별적 행위 하나하나의 의미는 "단기적" 맥락에서의 행동의 의미보다는 좀 더 연속적인 "장기적인 맥락"

속에서 "하나의 이야기/역사"(narrative/history)로 이해되는 점을 알 수 있다. 요컨대, 개별 행위들의 '역사' 또는 '이야기'는 "관련된 행위자들이 그 속에서 (기뻐하기도 하고) 고통을 겪으며 살아가는 테두리의 역사의 맥락"[2] 속에서 이루어지고 있다는 것이다. 이미 엥겔스나 아리스토텔레스가 지적한 것처럼, 우리는 삶 속에서 이런 테두리들로부터 오는 부담과 제한들(constraints)을 안고 살 수밖에 없다는 것이다. 따라서 그런 제한을 전혀 받지 않는 "부담 없는 자아"(the unencumbered self)라는 자유주의적 개인주의의 출발점은 "허상"(illusion)[3]에 불과하다고 맥킨타이어는 말한다. 따라서 지금의 "내가 무엇이냐 하는 것은 그러므로 내가 (과거로부터) 물려받은 핵심 부분에 있어서는 어느 정도 나의 현재 속에 있는 하나의 '특정한' 과거인 것이다. 나는 나 자신을 역사의 한 부분으로 발견한다. 일반화하여 말하자면, 내가 좋아하든 안하든, 내가 그것을 인정하든 안하든, 전통의 담지자들 중의 하나로 나 자신을 발견한다"[4]고 그는 말한다.

우리는 사실 우리가 선 택하기 이전에 이미 전통적·역사적으로 주어진 테두리, 또는 수많은 테두리들 속에서 타인들을 만나게 되며 그들과의 관계 속에서 자기에게 주어진 역할들을 실천해 나가는 것이다. 이런 우리들의 역할 실천의 과정 속에서 '자신'의 '정체성'은—그것이 어떻게 바뀌어 가더라도—항상 타인들에 의하여 "하나의 동일한 인물"(one and the same character)로 규정받게 되는 것이

---

2   Alasdair MacIntyre, *After Virtue*, 2nd edition, Indiana: Notre Dame Univ. Press, 1984, 211쪽.
3   같은 책, 221쪽.
4   위와 같음.

다. 이것은 마치 '이야기' 속의 주인공이 아무리 장면과 배경(즉 테두리)들이 바뀌어도 동일한 인물이듯이, 태어나서 살다가 죽음으로 끝나는 한 삶의 전체 과정에서 수많은 다양한 역할들을 실천해 나가는 그의 '정체성'은 바로, 이야기 속 인물의 '일관성'(unity)과 마찬가지로, 바로 그 '자아의 일관성'(the unity of the self)에서 찾아진다는 것이다. 따라서 "내가 '나임' 또는 '아님'을 (고립적인 개인이 갖는) 자아에 대한 심리적 연속성 또는 불연속성에 근거지을 수 있는 방법은 없다"[5]고 맥킨타이어는 말한다.[6] 따라서 나 자신의 정체성(identity)은 나에게 역사적·사회적으로 주어진 전통적인 맥락 속에서 갖가지 "손해, 위험, 유혹, 혼란" 등에 부딪치면서 전개되어 나가는 '이야기의 일관성', 또는 '삶의 일관성'과 분리될 수 없다는 것이다. '현대'(modernity)가 시작되기 이전의 중세적 관점에서는 한 인생의 이야기가 추구하는 일관성은—그것이 소설(fiction)이 아닌 한—바로 전통에 의해 주어진 맥락 안에서의 '선'(the good)을 "탐구"(inquiry)해 내려는, 즉 무수한 실천들을 몸소 해내고 살아나간 한 인물의 생생한 감동적인 삶과 그 삶의 '이야기의 일관성'이었다는 것이다.[7] 따라서 맥킨타이어에게는 이와 같이, 전통이란 어디까지나 '선'을 추구하는 인간의 실천들이 일어나는 조건 또는 맥락의 의미를 지니는 것이다. 따라서 이런 삶의 맥락, 즉 전통 밖에서 파악되는 개별적 행위들은 '삶의 이야기의 일관성'으로부터 일탈된, 따라서 종잡을 수 없는 행위의 파편

---

5   같은 책, 218쪽.
6   정신병자나 식물인간인 경우, 그 사람에게 '자아'에 대한 심리적 연관성이 없다고 해서, 우리가 그의 인격적 동일성을 부정할 방법은 없다. 따라서 개인의 심리적 연속성만을 가지고 그 인격의 동일성을 정의하는 것은 논리적으로도 충분치 못하다.
7   위와 같음.

들에 불과한 것이다.

　이와 같이, 전통의 맥락을 통해서 인생 하나하나의 진수가 드러날 수밖에 없다고 확신하기 때문에, 맥킨타이어는 단순히 전통을 부정적으로 폄하하여 한편에서 근대적 "이성"과 대립시키고 다른 한편에서는 "전통의 안전성"을 현실의 도전과 "갈등"과 대비시키는 보수주의자들(여기서는 버크(Burke)를 예로 들고 있음)의 '전통' 관념에 대하여 그들의 부정적인 이데올로기성을 비판하고 있다. 사실 맥킨타이어에게 있어서 전통은 과거의 것에 대한 무조건적인 맹목적 "고수"(adherence)가 결코 아니다. 그에게 있어서 전통이란 인간의 '좋은 삶', 또는 '선'을 추구하는 실천행위의 탁월한 능력, 즉 덕들(virtues)이 살아 움직이는 사회적·역사적 맥락인 것이다. 이런 커다란 맥락 안에서, "우리들의 삶들, 하나하나의 역사(살아온 이야기)들이 자리 잡고 있는" 것이다. 따라서 우리들이 삶들을 어떻게 살아가고 있느냐, 덕들이 얼마나 살아서 생동적인 의미를 발휘하고 있느냐에 따라서 전통의 맥락은 강화되기도 하고, 약화되거나 파괴되기도 한다는 것이다.[8] 따라서 "실천들과 개개인들의 삶에 필수적인 역사적 맥락을 제공하는 그러한 전통들을 유지"시키는 것들이 덕이기 때문에, "정의, 진실, 용기, 적절한 지성적인 덕들의 결핍은—이 점이 바로 현대사회의 특징인데—그런 덕들이 생명력을 불어넣었던 과거로부터 물려받은 제도들이나 사회적 실천들, 즉 전통을 (얼마든지) 부패시킬 수 있다"는 것이다. 따라서 그에게는 인간의 실천들에 의하여 그것들의 테두리와 맥락을 규정짓는 전통은 또한 동시에 바로 그 전통의 내재

8　같은 책, 222쪽.

적인 실천들에 의하여 언제나 도전을 받고 그것을 극복해 가면서 자신을 수정하고 발전시키고 확대해 나가는, 말하자면, 살아서 "움직이는 전통"(the ongoing tradition)인 것이다. 이와 같은 맥킨타이어의 역사주의적 관점은 크게는 비코(Vico), 헤겔, 마르크스 등과 궤를 같이 하면서도, 역사발전의 '필연성'과 그것에 대한 '절대 인식'을 강조하여 말하기보다는, 오히려 행위자 자신들의 역사적 맥락이라는 한정적 조건하에서의 끊임없는 — 따라서 때로는 착오를 범할 수도 있는 '오류가능성'(fallibility)을 인정하는 — 실천과 반성적 사색을 주안점으로 말하고 있다는 점에서 일관된 역사발전의 필연성을 강조하는 헤겔과 마르크스의 입장과는 일단 구별된다고 하겠다.

3 '현대'의 문제점(계몽주의 기획의 실패)과 아리스토텔레스주의적 전통

도덕철학의 관점에서 볼 때, 자유주의적 개인주의가 풍미하는 서구 '현대'사회의 문제점은 바로 이보다 앞선 시기인 17, 18세기 계몽주의자들의 기획의 실패에 기인한다고 맥킨타이어는 보고 있다. 일찍이 아리스토텔레스(기원전 384~322)가 인간의 이성은 바로 인간에게 그가 실현해야 할 인간의 본질과 목적을 확보해 줄 수 있다고 보았다면, 17세기로 들어오면서, 캘빈(1509~1564)을 비롯한 개신교의 신학이론이나 파스칼(1623~1662)로 비롯되는 얀센주의 가톨릭 신학이론에서는, 인간의 이성이 아니라, 하느님의 "은총"만이 하느님이 주신 인간의 본질을 파악할 수 있을 뿐이라고 보았다. 인간의 이성은 다만 사실들과 수학적 관계만을 계산할 수 있을 뿐이며 실천의 영역에서는 "수단"만을 말할 수 있을 뿐이라는 것이다. 따라서 이성은 인간의 '목적'이나 '본질'에 대하여는 침묵해야 한다'고 보았다. 이제 코페르니쿠스나 갈릴레오, 뉴턴 등의 등장으로 자연과학에서 아리스토텔레스의 우주론이 부정되기 시작하였다면, 철학에서도 인간의 이성은 더 이상 인간의 목적론적 본성을 밝혀줄 수 없다고 보았기 때문에 아리스토텔레스의 목적론적 세계관 역시 거부되기 시작하였다. 이제 계몽주의적 '자아'는 자신을 "유신론적-목적론적 세계 질서 안에서, 그리고 동시에—이런 세계 질서의 부분들로 자체를 정당화하고 있는 상하차등적인 위계질서의 틀 안에 가두어 두고 있었던—낡은 사회조직의 형태들로부터" 마침내 자기 해방을 이룩하였다.[10] 그러나 인간의 본성에 대한 아리스토텔레스식의 목적론적 관념을 당연히 거부하는 계몽주의적인 도덕철학자들—디드로(Diderot), 흄(Hume), 밀(Mill), 키르케고르(Kierkegaard), 칸트(Kant) 등—의 도덕판단 정당화의 기획들은—인간 본성에 대한 경험주의적인 해석을 통해서든, 칸트처럼 초경험적인 실천이성의 보편적·형식적인 규정을 통해서든—이성적 존재로서의 모든 인간이 언제나 동의하고 합의를 볼 수 있는 도덕법칙을 합리적으로 정당화시킬 수 없었음을 맥킨타이어는 그의 『덕 이후』의 전반부에서 자세하게 논증하고 있다. 행동의 주체로서의 자율적인 모든 이성적 인간들은 각기 다른 자기의 관점(전제)들로부터 상이한 결론들을 이끌어 내기 때문에 결국 현대에서의 도

---

9   같은 책, 54쪽.
10   같은 책, 60쪽.

덕논쟁은 "결말을 볼 수 없다"(interminable)는 것이다. 이렇게 평등화되고 그만큼 민주화된(democratized) 만인들의 각기 다른 도덕주장들은 "도덕다원주의"라는 미명 아래 도덕의 '아노미'(anomie) 현상만을 호도하고 있다는 것이다. 이런 도덕의 '아노미' 현상에 어울리는 도덕윤리론이 바로―도덕판단이란 다름 아닌 어떤 사태나 사건에 대하여 개개인들 각자가 내리는 주관적인 "태도나 감정"의 표현일 뿐이라는―'감정윤리론'(emotivism)이라고 맥킨타이어는 힘주어 말한다. 이런 '감정윤리론'이 현대사회를 풍미하고 있는 동안, 각기 다른 목적들을 수행하기 위하여 고안된 철저한 수단의 극단적인 합리화가 현대사회의 지배적인 실천의 양태로서 수행될 수밖에 없다는 것이다. 그 결과, 칸트가 일찍이 요청하였던 '수단화할 수 없는 목적에 대한 요청'과 '수단화할 수 있는 부분'과의 구분이 현대사회에는 아이러니컬하게도 더 이상 지켜지지 않는다는 것이다. 따라서 현대사회는 도덕적으로 "암흑기"라는 것이다.

인간의 본질적인 목적(또는 도덕성)에 대한 실질적인 고민이나 반성이 전혀 없이, 첫째로―오직 자기의 권태나 싫증을 내몰기 위하여 타인을 그저 단순히 자기 자신의 심미적 취미의 수단으로만 끊임없이 끌어들이는―돈 많은 '탐미주의자들'(the aesthete), 둘째로―이와 거의 같은 맥락에서 도덕적 인격의 함양과는 아무 상관없이―사회 조직의 끊임없는 이윤추구를 위하여 그것의 합리적, 기계적 효율성만을 제고시켜 나가는, 말하자면, 관료주의적 합리성의 극단적 추구의 결과로 나타나는 이른바 오직 유능하기만 한 '경영자들'(managers)들, 그리고 셋째로 능숙한 기술로써―타인의 인격적인 면은 전혀 배제한 채 오직 사실적인 문젯거리들만을 치료하고 자문해 주는—전문 '치료사들'(therapeutists) 등이 바로 현대사회에서 지도적인 중견 "인물들"(characters)로 군림하고 있다는 점을 맥킨타이어는 현대사회의 도덕적 암흑의 징표로 고발하면서, 이런 현대사회의 탈 도덕적인 '기괴한' 현상들을 매우 통렬하게 꼬집고 있다.[11]

그리고 맥킨타이어는 『덕 이후』의 17장에서, 가상적 두 인물 A와 B, 그리고 그들의 입장을 각각 지지하고 나선 노직(R. Nozick)과 롤즈(J. Rawls)의 철학적 입장을 대비시키고 그 결과 자유주의적 개인주의의 입장에서 가장 중요한 덕목인 '정의'(justice) 개념의 합의 도출조차 현대사회에서는 실패할 수밖에 없음을 날카롭게 지적하고 있다. A를 작은 점포 소유자나 하급직 공무원 정도라고 생각하면, 그는 부지런히 벌어야 겨우 작은 내 집을 마련할 수 있고 자녀를 대학에 보내고 부모를 근근이 봉양할 수 있다. 정부가 그로부터 세금을 더 걷어서 곤궁한 빈민을 위한 사회복지를 한다고 한다면, 그는 이런 정부의 중과세 정책은 자기 생계에 대한 "위협"이 되기 때문에, 그것은 정의롭지 못하다(unjust)고 볼 것이다. 자기의 합법적인 소득에는 자기만이 권리를 가지며 누구도 간섭할 수 없다고 주장할 것이다. B를 자유직업을 가진 사람 또는 사회사업가이거나 좀 넉넉한 유산을 상속받은 사람 정도로 보면, 그는 사람들의 재산, 수입, 기회의 분배가 너무 자의적으로 이루어진 것이며, 이런 불평등의 결과로 인하여 빈민층들은 자기들의 생활조건을 개선할 여지가 거의 없다고 생각할 수 있다. 따라서 그는 이런 불평등은 정의롭지 못하다(unjust)고 보기 때문에 개선되어야 한다고 생각하며 그러기 위해서는 경제 성장이 요

---

11   특히 같은 책, 6장 "계몽주의 기획 실패의 몇 가지 결과" 참조.

청되지만, 현재의 사회적 여건으로는 빈민들의 복지 향상을 위한 정부의 중과세 정책은 소득의 재분배에 기여한다는 점에서 정의롭다고 볼 것이다.

여기에서 A는 합법적 권리에 호소하고 B는 인간다운 삶의 물질적 필요에 근거하여 각각 정의를 주장한 것이다. B의 입장을 대변하는 롤즈의 정의관에 의하면, 누군가가 현재 아주 궁핍한 상황에 처해 있다면, 그것은 과거에 '정의'가 잘못 적용된 것이기 때문에 현재의 정의의 실현에는 '재분배'가 요청된다고 본 반면, A의 입장을 대변하는 노직은 과거의 재산 획득 과정이 적법했기 때문에 현재의 재분배의 요청은 정의의 실현에 적절하지 못하다고 주장한다. 이런 상반된 전제에서 출발하는 이 대립적인 주장들은 오로지 개인의 이해(interest)에 대한 권리에만 호소하는 자유주의적 개인주의의 입장에 서 있기 때문에, 결단코 서로 합의를 볼 수 없다고 맥킨타이어는 말한다. 그에 의하면, 이 둘은 모두 정의의 문제를 개인의 소유에 대한 '권리'에만 근거하여 주장하였지, 결코 자기가 속해 있는 공동체 안에서의 그들 각각의 실천에 의거하여 요구할 수 있는 "응분의 값어치" (desert)에 근거한 주장을 하지 않고 있다는 것이다. 이런 기준에 의하면, A의 주장은 자기의 힘든 노동생활로 얻은 소득은 바로 자기가 향유해야 할 '응분의 값어치'를 가졌다는 것이요, B의 주장은 현재의 빈곤과 박탈은 그들이 받아야 할 '응분의 값어치'가 아니라는 주장이 된다. 그러나 롤즈나 노직 모두가 자유주의적인 개인주의의 입장을 고수하기 때문에, 그들에게는 언제나 분명한 자기 자신의 이해관계를 가진 개인이 원초점이 된다. 따라서 개인들의 이해 표명이 우선적으로 고려되는 것이요, 이들에 의한 어떤 "도덕적 또는 사회적 유대의 구성은 부차적인 것"이 되기 때문에, 공동체 안에서의 실천행위들에 입각한 '응분의 값어치'에 대한 주장이 고려될 여지가 없다고 맥킨타이어는 말하고 있다.[12] 따라서 '응분의 값어치'의 개념은 오직 구성원들이 그 안에서 공동의 인간 '선'을 추구하는 "공동체의 맥락" 안에서만 "자연스러운 개념"이 된다는 것이다.

맥킨타이어는 이제 전통이 부여한 공동체적인 맥락 안에서 자기들의 끊임없는 실천을 통하여 이루어 내야 할 인간의 본성, 또는 본질에 대하여 형이상학적 목적론적 해석이 '자연과학적-기계론적인' 인간 행동 과학으로 대체되고 그것들에 의해 밀려나면서 도대체 도덕명령의 규범적 의미가—각인각색의 '취향'(preferences)대로—이지러지고 파편화되고 있는 현대의 몰가치적 상황, 또는 어떻게 행동하는 것이 '정의'의 덕을 실현해 내는 것인가에 대해서조차도 합의를 볼 수 없는 현대 서구사회의 개인주의적 도덕의 위기 앞에서,—그는 이제 이런 '목적론적 개념'을 잃어버린 '계몽주의적 자아들'의 허구적 형식적 도덕성을 '계보학적으로' 통렬히 비판하고 있는 니체에게 우선 갈채를 보낸다. 그러나 니체에게 보이는 "진리와 합리적 기준에 대한 상대주의와 주관주의적 경향은 결국 계몽주의적 근대철학의 연장이며, 따라서 니체와 그의 영향하에서 등장한 포스트모더니즘"[13] 역시 역사주의적 맥락을 잃은 주관주의에 불과하다고 맥킨타이어는 보고 있다. 이런 점에서 그는 계몽주의, 탈계몽주의 또는 포스트모더니즘조차도 도덕철학의 측면에서는 근대철학의 대안이 될 수 없

---

12 같은 책, 244~250쪽.
13 유홍림, 「미국의 공동체주의 정치사상」, 『미국학』 제20집, 1997, 216쪽 참조.

다고 본다. 철저한 역사주의적 관점에 서 있는 맥킨타이어에게는 계몽주의 이전 시기에 인간의 실천과 이론을 결합한 도덕론의 핵심은 서구의 문화적 전통 내에서는 오직 아리스토텔레스의 덕론에서 비롯되는 것이기 때문에, 그는 그것을 역사의 발전과 더불어 끊임없는 실천들을 통하여 수정해 오고 확대해 온 아리스토텔레스주의적 전통을 이제 현대의 도덕의 암흑 속에서 다시금 현대에 맞게끔 수정·보완·확대하는 일, 요컨대 "지역적 형식의 공동체의 건립"(the construction of local forms of community)[14]이 현대의 도덕적 위기를 극복하는 대안이라고 보는 것이다.

4   아리스토텔레스주의와 유교의 "합리적" 대화 모색

아리스토텔레스의 목적론적 세계관에 의하면, 인간은―다른 종들(species)과 마찬가지로―자기의 특정한 '본성'을 가지고 있으며, 이들은 본성상 특정한 자기의 목적(telos)을 추구해 나간다는 것이다. 이런 인간이 본성상 추구해 나가는 목적, 즉 선을 그는 특히 '에우다이모니아'(eudaimonia)라고 불렀다. 아리스토텔레스에게는 '인간'이란 도대체 기원전 4세기의 아테네라는 도시국가(polis)의 시민일 수밖에 없었기 때문에, 이 '에우다이모니아'는 결코 "돈이나 명예나 쾌락"과 동일시되는 것이 아니고, 바로 아테네의 시민으로서―잘 행동하고 따라서 모든 것이 순조롭고 잘 풀려나가서―일종의 "행복" 또는

---

14   Alasdair MacIntyre, 앞의 책, 1984, 264쪽.

"번영"을 누리는 "상태"[15]를 말하는 것이다. 인간의 덕은 바로 이런 '에우다이모니아'로 나아가게 하는 특정한 "자질"(qualities)인 것이다. 따라서 아리스토텔레스에게는 이런 자질들, 곧 덕의 실천 없이 '좋은 삶'은 있을 수가 없었다. 물론 이런 자질은 다행스러운 경우 자연적 성향으로 주어질 수 있으나, 그것만으로는 '덕'이 되기에 충분하지 못하다고 생각하였다. 왜냐하면 선하지 않은 것에 대한 욕구를 억제해 줄 또 다른 성향이 확보되지 않았거나, 이런 자연적 성향 가운데 어느 것을 더 억제할 것이며 어느 것을 더욱더 함양해야 할 것인가 하는 분별 능력은 교육을 받지 않고서는 얻어질 수 없다고 보았기 때문이다. 더욱이, 개개인은 결국 폴리스를 떠나 살 수 없는 "정치적 동물" (a politikon zôon)이기 때문에 자기가 추구하는 '선'(the good)이 정말 공동체의 '선'인가를 알기 위해서는 각별한 지성적 판단이 필요하다고 생각되었다. 그리고 또한 복잡한 현실 상황에서 여러 폴리스들이 제정한 법률들에 순종할 경우, 정의(justice)에 대한 "관습적 국지적 규칙들"(conventional local rules)에 비중을 둘 것인지, 아니면 "자연법적 보편적 정의"(natural universal justice)에 우위를 둘 것인지에 대한 공정한 인식과 판단이 필요하다고 보았다. 따라서 덕은 올바로 판단하고 올바로 행동하는 모든 '지성적-실천적' 자질들을 포함해야 하기 때문에 아리스토텔레스는 또한 "지성의 덕"(intellectual virtues)과 "개성의 덕"(virtues of character)을 구별하여 말하면서도, 그는 '실천적 예지'(phronesis)에 보다 더 큰 비중을 두었다. 왜냐하면 "지성의 덕이 없이는 어떠한 개성의 덕들도 실천될 수 없기"[16] 때문이다. 따라

---

15 같은 책, 148쪽.

서 맥킨타이어는 "실천적 예지와 도덕적인 덕들이 긴밀하게 연관되어 있는 문화전통"에서는 도대체 실천적인 도덕가치와 관계없이 "관료주의적 전문지식"(bureaucratic expertise)만이 극찬을 받는 것을 생각해 보기가 힘들다는 것이다.[17] 인간의 이성적 합리성 위에서 인간의 '좋은 삶'을 추구하려는 이러한 아리스토텔레스의 '덕' 이론은 폴리스가 사라진 중세 초기의 기독교에서도 여전히 변형된 전통으로 존속해 왔으며, 계몽주의 바로 이전까지는 아퀴나스에 의하여 확고하게 자리 잡았다는 것이다. 이런 아리스토텔레스주의적 전통은 물론 계몽주의적 도덕철학자들에 의해 철저하게 부정되었지만, 그 이후로도 여전히 ─ 예를 들면, 18세기의 소설가 오스틴(Jane Austin)의 작품 속에서, 그리고 물론 아주 변방으로 밀려나 있으나 몇몇 종교적인 경건주의적 공동체 집단들 속에서는 현대에도 아직 ─ 그 명맥을 유지하고 있다고 본다.

맥킨타이어가 이런 아리스토텔레스주의의 전통 속에서 강조하는 것은 우리는 우리의 정체성을 ─ 인식하든 못하든 ─ 우리가 속해 있는 전통의 연결 고리 속에서 발견하는 것이기 때문에, 인간 모두의 선을 이루기 위한 덕(virtues)의 실천이란 바로 자기에게 주어진 전통의 틀 안에서 덕 그 자체를 목적으로 성취하기 위하여 추구되는 이성적 행위, 즉 '실천-내재적'인 이성적 행위라고 말한다. 따라서 어떤 숙달된 탁월한 실천이 그것으로 인하여 명예와 재산과 권력을 얻을 수 있게 된다면, 그것은 그 실천 밖에 있는 외재적인 목표들을 추구하

---

16   같은 책, 154쪽.
17   같은 책, 155쪽.

는 수단에 불과하기 때문에, 그런 행위는 숙달된 기술(skills)일 뿐이지 결코 '덕'이라고 부를 수 없다는 것이다. 우리가 '용기'와 '정의'의 덕을 이루는 것은 오로지 용기 있는 행위나 올바른 행위 그 자체를 성취의 목적으로 삼고 실천할 때에만 가능하다는 말이다. 이런 실천-내재적인 행위를 전 인생을 통하여—때로는 실패하고 때로는 성공하면서—진행시켜 나가는 우리의 현재의 실천행위는 바로 한편에서는 현재 속에 남아 있는 무한한 과거로부터 물려받은 그 전통 안에서 그것에 주석들을 붙이고 반성하면서, 가능하다면, 그것을 수정하기도 하고 초극하기도 하는 부분적으로 주체적인 창조 행위이기도 하면서, 또한 다른 한편으로는 이런 우리의 현재의 실천행위는 완전히 과거 속으로 매몰되어 흔적 없이 사라지는 것이 아니라 미래 속에 투영되어서 다시금 미래의 행위자들에 의하여 적절하게 수정되고 초극되어 간다는 것이다. 바로 이런 역사주의적 관점에 선다면, 어떤 하나의 이론은—그것이 자연과학적 학설이든 도덕적 신념체계이든—"오로지 하나의 연속적인 역사 고리들 중의 한 부분(a member of an historical series)으로만 정당화되고 이해될 수 있을 뿐"[18]이라고 맥킨타이어는 말한다. 요컨대, 그에 의하면, 문화적 맥락 속에서 안간힘을 다하면서 인간의 '좋은 삶'을 추구하는 실천행위 밖에, 칸트가 생각했던 것과 같은 초월적 보편적 객관적 (도덕)이론은 있을 수 없다는 것이다. 따라서 그는 이런 역사주의적 입장에서 자기의 이론이 "상대주의"라는 비판을 피하고자 한다.

하지만, 맥킨타이어는 사유와 행동에 관한 이론적-실천적 통합

---

18   같은 책, 146쪽.

체계로서 거론될 수 있는 두 개의 서로 다른 문화적 맥락 속에서 각기 다르게 발전되어온 다른 문화적 전통의 맥락, 즉 아리스토텔레스주의적 덕론과 유교적 덕론의 존재를 사실적으로 인정한다. 물론 이 둘은 각각 그 내재적인 개념들과 기준이 서로 다르다. "일반적으로 인정되듯이, 공자(기원전 551~479)는 도덕생활 자체 내에서 명백한 이론화 작업에는 상대적으로 작은 의미를 부여하였다. 공자 나름대로 파악된 그의 인생 내재적인 목적은 단지 훌륭한 방식으로 살아가는 일이다. 대조적으로 아리스토텔레스주의에서는 '실천이성'이 자못 '이론이성'과 구별된다고 하지만, (……) 실천이성 역시 상당한 정도로 인간의 '선'인 목적인(telos)의 지식을 공급하기 때문에 여전히 이론적인 것이다. (……) 말하자면, 아리스토텔레스의 구도에서 특정한 덕의 개념들은, psychè, telos, polis의 개념들이 어떤 방식으로든 응용되고 구체화될 때에만, 그리고 그런 한도에서만 응용되고 구체화된다. (……) 이와 마찬가지로, (유교의 경우에) 아리스토텔레스주의에는 아예 없거나 해당되는 의미가 없는 유교에 중추적인 여러 개념들이 존재한다. 아리스토텔레스나 아퀴나스는, 예(禮)가 조상에 대한 제례이든 일상적인 대화나 식사의 예절이든, 그 예(禮)를 자신이나 자기의 사회적 관계 모두에게 타당하고 적절한 행위로 간주하고, '예'에서 나오는 것과 의(義, the rightness of action)를, 즉 '의례적 형식'(禮)과 '올바르게 행동함'(義)을 연결 지을 수가 없다. 기본적인 개념의 수준에서부터 인간의 삶에 대한 상이한 이해들이 서로 다른 덕(德)들의 목록, 사고와 행동에 대한 다른 스타일들로 나타났다. (이런 차이는) 이론적 논증과 관련하여 한편에서는 『논어』나 다른 중국의 고전들 속에, 그리고 다른 한편에서는 『니코마코스 윤리학』, 『정치학』그리고 이들에 대한 아퀴나스의 주석들에 (나타난) 경험적 재료나 경구(警句), 일화에 대한 매우 다양한 사용들이나 담론들의 형태로서 상징화되고 있다."[19] 맥킨타이어는 이와 같이, 넓게 말하면, 서구의 아리스토텔레스주의와 유교적 세계관, 좁게 말하면, 유교적 덕론과 아리스토텔레스주의적 덕론은 각기 자기의 전통 내에서 기본적으로 다르게 설정된 형이상학적 세계관과 그에 부응하는 각각의 상이한 내재적인 기준들 때문에, 서로 단순 비교될 수 없는 두 틀 사이의 "통약불가능성"(incommensurability)을 분명히 지적하고 있다.

따라서 그는 이 둘 간의 대화를 가능케 하기 위해 제시된 다음과 같은 두 가지 방법을 모두 비판하고 있다. 하나는 세계주의적(cosmopolitan) 관점에서 데이비슨(Donald Davison) 등이 주장하는 외국어의 번역을 통한 대화의 가능성이고, 다른 하나는 '효용성'(utility)을 매우 높게 평가하는 "실용적 맥락에 고착된 정당화"(pragmatic context-bound justification)이다.

첫째, 외국어를 만약 영어로 번역하면 영어를 아는 이들에게 그 표면적 의미는 당연히 전달되고 이해될 수 있겠지만, 그런 형식적인 번역을 통해서 드러나는 덕들의 관념들은 — 그 번역된 형식 속에서는 — 각기 자기의 문화전통의 맥락 안에서 그것에 내재된 가치척도를 따라서 수백 년 동안에 걸쳐서, 수많은 개개의 실천자들에 의하여 진지한 실천을 통하여 새로운 문제점과 난관들에 봉착하여 그것들을 극복하고 또한 다시 새롭게 수정해 나간, 생동적 역사적 맥락의 의미가

---

19   Alasdair MacIntyre, "Incommensurability, Truth, and the Conversation between Confucians and Aristotelians about the Virtues", *Culture and Modernity*(ed. E. Deutsch), Honolulu, 1991, 107쪽.

제대로 살아남지 못하기 때문에, 맥킨타이어에 의하면, 결국 역사적·전통적 맥락에서 벗어나서 추상화된 가짜 모조품(counterfeits)에 불과할 수밖에 없다는 것이다. 지금 지구화(globalisation)가 급속하게 확산되면서 국제회의에서 통용되는 영어가 어디에서든지 편리하지만, 어디에도 귀속할 만한 진정한 고향이 없는 것처럼, 번역을 통한 형식적 이해를 통해 제공되는 대화는—도덕의 암흑시기에 처한 (서구적) 현대의 극복을 위한 안간힘 속에 보탬이 될 만한 실질적인 도움의 메시지로 전달될 수 없다[20]고 맥킨타이어는 말한다. 그는—각각의 구체적인 문화적 전통의 맥락에서 유리되어서 나온—객관적이고 보편적인 세계주의적 문화(cosmopolitan culture)의 가능성에 대한 신화는 또한 자유주의적 개인주의 문화가 선전하는 또 하나의 "허상"에 다름 아니라고 보고 있다.

둘째, 대화 가능성의 또 다른 관점은 상이한 문화적 전통들 사이의 '통약불가능성'을 근원적으로 아예 인정하지 않는 주장이다. 왜냐하면 수많은 다양한—동서의 문화적 전통에서 나온—신념들과 원칙들은 개개인들이 주어진 기회에 그때그때의 상황(맥락)에 따라서 가장 '유용하게' 보이는 것을 선택하면 되기 때문이라는 것이다. 자기가 속해 있는 문화적·역사적 맥락에서 일탈해서—적어도 자기의 문화적 정체성이나 "고전적인 진리의 개념"과 연관하여 아무런 고민 없이—"몰이성적이고 '이성—이전의' 태도"(the nonrational and prerational attitudes)에서 나온 선택을 맥킨타이어는 서구적 현대에서나 가능한 "허상"(illusion)이라고 통렬히 비판하고 있다. 왜냐하면 이런 식

---

20   같은 책, 114쪽.

으로 제공되는 이론들은 모두 "현대인들이 추구하는 '효용성'과 '탐미적'(aesthetic) 욕구에 맞는 양태로 재해석되어 개주(改鑄)된 모조품들"이기 때문이라는 것이다.[21]

그렇다면, 두 개의 상이한 문화적 맥락을 가진 유교와 아리스토 텔레스주의 간의 이성적 만남과 대화는 도대체 어떻게 하면 가능한 가? 여기에 맥킨타이어는 그의 철저한 역사주의적 관점에서 이런 "통 약 불가능한" 두 체계에 관한 비교에는 이들 각각의 내재적 기준이 아닌 제3의 중립적인 초역사적 보편적인 기준이 절대로 허용되지 않 는다고 말한다. 여기에서 그는 고전 아리스토텔레스의 '추동 물리론' (the impetus theory) 체계와 새로운 갈릴레오-뉴턴의 물리이론 체계 간의 통약불가능성과 그것의 후자에 의한 전자의 극복의 사례를 들 고 있다. 각자가 공유하는 것은 이성적 합리성이며, 각자는 자기의 기 준에서 그것을 설명한다. 이 결과 후자는 전자에게 어떤 경우에 그 이 론이 성공하고, 어느 경우에 그 이론이 실패하는지를 입증하였다. 이 와 마찬가지로 유학자나 아리스토텔레스주의자는 모두 각기 자기의 기준을 유지하되 "상대방을 좀 더 정확하게 표현할 수 있는 자기의 언어적·관념적 자원을 풍부하게" 만드는 일이다. 그것은 결국 맥킨 타이어에 의하면, 각각 다른 체계가 각각 자기의 기준에 따라서 다음 의 두 가지 점, 1) 자기의 체계가 새로운 문제에 봉착하여 더 이상 그 것을 해결할 수 있는 자원이나 이론 설명을 못하며 지리멸렬하지 않 은가?, 2) 둘 중의 하나가 상대방의 이론 체계가 어떤 지점에서 그리 고 어떤 방식으로 성공하고 실패하는지를 이성적(합리적)으로 증명

---

21   같은 책, 116쪽.

할 자료를 충분히 제시할 수 있는가를 검토하는 일이다.[22] 만약 서로가 각각 이런 이해의 수준에 도달한다면, 두 개의 '통약 불가능했던' 체계는 이제 서로 '통약 가능한' 단계로의 역사적 발전을 이룩한 셈이라고 맥킨타이어는 말한다.

이러한 "서로 간의 이성적 논의와 만남"이 가능하게 되는 역사적 발전을 이룩하는 데 "필요한 첫 걸음은 이들 각자가 타자의 관점에서 쓰인 그리고 타자의 관점에 내재적인 합리적 성공이나 실패의 기준들을 이용하면서 타자의 역사를 스스로에게 마련하는 일"[23]이라고 맥킨타이어는 말한다. 따라서 그는 "아리스토텔레스주의자들이 유교에서 어떤 방식으로 아주 결의가 굳은 유학자가 문제 삼을 수 있는 것들이 무엇인지를 판별해 내는 것을 배우기 위해서는 유교가 지속해 온 그리고 현재로 있는, 또는 유교적 관점에서 쓰일 수 있는 도덕 탐구와 실천의 한 형태로서 유교의 역사를 이해할 필요"가 있고, "마찬가지로 유학자들도 매우 결의가 굳고 통찰력 있는 아리스토텔레스주의자가 아리스토텔레스주의적 기준으로 판정할 때 아리스토텔레스주의가 적어도 파산할 위험에 처하게 되는 그런 일들이 무엇인지를 배울 수 있기 위하여 덕의 이론과 실천으로서의 아리스토텔레스주의의 역사를 이해할 필요가 있다"[24]고 말한다. 그리고 이런 맥락에서 맥킨타이어는 주희(朱熹, 1130~1200)의 제자, 진순(陳淳, 1153~1217)의 『북계자의』(北溪字義)에 붙어 있는 연속적인 많은 서문과 발문(1226, 1247, 1490, 1492, 1508, 1670, 1695, 1714년)들을 읽어 봄으로써, 특히 1714년에

---

22 같은 책, 118~119쪽.
23 같은 책, 119쪽.
24 위와 같음.

쓰인 서문에서 그보다 900년 전의 한유(韓愈, 768~824)나 그보다 200
년 앞선 16세기의 하심은(何心隱, 1515~1579)에 대한 유학의 전통 내
에서의 진지한 비판의 글을 읽고서, 유교적 전통 내에서도—마치 아
리스토텔레스의 '덕' 이론이 아퀴나스에 의해 수정되고 보완되었듯
이—진지한 비판과 열띤 담론들이 오갔음을 실감하였다고 말한다. 이
것으로 그는 동서의 상이한 문화적 전통 안에서 서로 다른 세계관과
그에 상응하는 기준에 따른 각각의 내재적 발전을 인정하는 수준에
그치고 있다. 그러나 비교자인 맥킨타이어 자신도 결국 상이한 문화적
맥락에 서 있기 때문에 현재의 수준에서 여기에서 개진한 자기의 논
의 수준은 결단코 유교와 아리스토텔레스주의 간의 아리스토텔레스
주의적 비교가 될 수밖에 없으며, 유학자의 경우라면 유교와 아리스토
텔레스주의 간의 유교적 비교가 될 수밖에 없다[25]고 말한다. 이제 필자
는 자기 전통 내에서 바로 자기의 내재적인 기준에 따라서 개개인들
의 실천이 끊임없이 지속되며 또한 그 전통을 새롭게 수정해 나가는
것이 맥킨타이어의 역사주의 이론의 핵심적 메시지라고 보기 때문에,
맥킨타이어가 제시한 그런 방식대로 나간다면, 각기 다른 문화적 전통
을 안고 있는 동서 철학자들 간의 대화는 상대방을 자기의 기준대로
더욱 깊숙하게 이해하게 될 것이며 그런 과정에서 자신의 세계관을
확대해 나가는 더욱 개방적인 이성적 대화가 더욱 생산적으로 확산될
것이라고 본다.

---

25   같은 책, 121쪽.

5 맺음말 : 우리 한국에서 철학함의 주체성 문제

맥킨타이어의 이런 논의들은 다음의 두 가지 관점에서 우리에게 매우 충격적인 의미를 주고 있다. 첫째, 19세기 중반 이래 서세동점의 물결 속에서 동양을 지배해 온 서구의 근대주의 철학은—바로 '인간이 어떻게 살아가야 하는가'라는 가치문제를 따지는—도덕철학에 관해서는 적어도 실패했음을 증명해 보인 것이다. 서구의 아리스토텔레스주의적 전통이 보여주듯이, 우리가 '좋은 삶'을 추구하기 위해서는 "가치"의 문제와 "사실"의 문제가 결코 분리될 수 없다고 그는 말한다. 따라서 그는 무어(G. E. Moore)의 '존재'(is, 사실)에서 '당위'(ought, 가치)를 이끌어 낼 수 없다는 "자연론적 오류"의 증명이 바로 현대에서의 도덕 정당화 실패의 명증이라고 말하고 있다. 이런 그의 주장이 옳다면, 처음부터 사실의 문제를 가치의 차원 안에서 논의해 왔던 우리의 전통철학에 대한 진지한 재검토를, 바로 이 땅에서 우리의 전통적 가치관이 배어 있는 한국어를 사용하고 한국적 가치관 속에 몸담고 살아가고 있는 우리 철학도들의 철학적 실천행위에 요구하는 것이라고 풀이된다.

　둘째, 우리의 '정체성', 우리의 '우리임'은 우리가 선택하기 이전에, 즉 태어나면서 우리에게 주어져 있는 우리의 삶의 "테두리", 즉 문화적·역사적 전통(맥락)을 떠나서 있을 수 없다고 선언한다. 그는 "자아가 자기의 도덕적인 '자기 모습'(정체성)을 가족, 이웃, 도시, 부족과 같은 공동체의 구성원 (자격) 속에서 그리고 그 구성원 자격을 통하여 찾아야만 한다"고 말한다. 그리고 동시에 그것은 이런 공동체가 지닌 여러 모순들과 "한계점"(limitations)을 맹목적으로 수용하라는 말이 아니라고 말한다. 그러나 "도덕적 자아가 출발하는 이런 도덕적 특수성이 없다면 (도덕을 추구하는) 시작점이 없다"는 것이다. 자아의 역사적·사회적 특수성은 결코 단순한 퇴물로 처리되거나 폐기해 버릴 수 없는 우리 자신의 현주소이기 때문에, 그는 "이러한 특수성으로부터 앞으로 나가면서" 인류 모두에게 "좋은 것(the good)과 보편적인 것(the universal)의 추구"[26]를 이루어 내야 한다고 말한다. 여기에서 필자는 이런 맥킨타이어의 역사주의적 관점의 목소리가 우리의 '정체성'이 과연 얼마만큼 우리의 역사적·문화적 전통의 문맥 안에서 인식되고 실천되고 있느냐에 대한 강한 질타의 외침으로 들린다.

---

26   Alasdair MacIntyre, 앞의 책, 1984, 221쪽.

참고문헌

김비환, 「맥킨타이어의 공동체주의 정치이론 비판」, 『한국정치학회보』 32집 2호, 1998.
알래스대어 맥킨타이어, 『덕의 상실』, 이진우 역, 문예출판사, 1997.
유홍림, 「미국의 공동체주의 정치사상」, 『미국학』 제20집, 1997.
Alasdair MacIntyre, *After Virtue*, 2nd edition, Indiana: Notre Dame Univ. Press, 1984.
_____, "Incommensurability, Truth, and the Conversation between Confucians and Aristotelians about the Virtues", *Culture and Modernity*(ed. E. Deutsch), Honolulu, 1991.
_____, *Der Verlust der Tugend*(uebers. v. Wolfgang Rhiel), Frankfurt/New York: Suhrkamp Verlag, 1995.

유기체적 자연관과 동서 철학 융합의 가능성

1 유기체적 자연관의 시작과 종말

헤라클레이토스는 일찍이 이렇게 말하였다.

> "같은 강을 거슬러 올라가는 그 사람에게 그 강물은 언제나 다르게 흘러들 것이다."

이 헤라클레이토스의 말처럼, 그리스인들에게 물의 의미는 "도공(陶工)의 물"이요, 이오니아의 자연철학자들에게는 "서로 결합될 수 있는 4원소(물, 불, 땅, 공기)의 물"이었고, 17세기의 사람들에게는 "물방아나 펌프"의 물이요 갈릴레오(Galileo)에게는 "계량역학(quantitative Mechanik)의 물"이었을 것이다. 그러나 원자핵의 융합 반응에서 에너지를 뽑아내려는 현대 과학자들에게는 "중수(重水)의 물"일 것이다.[1] 똑같은 물이라고 할지라도, 어느 시대에 어떤 과학지식과 세계관을 가졌느냐에 따라서, 인간들에게 그 물의 의미는 서로 다르게 나타나는 것이다.

아리스토텔레스는 '자연'(physis)의 특성을, 마치 인공물들(Arte-fakte)이 사람의 손에 의하여 만들어지듯이, 스스로를 자기 힘으로 창조하는 행위(poiesis)에서 바라보았다. 그는 자연물이든 인공물이든, 이것들의 생성 원인을 질료, 형상, 운동과 목적의 사원인으로 설명하고자 하였다. 자체의 힘으로 움직일 수 없는 인공물들의 경우 이들의 운동인과 목적인은 이들 개체 밖의 다른 존재자에게서 찾아져야 하는 반면, 자체의 힘으로 움직이는 자연물(생물, 4원소 등)의 경우 그들의 운동인과 목적인은 질료인이나 형상인과 함께 그 개체 안에 존재하고 있는 것으로 보았다. 따라서 자연세계는 그에게는 살아서 움직이는 유기체적인 것이었다.

중세의 신학자들은 아리스토텔레스의 목적론적 세계관을 빌려서 하느님의 천지창조를 설명하였다. 이들에게 자연세계는 "하느님의 의지"의 표현으로 보였기에, "자연"은—성경과 마찬가지로—그와는 다른 "표식과 상징들"을 가진, 그러나 "하느님의 계시"가 적혀 있는, 또 "하나의 하느님의 책"(ein Buch Gottes)으로 이해되었다. 그러므로 하느님 앞에서 자연은 생성하는 힘을 가진 자율적 존재로서 자기의 고유성과 법칙성을 인정받았다.[2] 토마스 아퀴나스는, 이런 "자연의 자율운동"(Autonomie der Natur)이란 바로 "하느님이 부여"한 것이요, 이런 "자연의 원리"의 탐구와 인식은 바로 하느님을 이해하

---

1   Serge Moscovici, *Versuch über die menschliche Geschichte der Natur*, Frankfurt/M., 1982, 28쪽.

2   *Europäische Enzyklopädie zu Philosophie und Wissenschaften*, (hrsg. Sandkühler), Bd. 3, Hamburg, 1990, 510쪽.

는 것으로 통한다고 보았다.[3]

그러나 16세기 르네상스를 맞으면서부터, 이런 자연의 움직임은 하느님이 부여한 "세계영혼"(anima mundi)에 의한 것으로 파악되었고, 하늘과 지상 사이의 "마법사"(Magier)를 자임하는 인간은 바로 자기의 "관념, 계획과 실천"을 통하여 자연의 생성과정을 조절하는 "세계영혼"을 적극적으로 실현해 낼 수 있다는 확신을 점차 가지게 되었다. 이와 같이 "창조주의 산물"인 "자연"에 "부차적인 창조행위"를 할 수 있다고 하는 인간의 주체의식이 르네상스 시대를 움직인 중심 아이디어였다.[4]

17세기 계몽주의시대에 이르러서는, 마침내 이제까지 자연에 부여되었던 자체의 생명적 자율성(lebendige Autonomie)이 부정되고 만다. 자연은 오직 자연법칙들에 따라서 어김없이 움직이는—시계와도 같은—한낱 물질적인 기계로 전락될 수밖에 없었다. 따라서 자연은 인간의 손에 의하여, 인간의 목적을 위하여, 얼마든지 조작될 수 있는 수동적인 물질에 불과하게 되었다. 마침내 베이컨에게는 "지식"은 바로 자연을 지배하는 힘이었다.

이제 칸트는, 그의 코페르니쿠스적 전환을 통하여, "법칙"이란 조야한 자연 자체 속에 있는 것이 아니라, 우리 인간에 고유한 인식능력(Verstand), 즉 주체(Subjekt)에 의하여 구성될 뿐임을 선언한다. 외계적 자연에 대한 이해(자연법칙)뿐만이 아니라, 인간이 실현해 내야 할 도덕(Sittlichkeit)이나 역사(Geschichte)의 선험적(a priori)인 법칙

---

3   *Historisches Wörterbuch der Philosophie*, (hrsg. J. Ritter and K. Gründer), Bd. 6., Darmstadt, 1984, 450쪽.
4   *Europäische Enzyklopädie*, 위와 같음.

들 또한 성숙한 인간(철학자) 자신의 주체적 '인식능력'의 산물일 수밖에 없는 것이다. 헤겔 역시 "이성"이 바로 조야한 "자연이성"을 철저하게 부정하고 종합해 나가면서 "세계"를 이끌어 가는 "절대정신"인 것이다.

마르크스의 인간은 자기의 욕구 충족을 위하여 노동을 통하여 자기 밖의 자연물과 관계를 맺는다. 인간과 자연의 관계는, 인간의 노동을 매개로 하여, 자연의 일부를 자기 소유(Aneignung der Natur)로 하면서 동시에 그것으로 자신도 변화해 나가는—인간과 자연 간의 신진대사(Stoffwechsel)의—끊임없는 변증법적 발전의 과정으로 설명된다. 그러나 여기에서도 또한 자연을 바꾸어 나가는 인간의 주체적인 역사행위가 앞서는 것이요, 자연 자체에 고유한 생명적 자율성, 또는 자연 나름의 고유한 권리(Eigenrecht der Natur)가 용인될 여지는 역시 없는 것이다.

2 과학주의의 팽창과 근대이성의 비극

인간의 욕구 충족을 위한 베이컨의 자연 지배적인 근대적 의식은 자연현상들에 대한 경험적인 연구 분석과 실험을 통하여 자연과학적 지식과 기술의 발전에 혁신적인 성과를 가져왔다. 이런 자연과학적 연구방법의 강조는 무엇보다도 먼저 중세의 목적론적 세계관을 부정하는 것이었다. 따라서 자연대상에 대한 이해를 위해서는 기존의 세계관이나 가치관에서 벗어나서, 그 사물의 사실 자체만을 바라봐야 함을 말하였다. 여기에 베이컨의 근대과학 방법론이 바로 그의 "우상" 파괴의 가르침으로부터 시작하는 연유가 있는 것이다. 이로부터 연구자의 가치판단의 개입 없이 오직 현상적 사실에 대한 엄밀한 분석과 그것에 기초한 가설들의 실험적 증명만을 가장 확실한 학문적 방법으로 추구하는 자연과학적 방법이 근대적 학문방법의 근본원칙으로 성립하게 된다. 이러한 과학주의의 팽창은 경험적 검증의 대상이 될 수 없는 도덕적 원리나 가치론, 요컨대, 형이상학적 주제들에 대한 학문적 열정들을, 과학성이 결여된 사이비 학문으로 몰아붙인다. 이에 논리적 실증주의가 또한 20세기를 지배하는 하나의 철학으로 성립하게 된 소이를 보게 된다. 바로 이런 자연과학적 실증주의적 방법을 통하여, 근대 계몽주의시대 이래, 목적추구적인 합리적(도구적) 이성은 엄청난 사회생산력의 진보를 이룩했으며, 그것은 또한 결과적으로 자본주의 사회 안에서의 생산력 발전에 결정적인 공헌을 하였다.

베버(M. Weber)에 의하면, 이런 자본주의사회의 발전과정이란 소박한 자연적 분업의 단계로부터 계속적으로 합리적으로 정리, 조직되어 가는 노동 분업의 무한한 합리화(Rationalisierung) 과정이다. 노동 분업의 합리화는 노동과정에 기계의 도입을 가져왔고 이 폭발적인 위력을 가진 기계문명이 최근 200년간 발전시켜 온 생산력의 증가는 거의 무한한 것이었다. 이에 따라 온 세계는 하나의 생활권으로 묶여 가고 있다. 여기에서 우리가 주목해야 할 문제점은 첫째로 생산과정의 극단적인 합리화에 따르는 인간성의 상실이요, 둘째로는 전통적 윤리규범인 도덕과 정신의 타락이다. 인간의 노동과정이 오로지 합리화의 극단적 추구에 따라서 인간 개개인의 특수한 자질과 취미에 대한 충분한 고려 없이 오직 추상적이고 물량적인 범주로 될수록 합리적으로만 조작됨으로써, 그리고 또한 이런 인위적 합리적 조작으로 인하여 인간노동이 전문적으로 세분화됨으로써, 인간은 자신의 노동을 통하여 자기의 가치(이상)를 객관적으로 실현해 가는—말하자면 자연을 '의식적으로' 그리고 '주체적으로', '자유스럽게' 가공해 가는—인간의 자기본연의 삶(Gattungsleben)을 가질 수 없게 된 것이다.

이와 같은 인간의 소외현상은 또한 이 생산 활동이 '화폐'라는 가장 보편적인 유통 및 축적 수단을 통하여 진행됨으로써 더욱더 심각해지고 있다. 인간의 생산(사회) 활동이 부(富)의 끊임없는 추구, 또는 '자본'의 끊임없는 확대에 의해 규정됨으로써 기존 사회의 모든 상하 신분관계와 그와 관련된 윤리적 가치 관념은 점차 의미를 잃고 무력해질 수밖에 없다.

자본주의사회에서의 모든 인간의 사회관계가 합리적 노동 분업의 원칙에 따라서 추상적 보편적으로만 연결, 조직, 운용되기 때문에 결국 인간관계는 생산수단, 즉 자본의 물질적 (물량적) 관계로 나타날 수밖에 없다. 바로 여기에 현대 자본주의사회의 인간은 비로소 종래의 신분적 자연적 속박에서 해방되어 '법률적으로' 평등한 관계로 나타난다. 그러나 이 현대사회의 문제점은 '자연'에서 벗어난, 다시 말해 전통적인 권위와 질서를 상실하고 오직 자본주의사회의 끊임없는 이윤추구의 율동(Dynamik) 앞에서 모든 인간들이 —개개인들의 법률적 형식적 평등에도 불구하고—현실적으로는 상호 간의 물질적 경제적 차별과 치열한 생존경쟁 속에서 인간 본연의 '가치'(품위)와 '자유', 즉 스스로 자신의 삶을 자기의 목적으로 설정하고 이끌어갈 수 있는 기회와 여유가 거의 차단되어 가고 있다는 점이다.

이와 같이 인간이 자신의 삶의 목적을 자기 주체적으로 설정하고 그것을 이끌어나갈 수 있는 '생활세계'가 근본적으로 '왜곡'되고 '소외'되어 가는 "생활세계의 식민지화"(Habermas)가 현대사회의 체제적 특성으로 나타날 뿐만 아니라, 이제까지 발전된 엄청난 과학기술의 진보는, 결국 20세기의 마지막 문턱에 들어선 우리의 인류를—종래의 사회에서 체험해 보지 못한—새로운 문제 앞에 서게 하고 있다. 이미 인간의 기술능력은—그것이 긍정적이든 부정적이든 간에—지구 상의 모든 생태계의 균형을 유지할 수도, 파괴할 수도 있는 힘을 가지고 있다. 인간은 이미 산업폐기물, 강력한 교통수단(비행기, 선박, 자동차 등)의 매연 및 생활폐수로 인한 공해, 오존층의 파괴, 지난 80년대의 체르노빌의 원전방사능 유출사고, 그리고 최근의 엘니뇨현상에 의한 동남아 원시림의 가공할 만한 산불 등을 통하여 우리들이 직접 체험하고 있듯이, 지구촌 전체의 기후변동 및 에너지 변환의 순환운동을 바꾸어 놓고 있는 것이다. 이제 지구의 자연환경을 파괴·변화시키는 인간의 영향력은 가공스러운 것이며, 거의 그 한계를 알 수 없는 것이기도 하다.

요컨대, 인간의 삶에 본질적으로 필요한 '가치'(value)의 문제를 배제하고 오직 '사실'(facts)만의 계량적 목적 합리성만을 추구해 온 근대이성은 자연적 유기체, 즉 '생명체'로서의 현재의 우리 인간들과 우리의 후손들에게, 더 이상 건강한 삶을 보장해 줄 수 없을 정도로, 우리의 '생활환경'(Umwelt)을 극단적으로 파괴하고 있다. "산업 쓰레기가 인간들의 생활 주변에서 마구 버려지더라도 그것이 계속 정화될 수 있을 만큼, 높은 굴뚝이나 깊은 강물은 없다. 이들은 '생리학적인 자연'(physiologische Natur)의 순환 속에서 우리에게 모두 되돌아온다. 납이 들어 있는 샐러드로부터 수은을 머금은 생선이나 버섯류, 우유 속에 든 DDT에 이르기까지, 해충들을 없애기 위하여 우리들이 늘 뿌려댔거나, 독극물을 폐기하기 위하여 땅속에 묻어 버린 것들이 (모두) 이미 오래전부터 우리들의 식탁으로 되돌아 오고 있다."[5] 여기에서 우리는 인간의 이기적인 자연 지배, 즉 근대이성이 초래한 인류 생존의 위기라는 비극적 현실을 만나고 있는 것이다.

3   동양의 생명적 자연관과 천리(天理)의 도덕형이상학

농업이 기본 산업이었던 동양적 사회에서는 인간과 자연의 관계는 서로 친화적이었다. 농업의 번성이 그러하듯이, 변화하는 자연운행과의 순조로운 화합이—개별적이든 집단적이든—인간 사회가 이룩해야 할 과제였다. 근대 이전, 서양의 고대나 중세의 자연관에서, 자연 자체가 자기 목적을 가지고 움직이는 유기체로서 그 나름의 고유한 권리가 인정된 것 이상으로, 동양에서 자연은 늘 변화하는 생명적 유기체로 이해되었다. 그리고 이런 무한 변동의 존재원인으로서 그 안에 선험적으로 내재하는 이상적 질서, 즉 도(道)에는 자연(天)과 인류 도덕(人)의 공동 원천으로서 절대적인 권위가 부여되었다. 따라서 유가(儒家)에서는 일찍부터 자연과 인간의 가치론적 합일(天人合一)이 설파되었고, 또한 인위적인 그 무엇으로도 간섭할 수 없는 천도(天道,

---

5   Loather Schäfer, "Selbstbestimmung und Naturverhältnis", *Über Natur*, (hrsg. O. Schwemmer), Frankfurt/M., 1991, 35쪽.

Ordnung der Natur)에 근거하는 일종의 '자연권'(Naturrecht) 사상이 지배적이었다.

일찍이 유가에서는, 자연운행의 법칙성과 쉼 없는 성실성(誠)이 '자연 질서'(天道)라면 그것은 또한 지도자의 소임을 맡은 지식인(君子)들이 기필코 실현해 내야 할 성실성(誠之), 즉 '인륜 질서'(人道)였다.[6] 공자에게서 자연의 쉼 없는 운행은 더 이상 군더더기 말이 필요 없이 묵묵히 자기가 할 일만을 실천해 나가는 도덕적/이상적 행위의 전범(典範)이었다.[7] 이들 유가와는 달리, 개개 인간들의 개성적 발전이나 정신적 자유의 추구를 보다 더 강조하는 개인주의적인 도가(道家) 사상가들에게는 인간의 사회제도나 이를 뒷받침하는 사회적 이념들이란 모두 인간의 인간에 대한 차별과 종속을 강요하는 지배적 폭력 이상으로 보이지 않았기 때문에, 사회관계 성립 이전의 자연 상태가 바로―군자와 소인의 차별이 없는―이상적 평등의 상태로 미화되었다.[8] 이와 같은 소박한 자연관에 입각한 도덕이상론이 주자(朱子, 1130~1200)에 이르러서는 하나의 도덕형이상학으로 발전하였다.

불교의 공(空)의 존재론이나 도교의 무(無)의 존재론을 극복하기 위하여, 송명시대의 유학자들은, 공(空)과 무(無) 대신에, 천지자연의 모든 변화와 흐름의 현상을 생명의 전개로 파악(天地之大德曰: 生)

---

6   "誠者, 天之道也. 誠之者, 人之道也.", 『中庸』(20章).

7   子曰: "予欲無言." 子貢曰: "子如不言, 則小子何述焉?" 子曰: "天何焉哉? 四時行焉, 百物生焉, 天何焉哉?", 『論語』, 「陽貨」(17:19).

8   "吾意, 善治天下者, 不然. 彼民有常性, 織而衣, 耕而食, 是謂同德. (……) 當是時也, 山無蹊隧, 澤無舟梁, 萬物羣生, 連屬其鄉, 禽獸成羣, 草木遂長. (……) 夫至德之世, 同與禽獸居, 族與萬物並. 惡乎知君子小人哉? 同乎無知, 其德不離. 同乎無欲, 是謂素樸. 素樸而 民性得矣.", 『莊子』, 「馬蹄」편.

하였다. 그리고 이런 우주의 유기체적 생명의 흐름을 인간(人)세계와 자연세계(物 또는 天)의 존재론적 기초로 제시하였다. 이들은 개개의 구체적 인간들이나 만물들의 본성 안에 내재하는 이런 생명성(生)의 원활한 전개가 만물들(개개 인간들이나 우주의 산물 전체)이 이루어 내야 할 형이상학적 도리(道)로 파악하였다. 주자의 입장에서 볼 때, 무궁하고 무한한 우주만물의 생성과 변화 발전을 주재하는 초월적 인격신이란 인정할 수 없었다. 그러나 그는 이런 무한한 생명적 변화 운동이 맹목적이거나 혼돈일 수는 없다고 보았다. 이런 우주의 만물만상의 변화에는 그것을 그렇게 하도록 하고, 그렇게 움직이게 하도록 하는 우주만물의 존재론적 근거(즉 萬物의 所以然之故와 所當然之則)가 선험적으로 미리 주어져 있다는 것이다. 이것이 주자가 말하는 도덕형이상학의 존재론적 근거로서의 '이'(理 또는 天理)의 세계인 것이다. 이런 '이'는 현상계의 만물이 존재하기 이전부터 그와는 별개의 범주로 존재하는 것이다. 따라서 이러한 '이'의 측면은 현상계에 속한 구체적인 만물들과 존재론적으로 구분되는 것이다. 그렇지만, 실제의 현상계의 만물들은 수시로 변하고 유동적인 기(氣)의 흐름(流行)에 의하여 실제적인 존재로 나타난다. 특히 이런 무목적적 무정형으로 무한히 흘러가고 변화해 가는 '기'는 형이하학(形而下學)적인 것으로, 절대로 존재론적 차원에서 합목적적 가치론적 근거인 형이상학(形而上學)적 '이'와 서로 혼동해서는 안 된다(理氣不相雜)는 것이다. 그러나 이 우주에 경험적 실재적으로 존재하는 실체는 오직 '기' 하나뿐인 것이다. 따라서 형이상학적인 '이'는 존재론적으로는 선험적이지만, 현실적으로는 형이하학적인 '기'를 떠나서 달리 어디에 의거할 수 없는 것(理氣不相離)이다. 따라서 주자의 철학은 이원적 사고(理氣

不相雜)인 동시에 일원적 실체관(理氣不相離)이다.[9]

그는 이 '이'의 총체적인 근원을 태극(太極)이라고 불렀으며, 이 태극의 총체적 원리는 또한 동시에 모든 구체적인 개개 인간들이나 만물들에 내재적으로 존재하는 것이다(人人有一太極, 物物有一太極). 따라서 '태극'인 '이'는 총체적 존재론적 원리로서 '이일'(理一)이면서도 동시에 무한한 구체적 만물 속에 각기 다른 모습으로 내재함으로써 만수(萬殊)인 것이다. 이것이 주자의 이일분수(理一分殊)론이다. 주자는 이 '이일분수'론으로 우주적 전체 체계 안의 전체적 움직임과 동시에 그 전체적 질서 안에서 각각의 구체적 인간들이나 사물들이 각기 부동하게 차지하고 수용해야 할 각자의 합목적적인 역할 분담의 전체적 체계의 틀을 제시하고 있다. 이제 주자 및 그의 이론을 따르는 전통적 유교문화권 안의 지식인들은 이 전체적인 틀을 우주와

---

9 여기에서 자연세계와 자연법칙의 세계의 관계를 이원적 사고로 분리해 보면서, 결국은 일원적 실체관을 제시해 보이는 이런 주희의 도덕형이상학적 구도를, 플라톤과 아리스토텔레스의 그것과 대비해 보는 것은 매우 흥미롭다. 일찍이 이오니아의 자연철학자들에 의하면, 이런 자연만물(생명적 유기체나 생명 없는 물체)들이 자발적으로 성장하는 원인을 자체 안에 가지고 있다고 보았다면, 플라톤은 이런 끊임없이 변화 변동하는 자연세계 안에서는 결단코 그 운동의 원인, 즉 자연법칙이 존재할 수 없다고 보았다. 그 법칙들은, 플라톤에 의하면, 자연 세계 밖에 있는 창조자 '데미우르고스'의 가공행위(Techne)나, 만물의 진정한 본질로서 초경험적 세계에 존재하는 '이데아'와의 연관 속에서 찾아져야만 하는 것이었다. 그러나 이와는 달리 아리스토텔레스는, 외재적 힘에 의하여 만들어진 가공물(Artefakte)과 구별되는 자연의 산물 (physis, 즉 생명적 유기체, 식물 및 4원소와 같은 개별적 물체 등)은 "자체 안에 운동과 정지의 원리"(Historisches Wörterbuch der Philosophie, Bd. 6, S. 429.)를 가지고 있다고 보았다. 요컨대, 플라톤에게서는 조야한 '자연'이 그 위에 군림하는 초경험적인 이성적 가공행위(Techne)를 "모방"해야 했다면, 반대로 아리스토텔레스에게는 '가공행위'(Techne, 또는 Kunst)가 "자연"을 모방해야 한다고 보았다. 따라서 자연의 법칙이 플라톤에게는 초경험적 '이데아' 세계에 따로 실재하는 것이라면, 아리스토텔레스는 끊임없이 변화·변동하는 이 경험세계 자체(즉 자연 자체) 속에서 찾아져야 한다고 보았다.

인간의 완전한 질서(天理)로 확보하게 된 셈이다.

그러나 실제 세계의 무수한 인간이나 만물들은 부도덕하고 또한 완전하지도 못하므로 문제투성이인 것이다. 그것은 왜일까? 그것은 모든 구체적 인간이나 사물들의 생성은 모두 무정형하고 무목적이고 늘 변화·유행하는 기(氣)에 의해 생성된 것이고, 따라서 '기'에 의해 제한을 받고 있기 때문이다. 주자는 개인이나 개물에 내재하는 하나의 분수리(分殊理)를 특히 성(性)이라고 불렀다. 이와 같이 한 개체(物) 안에서 이런 합목적적이고 완전한 지선(至善)의 가치를 가진 '이', 즉 그것의 성(性)을 가리켜 '천지지성'(天地之性) 또는 '본연지성'(本然之性)이라 명명했고, 이와 대치되는 실재적 개체 안의 그 무정형하고 불선(不善)한 '기'와 혼재된 성(性)을 '기질지성'(氣質之性)이라고 불렀다. 인간의 마음(心)에는 이런 순선(純善)한 '본연지성'으로서의 성(性)의 측면과 선악(善惡)이 섞여 있는 '기질지성'의 측면으로서의 정(情)이 함께 존재하는 것이다(心統性情).

주자는 이와 같이 순선(純善)의 가능성을 '이'의 측면에서 확보하고, 다른 한편 그 '이'를 불완전한 '기'(氣)의 측면과 대비시킴으로써, 그의 도덕형이상학의 확고한 입지점을 확보함과 동시에 현실적인 부족함을 계발할 수 있는 가능성의 여지 또한 열어 놓은 셈이다. 따라서 사대부적 입장에서 출발하는 인류세계와 천지자연 모두를 관통하는 그의 도덕형이상학이 등장하게 되었다. 그리고 그는, 그의 도덕이상세계를 확보하고 실현하기 위하여, "천리의 보존과 인욕의 근절"(存天理, 滅人欲)을 강조함으로써 지나치게 초세속적인 금욕주의의 모습을 보이고 있다. 그리고 이렇게 해서 파악되고 그려진 이상세계는 결국 관념적 합목적적인 세계이기 때문에, 그의 철학은 자기의 내적 반성과 성찰을 권면하는 주정(主靜)철학의 특색을 지닐 수밖에 없었다.

주자에 의하면, 이런 도덕형이상학은 실제로 맹자(孟子) 뒤에는 사라진 것이요, 이제 송명시대의 신유학자에 의해서 비로소 다시 그 참뜻이 이어졌다는 것이다. 따라서 그는 이런 참뜻에 입각하여, 특히 지식인들의 사명이란 학문적으로 이런 뜻을 분명히 밝혀, 스스로 먼저 깨닫고 그것을 후진에게 깨닫게(先覺覺後) 하는 일이라는 것을 말하였다. 그래서 그는 『사서』(四書)는 물론 『오경』(五經)에 대하여 체계적인 주석을 달았다. 그의 체계는 방대한 것이다. 그는 가상적으로 설정한 천리(天理)의 도덕형이상학을 실재적 의미로 깨닫고 자기의 본성(이상적 가능성)을 실현(완성)해 나가는 존덕성(尊德性)을 말함과 동시에 학문연구에 몰두하는 도문학(道問學)이라는 지식인의 과제를 마련해 준 것이다.

4 곤경으로부터의 탈출 : 동서 철학의 융합은 가능한가?

이제 우리의 과학지식은 우리 인간 또한 자기를 둘러싸고 있는 자연환경 속에서 자기의 보금자리(Habitat)를 확보해야 하는 하나의 특수한 유기적 생명체임을 확인시켜 주고 있다. 따라서 우리는 우리 밖의 '생리학적인 자연'(physiologische Natur)과의 생명친화적인 긴밀한 신진대사(Stoffwechsel)를 새롭게 확보해야 한다. 그러나 서구에서 시작된 근대이성은―이제 고도로 발달된 과학기술 때문에 이런 '생리학적 자연의 순환'에 적극적으로, 그러나 무목적적으로 개입함으로써—'생리학적 자연의 생명성'을 위협하고 있다. 그 결과 그 일부인 우리 인류 자신 및 그 후손들이 살아갈 '생활 근거지' 자체가 근원적으로 파괴되어 죽어 가고 있는 '생태학적 위기'라는 비극적 현실을 자초하였다. 따라서 이런 비극적 곤경으로부터의 탈출 문제는 바로 현재의 우리 인류와 계속 이어질 그 후손들의 생명 보호의 문제로 된 것이다. 이 점에서 전 세계를 지배해 온 근대이성의 자연 지배적인 태도가 근본적으로 수정되고 인간과 인간, 그리고 인간과 자연 간의 관계를 새롭게 규정해야 할 고도 기술문명 시대의 새로운 윤리의 정립이 요청되는 까닭이 있는 것이다. 그렇다면, 이제 우리는 다시 우리의 철학적 주제로 돌아와서, 우주의 유기체적 생명관(Sein)에서 출발하는 주자의 도덕형이상학(Sollen)이 과연 이러한 새로운 윤리 정립의 요청에 대하여 무슨 메시지를 줄 수 있는지를 음미해 보지 않을 수 없다. 요컨대, 우리는 이와 같은 맥락에서 동서 철학 융합의 현실적 가능성을 논의해야 할 것이다.

　　'사실'과 '가치'의 문제로 학문 영역을 양분하고, 자연과학이란 '사실'의 세계만을 연구하는 것이요, 도덕형이상학이란 바로 인간의 실천이성으로부터 구성되어야 한다는 칸트의 도덕철학은 서구의 근대 윤리학에 결정적인 영향을 주었다. 특히 "만인을 수단으로 대하지 말고 목적으로 대하라!"는 실천이성의 정언명법에 기초한 그의 근대 윤리학 정신은 인간의 평등성과 존엄성에 대한 표현의 극치일지 모른다. 그러나 이런 실천이성의 존엄한 외침은, 바로 학문연구에서 가치관의 개입을 철저히 배제하라는 실증주의적 과학주의의 팽창과 오직 계량적 효율성에 입각한 목적 합리성의 추구가 지배적일 수밖에 없는 자본주의 사회체제에서는 시간이 갈수록 공동화되지 않을 수 없다. 결국 자본주의사회에 지배적인 사물화 현상 앞에서, 헤겔의 절대이성의 윤리성 또한 관념적인 공염불이 될 수밖에 없는 것이다.

인간과 생리학적 자연 간의 유기적 관계 위에서 인간의 자연에 대한 당위적 행위를 강조하는 새로운 철학이 나오기 위해서는, 근대의 "기계론적/무생명적" 자연관이 다시금 자연 자체에 고유한 자기법칙성을 보장하는 유기체적인 자연관으로 대체되어야만 한다. 여기에 바로 유기체적 생명의 자연관에 기초한 주자철학이 우리에게 흥미를 끄는 이유가 있는 것이다. 그러나 물론 과거 소박한 농업경제하에서 성립되었던 이런 전근대적 도덕형이상학이 고도로 발전된 현대사회에 그대로 대안적으로 적용될 수는 없다.

주자는 지식인 중심의 관료사회에서 지식인들의 주관적 도덕이상을 객관적으로 정형화시키고 그것의 터득과 준수를 위한 철저한 심성연마에 주력했기 때문에 그 규범적 질서 외에 다른 가치규범이나 사회질서를 용납할 수가 없었다. 인간과 자연과의 관계는 주자의 도덕형이상학에 의하면 그가 정형화한 천리(天理) 밖으로 나갈 수가 없었던 것이다. 여기에 주자 철학의 보수적 한계가 보이는 것이다. 그의 철학에는 엄밀한 의미에서 인간이 자연을 바꾸어 나가는 진보적 역사철학의 자리는 있을 수 없는 것이다. 오직 하나의 교의(教義)에 갇힌 주관적 심리적 궁리(窮理)만이 허용될 뿐이다. 따라서 주자의 도덕형이상학이 현대사회에 적응하기 위해서는 첫째로 현대 사회의 본질적인 문제들에 대한 적극적인 이해가 전제되어야 하며, 둘째로 그에 따른 새로운 천리(天理)의 내용 제시가 요구된다. 하지만, 주자가 하늘의 움직임을 한편 "원(元), 형(亨), 이(利), 정(貞)"이라고 보면서도, 또 다른 한편 "인(仁), 의(義), 예(禮), 지(智)"로 보고 있듯이,

사실의 문제와 가치의 문제를 통일적으로 바라보는 철학적 관점[10]에 대하여, 오늘날의 철학도들은 두고두고 반성적 성찰을 해봐야 한다.

생리학적 자연 순환의 총체적인 위기 앞에서, 도대체 우리 인류가 살아남기 위하여, 첫째로 자연 운동 자체의 생명적 고유성과 자율성의 존중, 그리고 둘째로 생명적 연대와 사랑이 우리 인간들 서로에 대해서뿐만 아니라 또한 우리와 함께 살고 있는 자연에까지 확산되어야 한다는— 요컨대 자연(天)과 인간(人)의 생명적 화합에 대한—도덕적 당위가 요청된다고 한다면, 이러한 유기체적 생명의 우주관에 걸맞은 새로운 윤리학의 정립이 오늘날 우리들의 철학적 문제의식에 각별한 현실성을 갖고 있는 것이다. 만약 우리가 이런 철학적 현실성을 인정한다고 한다면, 우리는 바로 그러한 새로운 철학의 지평을 정립하기 위해서도, 동서 철학 융합의 시도를 끊임없이 추진해야 할 것이다.

---

10 朱子, 『周易本義』, 「乾卦」, 「文言」, "元者, 生物之始, 天地之德, 莫先於此, 故於時爲春, 於人則爲仁, 而衆善之長也. 亨者, 生物之通, 物至於此, 莫不嘉美, 故於時爲夏, 於人則爲禮, 而衆美之會也. 利者, 生物之遂, 物各得宜, 不相妨害, 故於時爲秋, 於人則爲義, 而得其分之和. 貞者, 生物之成, 實理具備, 隨在各足, 故於時爲冬, 於人則爲智, 而爲衆事之幹. 幹, 木之身, 而枝葉所依以立者也."

참고문헌

『論語』.

『莊子』.

朱子, 『周易本義』.

Loather Schäfer, "Selbstbestimmung und Naturverhältnis", *Über Natur*, (hrsg. O. Schwemmer), Frankfurt/M., 1991.

Serge Moscovici, *Versuch über die menschliche Geschichte der Natur*, Frankfurt/M., 1982.

Europäische Enzyklopädie zu Philosophie und Wissenschaften, (hrsg. Sandkühler), Bd. 3, Hamburg, 1990.

Historisches Wörterbuch der Philosophie, (hrsg. J. Ritter and K. Gründer), Bd. 6., Darmstadt, 1984.

세계화 시대의 유교적 윤리관의 의미

1   들어가는 말

마르크스가 일찍이 『공산당선언』(1848)에서 공언했던, 자본주의의
생산양식의 확대재생산이 모든 기존의 분할적 사회관계의 종말, 심
지어 동서양의 해체를 통한 "하나의"(세계)시장으로의 통합을 가져
오리라는 예언은 바로 지금 '세계화'(globalization)의 과정 속에서 실
감나게 입증되고 있는 셈이다. 실제로 컴퓨터로 대표되는 인공지능
의 발전으로 "인터넷"(Internet)을 통한 세계적인 정보망이 구축되고
전 세계 지역을 포괄하는 위성TV가 곧 현실화됨으로써 우리는 사실
주로 한정된 지역 사회에서 전통문화의 유지와 정보유통을 담당하였
던 기존의 뉴스매체들(전화나 TV 등)을 대신하는 보다 더 빠르고 신
속한 통신과 정보수집의 수단을 갖게 되었다. 이런 급속한 정보교환
과 연결의 추세는 급기야 민족이나 지역 간의 자연적 및 문화적 생활
공간의 차이를 실제로 무의미하게 만들고 있다. 또한 이제 극단적인
산업화의 결과로 나타나는 대기의 오염이나 환경파괴 등의 문제들은

결국 한 나라의 개별적이고 특수한 문제일 수가 없게 되었으며, 더불어 사는 이웃 국가들 간의 공동 문제요, 동시에 지구 전체가 하나의 공동체로서 함께 생각하고 함께 해결하지 않으면 안 되는 '지구촌' 시대의 인류 공동의 절박한 당면문제가 되고 있다. 바로 이런 "세계화"는 "첨단기술을 통한 통신망의 발전, 저렴한 운송비용, 국경 없는 자유무역 등"[1]을 통하여 더 이상 우리들이 피할 수 없는 현실로 다가서고 있는 것이다. 이와 같이 모든 지상의 국가들은 "하나의" 체제로 급속하게 통합되면서, 원하든 원치 않든, 서로 직접적으로 영향을 받고 사는 매우 가까운 이웃이 되어 가고 있다.

그러나 이런 '세계화' 현상이 아무리 급박하게 진전된다고 할지라도, 각 지역의 사람들의 일상적인 '자기의식'은 여전히 각기 다른 그들 나름대로의 언어, 관습 등과 그것에 의하여 의식적·무의식적으로 수천, 또는 수백 년간 같은 문화 공간에서 형성되어 온 전통적인 문화의식, 윤리관념 등과 분리될 수 없는 것이다. 따라서 여기에 전통적인 '문화적 정체성'의 다양한 모습들과 이런 다양성을 하나의 '보편적' 양식으로 묶으려는 '세계화'로의 체제 통합 사이에는 갈등과 긴장 관계가 나타날 수밖에 없다.

이렇듯 우리가 세계화 시대에 '세계인'으로서 이 지구의 다른 지역의 다른 인간들과의 교섭이 바로 우리 일상생활의 필수적인 한 부분이 될 수밖에 없다면, 여기에서 우리가 논의해야 할 핵심 문제는 '다른 지역에서 다른 문화생활 환경에서 살아온 인간들의 문화적 다

---

1   Hans-Peter Martin and Harald Schumann, 『세계화의 덫』, 강수돌 역, 1998, 29쪽 참조.

양성 속에서 어떻게 '자기 문화의 정체성'을 그것들과 균형 감각 있게 조화시키며 발전시킬 것인가?' 하는 새로운 차원의 '문화적 정체성' 논의가 될 것이다. 이런 '세계화' 시대 속의 우리의 '문화적 정체성', 또는 '유교적 문화의 정체성'의 발양과 관련하여, 여기에서 필자는 다음의 문제를 중점적으로 다루어보고자 한다.

1) '아시아적 가치'와 '유교식 자본주의' 담론의 허와 실
2) '근대' 과학주의의 팽창과 '도구적' 이성의 비극
3) '도구적' 이성 비판의 목소리와 유교적 '덕의 윤리'와의 만남
4) 유교의 '유기체론적' 도덕형이상학에 대한 재평가

2   '아시아적 가치'와 '유교식 자본주의' 담론의 허와 실

일찍이 19세기 말에 산업사회로의 발전에 예외적으로 성공한 일본을 제외한 아시아 유교문화권에 속한 국가들(대만, 홍콩, 싱가포르, 한국 등)이 지난 70년대 이래로 급속히 세계시장에서 괄목할 만큼 빠른 속도로 경제성장을 이룩한 사실과 관련하여 —서구의 발전 방식과 구별되는—'유교식 현대화' 또는 '유교식 자본주의 발전 모델'이 동서양의 학자들에 의해 연구되기 시작하였다면, 또한 1990년대 이래로 아시아에 불어닥친 '경제위기' 또는 '경제발전의 좌절'과 연관하여, 이런 위기와 실패의 원인으로 '아시아적 가치'(Asian value)가 부정적인 비판의 대상으로 요즈음의 경제학계나 사회학계에 회자되고 있다. 이런 담론 현상들의 실체, 그것들의 허와 실은 무엇인가?

사실 1990년대의 아시아의 경제위기에 대한 진단에서 진면목을 보이는 '아시아적 가치'의 논의는, 그것이 아시아의 경제발전에 대한 '객관적인 분석'에 토대하고 있는 참된 '학문'인지 아니면 아시아에 대한 (서양) 선진경제의 지배를 합리화하기 위한 '이데올로기'인지를 우리들은 세심하게 살펴보지 않을 수 없다. 왜냐하면 이른바 '아시아적 가치'의 담론에 의하면, 아시아에서의 경제적 발전과 사회제도의 합리적인 운용이 안 되는 근본 이유는 궁극적으로 볼 때 이들의 유교적 문화에 내재적인 가부장적인 권위주의, 연고주의(cronyism), 기업(조직)운용의 불투명성, 부정, 부패 등에 있다고 보기 때문이다.

　　사실 자연친화적인 농업생산이 절대적으로 지배하였던 과거 전통사회에서는 다수의 무토 농민 내지는 중소지주들과 소수의 특정 기술자나 상인계층들이 사회의 하층에서 힘겨운 생산 활동을 해왔다면, 사회의 상층에서 이들을 보호·지도·감독하는 소수의 '지식인-관료'층이 군림하고 있었다. 이들 유교적 지식인들은 어려서부터 '한문'(漢文)을 배우고 그것으로 고전과 학문을 익히면서 과거시험을 통하여 관리가 되거나 지식인 신분으로서 향리에 머물러 살면서도 민중의 지도에 막강한 영향력을 발휘하는 특권적 위치에 있었다. 교육, 문화, 행정을 주도하는 이들은 '민생'의 보장을 실현해 내려는 사회적 화합에 초점을 맞추면서, 이른바 "대동"사회의 실현을 그 이상적 목표로 삼고 있었다. 그리고 이들 '지식인-관료'들에게는 될수록 자기의 사욕을 억누르고 공익의 실현에 봉사하는 높은 '도덕'의 수양이 언제나 강도 높게 요구되었다. 맹자의 말대로, '정신노동을 하는'(勞心者) 대인(大人)과 '육체노동을 하는'(勞力者) 소인(小人)은 서로 사회분업적 관계를 이루는 것이다. '대인'은 '소인'의 생산활동 없이는 생존할 수 없으며, 또한 생산에 종사하는 소인들 또한 그들을 지도해 주는 '대인'이 없으면 마찬가지로 생존할 수 없는 것으로 보았다.[2] 따라서 한 개인은 하나의 공동체 안에서 서로 묶여 있는 것이며 그것 밖에 홀로 떨어져 있는—장자(莊子)가 언제나 찬양하였던—독립적·고립적인 '개인'은 언제나 위험한 '인물'로 비판의 대상이 될 뿐이었다. 그렇기 때문에 공자는 '인'(仁)을 통한 인간들의 화합과 연대의 덕(virtue)을 그만큼 더 높이 평가하였다. 주자(朱子, 1130~1200)에 의하면, 지식인의 사명은 바로 '대인'이 되는 것이었다. 이런 지식인의 사명을 말하는 『대학』(大學)의 총강령은 바로 "大學者, 在明明德, 在親(新)民, 在止於至善也"였다. 이것을 '주자'의 해석에 따르자면, "'대인이 되는 학문'은 군자와 소인의 사회분업이라는 우주적 철칙을 분명히 깨달음에 있으며, 이런 대인들이 (아래의) 백성들을 그들의 사명에 충실하도록 새롭게 만들어 주는 데 있으며, 이런 '대인'의 사명은 '지선'(至善), 즉 상하(上下) 계층의 이상적 조화의 극치를 이루어 내는 데에서 끝난다"고 본 것이다. 따라서 '지식인-관리'의 문화적·철학적 의식은 바로 자신의 사심·사욕을 극복하여 사회적 대의(大義)를 이루어 내려는 도덕성의 훈련·연마, 즉 '존덕성'(尊德性)에 있었다. 그것이 바로 그들이 하는 학문, 즉 '도문학'(道問學)의 내용이었다. 이런 지식인들의 이상과 기개를 범중엄(范仲淹, 989~1052)은 다음과 같이 말하였다.

"세상의 근심을 (남보다) 먼저 근심하고 세상의 즐거움을 (남보다) 늦

---

2 "無君子, 莫治野人. 無野人, 莫養君子." 『孟子』, 「滕文公」 上(5:3) 참조.

게 즐긴다"(先天下之憂而憂, 後天下之樂而樂).

이와 같이, 그들은 ― 일찍이 먼 옛날 문명 초기의 이상적인 임금인 요(堯), 순(舜)시대에 실현되었던 상하의 계층이 완전히 조화를 이루어냈던 ― '이상적인 사회질서'를 언제나 그들의 머릿속에 그리면서 이런 그들의 정치적·사회적 이상이 구현되지 못하고 있는 그들 당대의 현실을 항상 '사회적 위기'(즉 '天下無道')로 파악하고 그런 사회적·공적(公的)인 "근심"을 그들의 도덕적 윤리성의 제고를 통하여 극복해 내고 '질서 잡힌 태평세'(즉 '天下有道')를 이끌어 내려는 원대한 '우환의식'을 가지고 있었다. 말하자면, 유교적 전통사회에서 사회를 주도하는 '지식인-관료'들이 추구한 것은 ― 근대의 개인주의적인 자유주의자들처럼 ― 우선적으로 개개인의 권리에 대한 제도적인 보장이나 사회의 물질적 생산의 증진을 도모하는 '공리주의'의 추구에 우선순위를 두는 것이 아니라, 사회적 화합을 도모하려는 지식인의 높은 윤리의식의 추구에서 찾아질 수 있다. 따라서 이런 사회적인 상하의 차등적 인간관계를 전제하고 이런 사회적 갈등의 해소를 지식인(士)의 도덕성 함양에서 찾으려는 일종의 '도덕적·목적론적 세계관'이 근대 자본주의 이전의 유교문화권에 속한 사회들을 지배하는 학문의 문제의식이었다. 따라서 유교적 문제의식 속에서는 언제나 '사욕'을 극복하고 '공적인 대의'를 실현해 내려는 사회적 지도계층, 즉 유교적 지식인들의 높은 도덕의식이 언제나 강조되고 있는 것이다. 그리고 실제로 우리의 전통문화를 되돌아보면, '사회적 공의'를 강조하는 지식인의 높은 윤리의식은 또한 사회정치제도에 반영되었다. 따라서 관리의 임명에 있어서는, ― '아시아적 가치'의 담론이 오늘날 아시아사회의 부정적 면모로 고발하고 있는—"연고주의와 정실주의를 방지하기 위한 '상피'(相避)제도가 엄연히 자리 잡고 있었으며, 심지어 군주의 독주를 방지하기 위한 '대간'(臺諫)제도와 '상소'(上疏)제도가 정착"[3]되어 있었다.

이렇게 본다면, 17, 18세기 계몽주의시대 이래 2, 3백 년이라는 비교적 긴 역사기간에 여러 가지 시행착오를 거쳐 발전을 거듭하면서 오늘날 자본주의사회 체제의 정상에 오른 서구인들이, 유교적 문화권에 속한 아시아 국가들이 겨우 최근 30~40년간의 매우 짧은 기간 동안에 그들의 전통적인 낙후된 농업경제의 구조에서부터 출발하여 새로운 근대적 자본주의의 산업사회로 비약적인 발전을 하는 과정에서 나타나는 여러 가지 사회적인 부정적 현상들을 아시아사회의 고질적인 문화적 병폐로 몰아붙이는 것은 아무래도 아시아사회에 대한 '가치중립적'이고 객관적인 학문적 평가 작업이라고 보기 어렵다. 왜냐하면 '아시아적 가치'의 담론은 결국—유교윤리의 실제적인 내용이나 그 사회정치제도의 실상과는 달리—유교적 전통에 속한 아시아 국가들의 부정적인 사회현상을 과장하여 그것을 유교적 전통문화의 내재적 핵심이라고 규정하고, 그런 '유교적 문화유산'의 척결 없이는 결단코 서양과 같은 수준의 '합리적인 근대사회'로의 성공적인 발전은 기대될 수 없다고 말하기 때문이다. 그렇다면, 이른바 '아시아적 가치'의 담론은 결국 아시아인들의 자체적인 역사발전의 가능성을 완전히 부정하고, 오직 '근대화=서구화'라는 구호를 내걸고 서구

---

3   이승환, 「'아시아적 가치'의 담론학적 분석」, 『열린 지성』 4호, 1998 가을호, 131쪽 참조.

문화의 동양 지배를 합리화하고 정당화하였던 낡은 제국주의시대의 식민지지배 이데올로기 망령의 부활, 그 이상이 아닌 것이다.

사실 지난 150여 년간의 동아시아 역사공간에서의 동서 문명의 대립은 서양문명의 척도에 의한 동양문명의 일관된 자기 부정의 역사였다. 일찍이 현대화에 성공하였던 일본을 제외하고는, 모두 현대화라는 이름으로 자기 전통문화에 대한 부정을 통한 자기변신, 요컨대 '전통 폐기=근대화', 그리고 '근대화=서구화'라는 등식이 대부분의 진보적인 지식인들에게 의미 있는 역사/사회 발전의 지표로서 지금까지도 계몽되고 있다. 그러나 이 동아시아 지역에서 70년대 이후부터—서구와 다른—'자기 중심의 현대화'의 가능성을 외치는 '유교식 자본주의'의 논의가 일부 지식인들에 의하여 주창되기에 이르렀다. 이런 '유교식 자본주의'의 논의는, 모두 막스 베버의 유교문화에 대한 부정적인 비판을 극복하는 데서 출발하고 있다. 막스 베버가 일찍이 유교를 '고정적 실체'로 아주 단순화시키고, 이렇게 단순·고착화된 실체로서의 '유교적 정신' 속에서 그가 본 것은 현실과 타협하는 유교의 세속화된 모습이었다. 베버에 의해 파악된 '유교의 정신'은, 요컨대, 현실을 적극적으로 부정하고 극복하려는—기독교의 '청교도' 정신에서 보이는 '피안'으로의 지향과 같은—적극적인 긴장성의 결여였다. 베버에 의하면, 유교의 세속적인 도덕원리는 기껏해야 현실과 타협하고 마는 허구적 극복, 즉 한낱 '주술'(Verzauberung)에 불과하다는 것이다. 그러나 이와는 반대로 유교적 자본주의를 옹호하는 '뚜웨이밍'(하버드대학)이나 '위잉스'(프린스턴대학) 교수 등은 베버의 이런 잘못된 주장은 중국 유교, 특히 신유학(Neo-Confucianism)에 대한 오해에 불과하다고 외치고 있다. 유교사상의 핵심은 현실을 언제나 '위기'로 보고 그것을 극복하려는 '우환의식'에서 찾아야 하며, 이런 우환의식은 현세에 대한 이상, 즉 천리(天理)를 한편 진지하게 궁구하고, 또 다른 한편 그것을 몸소 실천해 내려는 신유학의 강력한 도덕의식에 뚜렷이 나타나 있다고 이들은 말한다. 물론 유교에서는 그 '천리'들이 ─비록 이 현실세계 내에 설정되지만 그것들은 결국 현실을 극복하려는─ '이상'들이기 때문에 "내재적 초월"(內在而超越)이라고 볼 수 있다는 것이다. 따라서 '천리'의 추구는, 서양의 "외재적 초월"(外在而超越)과 구별되는, 중국식 '초월성-이상성'의 추구라는 것이다. 이들의 이러한 논의는 동아시인들의 "근면, 성실, 절약" 등을 유교적 윤리로부터 설명하는 데에는 큰 무리가 없다고 보인다. 그러나 우리는 '신유학'이 여하한 형태의 공리주의의 추구를 배격하는 일종의 '관념적 도덕이상론'임을 부인할 수 없다. 그렇다면, 이런 신유학의 반(反)공리주의적인 도덕적 긴장성이 어떻게 유교적 자본주의의 발전 가능성을 촉발시킬 수 있는가에 대한 보다 더 설득력 있는 이론적 작업이 요청되지 않을 수 없다고 본다.

이런 논의의 수준이 비록 좀 더 해결해야 할 많은 이론적 과제들을 아직도 가지고 있다고 할지라도, 이들에게 보이는 유교적 문화전통 안에서의 '유교식 현대화'의 가능성의 근거를 추구해 보려는 담론의 시작은 일단 서구의 산업화의 길과 구별되는, 유교문화권 나름대로의 자기의 문화적 정체성의 확인에서부터 출발하는 것이기 때문에 상당히 긍정적인 의미가 있다고 본다.

3 '근대' 과학주의의 팽창과 '도구적' 이성의 비극

인간의 욕구 충족을 만족시키기 위한 베이컨의 자연 지배적인 근대적 의식은 자연현상들에 대한 경험적인 연구 분석과 실험을 통하여 강력하게 밑받침되었으며, 자연과학적 지식과 기술의 발전에 혁신적인 성과를 가져왔다. 이런 자연과학적 연구방법의 강조는 무엇보다도 먼저 중세의 '목적론적' 세계관을 부정하는 것이었다. 따라서 자연대상에 대한 이해를 위해서는 기존의 세계관이나 가치관에서 벗어나서, 그 사물의 사실 자체만을 바라보아야 한다고 말하였다. 여기에 베이컨의 근대과학 방법론이 바로 그의 "우상" 파괴의 가르침으로부터 시작하는 연유가 있는 것이다. 이로부터 연구자의 가치판단의 개입이 없는 오직 현상적 사실에 대한 엄밀한 분석과 그것에 기초한 가설들의 실험적 증명만을 가장 확실한 학문적 방법으로 추구하는 자연과학적 방법이 근대적 학문방법의 근본원칙으로 성립하게 된다. 이러한 과학주의의 팽창은 경험적 검증의 대상이 될 수 없는 도덕적 원리나 가치론, 요컨대, 형이상학적 주제들에 대한 학문적 열정들을, 과학성이 결여된 사이비 학문으로 몰아붙였다. 이에 우리들은 논리적 실증주의가 또한 20세기를 지배하는 하나의 철학으로 성립하게 된 이유를 보게 되는 것이다. 바로 이런 자연과학적 실증주의적 방법을 통하여, 근대 계몽주의시대 이래, 목적추구적인 합리적(도구적) 이성은 엄청난 사회생산력의 진보를 이룩했으며, 그것은 또한 결과적으로 자본주의사회 안에서의 생산력 발전에 결정적인 공헌을 하였다.

　베버(M. Weber)에 의하면, 이런 자본주의사회의 발전과정이란 소박한 자연적 분업의 단계로부터 계속적으로 합리적으로 정리·조직되어 가는 노동 분업의 무한한 합리화(Rationalisierung) 과정이다. 노동 분업의 합리화는 노동과정에 기계의 도입을 가져왔고 이 폭발적인 위력을 가진 기계문명이 최근 200년 이래로 발전시켜온 생산력의 증가는 거의 무한한 것이었다. 이에 따라 온 세계는 하나의 생활권으로 묶여 가고 있다. 여기에서 우리가 주목해야 할 문제점은, 첫째 생산과정의 극단적인 합리화에 따르는 인간성의 상실이요, 둘째로는 전통적 윤리규범인 도덕과 정신의 타락이다. 인간의 노동과정이 오로지 합리화의 극단적 추구에 따라서 인간 개개인의 특수한 자질과 취미를 충분히 고려함이 없이 오직 추상적 물량적인 범주에서 될수록 합리적·수단적으로만 조작됨으로써, 그리고 또한 이런 인위적 합리적 조작으로 인하여 인간노동이 전문적으로 세분화됨으로써, 인간은 자신의 노동을 통하여 자기의 가치(이상)를 객관적으로 실현해 나가는— 말하자면 자연을 '의식적으로' 그리고 '주체적으로', '자유스럽게' 가공해 나가는—인간의 자기본연의 삶(Gattungsleben)을 가질 수 없게 된 것이다. 이와 같은 인간의 소외현상은 또한 이 생산 활동이 '화폐'라는 가장 보편적인 유통 및 축적 수단을 통하여 진행됨으로써 더욱더 심각해지고 있다. 인간의 생산(사회)활동이 부(富)의 끊임없는 추구, 또는 '자본'의 끊임없는 확대에 의해 규정됨으로써 기존 사회의 모든 상하 신분관계와 그와 관련된 윤리적 가치 관념은 점차 의미를 잃고 무력해질 수밖에 없다.

자본주의사회에서의 모든 인간의 사회관계가 합리적 노동 분업의 원칙에 따라서 추상적 보편적으로만 연결·조직·운용되기 때문에 결국 인간관계는 생산수단, 즉 자본의 물질적(물량적) 관계로 나타날 수밖에 없다. 바로 여기에 현대 자본주의사회의 인간은 비로소 종래의 신분적 속박에서 해방되어 '법률적으로' 평등한 관계로 나타난다. 그러나 이 현대사회의 문제점은 '전통의 목적론적인 세계관'에서 벗어나서, 다시 말해 전통적인 권위와 목적론적인 질서의식을 상실하고 오직 자본주의사회의 끊임없는 이윤추구의 율동(Dynamik) 앞에서 모든 인간들이—개개인들의 법률적·형식적 평등에도 불구하고—현실적으로는 상호 간의 물질적·경제적 차별과 치열한 생존경쟁 속에서 인간 본연의 '가치'(품위)와 '자유', 즉 스스로 자신의 삶을 자기의 목적으로 설정하고 이끌어 갈 수 있는 기회와 여유가 거의 차단되어 가고 있다는 점이다. 이와 같이 인간이 자신의 삶의 목적을 자기 주체적으로 설정하고 그것을 이끌어 나갈 수 있는 '생활세계'가 근본적으로 '왜곡'되고 '소외'되어 가는 "생활세계의 식민지화"(Habermas)가 현대사회의 체제적 특성으로 나타나고 있다.

그것뿐만 아니라, 이제까지 발전된 엄청난 과학기술의 진보는, 결국 20세기의 마지막 문턱에 들어선 우리의 인류를—종래의 사회에서 체험해 보지 못한—새로운 문제 앞에 서게 하고 있다. 이미 인간의 기술능력은—그것이 긍정적이든 부정적이든 간에—지구상의 모든 생태계의 균형을 유지할 수도, 파괴할 수도 있는 힘을 가지고 있다. 인간은 이미 산업폐기물, 강력한 교통수단(비행기, 선박, 자동차 등)의 매연 및 생활폐수로 인한 공해, 오존층의 파괴, 지난 80년대의 체르노빌의 원전방사능 유출사고, 그리고 최근의 전 세계적인 이상기후변동 등을 통하여, 우리들이 직접 체험하고 있듯이, 지구촌 전체의 기후변동 및 에너지 변환의 순환운동을 바꾸어 놓고 있는 것이다. 이제 지구의 자연환경을 파괴·변화시키는 인간의 영향력은 가공스러운 것이며, 거의 그 한계를 알 수 없는 것이기도 하다.

　요컨대, 인간의 삶에 본질적으로 필요한 '가치'(value)의 문제를 배제하고 오직 '사실'(facts)만의 계량적 목적 합리성만을 추구해 온 '근대'의 도구적 이성은 자연적 유기체, 즉 '생명체'로서의 현재의 우리 인간들과 우리의 후손들에게, 더 이상 건강한 삶을 보장해 줄 수 없을 정도로, 우리의 '생활환경'(Umwelt)을 극단적으로 파괴하고 있다. "산업 쓰레기가 인간들의 생활 주변에서 마구 버려지더라도 그것이 계속 정화될 수 있을 만큼, 높은 굴뚝이나 깊은 강물은 없다. 이들은 '생리학적인 자연'(physiologische Natur)의 순환 속에서 우리에게 모두 되돌아온다. 납이 들어 있는 샐러드로부터 수은을 머금은 생선이나 버섯류, 우유 속에 든 DDT에 이르기까지, 해충들을 없애기 위하여 우리들이 늘 뿌려 댔거나, 독극물을 폐기하기 위하여 땅속에 묻어 버린 것들이 (모두) 이미 오래전부터 우리들의 식탁으로 되돌아오고 있다."[4] 여기에서 우리는 인간의 이기적인 자연 지배, 즉 근대이성이 초래한 인류생존의 위기라는 비극적 현실을 만나고 있는 것이다. 그렇다면, 우리들이 21세기를 향한 문턱에서 앞으로 나아갈 길은 서양의 '도구적 이성' 중심의 근대화를 무조건 모방하는 데 있지 않음은 너무나 자명한 일인 것이다.

4　Loather Schäfer, "Selbstbestimmung und Naturverhältnis", *Über Natur*, (hrsg. O. Schwemmer), Frankfurt/M., 1991, 35쪽.

4 '도구적' 이성 비판의 목소리와 유교적 '덕' 론의 만남

이제 우리는 너무나 자연스럽게 서양문명 본거지의 도처에서부터, 18세기 이래 전 세계를 지배해 온 "계몽주의"에 바탕을 둔, "근대이성"의 "도구적 폭력성"에 대한 비판의 목소리를 듣게 된다. (생산)수단의 극단적인 합리화가 엄청난 물질적 사회생산의 부를 축적해 가고 있지만, 그러나 이런 계량적 합리성에만 호소하는 자본주의적 생산관계는, 루카치의 지적처럼, 결국 모든 것(인간과 자연)의 소외, 즉 "사물화"(Verdinglichung) 현상의 심화를 모면할 수 없기 때문이다. 그리고 지금에 와서는, 급기야 "생명의 보금자리"(Habitat)를 근원적으로 파괴해 가는 "생태계의 위기"까지를 초래하고 있다. 여기에서 우리 인류는 지금 근대이성의 찬란한 위력과 동시에 가공할 만한 폭력성을 만나고 있는 것이다. 그렇다면, 이런 근대이성의 위기로부터의 탈출은 과연 가능한 것인가?

여기에 대하여 (서양)세계의 철학자들은 모두 갖가지 처방들을 내놓고 있다. 소위 "포스트모더니즘"이란 이런 "근대이성"의 패러다임에 대한 원천적 "부정"의 래디컬한 목소리라고 할 수 있다. 이와 달리, 하버마스는 한편 인간의 노동(Arbeit), 즉 생산행위를 이끌어 가는 자본주의 "체제"(System)의 폭력성을 예리하게 보면서도, 다른 한편 이성적 인간의 또 다른 행위, 즉 "의사소통의 행위"(kommunikatives Handeln)를 통하여 "공론의 장"을 넓혀감으로써, 점차 소외로부터 해방되는 "생활세계"(Lebenswelt)의 '탈-식민지화' 가능성을 설득하고 있다. 그러나 이와 같이 '이성'의 '의사소통 행위'에 낙관적인 희망을 부여하고 있는 하버마스와는 달리, 미국에서 주로 활동하

는 맥킨타이어는 이런 이성의 해방적 기능의 가능성에 대하여 훨씬
더 회의적이다.

　맥킨타이어는 계몽주의 이래 인간의 목적론적 본성이 송두리째
부정되었다고 본다. 다만 "욕구"(desires)의 충족만을 추구하는 "현실
적인 인간"은 결국 "정감적 자아"(the emotivist self)에서 자기의 본성
을 찾을 수밖에 없다고 본다. 그렇다면, 도대체 어떤 도덕적 신념들
도 그저 개개인들의 사적인 "취향들"(preferences)에 불과한 것이기
때문에, 어떠한 도덕적인 담론들도 남의 행동을 규제하고 영향을 미
칠 수 있는 보편적인 규범성을 확보할 수 없다고 맥킨타이어는 지적
하고 있다. 따라서 그는 현대 윤리학에서의 도덕적 논쟁이란 서로 끝
까지 합치하는 결말을 볼 수 없는 허무맹랑한 것임을 지적하고 있다.

　맥킨타이어는 『덕 이후』(After Vertue, 1984)에서 노직(R. Nozick)
과 롤스(J. Rawls)의 철학적 입장을 대비시키고 있다.[5] 그는 이 둘 사
이의 서로 합의를 볼 수 없는 논변을 통하여, 자유주의적 개인주의
입장에서는 자유주의의 가장 중요한 덕목인 '절차적 정의'(procedural
justice)에 대한 개념적 합의조차 실패할 수밖에 없음을 지적한다. 이
처럼 어떻게 행동하는 것이 '정의'의 덕을 실현해 내는 것인가? 하는
기본원칙조차도 합의를 볼 수 없는 현대사회의 개인주의적 도덕의
위기 앞에서, 철저한 역사주의적 관점에 서 있는 맥킨타이어에게는
규범적 윤리학이, 공동체의 다른 인간들과의 연관관계에서 그 개인의
역할, 또는 그 이상적 덕성(virtues)을, 규정해 낼 때―예를 들어 아리

5　보다 자세한 내용은 이 책의 『맥킨타이어의 역사주의적 관점과 유교와의 대화 가능
　성』 293~296쪽 참조.

스토텔레스식의 목적론적 세계관을 전제할 때—에야 비로소 가능하다는 것이다.

이와 같이 그는 궁극적으로 볼 때 계몽주의 이래 강하게 뿌리내린 개인주의적 자유주의에서 비롯되는 도덕원리의 "파편화"나 "아노미" 현상들을 예리하게 비판하면서, 이런 현대사회의 도덕적 혼란의 극복의 가능성을—결국 개인들의 행위가 구체적으로 전개되는 공동체와의 연결 맥락 속에서—인간의 덕성의 발견, 즉 덕의 윤리에서 찾고 있다. 사실 인간이란 관념적으로 추상화된 보편적 존재가 아니고, 결국 사회적 정치적, 즉 총체적 문화 흐름을 겪고 사는 "역사적 존재"(the historical)이기 때문에, 맥킨타이어는 더 나아가서 현재 인류들이 각기 속해 있는 서로 다른—다원주의적—문화적 역사적 전통의 흐름 속에서 각각 고유한 "덕성"의 발견과 '덕의 윤리'의 실천을 권장하고 있다.

이제 우리가 만약 이러한 맥킨타이어의 현대 윤리학 비판의 담론에 주목할 가치가 있다고 보고, 그의 입론에 동조를 한다면, 우리는 다시금 일찍이 20세기 초에 동양의 계몽적인 선구자들이나 아직도 주위에서 왕성하게 활동하고 있는 '전반서화론자'(全般西化論者)들에 의하여 폐기 처분된 유교의 윤리적 담론, 요컨대, 유교식의 덕의 윤리에 또한 주목할 필요가 있는 것이다.

유교사상에는—동서양을 막론하고 근세 이전에 생겨났던 인류의 다른 위대한 사상들과 마찬가지로—여러 면에서 전근대적 사회의 특징적인 사회질서의식들, 예를 들면 가족중심주의, 가부장적인 권위 질서, 남녀의 불평등 등이 나타나 있다. 그러나 우리가, 아리스토텔레스가 페미니스트나 자유민주주의자가 아님을 비난하는 것이 — 현실의 문제의식을 과거에 투영시켜서 억지로 재단해 내려는 시대착오적(anachronisch)인 — 무리한 비판이라고 생각한다면, 유교 사상이 안고 있는 시대적 제한을 유교의 핵심적 결점으로 몰아붙이는 기획 또한 시대착오적인 무분별한 발상이라고 봐야 할 것이다. 그렇다면 우리는 이제 유교의 덕의 윤리의 가르침의 초시대적인 보편적 메시지는 무엇이라고 봐야 할 것인가를 묻지 않을 수 없다.

공자(기원전 551~479)가 물론 2500여 년 전의 인물이긴 하지만, 그의 사상, 특히 사회이론 속에서는 다음과 같은 지극히 인문주의적인 면모가 깔려 있다. 그를 전후로 한 고대 중국사회(즉 기원전 9~3세기)에 끊임없이 계속되는 전쟁 속에서 종래의 군소의 작은 봉건국가들이 하나의 대규모 관료주의적인 중앙집권국가의 형성을 지향하며 변화 발전, 또는 엄청난 사회적 혼란(공자의 용어로는 "天下無道")을 거듭했다면, 그런 대변혁의 와중에서 공자가 파악한 인간의 본질은 고전교육을 통한 자기계발의 가능성에 있었다. 즉 공자는 배움(學, Learning)이 인간을 동물과 구별시키는 인간의 본성이라고 본 것이다. 따라서 인간은 이런 '배움'을 통한 자기계발의 정도에 따라서 서로 다르게 구분될 수밖에 없다고 보았다. 그리고 이런 '배움'의 과정은 한편으로 고전들(즉, 詩, 書, 禮, 樂 등)을 익히고 배움으로써 자기 인격을 계발시킬 수 있는 도덕적 인격을 닦아 나가는, 즉 수기(修己, Sich-Ausbildung)의 과정이요, 또 다른 한편으로는 도덕적 인격을 갖춘 '군자'(현대적 용어로 풀자면, '지도자', 또는 '경영인')로서 자기 주위의 다른 사람들을 지도 계발해 줌으로써, 개인적 이기주의에서 출발하는 개인적 또는 사회적 갈등들을 될수록 조화와 화합으로 이끌어서 안정된 '태평세'를 이루어 내려는 것이었다. 유교가 추구하는 이상은, 전문용어로 말하면, "내성외왕"(內聖外王)의 실현에 있는 것이다. 따라서 공자의 사회윤리론의 핵심은, 학문과 도덕계발을 통한 끊임없는 자기 인격의 계발과 동시에 주위 사람들에 대한 연민과 관심(즉 忠과 恕) 속에서 그들을 지도하고 깨우쳐서, 그들과 더불어 조화로운 안정된 사회, 유교적 용어로 말하면, "대동"(大同, die große Harmonie) 사회를 실현하는 데에 있었다. 그리고 당대 사회에서 인간사회의 기본 단위는 "가족"이었기 때문에 "개인"의 사회적 관계의 발전은 "개인과 가족" 간의 관계에서 자연스럽게 얻어진—이해타산의 관계를 넘어서는—순수한 사랑과 협동의 마음을 점차적으로 주위의 '이웃'들에게 확대해 나가는 일이었다.

우리가 인간집단의 사회적 분화를, 근대 시민사회에 들어오면서, '자연적–유기적인 모임'(Gemeinschaft)과 이득 추구를 위한 '인위적–계약적 모임'(Gesellschaft)으로 구분하여 생각한다면, 유교의 덕의 윤리는 말하자면 후자 속에서 전자의 이상을 실현해 내려는 인문주의적인 이상세계를 지향한다고 말할 수 있다.

이렇게 본다면, 순전한 개개인들의 사적인 이해관계를 일차적으로 고려하면서 계약사회를 유지하려는 서구적인 현대사회의 자유주의적인 개인주의와는 달리, 개개인들의 타산적 이해관계의 고려보다는 오히려 공동체 전체의 화합과 안녕을 이루어 내기 위하여, 한편으로 '지도자' 엘리트들의 '배움'과 '반성적 사유'를 강조하면서, 또 다른 한편으로 하나의 공동체 안에서 서로 각기 다른 역할을 하면서도 '자기'가 관계하고 있는 주위의 '다른 사람들'에게 각별한 "배려"(恕)를 강조하는 유교의 덕의 윤리는 결국 개인을 공동체 안에서의 자기가 실현해 내야 할 역할을 통해서 규정해 내는 일종의 유기체론적인 세계관에 그 뿌리를 두고 있음에 틀림이 없다. 따라서 유교의 덕의 윤리에 대한 비판이나 공격의 대상은 일차적으로—그것이 안고 있는 시대적인 한계—말하자면, 혈연을 중시하는 가족중심주의, 또는 가부장적인 불평등한 인간관계 등이 아니라, 차라리 근원적으로 보자면 바로 유교적 세계관이 갖고 있는 도덕형이상학의 유기체론적인 특성에 대한 비판이나 공격이 되어야 할 것이다.

5 유교의 '유기체론적' 도덕형이상학에 대한 재평가

전통적인 유교적 사회에서는 농업이 천하의 근본이었으며, 인간과 자연은 친화적 관계였다. 농업에서 가장 중요한 과제는 변화하는 자연운행과의 순조로운 화합—개별적이든 집단적이든—이었고, 이는 인간사회가 이룩해야 할 과제였다. 근대 계몽주의 이전, 즉 서양의 고대나 중세에서도 자연 자체가 자기 목적을 가지고 움직이는 유기체로서 고유한 권리가 인정되었던 것처럼,[6] 동양(즉 유교문화권)에서도 자연은 늘 변화하는 생명적 유기체로서 받아들여졌다. 그리고 이런 무한 변동의 존재원인으로서 그 안에 선험적으로 내재하는 이상적 질서, 즉 도(道)에는 자연(天)과 인류도덕(人)의 공동의 원천으로서 절대적인 권위가 부여되었다. 따라서 유가(儒家)에서는 일찍부터 자연과 인간의 가치론적 합일(天人合一)이 설파되었고, 또한 인위적인 그 무엇으

---

6   이 점에 관하여서는 이 책의 「유기체적 자연관과 동서 철학 융합의 가능성」, 309~325쪽 참조.

로도 간섭할 수 없는 천도(天道, Ordnung der Natur)에 근거하는 일종의 '자연권'(Naturrecht) 사상이 지배적이었다.

일찍이 유교에서는 자연 운행의 법칙성과 쉼이 없는 성실성(誠)이 '자연 질서'(天道)라면 그것은 또한 지도자의 소임을 맡은 지식인(君子)들이 기필코 실현해 내야 할 성실성(誠之), 즉 '인륜 질서'(人道)였다.[7] 공자에게서 자연의 쉼이 없는 운행은 더 이상 군더더기 말이 필요 없이 묵묵히 자기가 할 일만을 실천해나가는 도덕적/이상적 행위의 전범(典範)이었다.[8] 이들 유가와는 달리, 개개 인간들의 개성적 발전이나 정신적 자유의 추구를 보다 더 강조하는 개인주의적인 도가(道家) 사상가들에게는 인간의 사회제도나 이를 뒷받침하는 사회적 이념들이란 모두 인간의 인간에 대한 차별과 종속을 강요하는 지배적 폭력 이상으로 보이지 않았기 때문에, 사회관계 성립 이전의 자연 상태가 바로—군자와 소인의 차별이 없는—이상적 평등의 상태로 미화되었다.[9] 이런 소박한 자연관에 입각한 도덕이상론은 주자(朱子, 1130~1200)에 이르러서는 하나의 도덕형이상학으로 발전하였다.

불교의 공(空)의 존재론이나 도교의 무(無)의 존재론을 극복하기 위하여, 송명(宋明)시대의 유학자들은, 공(空)과 무(無) 대신에, 천지 자연의 모든 변화와 흐름의 현상을 생명의 전개로 파악하였다.[10] 그리고 이런 우주의 유기체적 생명의 흐름을 인간(人)세계와 자연세계(物 또는 天)의 존재론적 기초로 제시하였다. 이들은 개개의 구체적 인간

---

7   "誠者, 天之道也. 誠之者, 人之道也.",『中庸』(20章).
8   子曰: "予欲無言." 子貢曰: "子如不言, 則小子何述焉?" 子曰: "天何焉哉? 四時行焉, 百物生焉, 天何焉哉?",『論語』,「陽貨」(17:19).
9   "夫至德之世, 同與禽獸居, 族與萬物並. 惡乎知君子小人哉?",『莊子』,「馬蹄」편.
10   "天地之大德曰: 生.",『周易』,「繫辭」下편 참조.

들이나 만물들의 본성 안에 내재하는 이런 생명성(生)의 원활한 전개가 만물들(개개 인간들이나 우주의 산물 전체)이 이루어 내야 할 형이상학적 도리(道)라고 파악하였다. 주자의 입장에서 볼 때, 무궁하고 무한한 우주만물의 생성과 변화 발전을 주재하는 초월적 인격신을 인정할 수 없었다. 그러나 그는 이런 무한한 생명적 변화 운동이 맹목적이거나 혼돈일 수는 없다고 보았다. 이런 우주의 만물만상의 변화에는 그것을 그렇게 하도록 하고, 그렇게 움직이게 하도록 하는 우주만물의 존재론적 근거(즉 萬物의 所以然之故와 所當然之則)가 선험적으로 미리 주어져 있다는 것이다. 이것이 주자가 말하는 도덕형이상학의 존재론적 근거로서의 '이'(理 또는 天理)의 세계인 것이다. 이런 '이'는 현상계의 만물이 존재하기 이전부터 그와는 별개의 범주로 존재하는 것이다. 따라서 이러한 '이'의 측면은 현상계에 속한 구체적인 만물들과 존재론적으로 구분되는 것이다. 그렇지만, 실제 현상계의 만물들은 수시로 변하고 유동적인 기(氣)의 흐름(流行)에 의하여 실제적인 존재로 나타난다. 특히 이런 무목적적이며 무정형하게 무한히 흘러가고 변화해 가는 '기'는 형이하학(形而下學)적인 것으로, 절대로 존재론적 차원에서 합목적적인 가치론의 근거인 형이상학(形而上學)적 '이'와 서로 혼동해서는 안 된다(理氣不相雜)는 것이다. 그러나 이 우주에 실재적으로 존재하는 실체는 오직 '기' 하나뿐인 것이다. 따라서 형이상학적인 '이'는 존재론적으로는 선험적이지만, 현실적으로는 형이하학적인 '기'를 떠나서 달리 어디에 의거할 수 없는 것(理氣不相離)이다. 따라서 주자의 철학은 이원적 사고(理氣不相雜)인 동시에 일원적 실체관(理氣不相離)이다.[11]

그는 이 '이'의 총체적인 근원을 태극(太極)이라고 불렀으며, 이 태극의 총체적 원리는 또한 동시에 모든 구체적인 개개 인간들이나 만물들에 내재적으로 존재하는 것이다.[12] 따라서 '태극'인 '이'는 총체적 존재론적 원리로서 '이일'(理一)이면서도 동시에 무한한 구체적 만물 속에 각기 다른 모습으로 내재함으로써 만수(萬殊)인 것이다. 이것이 주자의 '이일분수'(理一分殊)론이다. 주자는 이 '이일분수'론으로 우주적 전체 체계 안의 전체적 움직임과 동시에 그 전체적 질서 안에서 각각의 구체적 인간들이나 사물들이 각기 부동하게 차지하고 수용해야 할 각자의 합목적적인 역할분담의 전체적 체계의 틀을 제시하고 있다. 이제 주자 및 그의 이론을 따르는 전통적 유교문화권 안의 지식인들은 이 전체적인 틀을 우주와 인간의 완전한 질서(天理)로 확보하게 된 셈이다.

그러나 실제 세계의 무수한 인간이나 만물들은 부도덕하고 또한

---

11   여기에서 자연세계와 자연법칙의 세계의 관계를 이원적 사고로 분리해 보면서, 결국은 일원적 실체관을 제시해 보이는 이런 주회의 도덕형이상학적 구도를, 플라톤과 아리스토텔레스의 그것과 대비해보는 것은 매우 흥미롭다. 일찍이 이오니아의 자연철학자들에 의하면, 이런 자연만물(생명적 유기체나 생명 없는 물체)들이 자발적으로 성장하는 원인을 자체 안에 가지고 있다고 보았다면, 플라톤은 이런 끊임없이 변화 변동하는 자연세계 안에서는 결단코 그 운동의 원인, 즉 자연법칙이 존재할 수 없다고 보았다. 그 법칙들은, 플라톤에 의하면, 자연세계 밖에 있는 창조자 '데미우르고스'의 가공행위(Techne)나, 만물의 진정한 본질로서 초경험적 세계에 존재하는 이데아와의 연관 속에서 찾아져야만 하는 것이었다. 그러나 이와는 달리 아리스토텔레스는, 외재적 힘에 의하여 만들어진 가공물(Artefakte)과 구별되는 자연의 산물(physis, 즉 생명적 유기체, 식물 및 4원소와 같은 개별적 물체 등)은 "자체 안에 운동과 정지의 원리"(Historisches Wörterbuch der Philosophie, Bd. 6, S. 429.)를 가지고 있다고 보았다. 요컨대, 플라톤에게서는 조야한 '자연'이 그 위에 군림하는 초경험적인 이성적 가공행위(Techne)를 "모방"해야 했다면, 반대로 아리스토텔레스에게는 '가공행위'(Techne, 또는 Kunst)가 "자연"을 모방해야 한다고 보았다. 따라서 자연의 법칙이 플라톤에게는 초경험적 '이데아' 세계에 따로 실재하는 것이라면, 아리스토텔레스는 끊임없이 변화 변동하는 이 경험세계 자체(즉 자연 자체) 속에서 찾아져야 한다고 보았다.

12   "人人有一太極, 物物有一太極.", 『朱子語類』 卷94 참조.

완전하지도 못하므로 '문제투성이'인 것이다. 그것은 왜일까? 그것은 모든 구체적 인간이나 사물들의 생성은 모두 무정형하고 무목적이고 늘 변화 유행하는 기(氣)에 의해 생성된 것이고, 따라서 '기'에 의해 제한을 받고 있기 때문이다. 주자는 개인이나 개개의 사물에 내재하는 하나의 '분수리'(分殊理)를 특히 성(性)이라고 불렀다. 이와 같이 한 개체(物) 안에서 이런 합목적적이고 완전한 지선(至善)의 가치를 가진 '이', 즉 그것의 성(性)을 가리켜 '천지지성'(天地之性) 또는 '본연지성'(本然之性)이라 명명했고, 이와 대치되는 실재적 개체 안의 그 무정형하고 불선(不善)한 '기'와 혼재된 성(性)을 '기질지성'(氣質之性)이라고 불렀다. 그리고 인간의 마음(心)에는 이런 순선(純善)한 '본연지성'으로서의 성(性)의 측면과 선악(善惡)의 가능성이 병존하는 정(情)의 측면이 함께 존재하는 것이다(心統性情).

주자는 이와 같이 순선(純善)의 가능성을 '이'의 측면에서 확보하고, 다른 한편 그 '이'를 불완전한 '기'(氣)의 측면과 대비시킴으로써, 그의 도덕형이상학의 확고한 입지점을 확보함과 동시에 현실적인 부족함이 계발될 수 있는 가능성의 여지 또한 열어 놓은 셈이다. 따라서 사대부적 입장에서 출발하는 인류세계와 천지자연 모두를 관통하는 그의 도덕형이상학이 등장하게 되었다. 그리고 그는, 그의 도덕 이상세계를 확보하고 실현하기 위하여, "천리의 보존과 인욕의 근절"(存天理, 滅人欲)을 강조함으로써 지나치게 초세속적인 금욕주의의 모습을 보이고 있다. 그리고 이렇게 해서 파악되고 그려진 이상세계는 결국 관념적 합목적적인 세계이기 때문에, 그의 철학은 자기의 내적 반성과 성찰을 권면하는 주정(主靜)철학의 특색을 지닐 수밖에 없었다.

주자에 의하면, 이런 도덕형이상학은 실제로 맹자(孟子) 뒤에는 사라진 것이요, 이제 '송명'시대의 신유학자들에 의해서 비로소 다시 그 참뜻이 이어졌다는 것이다. 따라서 그는 이런 참뜻에 입각하여, 특히 지식인들의 사명이란 학문적으로 이런 뜻을 분명히 밝혀, 스스로 먼저 깨닫고 그것을 후진에게 깨닫게(先覺覺後)하는 일이라는 것을 말하였다. 그래서 그는 『사서』(四書)는 물론 『오경』(五經)에 대하여 체계적인 주석을 달았다. 그의 체계는 방대한 것이다. 그는 가상적으로 설정한 천리(天理)의 도덕형이상학을 실재적 의미로 깨닫고 자기의 본성(이상적 가능성)을 실현(완성)해 나가는 존덕성(尊德性)을 말함과 동시에 학문연구에 몰두하는 도문학(道問學)이라는 지식인의 과제를 마련해 준 것이다. 이와 같은 우주의 유기체적 생명관에서 출발하는 주자의 도덕형이상학이 유교적 문화권에서 12세기 이래 동양의 유교적인 문화전통 속에서 지배적인 영향력을 발휘해왔다. 그렇다면, 그것은 오늘날의 '세계화' 시대에 어떤 메시지로 읽혀야 하는가?

　　이제 우리의 과학지식은 우리 인간 및 그 주위를 둘러싸고 있는 자연환경 속에서 자기의 보금자리(Habitat)를 확보해야 하는 하나의 특수한 유기적 생명체임을 확인시켜주고 있다. 따라서 우리는 우리 밖의 '생리학적인 자연'(physiologische Natur)과의 생명친화적인 긴밀한 신진대사(Stoffwechsel)를 새롭게 확보해야 한다. 그러나 서구에서 시작된 근대이성은—이제 고도로 발달된 과학기술 때문에 이런 '생리학적 자연의 순환'에 적극적으로, 그러나 무목적적으로 개입함으로써—'생리학적 자연의 생명성'을 위협하고 있다. 그 결과 우리 인류 자신 및 그 후손들이 살아갈 '생활 근거지' 자체가 근원적으로 파괴되어 죽어 가고 있는 '생태학적 위기'라는 비극적 현실을 자초하였다. 따라서 이런 비극적 곤경으로부터의 탈출 문제는 바로 현재의 우리 인류와 계속 이어질 그 후손들의 생명 보호의 문제인 것이다. 이 점에서 전 세계를 지배해 온 근대이성의 자연 지배적인 태도가 근본적으로 수정되고 인간과 인간, 그리고 인간과 자연 간의 관계를 새롭게 규정해야 할 고도 기술문명 시대의 새 윤리의 정립이 요청되는 소이가 있는 것이다. 이제 필자는 이러한 새로운 윤리 정립의 요청과 관련하여 유교의 윤리관에 대한 칼튼(Michael C. Kalton)의 다음과 같은 말에 주목하고자 한다.

> 서양의 철학자들은 일반적으로 도덕의 문제를 '합리성'과 '자유의지'와 같은 오로지 인간적 속성들만을 바탕으로 하는 아주 뚜렷한 (인간의) 영역으로만 다루어 왔다. 칸트는, 실천의 문제에 대하여는 단순히 '조건적' "당위"로 보지 않고, (언제나) 도덕적 "당위"를 "정언명법"으로 제시함으로써, 이런 (서양의) 전통을 매우 또렷하게 각인시켰다. 이것은 도덕적 선/악은 다른 종류의 선/악과는 달리 하나의 (인간만의) 영역에 속한다는 일반적인 생각을 구체화시킨 것이다. (그러나) 무신론적(sic! '유기체론적')[13] 세계관에 서 있는 유학자들은 말하자면 자연적 사실로부터 도덕적 의무로, '존재'(is)에서 '당위'(ought)로 손쉽게 넘어감으로써 그러한 엄격한 구별을 하지 않았다. (그들은) 서양철학의 훈련을 받은 사람들에게 그런 것이 무슨 큰 문젯거리가 되는지를 거의 눈치채거나 설명할 수가 없었다. (물론) 도덕의 문제가 그들의 중추적 관심사였

---

13 여기에서 유교 윤리의 형이상학적 기초를 '유기체론적' 세계관이 아니라, 단순히 '무신론적' 세계관으로만 바라보는 칼튼의 입장에 대하여 필자는 오히려 유교 윤리관의 '유기체론적' 특성에 초점을 맞추고자 한다.

다. 그러나 그들은 새나 짐승들, 또는 다른 차원에서는, 사계절의 순환 속에서도 (인간과) 같은 도덕적 특성들이 부분적으로 나타난다고 보는 것에 결코 주저하지 않았다.[14]

인간과 자연을 생명적 유기체로 보고 인간과 자연을 관통하는 유교의 '유기체론적' 도덕형이상학에서는 도덕의 문제가 단순히 인간적인 차원의 문제로 끝나는 것이 아니다. 그것은 자연과 함께 조화하며 화합하는 자연화합적인 도덕론인 것이다.

오늘날 '도구적' 이성의 비약적 발전에 기인하는 현대 산업사회에서 그것이 비록 21세기를 향한 '세계화'의 길로 매진한다고 할지라도, 우리 인류들은 이제 '생리학적' 자연 순환의 총체적인 위기 앞에서, 도대체 우리 인류가 생존을 계속하려면, 첫째로 자연 운동 자체의 생명적 고유성과 자율성의 존중, 그리고 둘째로 이런 생명존중의 연대와 사랑이 우리 인간들 서로에 대해서뿐만 아니라 또한 우리와 함께 살고 있는 자연에까지 확산되어야 한다는―요컨대 자연(天)과 인간(人) 사이의 생명적 화합에 대한―도덕적 당위가 필수적으로 요청된다. 그렇다면, 이런 '생태학적인' 위기상황으로부터의 탈출이 가능하기 위해서는 의심할 여지없이 우리들의 문화적 정체성 안에 용해되어 있는 유교의 이와 같은 자연화합적인 도덕형이상학의 목소리에 우리들은 여전히 열심히 귀를 기울일 필요가 있다고 필자는 생각한다.

---

14   Michael C. Kalton, "Extending the Neo-Confucian Tradition: Questions and Reconceptualization for the Twenty-First Century", *Confucianism and Ecology*, ed. Tucker and Berthrong, Harvard University Press, 1998, 86쪽 참조.

6 결론 : 유교적 윤리관은 '세계화'시대에 의미 있는 대안이 될 수 있는가?

물론 과거 소박한 농업경제하에서 성립되었던 이런 전근대적 유교의 윤리론이 바로 고도로 발전된 지금의 현대사회에 대안으로서 그대로 적용이 될 수 없다. 특히 주자의 철학에서는 지식인 중심의 관료사회에서 지식인들의 주관적 도덕이상이 '관념적 실재'로서 정형화되었기 때문에 그 규범적 질서 외에 다른 가치규범이나 사회질서는 용납될 수가 없다. 인간과 자연과의 관계는 주자의 도덕형이상학에 의하면 그가 정형화한 천리(天理) 밖으로 나갈 수 없는 것이다. 여기에 주희 철학의 보수적 한계가 있는 것이다. 그의 철학에는 엄밀한 의미에서 인간이 자연을 바꾸어 나가는 진보적 역사철학의 자리는 있을 수 없다. 오직 하나의 교의(敎義)에 갇힌 주관적 심리적 궁리(窮理)만이 허용될 뿐이다. 따라서 유교의 윤리론, 특히 주희의 도덕형이상학이 현대사회에 적응하기 위해서는 현대사회의 본질적인 문제들에 대한 적극적인 이해가 전제되어야 하며, 동시에 그에 따른 새로운 천리(天理)의 내용 제시가 요구된다.

　　바로 이 점에서 우리는 유교의 공동체적인 맥락 안에서 덕의 윤리, 또는 그것의 형이상학적 기반으로서의 '유기체적' 도덕형이상학이 과연 ─ 타인으로부터의 간섭이나 제제로부터 ─ 해방하려는 개인의 자유와 권리의 보장을 요구하는 자유주의의 강한 요구에 어떻게 대답할 것인가에 대하여 반드시 진지하게 성찰해야만 한다.

　　17세기 이래 홉스나 로크와 같은 자유주의자들에 의하면, 국가 성립 이전의 자연 상태에서는 ─ "인간은 다른 인간에 대하여 (서로 갈취하는) 늑대"(homo homini lupus)라는 홉스의 말처럼—개인의 생명과 재산이 위협을 받는 극단적인 위기의 상태로 상정되었다. 따라서 독립적인 개개인들의 생명과 자유를—이기적이고 적대적인 이해관계를 가진—타인들로부터 보장받기 위하여, 사회계약의 체결을 통한 '국가'라는 정치적 제도가 요청된다고 그들은 주장하였다. 요컨대, 국가나 사회의 기능은, 내가 타인을 해치지 않는 한, 나는 나의 의지대로 자유롭게 활동할 수 있는 자율성과 권리를 확보하는 데 있다는 것이다. 따라서 만인이 만인에 대한 경쟁관계에서—타인에게 피해를 주지 않는 한—개개인들의 최대의 자율성을 보장받는 '권리'의 획득이 자유주의적인 개인주의의 핵심이다. 따라서 이런 자유주의적 개인주의의 관점에서 바라보자면, 서로 경쟁관계에 서 있는 개인들에게 있어서 개인의 이해관계는 언제나 사회의 그것보다 우선하는 것이요, 사회조직의 필요는 항상 개인의 이해관계를 적극적으로 실천해 내려는 합리적인 도구 이상의 의미를 가지지 못한다.

그러나 유교의 유기체적인 세계관에서는—일찍이 데카르트가 공표했던 것처럼 "생각한다. 고로 존재한다"와 같은—'추상적'이고 '원자적'(atomistic)인 인간존재는 있을 수가 없다. 일찍이 순자(荀子, 기원전 약 300~230)가 정의한 것처럼, 유교적인 세계관에 의하면, 인간은 자기의 의지에 따라서 사회형태를 선택하는 것이 아니라, 인간은 천부적으로 사회적 존재로 태어나는 것이다.

물과 불은 기(氣)는 있어도 생명은 없고, 풀과 나무는 생명은 있어도 지각능력은 없고, 금수는 지각능력은 있어도 사회적 의(義)를 모른다. 사람은 기도 있고 생명도 있고 지각능력도 있고, 또한 사회적 의도 가지고 있으므로 천하에서 가장 고귀한 존재이다. (그들은) 힘이 소처럼 강하지도 못하고, 달리는 것이 말과도 같지 못하지만 소나 말이 사람의 부림을 받는 것은 무슨 까닭인가? 이것은 사람은 모여서 '사회'(群)를 이루지만, 소와 말은 그렇지 못하기 때문이다. 사람은 어떻게 사회를 이룰 수 있는가? 그것은 '분업'(分)이 있기 때문이다.[15]

이와 같이, 유교적 인간관에 의하면, 인간의 본질적 특성이 바로 타인과의 사회분업적인 인간관계 속에 규정되기 때문에, 이런 사회적·공동체적 맥락에서 일탈하여 고립적으로 존재하는 서구적인 근대의 자유주의적인 인간관은 유교적 문화의식의 틀 속에서는 수용될 여지가 없다. 개개인들은 사회적인 인간관계 속에서 각기 주어진 자기의 역할을 수행하면서, 동시에 타인을 배려해야 하는 것이다. 따라서 유교적 윤리관에서는, 하나의 유기체적인 공동체 안에서 '공공의 선'을 실현해 내기 위하여, 언제나 개인적인 '사심'의 극복을 말하는 '덕'의 윤리가 높은 평가를 받는다.

요컨대, 근대적인 자유주의에서는 외부로부터의 간섭이나 침탈에 대응하려는 개인의 주체적 자율성과 권리의 제도적인 보장에 초점이 맞추어져 있다면, 유교적 윤리에서는 언제나 자기 심리 안에서 한편 '저급한 욕구'를 따르려는 자기의 '사적'인 의지(즉 人心)와 '공공선'을 추구하려는 '고급 의지'(즉 道心) 사이의 갈등과 간극을 없애려는 정신적·도덕적 해방이 자기 인격 완성의 최종 목표인 것이다.

이제 최고의 과학기술의 집약과 자본의 집중에 의하여 무자비하

---

15   『荀子』, 「王制」편 참조.

게 관철되어 갈 '세계화' 체제의 실현과 발전은 오직 기술과 자본의 '무한 경쟁'에서 살아남을 수 있는 최고 수준의 유지를 추구하는 끊임 없는 맹목적인 무한 경쟁 자체를 의미한다. 그리고 이러한 '신자유주 의'에 입각한 무한 경쟁의 결과는 전 인류를, 승리하는 소수(20%)의 지배적인 엘리트 그룹(또는 집단)들과 경쟁에서 밀려난 다수(80%)의 소외계층이라는 두 계층으로의 이분화의 심화를 의미한다.[16] 그리고 동시에 '세계화' 체제의 강화는 필연적으로 민족국가들의 주체적 대 응 역할과 능력을 상대적으로 무력화시켜 갈 것이다. 이런 엄청난 시 대적 격변 속에서 우리들이 지향해야 할 '문화적 정체성'의 지평은 과 연 무엇이 되어야 할 것인가?

개개인들의 경쟁적 관계에서 ─서로가 서로에 대하여─ 방어적 인 자유주의적인 개인주의의 실현이 우리의 동아시아의 유교적 전통 을 지닌 국가들이 여전히 전력을 쏟아서 추구해 나가야 할 아직도 유 효한 '근대화–현대화'의 길인가? 아니면 우리들의 의식 속에 관습적 으로 존재하고 있는 유교적 윤리론의 비판적인 계승이 우리들이 추 구해야 할 새로운 대안의 길인가? 만약 우리가 후자의 길을 선택한다 면, 개개인들이 '사심'을 극복하고 '공공선'을 추구해 내려는 높은 도 덕의식이 전제되어야 한다. 그리고 모든 인간의 평등한 권리와 자유 가 제도적으로 보장되는 투명한 민주주의적 제도가 실현되어야만 한 다. 왜냐하면 '공론'의 사회적·제도적 보장이 밑받침되지 않는 '온정 주의적인'(paternalistic) 공동체주의는 언제나 '패거리주의'(cronyism) 에 끌려다닐 수밖에 없기 때문이다. 이런 전근대적 함정을 돌파하면

---

16   Hans-Peter Martin and Harald Schumann, 앞의 책, 1998, 28쪽 참조.

서, 동시에 또한 세계화 시대에 우리의 문화적 정체성의 위기를 극복하려는 절박한 요구에 부응하여 21세기의 토양에 새롭게 뿌리내릴 유교적 윤리관의 미래지향적인 철학적 지평은 수천 년간 자체 안에 농축된 문화적 원천으로부터 한편으로는 (자연사물까지도 포함하는) 우리의 소외된 이웃들을 지성으로 돌보는 배려윤리의 계발에 다름 아니어야 하며, 또한 다른 한편으로는 계몽주의 이래 (특히 현대 기술 사회에서 만연하고 있는) 자연에 대한 지나친 인간 독단주의적인 지배를 대체할 수 있는 환경친화적인 세계관의 적극적 발양이어야만 한다고 필자는 생각한다.

참고문헌

『四書集註』, 北京: 中華書局, 1977.

『周易傳義大全』(全四冊), 서울: 學民文化社, 影印本, 1986.

『朱子語類』, 北京: 中華書局, 1983.

宋榮培, 「與西方不同的儒家式現代化是否可能」, 『傳統文化與現代化』, 北京: 中華書局, 1995
    第2期.

宋榮培 외, 『인간과 자연』, 서울: 철학과 현실사, 1997.

楊伯峻, 『論語譯注』, 北京: 中華書局, 1980.

_____, 『孟子譯注』, 北京: 中華書局, 1984.

李承煥, 「아시아적 가치의 담론학적 분석」, 『열린 지성』 4호, 1998 가을호

李滌生, 『荀子集釋』, 臺北: 學生書局, 1991.

王叔岷, 『莊子校詮』(全三冊), 臺北: 中央研究院歷史語言研究所, 1984.

Hans-Peter Martin and Harald Schumann, 『세계화의 덫』, 강수돌 역, 서울: 영림카디널,
    1998.

A. MacIyntyre, *After Virtue*, Univ. of Notre Dame Press, 1984.

Loather Schäfer, "Selbstbestimmung und Naturverhaeltnis", *Üeber Natur*, (herg. O.
    Schwemmer), Frankfurt a, M., 1991.

Michael C. Kalton, "Extending the Neo-Confucian Tradition: Questions and
    Recomceptualization for the Twenty-First Century", *Confucianism and Ecology*, ed.
    Tucker and Berthrong, Harvard University Press, 1998.

동양의 '상관적 사유'와 유기체적 생명의 이해

1 문제제기

오직 인간만이 '만물의 척도'이며 자연(만물)을 개조해 가는 '역사' (Geschichte)의 주체(또는 '정신')로서 만물에 대한 인간의 특권적 위치를 합법화하는 '인간중심주의적' 세계관이 서양형이상학의 기본구도임을 누구도 부인할 수 없다. 특히 근대 이래로 인간, 즉 역사주체의 눈앞에 자연은 인간을 위한 물질적 수단이나 재료로서 다만 피동적으로 '펼쳐져 있는 것'(res extensa)으로만 치부되었다. 이와 같이 주체적 정신(인간)과 객체적 대상(물질, 또는 자연)이라는 철저한 '이분법적' 형이상학의 구도하에서, 대상 세계가 가질 수 있는 그들 고유의 존재의미는 특히 현대 기술사회에 이르러서는 전적으로 배제되고 무화되었다. 그리고 자연의 존재를 오직 인간문제의 해결을 위한 원자재로만 이해하고, 그것을 다만 수량적, 사실적으로만 파악하고 해석하는 자연과학적 방법과 그에 근거하여 오직 인간의 이해에 따라서 자연 질서에 간섭을 하고 그것을 인위적으로 재배치해 나가는 근대적 기술은 엄청나게 번창하고 있다. 그 결과, 근대성이 이룩한 이런 경이적인 과학기술은 인류 공전의 산업사회를 이룩하였고, 그것은 20세기에 들어오면서 온 지구를 오염시키고, 파괴할 수 있는 원자력시대를 열었으며, 마침내 21세기 오늘에 이르러서는, "생물의 제어 장치의 원리를 기계장치에 적용하여 통신, 제어, 정보 처리 등의 기술을 종합적으로 연구하는"[1] '사이버네틱스(cybernetics)'의 시대를 열어 가고 있다.

　　인간 삶의 의미나 우주생명의 원리 등과 같은 철학적 의미의 추구를 철저히 배제한 채, 오직 추상적, 산술적 계산에만 몰두하는 인간의 '도구적 이성'은 이제 인간으로 하여금 생명체의 비밀을 파악하게 하고, 그것으로 (인간 이외의 다른) 생명체들뿐만 아니라, 인간생명체마저도 복제하거나 조작해 낼 수 있는 단계를 목전에 두고 있다. 그리고 이런 변화는, "사이버네틱스의 발전과 더불어 보편화된, 인간과 기계가 유기적으로 밀접하게 결합된 디지털문명 시대의 인간 유형",[2] 즉 '사이보그'의 탄생을 의미한다. "앞으로 생명공학과 칩 생산기술이 성공적으로 결합하여 컴퓨터가 인공신경과 생체칩의 형태로 실용화된다면, (……) (그것은) 이식이란 과정을 통해 인간의 몸과 하나가 되면서 인간 내부에 침투할 것이다. 그리고 이것은 인간보다 지능적인 컴퓨터가 오히려 인간을 그 컴퓨터의 일부로 흡수하고, 결국 그 인간을 포스트 휴먼으로 변신시키는 결과가 될 것이다."[3]

1　이기상, 「존재 역운으로서의 기술―사이버시대에서의 인간의 사명」, 『하이데거 철학과 동양사상』, 하이데거학회 편집(하이데거연구 제6집), 철학과 현실사, 2001, 330쪽.
2　이진우, 「사이보그도 소외를 느끼는가? 디지털시대의 자아와 정체성」, 이기상, 같은 책, 340쪽에서 재인용.
3　이종관, 「사이버 문명, 포스트휴먼, 인간의 운명」, 152쪽, 이기상, 같은 책, 341쪽에서

이와 같이, 자연(객체)에 대한 지배와 파괴를 넘어서 인간(주체)의 생명 자체가 하나의 수단적인 '자료'(data)로만 치부됨에 따라 인간생명의 자체 목적성(존엄성)까지도 철저하게 파괴되고 부정되는 '사이보그'의 등장은—정신과 물질, 인간과 자연을 적대적으로 양분하는 '이분법적 사유'(dualism)와 극단적 '인간중심주의'(anthropocentrism) 형이상학'의 바탕 위에서 발생한—서양 근대의 자연과학적 방법과 과학기술이 빚어 내는 인간과 모든 생명의 삶의 의미에 대한 철저한 파멸과 소외현상에 다름 아니다. 이런 비극에서의 탈출은 과연 가능한 것인가? 실증적 개별과학을 더 이상 통제할 수 없는 철학은 이미 존재적 가치를 상실한 것은 아닌가? 그렇지 않다면, 이제 우리는 이런 '이원론'과 '인간중심주의'의 형이상학을 대체할 수 있는 다른 가능성을 깊은 철학적 성찰을 통하여 모색하지 않을 수 없다. 하이데거(1889~1976)는 이런 현대사회를 위협하는 현대기술의 모순성에 대하여 다음과 같은 매우 비판적인 철학적 문제제기를 하고 있다.

재인용.

4   이 점에 관하여는 짐머만(Zimmerman)의 다음의 언급을 참조. "몇몇 비평가들에 따르면, 서구인들(의 세계관)은 유별나게 인간중심적이다. 인류를 모든 의미나 목적이나 가치의 원천으로 간주하면서, 인간은 자연세계에 대하여 그들이 하고자 하는 어떠한 행위도 정당화시킨다. 서구인들은 또한 정신과 육체, 이성과 감정, 인간과 자연, 남성과 여성과 같은 이원론이나 이원적인 (배타적) 대립의 맥락에서 사유한다. '특권적' 자질(정신, 이성, 인간, 남성)을 소유한 자들은 '열성적' 자질(육체, 감정, 자연, 여성)을 가진 자들을 지배할 권리를 가진 것으로 상정한다. 인간이—흡사 하느님과 같은—(절대적) 안전성과 권력을 확보하려는 의도에서, 근대의 서구 이념들은 지구를 거대한 공장으로 전환하라고 외치고 있으며, 그렇게 함으로써 우주만물의 모든 생명이 의존하고 있는 생태계를 위협하고 있다." Zimmerman, M. E., "Heidegger, Buddhism, and deep ecology," *The Cambridge Companion to Heidegger*, ed. Charles B. Guignon, Cambridge University Press, 1993, 240쪽.

(현대기술시대에 자연사물은—필자) '비은폐'되어서 더 이상 대상으로서도 아니고, 오직 순전히 (욕구 충족을 위한 단순 소모적—필자) 부품으로서만 인간의 관심거리가 되고, 인간은 대상 없는 속에서 그저 부품의 주문자로 존재하게 된다. 그러자마자, 인간은 추락의 낭떠러지의 마지막 끝까지 와 있어, 그런 곳에서는 그 자신마저도 그저 한낱 부품으로 받아들여질 수밖에 없다. 그런데 바로 이렇게 위협 속에 처해 있는 인간이 (아이러니컬하게도 여전히—필자) 지구의 주인이라고 거드름을 피우고 있다. (……) 그러나 실제에 있어 인간은 그 반대로 오늘날 어느 곳에서든 더 이상 자기 자신을, 다시 말해 자신의 본질을 대면하지 못하고 있다.[5]

이와 같이, 현대기술시대에는, 우리 주위에 있는 자연사물의 존재의미가 오로지 인간의 욕구충족을 위한 단순 소모적 '부품' 생산의 '원재료'로 간주되고 있을 뿐만이 아니다. 또한 지금 사이보그 시대라는 극단적인 상황, 즉 "낭떠러지"에 와서는 인간 자체도 소모품으로 취급되는 인간 본질의 실종을 맞보고 있다고 하이데거는 날카롭게 비판하고 있다. 이런 '자아실종'이라는 비극 탄생의 궁극적 원인은 '이원론'과 '인간중심주의'에 기반하고 있는 서양형이상학이라고 하이데거는 단정짓고, 그것을 대체하려는 존재론적 형이상학적 문제제기를 하고 있는 것이다.

이런 하이데거 철학의 현대기술 비판의 경우처럼, 이원론적이고 인간중심적인 서양형이상학에 대한 대체적인 사유지평을 찾고자

---

5   하이데거, M., 『기술과 전향』, 이기상 역, 서광사, 1993, 73~74쪽.

하는 '심층 생태학'(deep ecology)의 관점에서, 동양철학의 '상관적 사유'와 '유기체적 생명의 이해'를 논의해보려는 것이 이 글의 취지이다. 이 글에서는 우선 '장자의 탈-인간중심주의와 유기체적 생명철학'(제2절)의 논의를 간략하게 살펴볼 것이다, 그리고 제3절에서는 개체들 상호 간의 협조와 억제의 관계, 즉 '음양오행'의 '상생상극'의 관계에 근거하는 전통 한의학(漢醫學)이 전제하고 있는 '상관적 사유'의 모델과 유기체적 생명관을 또한 개략적으로 기술할 것이다. 그리고 이어서 제4절에서 이런 '상관적 사유'와 '유기체적 생명관'이 가지는 형이상학적 의미의 함축을 장자의 철학사상에서 살펴보고자 한다. 인간들이 각자 '자기중심적·이기적인 집착'에서 자기 주장만을 고집하면서, 자기 생명 밖의 각종 다른 존재들(外物, 즉 명예, 이념, 재산, 미모, 장생 등)을 차지하기 위하여, 매일매일 서로 갈등하고 투쟁하는 처참한 생존경쟁에 온 정신을 소진하고 있는 인간들의 가치 전도된 모습에 대한 비탄과 동시에 생명적, 주체적인 삶의 회복과 자유를 말하는 장자의 철학적 사유를 반성적으로 기술할 것이다. 결론에서는, 도구적 이성이 전면적으로 지배하는 현대기술사회에서, 모든 존재자들을 존재하게끔 만들어 주는 숨겨진 '존재', 또는 생명력을 망각해 버린 실체론적인 서양형이상학을 "존재망각"(Seinsvergessenheit)으로 단정하고 그로부터의 탈출을 모색하는 하이데거의 "내맡김"(Gelassenheit)의 철학적 문제의식과 연관하여, 장자의 철학적 문제의식을 다시 대비적으로 음미함으로써, 이런 동양문화에 뿌리를 박고 있는 '상관적 사유'와 유기체적 생명관이 21세기 최첨단 기술시대에 가질 수 있는 '심층 생태학적'인 철학적 의미를 조심스럽게 진단해보고자 한다.

2 장자의 '탈-인간중심주의'와 유기체적 생명철학

2.1 무한 변화 속의 '상관적 사유'와 '탈-인간중심주의'

장자에게 있어서 천지(天地)로 표현되는 우주 공간 속에 있는 모든 존재(物)와 사건(事)들은 끊임없는 '무한한 변화', 즉 영원한 우주생명의 활동 안에서 서로 상관적인 관계를 맺고 있다.

> (모든 존재는 변한다.) 생명은 바야흐로 죽음으로, 죽음은 바야흐로 생명으로 변한다. 가능은 바야흐로 불가능으로, 불가능은 바야흐로 가능으로 변한다. 시(是, 옳음)는 비(非, 그름)에서 말미암고, '비'는 '시'에서 말미암는다. 따라서 성인(聖人)은 ('시'나 '비' 하나만을) 따르지 않는다. 그것을 자연(天)(의 흐름)에 비추어 보면, '이것' 또한 '저것'이고, '저것' 또한 '이것'이다.[6]

이런 변화의 와중에서 '이것'은 '저것'으로 전환되는 것이며, '저것'은 바로 '이것'으로 되돌아가는 것이다. '이것'의 존재원인은 '저것'이기에 '저것' 없는 '이것'이 있을 수 없고, 그 역도 마찬 가지이다.[7] 더 나아가서, 장자는 '있음'(有)과 '없음'(無)이라는 모순 대립하는 존재조차도, 그 자체를 독자적으로 존재하는 '실체'로 파악하지 않는다.

---

6 『莊子』(이하 편명만 기재), 「齊物論」, 송영배, 『제자백가의 사상』, 현음사, 1994, 310쪽.
7 일찍이 『노자』(老子) 2장에, '고움'(美)과 '미움'(惡), '잘함'(善)과 '못함'(不善), '있음'(有)과 '없음'(無), '어려움'(難)과 '쉬움'(易), '높음'(高)과 '낮음'(下) 등은, 그 자체로 독자적으로 존재하는 '실체'가 아니라, 서로 '상관적으로' 존재할 뿐이라는 '상관적 사유'에 대한 분명한 언급이 나와 있다(같은 책, 255~256쪽).

그들의 존재를 인식하는 주체에 전적으로 의존하는 '상관적 관계'에서 파악하고 있다.

> '작은 자의 지식'(小知)은 '큰 자의 지식'(大知)을, '짧게 사는 존재'(小年)는 '오래 사는 존재'(大年)를 이해하지 못한다. 어떻게 그렇다는 것을 알 수 있는가? (하루만 살다가는) 버섯(朝菌)은 (한 달 중의) 그믐과 초하루를 모르고, (여름만 살다가는) 매미는 봄과 가을을 모른다. 이들은 짧게 사는 존재들이다. 초(楚)의 남쪽에 있는 명령(冥靈)나무는 500년을 봄으로 500년을 가을로 삼는다. 상고(上古)에 있었던 대춘(大椿)나무는 8천 년을 봄으로 8천 년을 가을로 삼는다. (800년을 살았다는) 팽조(彭祖)는 요즈음 장수한 것으로 특히 유명하여 많은 사람들이 그와 같아지고자 하니, 또한 슬프지 아니한가!⁸

하루살이인 버섯에게는 초하루와 그믐은 '존재하지 않음'(無)이다. 그러나 매미에게는 '있음'(有)이다. 팽조의 800년 삶이 인간들에게는 매우 장구한 삶이지만, 명령나무나 대춘나무의 관점에서 보면, 극히 짧은 '하루살이'의 삶과 다를 바가 없다. 사실 모든 인식은 인식 주체 상관적인 상대적 개념에 불과함을 장자는 다음과 같이 말하고 있다.

> 우물 안의 개구리에게 바다를 말해 주지 못하는 것은 그가 사는 장소에 매여 있기 때문이고, 여름 벌레에게 얼음(氷)을 말해줄 수 없는 것

---

8   「逍遙遊」, 같은 책, 307쪽.

은 그가 사는 시간에 매여 있기 때문이다. (하나의 입장만) 고집하는 지식인(曲士)에게 도를 말해 줄 수 없는 것은 그가 교리에 매여 있기 때문이다. (……) 천하의 물 가운데 바다보다 큰 것은 없다. 수만(數萬)의 강물들이 모여드니, 언제 물 흐름이 그쳐서 차지 못하게 될 줄 모르며, 미려(尾閭, 상상적 배수구)로 (줄곧) 물이 빠져나가니 언제 물 빠짐이 멈추어 텅 비게 되지 않으리라는 것도 알 수가 없다. 봄이나 가을이나 변하지 않으니 홍수와 가뭄을 모른다. 이 점에서 바다는 강물보다 헤아릴 수 없이 크다. 그러나 나는 이것으로 나 자신이 크다고 생각해 본 적이 없다. 천지로부터 음양의 기운을 받아서 생겨난 것으로 스스로를 생각해 보니, 내가 우주 안에 있다는 것은, 작은 돌이나 작은 나무가 큰 산에 있는 것과 비슷하여, 바야흐로 적은 양으로 보이는데, 또 어떻게 스스로 많은 양이라고 생각할 수 있겠는가! 우주 안에 사해(四海)가 있다는 것은 큰 연못 안의 물병 만한 빈틈(공간)과 비슷하다고 생각할 수 있지 않을까? 사해 안에 중국(中國)이라는 나라는 큰 창고 안의 낟알 같다고 생각할 수 있지 않을까? 모든 것들을 만 가지 존재(萬物)라고 부른다면, 사람은 그중에 하나인 것이다. 사람들이 천하에 살고 있다고 해도 곡식들이 자라고 배와 수레가 다니는 곳이란, 그것을 (우주의) 만물에 대비해 보면 터럭 끝이 말의 몸통(馬體)에 있다는 것과 같지 않을까?[9]

무한한 크기를 가진 광대한 전 우주의 관점에서 볼 때, "사해"가 겨우 "큰 연못 안의 물병만" 하고, "중국"이 "큰 창고 안의 낟알 같다"

---

9 「秋水」, 같은 책, 309쪽.

고 한다면, 이 '낱알' 같은 '작은 공간'에 살고 있는 '인간'은 거의 무시할 만한 '미세한 존재'에 불과하다. 따라서 장자가 보기에, 인간의 인식 또한 절대적인 기준이 될 수 없다.

그리고 인간의 생명이란 이러한 무수한 생명 형태 중에서 우연하게 형성된 하나의 '생명'현상에 불과하다고 장자는 말한다.

> 사람이 태어나는 것은 기(氣)가 모인 것이다. (기가) 모이면 사는 것이요, 흩어지면 죽는 것이다. (……) 따라서 만물들은 (이런 점에서) 한결같다. 이들은 (다만) 자기가 아름답게 여기는 것은 신기하게 보고, 자기가 밉게 보는 것은 썩은 것으로 여긴다. (그러나) 썩은 것은 다시 신기한 것으로 변화하고, 신기한 것은 다시 썩은 것으로 변화된다. 따라서 온 세상에는 하나의 기(氣)만 있을 뿐이다.[10]

그렇다면, 인간의 생명과 삶이란 결국 우주의 무궁한 변화 속에 기(氣)가 모이면서 일어난 우연한 현상에 불과하다. 그리고 인간은 자기 생명의 기가 흩어지면 죽을 수밖에 없다. 따라서 우연히 인간으로 태어났다고 하여, 인간으로만 머물기를 고집한다면, 이런 '인간중심적 사고'는 대자연을 움직이는 우주적 생명의 관점에서 볼 때, 결국 자연의 이치를 제대로 터득하지 못한, 따라서 상서롭지 못한 일이라는 것을 다음과 같은 비유로 설명하고 있다.

---

10 "人之生, 氣之聚也. 聚則爲生, 散則爲死. (……) 故万物一也, 是其所美者爲新奇, 其所惡者爲臭腐, 臭腐復化爲新奇, 新奇復化爲臭腐. 故曰: 通天下一氣耳."(「知北遊」)

천지 대자연은 나에게 형체를 주고 나서, 삶으로써 나를 고달프게 하였고, (이제) 늙음으로써 나를 편안하게 하고, 죽음으로써 나를 쉬게 하는 것이다. 그러므로 자기의 삶을 잘 사는 것이 곧 자기의 죽음을 잘 맞이하는 것이다. 지금 노련한 대장장이가 녹인 쇠를 부어 도구를 만들고자 한다고 하자. 그런데 그 쇳물이 뛰어 나서면서 '나는 반드시 막야(鎭鋣, 名劍의 이름)가 되어야 해!'라고 외친다면, 이 대장장이는 이를 상서롭지 못한 쇠라고 여길 것이다. 지금 어쩌다가 우연히 사람의 형체를 만나서 태어난 것일 뿐인데, (내가) '꼭 사람이 되어야 해, 꼭 사람이 되어야 해!' 하고 외친다면 조물자(造物者)는 (나를) 반드시 상서롭지 못한 사람이라고 여기지 않겠는가? 지금 바로 하늘과 땅은 큰 용광로라 생각하고 조물자를 훌륭한 대장장이라고 생각한다면, 무슨 존재물이 된들 안 될 것이 있겠는가?[11]

이와 같이, 대자연의 무궁한 변화 속에서 생겨난 인간생명은 '기'가 모인 것으로, 그리고 죽음은 '기'가 흩어지는 것으로 이해됨으로써, 인간생명 역시 다른 만물들과 구별됨이 없이 '서로 동등하게 존재한다고 보는' 장자의 '상관적 사유'의 철학은 바로 '인간중심주의적인 시각'을 넘어서고 있다.

2.2 유기체적 생명관

장자에게 있어서 인간들의 '도구적인 지식'(知)의 축적과 발전은 바

---

11 「大宗師」, 송영배, 위의 책, 1994, 345~346쪽.

로 인간이나 존재물들의 삶을 구속하고 압제하는 수단의 확대 발전 이외에 다름 아니었다.

> 군주가 진실로 (도구적) '지식'(知)만 좋아할 뿐 참된 '도'가 없으니, 세
> 상은 크게 어지럽다. 어떻게 그렇다는 것을 알 수 있는가? 무릇 활이나
> 쇠뇌나 새 잡는 그물(을 만드는) '지식'이 많게 되니 곧 새들은 하늘 위
> 에서 (나는 것이) 혼란스럽게 되었다. 낚시, 미끼, 그물, 전대, 투망, 통
> 발을 만드는 '지식'이 많게 되니 물고기들은 물속에서 (살기가) 혼란스
> 럽게 되었다. 덫, 함정, 그물(을 만드는) '지식'이 많게 되니 곧 짐승들이
> 늪의 풀 속에서 (살기가) 혼란스럽게 되었다. 지능, 거짓, 속임수, 혼란,
> 위선, 교활, (……) 궤변이 많아지자 곧 세상의 습속은 (이론적) 변론에
> 미혹되게 되었다. 따라서 세상이 어두운 암흑 속에 빠져서 크게 어지럽
> 게 된 죄는 (도구적) '지식'을 좋아하는 데 있다. (……) 숨 쉬며 움직이
> 는 벌레나 날아다니는 새들에 이르기까지 모두가 자기의 (자연적) 본성
> 을 잃어 버렸다. 심하도다! (도구적) '지식'을 좋아하는 것이 이토록 세
> 상을 어지럽게 하다니! 삼대(夏, 殷, 周, 문명시대 진입) 이후로는 언제
> 나 그러하였다.[12]

장자가 살았던 중국 춘추전국시대에 생산기술의 상대적인 발달,
그로 의한 시장경제의 활성화, 도시의 발달, 그리고 전쟁을 수반하는
사회적 혼란과 변혁의 연속은 인간계층 간의 경제적, 신분적 갈등을
촉진시킬 수밖에 없었다. 또한 막강한 중앙집권적 군주정치제도를 확

---

12 「胠篋」, 같은 책, 301~302쪽.

립하기 위하여 법가가 중심이 되어 추진하는 백성들에 대한 전례 없
는 행정적, 사법적 간섭은 자급자족적인 소규모 공동체 내에서 나름
대로 정신적 자유를 누려왔던 자유지식인들에게 매우 치명적인 위
협으로 다가왔을 것이다.[13] 이들 자유사상가들에게는 사회를 경영하
는 원리는 부차적인 수단이요, 개인 생명의 보존과 정신적 자유의 실
현이 보다 더 본질적인 삶의 목적이 될 수밖에 없었다. "백이(伯夷)는
이름(名)을 위해 수양산에서 죽었고 도척(盜跖)은 재화(利) 때문에 동
릉산(東陵山)에서 죽었다." 이들이 외물(外物)의 추구 때문에, 자기 목
숨을 희생했다면, 이들 모두는 수단을 얻기 위해서 목적을 해친 생명
파괴자에 불과한 것이다. 따라서 "인의"(仁義)를 위해 죽었건, "재물"
을 위해 죽었건, "그들이 몸을 망치고 생명을 잃기에 이르러서는 도
척 또한 백이"인 셈이다. "그중에 어찌 군자(君子)·소인(小人)을 구별
할 수 있겠는가?"[14] 이와 같이, 인간의 생명존중보다는 각종의 이념들
을 내세워 세력 다툼을 함으로써 사회적 혼란만을 조장하는 이념논
자들을 장자는 '파렴치한'으로 몰아붙인다.

유가와 묵가가 모두 일어나 (서로 다른) 자기 주장만을 한다. 이에 기쁨
과 분노가 서로 엇갈리게 되고, 우매한 자와 똑똑한 자가 서로 속이고,
좋으니 나쁘니 서로 비판하고, 거짓과 진실이 서로를 헐뜯게 되어 세상
이 쇠락하게 되었다. 큰 원칙이 서로 같지 않으니 인간의 생명은 크게

---

13   이 점에 대하여는 송영배, 「제자백가의 다양한 전쟁론과 그 철학적 문제의식」(I),
     『시대와 철학』, 4호, 한국철학사상연구회, 1992; 송영배, 「제자백가의 다양한 전쟁론
     과 그 철학적 문제의식」(II), 『동양학』, 제29집, 단국대학교부설 동양학연구소, 1999
     참조.
14   「騈拇」, 송영배, 앞의 책, 1994, 303쪽.

손상을 입게 된 것이다. (이제) 누구나 자기 '이념'(知)만을 좋아하게 되니, 백성들이 서로 갈등을 일으키게 되었다. 이에 도끼와 톱과 같은 형구가 만들어지고 형법으로 사형을 집행하고, 송곳과 끌로 해결을 보게 되었다. 아, 세상이 시끌시끌 크게 혼란하구나! 잘못은 사람의 마음을 (하나의 이념으로) 묶으려는 데 있다. (……) 지금 머리 잘린 시체들이 서로 포개어 있고, 형틀 쓴 죄인들이 서로 떠밀리며, 육형(肉刑)을 당한 사람들이 길에서 서로 바라볼 정도이다. (이런 난세에) 유가와 묵가의 지식인들이 수갑과 족쇄 사이에서 어깨를 걷어붙이고 활보를 하는구나! 아, 너무하다! 그들의 무식한 몰염치가 너무하다![15]

오직 하나의 '자기' 입장에서 터득한 '자기 이념'만을 절대적 "옳음"으로 규정하고, 그와 다른 대립되는 입장에서 터득한 타자의 이념을 "그르다"고 단정 짓고 서로 무한한 논쟁을 벌이고 있는 파렴치한 이념논자들에 대하여, 이제 장자는 근원적 진실, 말하자면, '도'는 그렇게 드러날 수 없음을 다음과 같이 말하고 있다.

대지가 기(氣)를 토해낸 것을 바람이라 한다. 불지 않으면 그만이다. (한 번) 불면 수많은 구멍에서 성난 소리들이 나온다. 자네는 홀로 '쉬쉬' 하고 부는 그 긴 바람소리를 들어 보지 못했는가? 높은 산 숲 속에 백여 아름이나 되는 거목의 깊은 구멍들, 마치 코, 입, 귀, 물병, 술잔, 절구통, 소(沼)나 웅덩이 같기도 한 구멍들에서, 마치 급한 물소리, 화살 날아가는 소리, 질책하는 소리, 숨 쉬는 소리, 울부짖는 소리, 곡하

---

15   「在宥」, 같은 책, 302~303쪽.

는 소리, 신음하는 소리, 애처로운 소리들이 흘러나온다. 앞에서 '우'하면 '위'하고 따라한다. 작은 바람에는 작게 화음하고 강풍에는 크게 화답한다. 센 바람이 그치면 모든 구멍들도 소리를 죽인다. 자네는 (멎는 소리에) 바르르 떠는 나뭇가지를 보지 못했는가? (……) 바람이 불어 (거기서 나온) 천천만만의 다른 소리는 (구멍들이) 자기 스스로 그렇게 하여, 모두 스스로 취한 소리다. (그러나) 소리를 낸 자는 누구이겠는가![16]

각각 다른 크기를 가진 구멍 하나하나에서 나오는 "마치 급한 물소리, 화살 날아가는 소리, 질책하는 소리, 숨 쉬는 소리, 울부짖는 소리, 곡하는 소리, 신음하는 소리, 애처로운 소리들"이란 장자 당시에 제자백가들이 내놓은 서로 각기 다른 이념적 주장들에 대한 비유로 이해할 수 있다. 이렇게 본다면, 드러난 소리는 자기의 구멍에만 '진실한 소리'이지, 모든 구멍에 보편적인 근원적 진실은 아니다. 소리를 낸 자는 '보이지 않는 바람'이다. 각자가 취한 각각의 소리들은 다만 '보이지 않는 바람'이 만들어 낸 허상들에 불과한 것이다. 이런 드러난 허상들은 임시적이고 방편적인 것이다. 이런 모든 허상(혹은 현상들)의 근원적인 원인, 즉 '도'는—보이지 않는 바람처럼—현상 너머에 숨겨져 있다. 따라서 "말로써 표현될 수 있는 도(道)는 (영원히) 실재하는 도(常道)는 아니다."[17] 그래서 "작은 성취"(小成), 즉 유가나 묵가처럼 서로 하나의 자기 입장만을 절대화하고 타자를 배격하고 부

---

16   「齊物論」, 같은 책, 304쪽.
17   『老子』1장, 같은 책, 266쪽.

정할 때, "도는 어그러진다."[18] 장자는 이렇게 말한다.

> 도는 실재하는 진실한 존재이다. (그러나) 무위(無爲)하고 무형(無形)
> 하다. (의미는) 전할 수 있어도 (도를) 손으로 받아 쥘 수는 없다. 체득
> 할 수는 있어도 눈으로 볼 수는 없다. 그것은 스스로 근본이 되고 스
> 스로 뿌리가 되니, 아직 천지가 있기 전의 옛날부터 존재해 온 것이다.
> 귀신들을 신령하게 하고 하느님(帝)을 신묘하게 하였으며, 하늘을 낳
> 고 땅을 생성시켰다. 태극(太極)보다 위에 있으나 높지 않고, 육극(六
> 極, 天地의 4방향과 상하) 아래에 있으면서도 깊지 않다. 하늘과 땅보
> 다 오래되었으면서도 오래되지 않았고, 태고보다 오래되었어도 늙지
> 않았다.[19]

우주상의 모든 존재자들뿐만 아니라, 이들이 자리 잡고 있는 천
지자연 자체보다도 선험적으로 미리 존재하면서, 심지어 귀신이나 하
느님의 궁극적인 존재론적 근거인 도는 "무형"(無形)하고 "무위"(無
爲)하기 때문에, 당연히 지각이나 언어로는 포착되고 규정될 수 없다.
따라서 도는 바로—개별적인 존재자들처럼 그에 고유한 "행위"(有
爲)를 할 수 없고—다만 '무위'(無爲)하기 때문에 모든 만물들을 생
성, 양육, 완성, 소멸시키는 근원적 생명력이 되는 것이다. 따라서 "하
늘은 '무위'함으로써 청명하고, 대지는 '무위'함으로써, 안정하게 된
다. 따라서 (하늘과 대지) 이 두 '무위'가 서로 합하기에, 만물들이 (무

---

18   "道隱於小成.", 「齊物論」.
19   「大宗師」, 송영배, 앞의 책, 1994, 342쪽.

궁하게) 화생(化生)하는 것이다. 따라서 천지(자연)은 '무위'하기 때문에, (만물들을) 작동하게 하지 않음이 없다"[20]고 장자는 말한다. 이와 같이, '도'는 만물들을 끊임없이 생성, 발전시키고 순환시키는 근원적 생명력이다.

> (사람의 생명 활동을 예로 들어 보자! 사람의 몸에) 백 개의 뼈, 아홉 개의 구멍, 여섯 개의 내장이 다 갖추어져 있다. 나는 그중 어느 것과 친한가? 당신은 그것을 모두 다 좋아하는가? 아니면 그중 특별히 사랑하는 것이 있는가? 이처럼 (생명의 기관들은) 다 신하나 첩처럼 작용하는 것인가? 다 신하나 첩들이라면 (이들은) 아마도 서로 다스릴 수 없지 않을까? 이들은 번갈아 가면서 서로 임금이 되고 신하가 되는 것일까?[21]

여기에서 장자는, 인간의 수많은 신체기관들이 살아서 활동하게끔 생명력을 불어넣고 있는 우주적 근원적 생명의 '무위'와 대비해볼 때, 이들 각각의 신체기관들, 말하자면, 우주 속의 개개 존재물들이—비록 그들이 각각 자기에게 주어진 크고 작은 다양한 '유위'의 작용을 열심히 수행하고 있지만—그들 중에 어느 것이 다른 어느 것보다 우위("임금")이거나 아래("신하나 첩")가 될 수 없다고 생각하는 것이다. '무위'하는 근원적 생명인 '도' 앞에서 이들의 '유위'는 모두 평등한 것이다. 이들의 생명작용은 마치 "누가 서로 사귀는

---

20   "天無爲以之淸, 之無爲以之寧, 故兩無爲相合, 萬物皆化 (……) 故曰: 天地無爲也, 而無不爲也.",「至樂」.
21   「齊物論」, 송영배, 앞의 책, 1994, 325~326쪽.

것이 아니면서 서로 사귀고, 서로 돕는 것이 아니면서 서로 돕는 일이다."[22]

이에 대한 곽상(郭象, 252~312)의 주석은 다음과 같다.

> 손과 발의 직분은 다르다. 오장은 관할하는 바가 다르다. 서로 간섭하지 않으나 수많은 골절들이 함께 화합을 한다. 이것이 서로 사귀는 것이 아니면서 서로 사귀는 일이다. 서로 도와준 적이 없지만 안과 겉이 다 제대로 되는 것이다. 이것이 서로 돕는 것이 아니면서 서로 돕는 일이다.[23]

니덤(Joseph Needham)은, 여기에서 장자는 "의식의 통제를 받지 않는 동물이나 인체의 자연스런 생리 작동으로부터 전 우주 안에서 '도'는 만물들을 작동시키기 위하여 의식을 필요로 하지 않는다고 상정하고" 있다고 말한다. 의식 너머에서 초연하게 '무위'(無爲)하는 '도'가 만물을 작동시키는 근본원인이라면, 이것은 명백히 "하나의 진정한 유기체 철학"(a veritable organic philosophy)이라고 그는 단언하고 있다.[24]

---

22 「大宗師」, 같은 책, 346~347쪽.

23 "手足異任, 五臟殊官. 未嘗相與而百骨同和. 斯相與於無相與也. 未嘗相爲而表裏俱濟. 斯相爲於無相爲也."『莊子集釋』, 265.

24 Needham, Joseph, *Science and Civilization in China*, Vol. 2, Cambridge University Press, 1956, 51~52쪽.

3 한의학의 '음양오행의 상관적 사유'와 '유기체적' 생명 이해

3.1 『주역』의 음양 원리와 유기체적 생명관

장자에서 보이는 이런 유기체적 생명관은 『주역』(周易)에서 더욱더 심화되어서 중국철학의 근본특성으로 자리 잡게 된다. 건(乾)괘와 곤(坤)괘가 상징하는 양(陽)과 음(陰), 하늘(天)과 땅(地), 움직임(動)과 멈춤(靜), 강(剛)과 유(柔), 남과 여, 길(吉)과 흉(凶) 등과 같은 상호 대립하면서 동시에 서로 생성시키는 두 근원적 성질의 조합과 분열의 '상관적 관계'의 체계가 바로 『주역』의 근본 원리이기 때문이다.

> 하늘은 높고, 땅은 낮으니, 건곤(乾坤)이 정해진 것이다. (사람의 서열이) 낮은 데서 높은 데로 배열되니, 존귀와 비천이 자리 잡았다. 언제나 (하늘은) 움직이나 (땅은) 고요하니, (땅을 다스리는 하늘의) 굳셈(剛)과 (하늘에 순응하는 땅의) 부드러움(柔)이 갈라지게 되었다. 인간(人)[25]은 동류끼리 모이고, 사물은 무리로써 구분되니, (이에) 좋은 일(吉)과 나쁜 일(凶)들이 생겨나는 것이다. 하늘에서 꼴(象)이 생겨나고

---

[25] 모든 『주역』의 통행본에는 이 구절이 "方以類聚, 物以群分"로 되어 있기 때문에, 주자를 포함하여, 모든 주역학자들은 '方'과 '物'의 차이점에 대하여, 서로 각기 다른 여러 주장들을 내놓고 있다. 그러나 어느 것도 만족할 만하지 못하다. 그러나 高亨은 篆文의 人자의 모양과 方자의 모양이 아주 비슷하기 때문에 人을 方으로 오기한 것으로 단정 짓고 있다. 이 「繫辭」전의 서술이 먼저 인간세계를 말하고, 그 다음 자연현상을 말하고 있기 때문에 필자는 고형의 해석을 따랐다. 高亨, 『周易大傳今注』, 濟南: 齊魯書社, 1998, 381쪽 참조.

땅에서 모습(形)이 형성되어서, (만물의) 변화들이 보이게 되었다. 이
때문에 '굳셈'(剛)과 '부드러움'(柔)이 서로 부딪치고, 팔괘(즉 하늘(乾),
땅(坤), 우레(震), 바람(巽), 물(坎), 불(離), 산(艮)과 늪(兌))가 서로 요
동친다.[26] (하늘과 땅(乾坤)이 부딪칠 때) 천둥(震)과 번개(離)로 만물을
깨워 내고, 비(坎)와 바람(巽)으로 이들을 촉촉이 적셔 준다. 해와 달이
운행하여, (계절이 바뀌니), 한 번은 춥고 한 번은 덥다. 건(乾, 陽)의 원
리는 남성이 되고, 곤(坤, 陰)의 원리는 여성이 되는 것이다.[27]

이와 같이, 건곤(즉 하늘/땅)과 음양의 융합 발전의 구도하에서
천지간의 만물의 성장, 발전, 소멸과 인간사의 길흉화복 등의 모든 현
상을 모두 포괄하여 설명하는 『주역』의 유기체적 생명관이 성립하였
다. 그리고 기원전 3세기에 이런 음양론에 오행설이 결합되면서, 기
원전 2세기에는 '음양오행의 상관적 사유'가 중국문화를 대표하는 형
이상학으로 확고한 자리를 잡게 된다.[28] 동시에 바로 이런 '동양적 형

---

26 이 구절, "剛柔相摩, 八卦相蕩."의 해석과 관련하여, 金景芳은 '剛柔가 서로 부딪친다'
    는 것을 결코 '乾坤이 결합하여 여섯 자식을 출생한다'로 해석할 수 없다고 말한다.
    왜냐하면, 『周易』, 「說卦」전에는 八卦에서 乾坤괘와 다른 六卦와의 관계에 대하여, 剛
    柔가 아니라 乾坤이 六卦의 부모로, 그리고 육괘를 乾坤의 六子로 설명하고 있기 때
    문이라고 말한다. 따라서 "八卦相蕩"하여 비로소 64괘가 형성되는 것으로 해석해야
    한다고 말한다. "乾天也, 故稱乎父. 坤地也, 故稱乎母. 震一索而得男, 故謂之長男; 巽
    一索而得女, 故謂之長女. 坎再索而得男, 故謂之中男; 離再索而得女, 故謂之中女. 艮三
    索而得男, 故謂之少男; 兌三索而得女, 故謂之少女." 「說卦」傳, 金景芳, 『『周易·繫辭傳』
    新編詳解』, 瀋陽: 遼海出版社, 1998, 7쪽 참조.
27 "天尊地卑, 乾坤定矣. 卑高以陳, 貴賤位矣. 動靜有常, 剛柔斷矣. 人(方)以類聚, 物以羣
    分, 吉凶生矣. 在天成象, 在地成形, 變化見矣. 是故剛柔相摩, 八卦相盪. 鼓之以雷霆,
    潤之以風雨, 日月運行, 一寒一暑. 乾道成男, 坤道成女.", 高亨, 「繫辭」傳 上, 앞의 책,
    1998.
28 이 점에 대해서는 특히 『呂氏春秋』, 『禮記』, 「月令」편, 『春秋繁露』와 『淮南子』 등을 참

이상학'을 바탕으로 인체의 생리적 현상들을 파악하고 이런 생리적 흐름의 자발적인 균형을 유도해 냄으로써, 병증을 치료하는 전통 한의학 속에서 동양의 유기체적 생명관이 더욱더 정교한 형태로 자리를 잡게 된다.

3.2 인간(人)과 자연(天) 생명의 구조적 동형과 상호 영향(天人感應)론

중국인들은, 일찍이 장자가 말했던 것처럼, 인간 생명과 죽음은 기(氣)의 "모임과 흩어짐"(聚散)으로 생각하였다.[29] 동한 때의 왕충(王充, 27~97) 역시 "사람은 기를 받고서 태어나고, 기를 머금고 성장한다"[30]고 말하였다. 갈홍(葛洪, 284~364)은 더 나아가서 다음과 같이 말하고 있다.

> 사람은 기 가운데 있고, 기는 사람 가운데 있다. 천지(天地)로부터 만물에 이르기까지 기에 의지하여 살고 있지 않는 존재는 없다.[31]

그 결과, 인간이나 자연사물 모두가 기의 '모임과 흩어짐(聚散) 및 흐름'에 따라서 움직여 나가는 것으로 파악되기 때문에, 천지자연이 '대우주'라면, 인간은―'대우주'와 본질상 구조가 같은―'소우주'

고할 것.
29 송영배, 앞의 글, 1992; 송영배, 앞의 글, 1999 참조.
30 "人稟氣以生, 含氣以長.", 『論衡』, 「命義」篇.
31 "夫人在氣中, 氣在人中, 自天地至於萬物, 無不須氣以生者也.", 『抱朴者』, 「至理」篇. 여기서는 劉君燦, 「關聯與和諧―影響科技發展的思想因素」, 『格物與成器』, 洪萬生 主編, 臺北: 聯經出版事業公司, 1996, 511쪽에서 재인용.

로 파악되었다. 이런 자연(天)과 인간(人) 생명체의 구조적 동형론은 동중서(董仲舒, 기원전 180~118)의『춘추번로』(春秋繁露)에서 절정에 달하고 있다.

사람 몸의 머리가 크고 둥근 것은 하늘의 용모를 나타내고, 머리털은 (하늘의 수많은) 별들을 나타내며, 코와 입으로 숨 쉬는 것은 바람과 기운을 나타낸다. (……) 하늘의 일 년의 수로써, 사람 몸을 이루었기 때문에, 작은 뼈마디 366개는 (하늘의) 숫자와 짝하는 것이다. 큰 뼈마디가 12로 나뉘니 (12)달의 수와 짝한다. 속의 오장은 오행의 수와 짝한다. 밖의 사지는 4계절의 수와 짝한다. 잠깐 동안 보고 잠깐 동안 눈감는 것은 낮과 밤과 짝하는 것이다. 잠시 동안 강(剛)하고 잠시 동안 유(柔)한 것은 겨울과 여름과 짝하는 것이다. (……) (하늘의) 이런 현상들은 모두 암암리에 사람 몸에 붙어서, 사람과 함께 생존한다. 비슷하면 (서로) 짝하여 합쳐지니, 셀 수 있는 것은 수와 짝하고, 셀 수 없는 것은 부류(類)와 짝한다. 당연히 모두 다같이 (사람 몸은) 하늘(天)과 짝하여 하나가 된다.[32]

이와 같이 인간(人)과 자연(天) 생명체는 소우주와 대우주로서 서로 구조적 동일성을 가졌기에 서로 짝할 뿐만이 아니라, 또한 이들을 움직이는 기(氣)가 서로 소통함으로써 서로 감응(感應)을 한다고 말한다.

---

32   "人之身首窦而員, 象天容也; 髮象星辰也. (……) 天以終歲之數, 成人之身, 故小節
三百六十六, 副日數也; 大節十二分, 副月數也; 內有五臟, 副五行數也; 外有四肢, 副四
時數也; 占視占瞑, 副晝夜也; 占剛占柔, 副冬夏也. (……) 此皆暗膚著身, 與人俱生, 比
而偶之弇合, 於其可數也, 副數, 不可數者, 副類, 皆當同而副天一也.",『春秋繁露』,「人
副天數」第56, 327~328쪽.

(지금) 시험 삼아 금슬(琴瑟)을 쳐서, 궁(宮)음을 내면 다른 '궁'음이 울리고, 상(商)음을 내면 다른 '상'음이 대응한다. 오음(궁, 상, 각, 치, 우)이 같으면 (또 다른 오음이) 저절로 울리는 것은 귀신 작란이 아니다. 수리(數理)가 그러한 것이다. 좋은 일은 좋은 부류를 불러오고 나쁜 일은 나쁜 부류를 불러오니, (같은) 부류가 상응하여 일어난다. 소가 울면 (다른) 소들도 따라 운다. 제왕이 일어나려면 아름다운 징조 또한 먼저 보이고, 망하려면 요상한 재앙이 먼저 보이니, 만물은 진실로 (같은) 부류를 서로 불러오는 것이다. (……) 하늘에 음양이 있고, 사람 또한 음양이 있다. 천지자연에 음기가 일어나면 사람의 음기가 상응하여 일어나고, 사람의 음기가 일어나면 천지의 음기가 또한 마땅히 대응하여 일어난다. (감응의) 도리는 한 가지이다. 이 도리를 분명히 아는 이가 비를 오게 하려면 (인간/지상의) 음기를 발동하여 (하늘의) 음기를 일으키며, 비를 그치게 하려면 양기를 발동하여 양기를 일으킨다. 따라서 비를 오게 하는 것은 신비한 일이 아니다.[33]

3.3 한의학에서 보는 인체의 음양오행 관계 작용과 유기체적 생명의 이해

대우주이든, 개별적 사물이든, 그것이 하나의 전체적 존재(a holistic

---

[33] "試調琴瑟而錯之, 鼓其宮, 則他宮應之, 鼓其商, 而他商應之, 五音比而自鳴, 非有神, 其數然也. 美事召美類, 惡事召惡類, 類之相應而起也, 如馬鳴則馬應之, 牛鳴則牛應之. 帝王之將興也, 其美祥亦先見, 其將亡也, 妖孼亦先見, 物故以類相召也. (……) 天有陰陽, 人亦有陰陽, 天地之陰氣起, 而人之陰氣應之而起, 人之陰氣起, 天地之陰氣亦宜應之而起, 其道一也. 明於此者, 欲致雨, 則動陰以起陰, 欲止雨, 則動陽以起陽, 故致雨, 非神也."『春秋繁露』,「同類相動」第57, 331쪽.

entity)로서 자기 조직화를 해나가는 유기체적 생명체라면, 생체리 듬의 평형과 안정을 유지시키는 기능을 가지고 있어야만 한다. 인체 의 내분비계통 역시 기능의 항진을 도와주는 작용이 있는가 하면, 또 한 동시에 그 항진을 억제하는 기능이 필연적으로 존재한다. 그리고 억제작용이 다시 어느 지점에 다다르면 또 다시 항진기능으로 변환 되어야만 한다. 요컨대, 인체의 여러 기능들은 항진과 억제가 부단히 '되먹임'(feedback)의 작용을 통하여 자기 평형과 안정을 유지하게 되 고, 그럼으로써 자기 조직 전체의 생명운동을 지속적으로 반복해나가 는 것이다. 이런 인체 내의 복잡한 '되먹임 작용'을 한의학에서는 '음 양과 오행설'에 의하여 설명하고 있다.

한의학에서는, 기능이 항진하여 영양소가 소진되어 열이 나는 병증은 대개 '양기의 과잉'(陽盛)에 속하고, 기능이 온전치 못하거나 감퇴해서 몸이 차지는(冷) 병증은 대개 '음기의 과잉'(陰盛)에 속하는 것으로 본다. 따라서 "음이 우세(勝)하면 양이 병들고, 양이 우세하면 음이 병든다. 양이 우세하면 열이 나고 음이 우세하면 냉하다"[34]고 말 한다. 따라서 힘이 없고 나른하며 쉽게 피곤한 것은 밖이 냉한 것이기 때문에 양이 허한 증세이니, 그 병증에는 양기를 보충해 주어야 한다. 피가 모자라서 얼굴이 누렇게 뜨고 몸이 마르고 뼈에 열이 난다면 음 이 허한 것이니 체내에 음기를 북돋는 영양분을 많이 공급해 주어야 한다고 말한다.[35] 그리고 오행은 서로 상생과 상극의 관계에 있다. 목,

---

34 "陰勝則陽病, 陽勝則陰病. 陽勝則熱, 陰勝則寒.",『黃帝內經』,「素問, 陰陽應象大論」, 여기서는 劉君燦,「生剋消長 —陰陽五行與中國傳統科技」,『格物與成器』, 洪萬生 主 編, 臺北: 聯經出版事業公司, 1996, 83쪽에서 재인용.
35 같은 책, 83쪽 참조.

화, 토, 금, 수의 관계는 "나란히 이웃하면 서로 생성하는"(相生) 관계요. "건너뛰면 서로 억제하는"(相剋)하는 관계이다.[36] 나무(木)를 마찰하면 불(火)이 생겨나니, 목이 화를 생성하는 것이다. 불이 꺼지면 재가 되니, 화가 토를 생성하는 것이다. 흙 속에서 광석(金)이 나오니, 토가 금을 생성하는 것이다. 광석이 녹아서 액체가 나오니, 금이 수를 생성하는 것이다. 이것이 오행 상생의 관계다. 그러나 하나를 건너뛰어서, 목제농구로 땅을 파니 목은 토를 이기는 것이다. 제방으로 물길을 막으니, 토가 수를 이기는 것이다. 물이 불을 끄니, 수가 화를 이기는 것이다. 불로 광석을 녹이니, 화가 금을 이기는 것이다. 이것이 오행의 상극관계이다. 이런 오행의 상생상극의 관계는 인체의 장기(臟器)들 간의 '상생상극'의 관계로 작동한다. 소통과 배설을 주관하는 간(肝)은 위쪽과 사방으로 잘 뻗어나가는 나무의 성질과 유사하니 목에 속하고, 심장에 열이 있으면 위로 화기가 올라와 얼굴이 붉어지니, 심장은 위로 타올라가는 화에 해당한다. 토양이 없으면 모든 농작물이 생장할 수 없듯이, 먹은 음식을 소화, 배설시키는 비위(脾胃)가 없으면 생명의 유지가 어렵다. 따라서 생명유지의 기본 작동을 하는 '밥통'(胃)과 '지라'(脾)는 토에 속한다. 금속을 두드려야 소리가 나는 것처럼 폐기(肺氣)의 파동으로 사람의 음성이 나오니 폐(肺)는 금에 속한다. 마신 물이 방광을 통하여 아래로 배설되니 '콩팥'(腎臟)은 수에 속한다. 이런 오행의 성질을 띤 장기들은 그 자체의 독립된 실체의 의미보다는 이들이 서로 맺고 있는 '상생과 상극'의 관계(작용)에 본질적인 중요성이 있다. 한의학에서는, 인간생명 전체의 활동은 이런 장

---

36   "(五行), 比相生, 而間相勝也.", 『春秋繁露』, 「五行相生」 第58, 334쪽.

기들의 '상생과 상극'의 관계가 내부적으로, 그리고 동시에 외부적으로 자연환경과의 상호 영향관계에서 조화로운 균형과 안정성을 유지할 때, 비로소 정상적으로 활동할 수 있는 건강상태로 보고 있다. 그러나 만약 목(즉 肝)의 기능이 지나치게 왕성하면, 그것을 제어할 금(즉 肺)의 기능이 제대로 발동하지 못한다. 그렇게 되면, 지나치게 왕성한 목의 기능이 토(즉 脾胃)를 타고서(乘) 토의 기능을 과도하게 억제하는 한편, 동시에 목(肝)의 금(肺)의 제어기능을 저해(侮)하는 현상이 나타난다. 반대로 목(肝)의 기운이 부족하여 금(肺)이 목을 타고서(乘) 그 기능을 약화시키면, 토(脾胃)는 동시에 목(肝)을 제어하는 기능을 저해(侮)하는 현상이 당연히 뒤따르게 된다. 이처럼 오행의 상생과 상극의 정상적인 관계가 파괴되면 여러 가지 병리현상들이 나타난다고 한의학에서 보고 있다. 따라서 한의학에서는 인체 내의 질병의 발생과 전이를 '음양과 오행'의 상생과 상극의 관계에서 진단하고 그에 상응하여 음양과 오행의 과잉과 결핍을 다시 조절해 줌으로써, 그들 간의 균형과 안정성을 회복해 주는 것이다. 이와 같이, 한의학에서는 인간생명, 즉 '전체적 유기적인 생명활동'(holistic, organic activities of life)의 유지를 바로 '음양과 오행 간의 상관적 관계' 위에서 파악하고 있다.

4 상관적 사유의 의미 함축 : 장자에서 유위(有爲)를 넘어서는 무위(無爲)의 지평과 자유정신

음양과 오행의 상관적 관계 작용에 의하여 전개되는, 하나의 '유기적인 생명'은―그것이 인간생명체(소우주)이든, 그 속에 모든 만물들을 담고 있는 우주생명체(天地, 즉 대우주)이든―하나의 전일적인 생명을 유지시켜 주는 데 필수적인 부분적 개체들의 개별적 작동들과 구별되는 총체적인 생명활동으로 이해될 수 있다. 그것은 처음부터 총체적인 생명의 전일성의 가능근거이기 때문에―어떤 구체적인 하나의 존재물처럼―그에게만 고유하게 주어진 특정한 작용이나 기능, 즉 '유위'(有爲)일 수가 없다. 따라서 '도'의 작용은 '유위'를 초월하는―엄밀히 말하자면, 만물의 '유위'에 존재론적으로 내재하면서 그 것을 넘어서는―'무위'(無爲)일 수밖에 없다. 모든 존재자, 즉 만물들 하나하나를 그러한 만물로 작동하게끔 만들어 주는 존재론적인 형이상학적 근거를 한비(韓非, 기원전 280~233)는 『노자』(老子)에서 언급한 '도'(道)로 이해하였고, 그 '도'를 바로 "만물을 그렇게 이루어 주는 소이"(萬物之所以成也)[37]라고 정의하였다. 이렇기 때문에, 만물의 보편적인 존재론적 근거로서의 '도'의 작동과 기능은―당연히 만물의 '유위'와 구별되는―'무위'라고 말할 수밖에 없다. 따라서 모든 만물의 드러난 행위, 즉 '유위' 뒤에는 그것들을 가능하게 해주는 근원적인 형이상학적 근거, 또는 생명적 원천으로서 '도'의 '무위'가 숨겨져 있는 것이다. 그리고 '무위'하는 '도'의 관점에서 보면, 만물의 서로 다른 기능과 역할은―아무리 그것들의 드러난 양태들이 천차만별일지라도―모두 평등한 것이다. 그리고 이런 천차만별의 존재 양상은 끊임없는 변화 속에 있을 뿐이다. 장자의 철학에 의하면, 그 어느 하나의 입장도 고정화, 절대화될 수 없는 것이다. 왜냐하면 변화하지 않

---

37   『韓非子』, 「解老」편.

는 존재(物)는 하나도 없기 때문이다.

('무위'하는) '도'에서 보면, 모든 존재(物)는 귀천이 없다. (개별적) 존재(物)의 (유위의) 관점에서 보면, 자기는 귀하고 남은 천하다. (……) 큰 대들보는 성벽은 허물 수 있으나, 작은 구멍을 틀어막을 수 없음은 도구의 (쓰임이 다름을) 말하는 것이다. 바둑 무늬의 화류(驊騮, 名馬의 이름)는 하루에 천리를 달릴 수 있으나 쥐 잡는 데는 족제비만 못함은 (각기) 다른 재주를 말한 것이다. 수리부엉이는 밤에 벼룩을 잡을 수 있고 터럭의 끝을 볼 수 있으나 낮에는 눈을 크게 뜨고도 언덕이나 산을 보지 못한다. 따라서 "(儒家나 墨家처럼, 자기 하나의 관점에서) 옳다는 것을 본받으면 (자연히) 그른 것이 없어지고, (자기 하나의 관점에서) '사회의 안정'(治)을 본받으면 '어지러움'(亂)이 없어진다!"고 말할 수 있는가? 이런 (자기 독단적인) 주장은 천지자연의 이치와 만물의 실정을 아직 모르는 것이다. 이는 마치 하늘을 본받으면 땅이 없어지고, 음(陰)을 본받으면 양(陽)이 없어진다는 것과 같으니, 통용될 수 없음이 명백하다고 하겠다! 그런데도 (하나의 입장을 절대화하는) 논쟁을 시작하면 그치지 않으니, 어리석지 않다면 속이는 것이리라! (옛날) 오제(五帝) 삼왕(三王)의 선양(禪讓) 방식이 다르고, 삼대(三代: 하, 은, 주)의 계승방법이 달랐다. 시류에 맞지 않고 시속에 거슬렸으면 찬탈자요, 시류에 맞았고 시속을 따랐으면 정의의 사도로 불린다. (……)(道의 관점에서 보면) 만물은 똑같다. 무엇이 짧고 무엇이 긴가? '도'에는 처음도 끝도 없다. (개별적) 존재(物)에만 삶과 죽음이 있다. (개별적 존재는) 완성된 하나의 결과에만 머무를 수 없다. 한번 비었다가는 다시 차게 되니, 자기 모습을 고정할 수 없다. 세월은 다시 올 수 없고, 시간은

정지할 수 없다! 소멸과 생성, 채움과 비움은 끝나면 다시 시작하는 것이다. 모든 (개별적) 존재(物)의 삶은 마치 말이 달려가는 것처럼 빠르게 지나간다. 변화하지 않는 움직임이 없고 흘러가지 않는 시간이 없다. 무엇을 해야 할 것이고, 무엇을 하지 말아야 할 것인가? 진실로 (도의 흐름을 따라서) 스스로 변화할 뿐이다![38]

장자는 이와 같이 한편으로 무한히 변화하고 있는 만물 뒤에 있는 '도'의 '무위함'을 특별히 드러내어 보이면서, 또 다른 한편—사람이든 사물이든—만물들은 각기 자기 하나의 입장(즉 유위)에서 터득한 지혜나 기능을 절대화하고, 타자를 배척하는 '개체독존주의' 또는 '인간독존주의'를 인간 자신의 '어리석음'이거나, '속임수'라고 몰아붙이고 있다. 장자는 이와 같이, 아무리 '유위'를 하고 있는 만물들의 다양성이 허용되더라도, 그 어느 하나가 중심이 되어서, 타자를 배척하고 부정하는 이념적, 실제적인 폭력에 반대한다. 모든 존재자들은 변화하는 우주생명 안에서 자기의 '유위'의 역할을 할 뿐이며, 그 만물들의 '유위' 하나하나는 결코 '하나의 고정불변한 상태에 머무를 수 없다'고 말한다. 따라서 "세월은 다시 올 수 없고, 시간은 정지할 수 없으며", 만물의 "소멸과 생성, 채움과 비움은 끝나면 다시 시작"한다고 말한다. 왜냐하면 우주적 시간과 공간 속에서의 개별적 존재물들의 '유위적인' '생장과 발전'은 무한히 변동, 변화하는 '도'의 '무위'로부터 분리되어서 독자적으로 존재할 수 없기 때문이다. 따라서 '삶'은 '죽음'으로, '유'는 '무'로 변할 뿐이다. 그리고 '무'는 다시 다른 형태

---

38 「秋水」, 송영배, 앞의 책, 1994, 320~321쪽.

38 「秋水」, 송영배, 앞의 책, 1994, 320~321쪽.

의 '유'로 변화한다. 이렇기 때문에, 진정으로 자기의 존재가치를 실현한 '진정한 사람'(authentic man, 眞人)이라면, 그는—그의 몸(形)이 아무리 엉망으로 뒤틀리고 망가진—장애인일지라도, 그 망가진 '몸'에 정신이 빼앗겨 있지 않으며,[39]—아무리 지독한 고통을 주는—병으로 인해 죽어 간다고 할지라도 그 병(고통)에 정신을 빼앗기지 않는다[40]고 말한다. 사물과 만물의 드러난 '유위'의 현상들의 변화는 그것들을 '무화'(無化)시키는—인간의 제어 범위를 넘어서는—'무위'하는 '자연'(天) 변화의 필연적 영역에 속하는 것이기 때문에, '진정한 인간'의 해방과 실현은 이런 자연의 변화를 수용하는 데 있을 뿐이라고 말한다. 이제 장자는 '진인'에 대하여 이렇게 말한다.

누가 '무'(無)를 머리로 삼고 삶을 척추로 여기고 죽음을 항문으로 여길 수 있겠는가? 누가 삶과 죽음, 생존과 멸망이 (분리될 수 없는) 한 몸임을 알고 있는가? (……) 만약에 (천지)조화의 작용이 점점 더 커져서 내 왼팔을 변화시켜 닭으로 만들어 준다면 나는 사람들에게 새벽을 알려 주겠네. 또 만일 조화의 작용이 내 오른팔을 화살로 만들어 준다면 나는 그것으로 올빼미라도 잡아서 구워 먹도록 할 것이고, 조화의 작용으로 인해 나의 궁둥이가 수레바퀴로 만들어지고 정신을 변화시켜 말(馬)로 만들어 준다면 나는 그것을 타고 다닐 것이네. 어찌 따로 수레를 찾겠는가? 또한 (생명을) 얻는 것도 (한) 때요, 그것을 잃는 것은 (자연 변화에) 순명하는 것이네. 그러니 (살았을) 때에 편안하고 (죽음에) 순명

---

39 특히 「德充符」편의 여러 예화를 참조하기 바람.
40 특히 「大宗師」편의 여러 진인의 예화들을 참조하기 바람.

하면, 슬픔이나 즐거움은 끼어들 수가 없게 되는 것이네. 이것이 옛 사람이 말하는 '속박으로부터의 해방'(縣解)인 것이네. 그런데 속박으로부터 스스로를 해방시키지 못하는 것은 (내 생명 밖의) 사물(外物)이 (마음을) 동여매고 있기 때문이라네.[41]

인간이 사회생활을 하면서 필요로 하게 되는—물질적, 이념적인—여러 가지 도구적인 장치들, 예를 들면, 이념, 도덕, 재물, 권력 등을 장자는 인간이 하늘로부터 받은 자기 본원적 '생명'과 구별하여 특히 외물(外物)이라고 보았다. 인간의 비극은, 바로 자기 생명, 자기 존재의 근원적 의미를 망각한 채, 이런 외물의 추구에 정신이 팔려 있기 때문에 도리어 인간의 생명과 자유가 매일매일 파괴되고 황폐화되는, 따라서 본말이 전도되어 인간의 진정한 존재의미가 극단적으로 소외되는 현실에 있다고 보았다.

(자기 생명 밖의 다른 각종) 존재들(外物, 즉 명예, 도덕, 이념, 재산, 미모, 장수 등)과 서로 칼부림하고 서로 (심하게) 부딪치면서, 인생을 말이 달리듯이 빨리 달려 그칠 줄 모르게 소진하니, 이 또한 슬프지 아니한가! (사람들은) 평생을 애써 힘쓰지만 그 (자연 생명의) 공효를 보지 못하고 있다! 멍하니 마음은 지쳐 있으면서도 자기가 되돌아갈 곳을 모르니, 어찌 불쌍하지 않겠는가? 설령 사람들이 '(자네는) 죽지 않는다'라고 말한들, 그것이 무슨 도움이 되겠는가? 몸이 노화해 가면 마음 또한 그렇게 노화해 가는 것이니, 참으로 큰 슬픔이 아니라 할 수 있겠는

41   「大宗師」, 송영배, 앞의 책, 1994, 344~345쪽.

가? 사람의 삶이란 애초부터 이처럼 아둔한 것일까? 나만 홀로 아둔하고 다른 사람들은 역시 아둔하지 않은 것일까?[42]

장자는 따라서 이런 도치된 비극적인 인생에서 벗어나서 자기의 진정한 존재의미를 실현한 '진인'들에 대하여 이렇게 말하고 있다.

옛날의 진인들은 출생도 기뻐할 줄 몰랐고, 사망도 싫어할 줄 몰랐다. 태어난 것을 기뻐하지도 않거니와 되돌아가는 것을 거부하지도 않았다. 의연히 가고 의연히 올 따름이다. 자기(생명)의 시작을 잊지도 않거니와 (생명이 제명대로) 죽는 것도 (억지로는) 추구하지 않았다. (생명을) 받으면 기뻐하고 그것을 잃었으면 (자연으로) 다시 되돌아가는 것이다. 이것이 (바로 인간의) 마음으로써 도(道)를 덜어 내지 아니하고, 인위(人) 때문에 '자연'(天)을 돕지 않는다는 것이다. 이래야 '진인'(眞人)인 것이다. 이러한 사람은 마음을 드러내 보이지 않고, 모습은 적연하며, 앞이마는 소탈하다. 쓸쓸하기가 가을과 같고, 따스하기가 봄과 같다. 기쁨과 노여움의 감정은 사철의 변화와 통하고 만물과 잘 조화되어 그 끝(極)을 알 수가 없다.[43]

이와 같이, 장자가 말하는 '진인'들은 좁은 인간세계를 다스리는 여러 규범과 한계를 이미 넘어서서, 자연의 무한한 변화와 짝하는 것이며, 그들이 추구하는 자유정신은 천지자연의 변화와 함께하는 무궁

---

42   「齊物論」, 같은 책, 326쪽.
43   「大宗師」, 같은 책, 337~338쪽.

한 자유이다.

> 누가 서로 사귀는 것이 아니면서 서로 사귀고, 서로 돕는 것이 아니면
> 서 서로 도울 수 있을까? 누가 하늘에 올라 안개 속에 노닐며 무궁한 곳
> 에 올라가 보고 삶도 잊은 채 다함이 없이 돌아다닐 수 있을까?[44]

　이와 같이, 한의학이나 장자의 유기체적 생명관의 기저에는 '인
간'(정신)과 '자연'(물질), '주체'와 '객체'로 이분하여 보는 이원론이
부재하다. 오히려 이 둘은 '무위'하는 '도'에 의하여 서로 동등하게 작
용하는 것이다. 따라서 인간 밖에 자연이 없고, 자연 밖에 인간이 없
다. 따라서 인간의 자유는 인간의 좁은 '유위'의 지평에서 해방하여
자연의 '무위'와 합일할 수 있는 경지에서 실현될 수 있는 것이다. 따
라서 인간은 자연사물 중 하나이기 때문에, 인간에 의한 자연 지배를
정당화하는 인간중심주의가 처음부터 배격되는 것이다. 그리고 인간
의 자유정신은 장자에 의하면, 사회생활을 영위하면서 어쩔 수 없이
등장한 외물들의 존재의미를 인간의 자연스런 생명 전개를 돕기 위
한 수단으로 인식하는 데 있다고 보는 것이다. 요컨대, 인간의 도구적
지식이 가져오는 수단으로부터 인간의 생명적 자유의 전개가 속박당
하지 않는 데서, 인간의 진정한 자유는 실현된다고 보는 것이다. 장자
에게는 그 반대의 경우는 언제나 비극적인 것이다. 그리고 이런 철학
적 사유는 궁극적으로 "전 우주의 모든 부분들은 하나의 유기적인 전
체에 속해 있고, 이 부분들은 모두 자발적으로 자신을 생성해 나가는

44　「大宗師」, 같은 책, 346~347쪽.

(우주)생명의 (총체적) 과정에 참여자로서 상호 영향을 준다는 의미"
에서, 천지자연의 생성변화를 하나의 "유기체론적 과정"(organismic
progress)[45]으로 이해하는―서양적 사유와 전혀 다른―중국 고유의
우주론 위에서만 올바르게 이해될 수 있는 것이다. 그리고 이런 유기
체적 우주생명의 총체적 움직임에 참여하여 상호 영향을 미치는 부
분들은 평등한 입장에서 서로 '상관적 평등관계'를 유지하면서 각자
자기의 활동을 한다. 물론 비록 존재하는 모든 것들의 작동들이 "적
절치 못하여 일시적인 불균형, 불협화음이 뒤따를 수 있지만, (존재론
적으로) 오작동을 연출하고 있는 부분(개체)들은 있을 수 없다."[46]

5 맺는 말 : 21세기 최첨단 과학기술시대에 동양의 '상관적 사유'와 유기체적 생명관은 무슨 의미를 가지는가?

인간에 의한 자연환경의 오염이나 파괴를 염려하고 환경보호의 필
요성을 말하지만, 여전히 인간중심적인 사고의 틀 안에 머물러 있
는 "개량주의적인 생태주의 논의와는 달리, 서구적인 인간중심주의
나 인간-자연의 이원론의 변환만이 생태계를 파괴로부터 구원해 낼
수 있다"[47]고 보는 '심층 생태학'(deep ecology)에 깊은 영향력을 미

---

45   Mote, Frederick W., *Intellectual Foundation of China*, 2nd edition, McGraw-Hill
     Inc., 1989, 15쪽.
46   같은 책, 21쪽.
47   Zimmerman, M. E., "Heidegger, Buddhism, and deep ecology", *The Cambridge
     Companion to Heidegger*, ed. Charles B. Guignon, Cambridge University Press, 1993,
     260쪽.

친 것은 하이데거의 전통형이상학의 비판에서 비롯된다고 하겠다. 플라톤(기원전 427?~347?)이 경험적 세계 안에서 변동·변화하는 사물들의 존재근거를 바로 그것을 초월하여 "영원불변하게 실재하는 관념"(eidos)세계에서 찾음으로써, 이원론적인 "서양형이상학의 2500년 역사"를 열었다고 하이데거는 말한다. 그리고 로마인들이, 사물들의 생성 "원인"을 밝히는 것이 형이상학의 과제라고 이해함으로써, 이런 이원적 형이상학은 서양에서 확고하게 자리를 잡았으며, 이런 형이상학적 전통에서, 중세의 신학자들은 피조물의 존재근거는 그들 위에 군림하는 창조주 하느님이었다. 근대에서는, "데카르트 이래로 자기-확신을 가진 이성적 주체 앞에 (수동적으로 펼쳐져 있는) 객체"로서만 자연사물을 파악하였다. 이런 이원론적 형이상학적 구도에서, 사물이 존재한다는 것은 그것이 "주체(인간)에 의해서 측정되고, 양화되고, 인식"된다는 것을 의미한다.[48] 사물의 존재근거가 플라톤에서는 영원불변하게 실재하는 이념들이고, 아리스토텔레스에게는 실체이며, 중세 신학자들에게는 창조주인 신이고, 근대인에게는 계산만 하는 도구적 이성이다. 이들 형이상학적 존재근거들은 사물들 위에 그들의 "바탕, 원인, 또는 기원", 또는 "영원불변한 기반", 말하자면, 일종의 "상위적 존재"로서 군림하고 있다.[49] 이와 같이, "상위적인 '특권적' 자질(정신, 이성, 인간, 남성)을 소유한 자들"과 하위적인 "열성적 자질(육체, 감정, 자연, 여성)을 가진 자들"[50]의 구분이라는 이원구도의 서구 형이상학은 존재자들 간의 상하차등적인 불평등을

---

48 같은 글, 249쪽.
49 같은 글, 243쪽.
50 앞의 주 4 참조.

존재론적으로 정당화하는 일종의 "종속적 관계의 사유(a subordina-tive thinking)의 전형으로 간주될 수 있다".[51] 그리고 이런 '종속적 지배관계'의 극단적인 현상은 근대의 자연과학과 과학기술의 맹목성에서 두드러지게 드러난다.

근대과학은, 오직 사물들에 대한 통제력을 확보하려는 서구인들의 끊임없이 증대하는 욕망에 부응하는 이론적인 전제들과 영합하면서 사물들로 하여금 그들 자신의 모습을 드러내게끔 강제하여 왔다. (과거) 산업시대에 그런 통제력이 이룩한 업적이 인간의 재산목록을 증식시키려는 목적에 대한 수단으로 기술될 수 있다면, 1차 세계대전의 폭력들로부터 이미 시작되었다고 말할 수 있는 (현대) 기술시대에는 (우리) 인간들 그 자체마저도 '권력 때문에 권력을 추구'하는―하이데거가 말하는 순전한 '(권력에의) 의지에 (종속하는) 의지'라는―맹목적성에 (이끌려 다니는) 수단으로 전락하였다.[52]

현대과학기술 뒤에서 그것을 추동하고 있는 (권력)의지에 종속하는 인간의지의 맹목성은 대지를 "최대한으로 채굴해 내야 할 탄광," 혹은 "쥐어짜내야 할 원자재"로 간주할 뿐만 아니다. 또한 인간을 포함한 모든 대상의 "비밀스런 이용가능성"의 탐색이 바로 "오늘날 과학적 탐구"의 "형이상학적 전제"가 되었다.[53] 환경이 인간에 의

51   劉君燦,「關聯與和諧─影響科技發展的思想因素」,『格物與成器』, 洪萬生 主編, 臺北: 聯經出版事業公司, 1996, 525쪽.
52   Zimmerman, 앞의 글, 1993, 249쪽.
53   이기상, 앞의 글, 2001, 318쪽.

하여 파괴되기 때문에 인간은 물론 환경을 보호해야만 한다. 그러나 모든 대상물을 상품생산의 원재료로만 생각하고 최대한의 이용과 착취만을 생각하는 과학기술 앞에서 인간 역시 더 이상 자신이나 환경을 보호하지 못할 형편이다. 지금 사이보그시대에는 오히려 인간 자신의 존재의미가 자연보다도 더 심각하게 황폐화되어 가고 있다. 유전공학이 발달되고, 생체의 비밀이 알려지면서, '인간-원자재'의 (상품)이용가치가 증폭되면서, 인간은 이제 더 이상 "아무런 보호도 받지 못하는 존재"(Schutzlosen)[54]로 전락해 버렸다. 이것이 사이보그시대에 인간이 대면하고 있는 최대의 비극이다. 이런 비극에서 탈출하기 위하여, 하이데거는 '종속적 관계의 사유'를 정당화하는 서양형이상학의 대체적 사유로서, 그의 존재론적 형이상학을 펼쳤다고 말할 수 있다.

하이데거는, 이런 비극적 상황을 초래한 근본적인 원인을, '종속 관계적 사유'에 기반을 둔 '이원론'과 '인간중심주의'로 대표되는 서양형이상학 속에서 인간을 포함한 모든 존재자들로 하여금 그러한 존재자로 만들어 주는 모든 존재자들의 존재론적인 근거, 즉 '존재'(Sein)의 의미가 처음부터 배제되었다는 "존재의 망각"(Seinsverges-senheit)에서 찾고 있다. 하이데거에 있어서, 무엇이 "존재한다는 것은, 그것이 스스로 자신을 드러낸다는 것을 의미"한다. 이런 존재자의 "드러남"(Anwesen)이 가능하려면, (우선) '열림'(Lichtung), '비움',

54   M. Heidegger, "Wozu Dichter?", *Holzwege*(GA6), 273~276쪽 참조. 여기서는 이선 일, 「환경철학과 하이데거의 존재사유 ─ 보호와 구원」,『하이데거와 자연, 환경, 생명』, 하이데거학회 편집(하이데거연구 제5집), 철학과 현실사, 2000, 123쪽 주 14에서 재인용.

'무'(無), '부재'(Abwesen)가 있어야만 한다. 하이데거에 있어서, 사물, 즉 존재자들의 '드러남'(Sein)에 필요한 '열림'은 바로 "인간의 실존," 즉 현존재(Dasein)의 '열림'일 수밖에 없다.[55] 따라서 기계가 인간을 통제하는 현대의 기술시대에 살아가는 길은, 사람들이 '무성'(Nichtigkeit)를 체험함으로써, 인간 자신을 '죽을 수 있는 존재'로 자각하고 유한성을 인정하면서, 자기 마음을 비우는 일이다. 그것은 존재자들을 더 이상 지배하는 것이 아니라, 그 "사물들에 내맡김"(Gelassenhiet zu den Dingen)을 수용하는 일이다.[56] 이것은 인간이 '사위'(四位, das Geviert) 속에서 자신을 '가사자'(可死者)로 자인하고, 하느님, 그리고 하늘과 땅과 만나면서, 그들을 포용하면서 함께 사는 것을 의미한다. 그것들은 더 이상 인간의 욕구 충족을 위한 수단적인 대상이 아니라, 그들의 존재의미를 그대로 수용하며 그들과 하나로 어울리는 아름다운 시적, 예술적 융합을 의미한다. 따라서 "기술적 대상들의 피할 수 없는 이용"에 대하여는 긍정적 수용인 "예"라고 말할 수 있지만, 그것들이 "인간의 본질을 휘게 하고 헝클게 하면," 그것을 "아니오"라고 거부해야 한다고 하이데거는 말한다.[57] 그것은 "기술적 대상들을 결코 어떤 절대적인 것으로가 아니라 보다 높은 것에 의존한 채 남아 있는 사물들로서 그 자체에 머물러 있도록(auf sich beruhen lassen) 놔 두는 것"[58]을 의미한다. 이것이 하이데거가 말하는 "사물들에 내맡김" (Gelassenheit zu den Dingen)의 의미이다. 인간은 더 이상 대상을 지

---

55 Zimmerman, 앞의 글, 1993, 243쪽.
56 이기상, 앞의 글, 2001, 346쪽 이하 참조.
57 이기상, 앞의 글, 2001, 347쪽.
58 같은 글, 348쪽.

배해야 하는 것이 아니라, 그것들과 '상관적인 동등한 관계'에서 그들과 진정으로 예술적으로 소통하고 대화할 수 있어야 한다고 보는 것이다.

인간이 만든 기계에 의하여, 인간이 지배당할 정도로 인간의 과학기술이 자연과 인간을 무차별적으로 지배하는 현대기술사회에서, 우리에게 필요한 것은 인간의 지배욕구의 더 이상의 확장이 아니라, 오히려 인간과 인간, 그리고 인간과 자연의 존재론적 융합에 있으며, 그것이 예술세계에서 구현될 수 있다고 말하는 하이데거의 목소리에 우리가 아직도 경청하고 있다면, 우리는 또한 상대배타적, 상대적 대적인 유위(有爲)의 한계성을 넘어서ㅡ더 이상 자기중심적 고정관념에서 해방하여ㅡ'유위'에 가려진 '무위'(無爲)의 근원적 지평에 들어서서 자연과 인간이 함께 어우러지며, 승화된 정신의 왕래를 말하는 장자의 목소리에도 여전히 귀를 기울일 필요가 있다고 필자는 생각한다. 장자는 무한히 변동·변화하는 우주적 생명의 흐름 속에 인간이 부르짖는 '유위', 즉 서로 다른 '인간중심주의'의 잣대들을 모두 버릴 것을 말했다. 왜냐하면 장자철학에서나 한의학에서 말하는, 수많은 부분들로 구성된 유기체적인 생명체 안에서는 어느 한 부분의 작동과 기능이 과도하게 발달되어 그것이 더 이상 통제 불능이 되고, 그것에 의한 다른 것들에 대한 통제(지배)가 일방적으로 강화된다면, 그것 자체가 병리현상이기 때문이다. 그런 생명체는 더 이상 자기 안정과 평형을 찾지 못하고 죽을 수밖에 없다. 따라서 '유위', 또는 인간중심주의의 해독을 고발하는 장자의 생명철학적 목소리는 지금 사이보그시대에 하이데거의 "사물에의 내맡김"보다 우리의 가슴에 더 절실하게 울려올지 모른다.

장자는 이렇게 자기 철학에 대하여 말하고 있다.

실제는 항상 홀연히 흘러가니 일정한 형태가 없다. 모든 존재는 무상하게 변화해 가는 것이다. 무엇이 삶이고 무엇이 죽음인가? 나는 자연과 함께 가는 것인가? 정신은 어디로 움직여 가는 것인가? 그들은 홀홀 어디로 가고, 총총히 어디로 떠나가 버리는가? 모든 존재는 눈앞에 펼쳐 있으되, 돌아갈 곳을 모르는구나! 옛날 도술(道術)의 이런 면을 장주(莊周)는 듣고서 기뻐하였다. 그는 터무니없는 환상, 황당하기만 한 이야기, 끝없는 변론으로 때때로 방자하게 사설을 늘어놓지만, 편견을 고집하지 않았고, 한 면(觭)만으로 자기를 나타내지 않았다. 그는 세상이 더러워서 정중한 말을 쓸 수 없다고 생각했다. 두서없이 흘러가는 말(巵言)로써 변화무궁하게 담론하고, 옛 성현의 말씀(重言)으로 진실을 믿게 하고, 비유(寓言)로써 도리를 펼쳤다. 그는 홀로 천지자연과 더불어 정신을 교류하였으나, 뽐내어 만물을 경시한 적이 없었다. 그리고 옳고 그름(是非)을 따지지 않고서, 세속에 섞여 살았다. 그의 글은 비록 장대하지만 완곡하여 어그러짐이 없다. 그의 말들이 비록 들쑥날쑥하고 괴상해도 읽어 볼 만하다. 꽉 들어차 있어 끝날 줄 모른다. 그의 정신은 위로는 천지의 조물자(造物者)와 함께 노닐고, 아래로는 삶과 죽음, 처음과 끝을 넘어서 있는 자연과 벗이 되는 것이다.[59]

우주생명의 무한한 변화 속에서 시비와 생사를 넘어서 자연과 함께 어울리는 인간의 자유정신을 말하는 장자의 철학적 문제의식은

---

59 「天下」, 송영배, 앞의 책, 1994, 287~288쪽.

분명히 인간중심주의적인 서양의 그것과는 다르다. 이제 21세기 최첨단 과학기술시대에 우리에게 필요한 것은 인간독존주의의 지평을 넘어서 자연과 화합하는 유기체적 생명의 목소리에 좀 더 주의 깊게 귀 기울이는 일일 것이다.

참고문헌

『莊子集釋』(全4冊), 郭慶藩輯, 北京: 中華書局, 1978.

『韓非子集釋』(上, 下), 陳奇猷校注, 上海人民出版社, 1974.

『春秋繁露今註今譯』, 董仲舒著, 賴炎元註譯, 臺灣商務印書館, 1987.

『淮南子全譯』(上, 下), 劉安 等著, 許匡一 譯注, 貴州人民出版社, 1993.

『論衡全譯』(上, 中, 下), 王充著, 袁華忠・方家常 譯注, 貴州人民出版社, 1993.

『周易譯注』, 周振甫譯注, 北京: 中華書局, 1991.

김수중, 「주역, 중용, 사이버네틱스」, 『과학사상』 제9호, 범양사, 1994.

송영배, 『제자백가의 사상』, 현음사, 1994.

_____, 「제자백가의 다양한 전쟁론과 그 철학적 문제의식」(I), 『시대와 철학』 4호,
        한국철학사상연구회, 1992.

_____, 「제자백가의 다양한 전쟁론과 그 철학적 문제의식」(II), 『동양학』 제29집,
        단국대학교부설 동양학연구소, 1999.

요나스, H., 『생명의 원리: 철학적 생물학을 위한 접근』, 한정선 역, 아카넷, 2001.

_____, 『책임의 원칙: 기술시대의 생태학적 윤리』, 이진우 역, 서광사, 1994.

이기상, 「존재 역운으로서의 기술―사이버시대에서의 인간의 사명」, 『하이데거 철학과
        동양사상』, 하이데거학회 편집(하이데거연구 제6집), 철학과 현실사, 2001.

이선일, 「환경철학과 하이데거의 존재사유 ― 보호와 구원」, 『하이데거와 자연, 환경, 생명』,
        하이데거학회 편집(하이데거연구 제5집), 철학과 현실사, 2000.

장회익, 『삶과 온생명』, 솔출판사, 1990.

하이데거, M., 『기술과 전향』, 이기상 역, 서광사, 1993.

한정선, 「한스 요나스의 생명이해에서 우주적인 생명운동으로」, 『생명과 더불어 철학하기』,
        우리사상연구소 편, 철학과 현실사, 2000.

高亨, 『周易大傳今注』, 濟南: 齊魯書社, 1998.

金景芳, 『『周易・繫辭傳』新編詳解』, 瀋陽: 遼海出版社, 1998.

劉君燦, 「生剋消長 ―陰陽五行與中國傳統科技」, 『格物與成器』, 洪萬生 主編, 臺北:
        聯經出版事業公司, 1996.

_____, 「關聯與和諧 ―影響科技發展的思想因素」, 『格物與成器』, 洪萬生 主編, 臺北:
        聯經出版事業公司, 1996.

蔡英文, 「天人之際 ―傳統思想中的宇宙意識」, 『天道與人道』, 黃俊傑 編輯, 臺北:
        聯經出版事業公司, 1996.

盧建榮, 「從役物到順化 ―自然思想的分析」, 『天道與人道』, 黃俊傑 主編, 臺北:
        聯經出版事業公司, 1996.

Girardot, N. J, Miller, J. and Liu, Xiaogan(ed.), *Daoism and Ecology*, Harvard University
        Press, 2001.

Mote, Frederick W., *Intellectual Foundation of China*, 2nd edition, McGraw-Hill Inc., 1989.

Munro, Donald(ed.), *Individualism and Holism: Studies in Confucian and Taoist Values*, The University of Michigan, 1985.

Needham, Joseph, *Science and Civilization in China*, Vol. 2, Cambridge University Press, 1956.

Tomonobu Imamichi, Wang Miaoyang and Liu Fangtong(ed.) *The Humanization of Technology and Chinese Culture*, Washington, D.C., 1988.

Tu, Wei-Ming, "The Continuity of Being: Chinese Visions of Nature," *Nature in Asian Traditions of Thought*, ed. Callicott, J. B. and Ames, R. T., State University of New York Press, 1989.

Zimmerman, M. E., "Heidegger, Buddhism, and deep ecology," *The Cambridge Companion to Heidegger*, ed. Charles B. Guignon, Cambridge University Press, 1993.

기독교와 성리학의 사유방식의 차이

1 생활환경의 차이와 상이한 사유방식의 발생

산 속에 사는 아이는, 태양은 언제나 산에서 떠서 다시 산으로 진다는 사실을 '진리'로 받아들인다. 그러나 똑같은 현상을 섬에 사는 아이는 바다에서 떠서 바다로 지는 것으로 인식한다. 산 속의 아이가 '진리'라고 믿는 그것은, 섬 아이에겐 더 이상 '진리'가 아니다. 왜냐하면 그의 생활환경이 그런 '진리'를 허용하지 않기 때문이다. 이와 같이 누구나 의심 없이 '진리'로 수용하는 '확신'이라고 할지라도, 사람의 생활환경이 다르면, 그에 부수되는 인식, 판단, 신념체계 등등이 또한 서로 다르게 형성될 수 있다. 특히 유목이나 농경, 또는 국지적인 상업 활동만이 허용되었던 근세 이전에는, 동양이든 서양이든, 자기가 사는 세상과 그 문명이 바로 문명세계의 중심이며, 그 권역 밖은 모두 야만세계로 치부되었다. 오직 자기에게 익숙한 '기준'(또는 '세계관')에 의거하여 상대방(즉, 이질문화)을 평가하고 부정하는 일방적인 단정만 있을 뿐 그것을 넘어서는 이상적 소통과 대화의 장은 제대로 마련될 수 없었다. 요컨대, 현대에서나 논의될 수 있는 '전지구적으로'

보편타당한 세계관이나 가치관은 존재할 수가 없었다. 희랍인이나 로마인들에게는 지중해 너머에 있는 타 지역의 인종이나 문화란 정복과 교화의 대상이었다. 동아시아의 중국문명 역시 자신을 '중화'(中華, 중심의 꽃)로 여겼고, 그 외의 지역은 교화가 필요한 '이적'(夷狄)의 세계로 간주되었다. 그러나 이러한 동서양 문화의 접촉과 유입은 1497년 바스코 다가마의 인도항로 발견 이후, 특히 17세기 이래, 예수회 신부들이 중국에 진입하여 한문(漢文)을 익혀서 그 한문으로 동양(중국)의 전통적 사유방식과 다른 서양의 종교관과 윤리관을 체계적으로 설파하면서부터 본격화되었다. 그리고 이런 서양의 종교적 윤리적 관념이 한편 동아시아에 전해지면서, 당대를 풍미했던 성리학적 세계관에 도전하는 이론적 토대가 제공될 수 있었다. 그리고 또 다른 한편, 인격신을 믿지 않는 '동양의' 도덕형이상학(즉, 성리학)의 핵심은 주로 이들 예수회 신부들을 통하여 멀리 서양(유럽)에 전해지면서 중세의 신학체계를 부정하는 '세속화', 또는 '인본주의'를 고취하는 계몽주의 사조의 형성에 또한 상당한 긍정적 영향을 미쳤다.

2   서양의 형식논리와 동양의 상관적 사유

사유방식은 무엇보다 먼저 사용되는 언어의 문법적 특질과 긴밀하게 연관되어 있다. 서양언어(그리스-로마어)의 경우, 그 기본 특징은 한 문장을 이루는 주어, 동사, 보조사 등 품사들이 문법적으로 구분되는 고정된 형식을 가지고 있다는 것이다. 명사는 형태상 동사나 형용사나 부사 등과 다르다. 말하자면, 동사는 결코 형태의 변형 없이 그 자체로 자동적으로 명사나 형용사가 될 수 없으며, 다른 품사 역시 현격한 형태상의 변화 없이 다른 품사로 전용될 수 없다. 그 결과, 서양적 사유에서는 만물들 하나하나를 각각의 형태나 특징으로 구분하는 범주론이 발달하면서, 자연히 동일률이나 모순율에 기초하는 형식 논리가 발달할 수밖에 없었다. 그중에서도, 특히 명사, 즉 자립적으로 존재하는 "실체"는 그에 부속되는 여러 종류의 형용사들, 즉 하나의 명사에 종속되는 여러 가지 "속성"들과 존재의 등급에서 동일할 수가 없었다. 따라서 만물은 우선 — 명사처럼 — 자기 독립적으로 존재하는 '실체'냐, 아니면, — 형용사처럼 — 그것에 종속되는 부차적인 '속성'이냐에 따라서 서로 다른 범주로 구분되었다. 그리고 속성들이 귀속되어 있는 자립적인 "실체"는 귀한 것이고, 그것에 종속된 속성은 천한 부류라는 관념이 자연스럽게 자리를 잡을 수밖에 없었다. 따라서 만물은 결코 모두 존재론적인 등급에서 동일할 수가 없다. 『천주실의』(天主實義, 1603, 北京),[1] 특히 제4편에서, — 서양인들에게 만물분류의 기본상식인 '실체와 속성'의 범주적 구별에 무지한 — 중국유학자들의 '만물일체'(萬物一體)설을 엄중하게 비판하고 있다.

그러나 한문은 이런 서양언어와 확실히 구별되는 특성을 지닌다. 한 문장에서 기능하는 명사, 동사, 형용사, 부사 등등, 각종의 품사는 한문에서는 형태상으로 구별되는 고정된 형식이 없다. 한자(漢字)는 한 문장에서 우연히 차지하는 배열 순서에 따라서 이웃하는 다른 글자와의 상관적 관계를 맺음으로써 자기의 품사적 기능을 그때그때

---

1   『천주실의』에 대한 자세한 해제는, 이 책의 제1부 제1장 「『천주실의』 : 기독교와 유교의 첫 번째 대화」 참조.

임시적으로 부여받게 될 뿐, 원칙상 고정된 품사적 형식이 없다. 예를 들면, "白雪美也. 흰눈은 아름답다"의 경우, '백설'(白雪)이라는 주어에서 '흰'(白)은 형용사이고 '눈'(雪)은 명사에 해당된다. 그러나 글자 위치의 선후가 바뀌어 "雪白也美矣. 눈처럼 흰색 또한 아름답도다"의 경우, '설백'(雪白)이라는 주어에서 '눈처럼(雪)'은 형태의 변화 없이 그대로 형용사 역할을 하며, 또한 '흰색(白)' 역시 형태의 변화 없이 명사의 기능을 하고 있다. 말하자면, 전자의 문장에서 형용사('白')는 후자의 문장에서 명사요, 후자의 형용사('雪')는 전자의 문장에서 아무 문제 없이 명사로 전용되고 있다. 이와 같이, 한문의 경우, 형태상 고정된 형용사와 명사의 구별은 없고 다만 그것이 그때그때 쓰이고 있는 위치나 맥락에 따라서 품사적 기능이 결정된다. 따라서 서양 언어의 경우처럼, '白'과 '雪'에 대하여 그것 자체를 속성과 실체(또는 그 반대)의 범주로 구별할 수가 없다. 따라서 한문에서는 '白'과 '雪'은 존재론적으로 동등한 지위를 갖는다. 어느 것이 다른 것보다 일차적(본질적)이거나, 또는 부차적(종속적)일 수가 없다. 따라서 모든 품사를 존재의 등급 차원에서 동등하게 보는 한문의 경우와는 달리, (일차적인 귀한) 실체와 (부차적인 천한) 속성으로 구분해 보는 만물에 대한 서양의 차등적 분류방식은 자연히 한문을 사용하는 동양인들에게는―마테오 리치가 생각하는 것처럼―그렇게 자명한 상식으로 수용될 여지가 없었다.

동아시아 한문 문화권에서는 "실체와 속성"의 "이원적 분류법"이 이와 같이 원래 생소할 뿐만 아니라, 기본적 사유형식 또한 다르다. 서양적 사유의 기본은 "A는 A이다"라는 동일률이거나, "A는 -A가 아니다"라는 모순율에 기반하는 형식논리에 기초한다고 말할 수 있다. 일반적으로 서양언어의 구조에서 보자면, 한 문장 내에서 기능을 달리하는 품사들은 자기 고유의 형식을 가지고 있기 때문에, 다른 품사들과 각각 상호 배타적인 관계를 맺고 있다. 말하자면, 명사의 자기 동일성은 항상 명사의 형식에 근거하는 동안만 유지된다. 어떤 단어가 명사의 형식에 맞지 않으면, 그것은 더 이상 명사의 정체성을 가질 수 없다. 따라서 형태상 명사는 언제나 명사일 뿐, 그것이 동시에 동사나 형용사 등 다른 품사로 전용될 수 없는 '동일률'과 '모순율'이 논리상 자명하게 도출된다. 그러나 한문의 경우, 한 글자의 의미는 자기 홀로 결정되는 것이 아니라, 언제나 자기와 이웃하는 글자와의 관계(맥락) 속에서 마련된다. 글자나 단어는 언제나 다른 글자나 다른 단어와의 상관적 관계(맥락) 속에서만 그 의미와 품사적 역할이 규정되기 때문에, 품사적 기능에 관한 한, 독자적인 형식적 자기 동일성이 없다. 앞서 예를 든, '白雪'과 '雪白'의 경우, '白'과 '雪'에 불변하는 고정된 품사적 형태나 위치가 있는 것이 아니고, 상호 위치를 전환함으로써 각각 다른 기능적 의미가 새롭게 살아날 뿐이다. 따라서 중국적 사유에서는—서양의 경우처럼, 실체와 속성의 분류방식이 아니라—문장을 구성하는 글자 상호 간의 "평등한 관계"가 드러나는 "상관적 사유"(correlative thinking)가 본질적인 특성을 이룬다. 따라서 "음양(陰陽), 고저(高低), 미추(美醜), 상하(上下), 강약(强弱), 남녀(男女) 등등", 상호 연관을 맺고 있는 대립적인 개념의 짝들은 서로 모순배타적인 관계에 서 있는 것이 결코 아니다. 오히려 상호 "존재의존적"이다. "陰, 高, 美, 上, 强, 男 등등"의 존재의미는 실제로 대립하는 "陽, 低, 醜, 下, 弱, 女 등등"의 존재의미와 분리되어서 그 자체가 홀로 자립적으로 존재할 수 없다. 왜냐하면 실제의 경험세계에서 후자 없이는 전자 또한 존재할 수 없고, 그 역도 마찬가지이기 때문이다. 따라서 『노자』(老子)에서는 "귀함은 천함을 바탕으로 삼고, 높음은 아래를 기초로 삼는다. 이 때문에 (지존한 통치자인) 공후와 왕들은 자신을 '외톨이'(孤), '(덕이) 적은 이'(寡), 또는 '좋지 않은 이'(不穀)로 부른다. 이것은 "천함"(賤)을 "귀함"(貴)의 바탕으로 보는 것이 아닌가!"라고 언명하고 있다.[2] 노자 이래 서로 대립적인 개념의 짝을 서로 평등하게 바라보는 "상관적 사유"가 동양의 전통문화 속에서 바로 만물을 바라보는 기본적 사유방식으로 자리 잡아갔다. 따라서 동양적인 "상관적 사유"의 특징은 서양의 "일방에 의한 타방 지배적인 종속적 이분법"과 확연히 구분된다.

3   사물 존재원인의 상이성
─아리스토텔레스의 외재적 운동인(運動因)과 주희의 '이'(理, 내재적 존재원리) ─

아리스토텔레스에 의하면, 어떤 사물이 존재하려면, 사원인이 있어야 한다. 사원인이란 그 사물이 쓰이게 될 용도('목적인'), 그 목적에 맞는 물건의 '설계도'('형식인'), 그 '설계도'에 부합하는 여러 가지 물질적 재료('질료인'), 그리고 '용도'(목적)에 부합하도록 '설계'('형식')에 따라서 실제로 '재료'를 작업해 내는 '운동인'을 말한다. 제조된 사물의 경우, 사용된 물질적인 재료는 자기 자신을 합리적으로 작동시킬 수 있

---

2   "貴以賤爲本, 高以下爲基. 是以, 侯王自謂孤 · 寡 · 不穀. 此非以賤爲本耶!", 『老子』 39
     장 참조.

는 '이성'능력이 없기 때문에, 그대로 펼쳐져 있는 순전히 수동적인 대상물에 불과하다. 그러나 자체의 이성적 조작능력이 없는 물질적 재료가 자체 안에 '매우 합리적인 설계도'('형식인')를 가지고 있다면, 그것은 결단코 그 재료 자체에서 자동적으로 나올 수 없는 법이고, 그 사물이 생성되기 이전에 미리 그 재료의 쓰임새('목적인')를 정한 외재적인 이성적 존재에 의하여 그 사물에 투영된 것으로 볼 수밖에 없다. 따라서 사물의 쓰임새나 그 내용 형식을 미리 정해 주는 '이성적 존재'는 그 사물의 '존재원인'이 되기 때문에, 결단코 그 '존재원인'의 결과물인 그 사물 자체와 동일할 수 없다. 그리고 매우 합리적인 '형식'('설계도')을 따라서 그 사물을 만들어 내는 작업(즉 '운동인') 역시 그 사물 자체 안에 있을 수가 없다. 그런데 어떤 사물을 규정해 주는 '형식인'이 이미 물질적 재료 속에 내재하고 있다면, 그것은 바로 그 사물 생성 이전에, 그 사물의 용도('목적인')를 미리 정하고, 또한 그것을 만들어 내는 작업('운동인')을 이미 수행한―다시 말해, 그 사물 밖에 있는―어떤 이성적 존재자(인간, 또는 神 등)에 의하여 그 사물 속에 투영된 것일 수밖에 없다. 이런 '사원인'(四原因)설을 원용하여, 스콜라철학에서는 우주의 모든 만물들에게 그것이 창조된 원조(元祖)를 소급하여 찾아가면, 각각의 '쓰임새'의 원본을 최초로 정해 준 궁극적 '목적인'과 동시에 그 목적에 맞게끔 만물을 창제(創製)하고 안양(安養)하는 원초적인 '운동인'을 상정하지 않을 수 없다고 말한다. 이렇게 상정된 만물의 최초 존재원인자가 바로 창조주 '하느님'이라는 것이다. 따라서 스콜라철학에서는 하느님에 의해 창조된 만물은 자기의 존재원인인 창조주 하느님 자신과 비교하면, 존재론적 차원에서 똑같을 수가 없을 뿐만 아니라, 창조주, 즉 천주(天主 또는 하느님上帝)에 의해 창조된 만물들의 활동은 또한 창조주가 정해 놓은 각각의 존재목적에 따라서 이끌려 가고 있다는 만물 운행의 외재적 운동원인과 그에 영합하는 목적론적 세계 관을 제시하고 있다.

　　이와 같이 이성적 인격신의 존재를 만물의 최종적 존재원인, 즉 궁극적 근원자로 설정한 다음에, 마테오 리치는 아리스토텔레스의 사물에 대한 실체와 속성에 대한 범주적 구별을 원용하여 송명(宋明)의 이학(理學, 즉 성리학)에서 말하는 태극(太極, 즉 天理)이 천지만물의 근원(天地萬物之原)이 될 수 없음을 주장한다. 하지만, 아리스토텔레스의 형이상학적 전통과는 전혀 다른 사유전통을 가진 유교적 세계관에서 보자면, 우주만물은 결코 자기 운동도 못하고 죽어 있는 '무생명체'가 아니다. 우주는 생명력으로 충만하여 언제나 "생명이 끊임없이 연속되고 끊이지 않는"(生生不息) 생명체(活物)인 것이다. 우주를 바로 생명적 유기체로 바라보는 유교적 세계관은『주역』(周易),『중용』(中庸) 이래로 중국의 고전 문헌의 도처에서 언급되고 있다.[3] 이와 같이 우주 삼라만상을 모두 "생명이 이어지고 이어져서 끊임이 없는"(生生不息) 생명적 유기체로 파악한다면, 이들은 스스로를 움직이게 하기 위하여 결코 이들 밖에 초월해 있는 최초의 운동인, 요컨대, 이들을 초월해 있는 '하느님'의 배려를 필요로 하지 않을 것이다. 동아시아인들은 자연계의 산천초목이나 계절의 변화란 스스로에 의해 저절로 움직이는, 말하자면 '자연(自然), 스스로 그러한 것'으로 파악했을 뿐이다. 그리고 이

3　예로 든 다음의 구절들을 참조.
　　"天地之大德曰: 生"(『周易』,「繫辭」下); "元, 亨, 利, 貞."(『周易』, 乾卦); "天行健, 君子以自强不息"(『周易』, 乾卦); "大哉乾元! 萬物資始, 乾道變化, 各正性命, 保合太和, 乃利貞."(『周易』, 乾象); "詩云: '維天之命, 於穆不已.' 蓋曰: 天之所以爲天."(『中庸』); "誠則形, 形則著, 著則明, 明則動, 動則變, 變則化, 唯天下至誠爲能化."(『中庸』) 등.

들 삼라만상의 무한한 생명적 전개의 존재론적인 원인을 송명 이학에서는 특히 '이'(또는 천리天理)라고 불렀다. 따라서 우리들이 만약 송명 이학에서 말하는 '이'개념을 아리스토텔레스의 사원인설(四原因說)에 억지로라도 대비하여 설명한다면, '이'는 확실히 아리스토텔레스가 말하는 '형식인'과 비슷한 측면을 가지고 있다. 그러나 '이'는 개개의 사물들 속에 내재하면서 그들 각각을 그러한 개체로서 성립시켜주는 형이상학적 존재근거(所以然之故)이며 동시에 이들 존재의 당위성(所當然之則)이기 때문에, '형식인'임과 동시에 '목적인'이 될 뿐만 아니라, 그 개체적 사물 하나하나를 움직이게 하여 변화 발전시키는 생명적 힘, 즉 '운동인'인 셈이 된다. 따라서 이와 같은 형이상학적인 구도를 가진 동아시아의 지식인들에게는 개개 사물들을 초월하여 있으면서 이들을 움직이게 하는 '외재적 운동인'의 관념은 정말 낯설 수밖에 없었다. 산천초목이 '스스로 그렇게'(自然) 자라나는 것이 아니고, 그것의 '운동인'이 밖에서 그들을 조종하여 자라나게 하는 것이라는 발상은—아리스토텔레스의 가르침에 따르면 지극히 당연하겠지만—성리학자들에게는 참으로 우스꽝스럽게 들렸을 것이다. 따라서 마테오 리치가 자기에게 익숙한 아리스토텔레스와 토미즘적인 사유체계에 입각하여 펼친 '이'란 자립적 존재가 될 수 없으며 단지 속성에 불과하다는 반박은 그와 다른 형이상학체계를 가진 성리학자들에게는 도무지 정상적으로 이해되고 수용되기 힘들었을 것으로 보인다.

4 기독교와 유교의 도덕수양의 공통적 근거
― 양지양능(良知良能)과 도심(道心)―

기독교와 유교의 사유방식이 이렇게 서로 차이가 나기 때문에, 맥킨타이어의 말을 빌려서 표현한다면, 이 둘 사이에는 통약불가능성이 존재할 수밖에 없다. 사실 이런 "통약불가능성"을 넘어서, 서로 의미 있는 대화가 성립하기가 쉽지 않다. 그러나 각자의 닫힌 철학적 체계, 또는 패러다임을 넘어서 보다 높은 차원의 상호 보완(융합)적인 대화의 지평을 우리는 지금 모색하지 아니할 수 없다.

마테오 리치의 궁극적 관심은 인격신의 주재와 인간의 영혼이 사후에 누릴 내세의 행복을 기약하면서 중국 지식인들에게 자기절제와 선행을 권하며 기독교로의 개종을 유도하는 데 있다. 그리고 유가의 지식인들은 인격신에 대한 맹목적인 귀의나 기도 대신에 현세에서 될수록 '사심'(人欲)을 억제하고 천리(天理), 즉 '바른 마음'(道心)을 실현해 내려는 도덕의 완성, 즉 성인(聖人)공부에 주력하고 있다. 그렇다면, 이상적 인격의 함양과 관련하여, 동서양학자들 모두에게 공통적으로 적용될 수 있는 논의의 근거(출발점)는 무엇이 될 것인가?

우선 동양의 성리학은 천리를 기초로 하는 도덕형이상학이다. 그것에 의하면, 천지간에 존재하는 모든 개개 사물들은 모두 각각 자기 내부에 자신의 이상적 완전성, 즉 "천리"를 그대로 구현하는 도심을 간직하고 있다. 따라서 "천리"나 "도심"의 차원에서 본다면, 우주의 삼라만상은 모두 지극히 선하고 또한 지극히 아름다운 것이다. 그러나 사람이든 사물이든, 이들 개체 하나하나들이 경험적 현실세계에 존재하려면 그들 각각을 구성해 주는 물질적 재료, 즉 기와 융합하지 않을 수 없다. 그 결과 개개 존재물 자체 안에 존재하는 각각의 이상적 완전성, 즉 '이'(또는 '도심')는 ─ 많건 적건 ─ 바로 '기'에 의하여 가려지게 된다. 따라서 도덕실천의 핵심은 바로 이렇게 은폐된 "도심"(즉 천리)을 어떻게 하면 다시 복원시키느냐하는 인간의 순수 도덕적 의지와 실천공부에 놓여 있다. 이에 사람들에게 "천리를 온존(溫存)하고 사욕을 없애라!"(存天理, 滅人欲)고 권면하면서 사람들이 추구해야 할 최상의 목표는 바로 사욕을 제거하고 본래 '천리'로서 부여된 본성, 즉 이상적 완전성을 "회복"(復性)하는 데 있다고 말한다. 따라서 사람들이 은폐된 자신의 본성, 즉 이상적 완전성을 회복하려고 "결심하느냐 안하느냐"하는 것은 순수한 도덕실천의 문제라는 것이다.

그러나 마테오 리치에게 있어서 행위의 선악을 판단하는 기준은 천부적으로 부여된 자유의지에 따라서 선한 행동을 "선택했느냐, 안했느냐"에 달려 있다. 리치에 의하면, 다른 만물과 구별되는 인간의 특성은 바로 인간이 가진 이성적 추리능력(靈才)이다. 인간의 선행과 악행은 이런 시비선악의 판단에 따라서 행동을 결정하는 인간의 자유의지에서 비롯된다. 그리고 동정(動靜)도 의지(意志)도 없는 '이'를 "천지만물의 근원"으로 도저히 수용할 수 없는 마테오 리치의 인간관과 윤리관에서 보자면, "천리"나 "도심"에의 복귀를 말하는 성리학자들의 이른바 "복성설"(復性說)은 아예 자기의 이해의 지평 너머에 있었기 때문에 처음부터 허무맹랑한 궤변으로 치부하여 반박(부정)하지 않을 수 없었다. 그는 인간의 자유의지의 선택 결과에 따른 하느님의 상벌, 말하자면, 일종의 도덕공리론이 인간의 자기억제와 도덕적 완성을 확보해 낼 수 있는 가장 확실한 방법(수단)으로 얼마든지 정당화될 수 있다고 강변하였다.

그러나 "천리", 즉 "도심"에 대한 확고한 믿음에 훈습된 성리학자들에게는—리치가 말하는—선행과 악행에 대한 사후의 보응으로서 천당의 행복과 지옥의 형벌을 말하는 도덕공리론은 너무나 천박한 것으로 비쳤다. 선행과 악행에 대한 보응은 자기 자신을 속일 수 없는 양심에 따라서 지금 당장 일어나는 것이기 때문에 죽은 뒤 내세에서 받는 것이 아니라고 성리학자(中士)는 리치에게 반박을 하고 있다. 그리고 그는 현세에서 자기 양심, 또는 하늘로부터 주어진 천리(天理)에 따라서 조심스럽게 선행을 하나하나 쌓아 나가는 도덕실천의 자세를 진지하게 말하고 있다.[4] 이와 같이, 성리학에서는 인간의 마음속에 내재하는 양심이 바로 "내재적 상제上帝"이고 그것에 의해 파악되는 천리를 지향하는 도심(道心)의 발양이 무엇보다도 도덕실천에 핵심적인 문제가 된다. 바로 이 점에서 우리는 유교적 도덕형이상학에서는 인간의 양심에 근거하는 인본주의적인 도덕론이 뚜렷이 각인되어 있음을 보게 된다. 이런 인본주의적인 관점에서 보자면, 기독교에서 말하는 "하느님"(天主) 또한 우리 마음속에 내재하는 양심 이상이 아닌 것이다. 그런 이유에서 『천주실의』에 등장하는 중국선비(中士)는—하느님(上帝)의 덕이나 능력에 대비될 수 있는—인간 내심 속에 살아있는 양심, 즉 "내심의 하느님"을 강조하여 말하고 있다. 다시 말해, 인간에게 주어진 본연의 양심이 다름 아닌 하느님, 즉 "천주상제"(天主上帝)라는 것이다. 따라서 유교적 세계관에서는 하느님은—외재적 초월자가 아니라—바로 "내심의 하느님(內心之上帝)"이다.[5]

---

4 『畸人十編』(송영배 역주, 서울대학교출판부, 2000) 제8~10장, 275~278쪽 참조.

기독교와 성리학의 사유방식의 차이 | 411

이와 같이 천리를 도덕형이상학의 기초로 삼고 있는 성리학에서는 하느님이란 결국 현세 "인간의 양심", 즉 도심이며, 그에 대한 반성과 통찰을 떠나서는 "도덕적 자아완성"을 도대체 생각해 볼 수 없다. 따라서 이들에게는 하느님이란 외재적 초월자가 아니라 개개의 사물들 속에 잠재해 있는 '도심'(즉 천리) 그 자체인 것이다. 말하자면, 인간의 경우 "양심"(良知良能)이 곧 천주인 셈이다.

이와는 달리 기독교에서는 현상계를 초월하여 밖에서 이를 주재하고 보살피는 초월적 하느님이 문제가 되고, 그 하느님의 의도와 목적에 의하여 천지만물은 생성되고 발전하여 그 목적을 완성하는 것을 말한다. 따라서 기독교의 본질은 바로 초현세적인 하느님에 의한 목적론의 추구에 있다고 정의해 볼 수 있다.

그러나 우리는 또한 아우구스티누스 이래의 기독교적 전통에서도 바로 천주의 존재증명을 인간에게 주어진 양심에서 찾아왔다는데 주목하지 않을 수 없다. 마테오 리치 역시 천주의 존재증명을 무엇보다도 먼저 인간의 양심에서 찾고 있다.

세상에 이것보다 더 분명한 것은 없습니다. 눈을 들어 하늘을 바라보면서 '이 가운데 반드시 주재하는 분이 계시는구나!'하고 가만히 감탄하지 않을 사람이 누가 있겠습니까? (……) 우리들이 배우지 않고서 할 수 있는 것이 양능(良能)입니다. 지금 천하의 모든 나라(만민들)에게는 각기 스스로 주어진 참마음이 있어서 — 서로 말해 주지 않았어도 — 모두 천상의 유일한 지존자를 공경하고 있습니다. 고난을 당한 사람은 슬픔을 애소

---

5   『天主實義』上卷, 第四篇, 46下-47上쪽 참조.

하고 인자한 부모에게 그러하듯이 (그에게) 도움을 바랍니다.[6]

　　따라서 필자는 기독교적 세계관과 유교적 세계관이 상당한 차이점을 보여 준다고 할지라도, 결국 기독교와 유교사상 사이의 보다 더 깊은 대화의 새로운 지평은 바로 이와 같이 기독교와 유교에서 공통적으로 논의될 수 있는 인간의 양심의 소리(즉 道心), 또는 "내심의 하느님"(內心之上帝)에 대한 깊은 성찰에서 다시 찾아져야 한다고 생각한다. 이것이 바로 기독교와 유교의 의미 있는 대화가 펼쳐질 수 있는 기반이다.

6　　『天主實義』上卷, 第一篇, 3上쪽 참조.

참고문헌

『畸人十編』, 송영배 역주, 서울대학교출판부, 2000.
『老子』.
『周易』.
『中庸』.
『天主實義』.

부 록

중국적 사유와 서양적 사유
—언어의 차이와 사유의 차이[1] —

자끄 제르네(Jacques Gernet)

인도, 그리스 그리고 독일적 철학적 사유에서 이상하리만치 눈에 드러나는 모든 친근한 유사성은 자체적으로 충분히 설명된다. 바로 언어의 친근성이 존재하므로, 문법이라는 공통의 철학적 사유—말하자면 동일한 문법적 기능의 주도와 운용의 묘—덕분에 처음부터 철학체계의 비슷한 발전과 연속과정을 위한 모든 것이 마련되어 있다는 사실을 전혀 피할 수 없다. 마찬가지로 세계를 해석해 내는 일정한 다른 가능성으로 통하는 길조차 차단되어 있다고 하겠다. (주어 개념이 거의 발달되지 못한) 우랄-알타어권의 철학자들은 다분히 인도-게르만인이나 회교도들과는 아주 다르게 "세계"를 바라볼 것이며 아주 다른 길을 통해 그 세계를 찾을 것이다.

—니체, 『선악의 피안』[2]

---

1   이 글은 자끄 제르네가 16~17세기 중국에서 마테오 리치를 정점으로 하는 예수회 선교사들의 천주교교리 전도에 대한 중국인들의 반응을 체계적으로 정리해낸 그의 명저, 『중국과 그리스도교』(*Chine et Christianisme*, Paris: éd. Gallimard, 1982)의 마지막 장인 「언어와 사유」(Langage et Pensée, 322~333쪽) 부분을 저자가 번역한 것이다.

(예수회) 선교사들의 논저나 강론들에 대한 중국인들의 반응이란 그들이 때때로 (서구인들과는) 다른 차원의 범주와 사고의 틀 속에서 어떻게 사고를 펼치고 있느냐 하는 것과 깊은 관련이 있다. 말하자면 중국인들이 생각하고 있는 정치와 종교와의 관계, 반성적(철학적) 사유의 작용, 또는 자발적인 도덕의식, 정신적 존재에 대한 관념, 그리고 (대상) 세계와 모든 존재물들에 내재하는 천리(天理)관념 등이 문제가 된다. 이 모든 것들에 중국적 사고의 근원적 특성이 언제나 항상 분명하게 나타나고 있다. 무엇보다도 (서양과 다른) 중요한 차이점은 중국인들은 (우리가 경험하고 있는 감각적 실재로서의) 이 현상세계를 초월해 있는 영원한 진상(眞相)의 세계를 상상하지 않는다는 점이다. 그리고 그들은 결코 이성적인 것과 감성적인 것을 (질적으로 다른 것으로) 구분하고 있지 않다.

우리는 이제 중국과 서양의 이와 같은 상이한 사고전통의 형성에 언어의 특성이 얼마만큼 기여했느냐 하는 문제를 한번 논구해 보고자 한다. 우리는 당장 한문(漢文)과 같은 언어구조로부터 희랍철학이나 중세의 스콜라철학과 같은 철학이 또한 발전할 수 있었겠느냐 하는 문제를 제기할 수 있다. 우리는 그 문제에 우선 '아니요'라고 대답한다. 이런 즉흥적 대답이 어떻게 논리적으로 입증될 수 있을까?

19세기와 20세기 초의 개신교 선교사들은 기독교의 논점들을 한문으로 번역하여 해설하기가 매우 어렵다는 사실에 대하여 투덜대고 있다. 이들 중의 어떤 이는, "한문이란 정신적 진리를 표현하기에는 매우 불완전하고 어색한 도구이다"[3]라고 말하고 있다. 다른 이는, "우

2   Nietzsche, *Par-delàle bien et le mal*, éd. Gallimard, 1971, 38쪽.

중국적 사유와 서양적 사유 | 417

리가 지적한 대로, 이 언어구조 자체가 새로운 진리를 알리는 데 매우 부적합한 도구이다"[4]라고 했다.

예를 들자면, 구체적-개별적인 것이 어느 점에서 추상적-보편적인 것과 우연하게가 아니라 본원적으로 구별되는지를 한문구조에서 찾아서 설명하기는 지극히 어려운 것이다. 희랍어, 라틴어 또는 범어(梵語, Sanskrit)처럼 어형이 변하는 언어들에서 얻어진 개념들을 (지난 몇 세기 동안의) 역사 흐름 속에서 한문으로 번역해 보고자 했던 사람들은 어느 누구나 큰 어려움을 겪지 않을 수 없었다. 언어구조의 문제는 필연적으로 사유형식의 문제와 연관되는 것이다. (예수회) 선교사들은 그들에게 익숙한 사고의 전형들을 중국인들에게서 찾아볼 수 없었기 때문에 매우 당황하였다. 그리고 그들은 중국인들에게는 논리(logique)가 없다고 몰아세웠다. (그들이 말하는) 논리는 말하자면 로고스(logos)에서 연유하는 것이다.

"사유가 언어구조와 합치할 때, 비로소 우리는 사상(생각)을 포착하는 것이다"라고 방브니스트(Benveniste)는 말하고 있다. "(……) 우리가 무엇을 말할 수 있느냐 하는 것이, 우리가 무엇을 사유할 수 있는가 하는 한계와 그 규칙을 질서 지운다. 언어는, 정신이 대상적 사물에서 인식해 내는 특성들의 기본구도를 제시하고 있다."[5] 아리스토텔레스의 10개의 범주는 희랍어에 특유한 동사와 명사의 유형에

---

3   "In What Form Shall We Give the Bible…", *Chinese Recorder*, 1890, 454쪽, Arthur F. Wright에 의해 인용됨, "The Chinese Language and Foreign Ideas", *Studies in Chinese Thought*, A. F. Wright 지도로 편찬됨, Chicago, 1953, 287쪽.

4   S. Wells William, *The Middle Kingdom*, New York, 1888, II, 370쪽. A. F. Wright, art. cit. 302쪽, note 4.

5   Émile Benveniste, "Catégories de pensée et catégories de langues", *Etudes philos-*

해당함을 방브니스트는 논증하고 있다. "아리스토텔레스가 우리에게 보편적-영원불변한 것의 조건표로서 제시하고 있는 것은 (희랍어 안에) 담겨 있는 언어 상태를 관념적으로 반영한 것에 불과한 것이다." 그리고 그는, 중국과 서양적 세계관이 (근본적으로) 구분되는 지점을 상당히 밝혀 내는 다음의 언급을 하고 있다. "아리스토텔레스가 쓰고 있는 용어를 넘어서서, 즉 (그의) 범주론 위에는 모든 존재자(만물)를 포괄하는 '존재'(être) 개념이 나타나고 있다. 희랍어에는―모든 언어에 결코 필연적으로 꼭 존재할 수는 없는―이 '존재'(être) 동사가 있을 뿐만 아니라, 그 동사가 또한 아주 독특한 방식으로 쓰이고 있다. (……) 희랍어에 의하면 바로 이 '존재' 동사가 객관성을 갖는 개념으로 될 수 있으며, 이 (객관화된) 철학적 '존재' 개념은 어떠한 다른 개념들을 조절, 분석, 확정 지을 수 있는 것이다."[6]

방브니스트의 분석은 희랍적 사유,―좀 더 일반화하여 말한다면, 희랍어와 라틴어의 구조와 밀접한 연관이 있는―서양적 사유의 두 가지 특성을 잘 조명해 주고 있다. 첫째로 자명하고 논리필연적인 범주들이 언어사용을 통해 이미 무의식적으로 전제되어 있다는 점과,

---

ophiques, IV, 1958, 10-12월호; *Problèmes de linguistique générale*, éd. Gallimard, 1966, 63~74쪽에 재수록.

방브니스트보다는 덜 철저하지만, 그의 지적과 같은 의미로는 S. Ullmann, *Précis de sémantiques française*, Berne: A. Francke, 1952, 300쪽 참조: "모든 언어체계는, 다른 언어들의 분석과 구분되는, 오직 자기 언어에만 고유한, 외부(대상)세계에 대한 해석을 자체 안에 가지고 있다."; 그리고 Cassirer, "Pathologie de la conscience symbolique", *Journal de Psychologie*, 1929, 29쪽 참조: "세계는 언어에 의해 이해되고 사유될 (뿐만)아니라, 인간의 세계관, 그 세계관을 바탕으로 살아가는 방식이 이미 언어에 의해 규정된 것이다."; 또한 이상의 인용문들의 출처인 Georges Mounin, *Les Problèmes théeoriques de la traduction*, Paris: éd. Gallimard, 1963, 43~58쪽 참조.

6 Émile Benveniste, 앞의 책, 71쪽.

둘째로 서양의 철학적 종교적 사유에서 '존재' 개념이 갖는 결정적인 중요성이다. 사실 서양은 전 역사를 통하여, 눈앞에 나타나 있는 현상(즉 假象)들 너머에 있는 '존재'를 끊임없이 추구하였다. 여기에서 우리는, 다시 방브니스트의 말로 결론을 끌어낼 수 있다. "다양한 철학적 정신적 체험들이란, 바로 만물을 바라보는 구분법 자체가 언어이며, 언어가 바로 그것을 상징하고 있기 때문에, 이 구분법에 무의식적으로 의존되어 있다."[7]

우리는 인도적 사유와 그 사유의 표현인 범어(梵語)와의 관계에 대해서도 똑같은 사실을 말할 수 있다. 범어 또한 인도-유럽언어에 속하며 일반적 구조에 있어서 희랍어와 라틴어와 매우 유사하다. 인도사회에서는 문법가, 논리학자, 철학자가 서로 밀접한 관계를 맺고 있다. 인도적 사유가 물론 희랍적 사유와는 다른 길을 택했지만, 인도적 사유 역시 언어에서 기원하는 범주들에 기반을 두고 있으며, 범어 또한 '존재'(être) 개념에 중요한 의미를 부여하고 있다. 범어에도 역시 존재동사(어근 as-)와 그 동사의 파생어 'sant-'(실재하는, 진정한, 올바른, 좋은), 'satya'(진정한, 실재하는), 'sattva'(존재, 실재, 정신)가 있다. 'âstikya'는 신령적 존재에 대한 믿음을, 'nâstikya'는 존재의 부정, 허무주의, 무신앙을 뜻한다.

세련된 철학적 사고를 전하고 있으며, 그것을 인도-유럽적 언어방식으로 표현하지 않은 유일한 문화가 있다면, 그것이 바로 중국문화이다. 우리는 한문모델보다 더 철저하게 희랍어, 라틴어 또는 범어

---

7   Émile Benveniste, "Tendances récentes en linguistique générale, *Journal de Psychologie*, 1954, 1-2호. 여기서는 *Problèmes de linguistique génerale*, 6쪽에서 인용.

와 다른 언어모형을 생각할 수 없다. 한문의 특성은 아주 독특하여, 어형에 의하여 체계적으로 구분되는 문법적 범주가 전혀 없다. 외형상으로 동사는 형용사와, 부사는 그 보조사와, 주어는 술어와 조금도 차이가 없다. 말하자면, 한문에서는 이런 문법적 범주들이란, 그런 범주를 가진 언어를 매개로 함축적이고 다소 임의적인 비교언급을 통해서만 말할 수 있을 뿐이다. 한문에는, 희랍어에서 명사 'ousia' 또는 동사 'to on'과 무리 없이 잘 표현되는 '존재'(être)나 '본질'(essence) 개념들로 번역될 수 있는 '존재'동사가 없다. 따라서 중국인들에게는 (눈앞에 보이는) 현상들 너머에 (그것들과 질적으로 구분되는) 영구불변한 항상적 (초험적) 실재로서의 존재개념이란 없다. 중국 철학자 량쑤밍(梁漱溟)은 바로 이 점을 지적하였다. 그는 1921년 출판된 그의 책에서 중국의 철학사상을 바로 이 점에서 서양뿐만 아니라, 인도와도 대립시키고 있다.

중국의 형이상학적 문제는 서양이나 인도와 전연 다르다. 서양고대와 인도고대에서 제기된 문제는 중국에는 실재하지 않는다. 그들 두 문화권의 문제도 본래 다 같은 것은 아니겠지만, 그러나 그들이 우주의 실상을 추구한 그 점에는 확실히 일치한다. 그들이 일치하는 그 점이 바로 중국이 그들과 전혀 다른 점이다. 여러분들은 중국철학자 중 한 부류는 (우주의) 일원을 주장하고 다른 부류는 이원 또는 다원을 주장하고, 그리고 한 부류는 관념론을 주장하고 다른 부류는 유물론의 논변을 편 사실을 일찍이 보고 들은 적이 있는가? 중국인들은 이와 같이 부동하고 변환하지 않는 실체를 전혀 문제 삼지 않았다. 먼 옛날부터 전해 내려온 중국의 형이상학, 즉 크거나 작거나 높은 수준이거나 낮은 수준이거나 모든 학문의 근본사상은 전적으로 조화(造化) 변화를 논구한 것이지, 결코 변하지 않는 실체를 문제 삼은 것이 아니다.[8]

중국인들에게 유일한 실재는 도(道), 즉 모든 변화를 주도하는 자연스런 질서라는 말을 더 보탤 수 있겠다. 언어적 특성의 주요내용을 고려해 보면, 서구사상, 특히 단순화되고 도식화된 마르크스주의 형식에 영향을 받은 대부분의 현대 중국 역사가들의 주장을 부정하고 있는 량쑤밍의 주장이 옳다고 하겠다. 좌우간 중국의 마르크스주의자들은 중국의 철학자들을 관념론자와 유물론자로 구분하는 데 상당한 애를 쓰고 있다.[9] 서양적 범주는 중국적 상황에 그대로 적용될 수 없는 것이다. 한문에는 어떤 행태의 어형변화도 없다.[10] 아주 제한된 일정 수의 품사, 유사한 뜻을 가진 개념들의 집합, 반대의 뜻을 나타내는 개념들의 대조, "단어들" 즉 '의미단위'들의 음절, 병렬, 위치 그리고 이들 단어들이 서로 관계를 맺는 방식을 통하여 문장의 뜻이 이해 소통된다. 여하튼 두 개의 의미단위들의 무한한 조합배열이 써도, 써도 바닥이 나지 않는 말뜻의 보고(寶庫)를 마련하고 있다. 모든 수준에서 의미를 낳는 것은 조합연결인 것이다. 의심할 나위 없이 중국적 사고

---

8   梁漱溟, 『東西文化及其哲學』, 上海: 商務印書館, 1929, 112쪽. W. T. de Bary, *Sources of Chinese Tradition*, New York: Columbia University Press, 1960, 851쪽에서 인용.
9   중화인민공화국의 역사가들은 중국의 사유를 다음과 같은 마르크스와 레닌의 테제를 따라서 분류하고 해석하고 있다: "관념론과 유물론이라는 오직 두개의 철학만이 존재한다. 전자는 반동에, 후자는 혁명에 기여한다. 하나는 주관주의와 개체주의에로 낙착되며, 다른 하나는 객관적이고 집체적이다."
10   구어체(口語體)에서 9세기 이래 입증되는 성조(聲調)의 차이나 극소수의 명사적 부가어의 사용을 예외로 보고, 우리는 여기서 오직 한문 문언체(漢文 文言體)만을 말하는 것이다.

에서는 대립하는 짝들의 상호보완적 상관관계가 결정적인 역할을 하며 따라서 상대주의적 사고가 기본적 특징을 이루고 있다.[11] 모든 것은 (한 쌍을 이루는) 자기와 대립하는 반대 짝과의 대조를 통하여 의미를 갖게 된다. 모든 것의 의미는 (자기 밖의 것과의 상대적 대립과 상보적 관계를 통하여, 즉 그들과의 관계에서 자기가 차지하는) 그 시점(時)에서의 위치(位)에 따라[12] (즉 그때그때 각각의 위치에서 잠정적 상대적으로) 결정될 뿐인 것이다. 우리는 바로 이런 형태의 사고를, 중국의 철학적 사유를 가장 오랫동안 길러내 온 고전인 『역경』 속에서 찾아볼 수 있다. 『역경』의 64괘(卦)는 마치 정치하고 절묘한 언어와 같은 것이다. 이들 괘의 변화는 중국인들에게 (만물 상호 간의) 상대적 의미와 적시성(適時性)의 의미를 또렷이 각인시켜 주었다.

그런데 "일정한 문법적 기능들에 의해 제시된 의미들"[13]과 상당한 연관이 있는 서양의 철학적 전통은 보편타당한 범주들에 기초하고 있다. 서양의 철학적 작업은 (무시로 변화하는 현상들로부터 본질적으로 유리된) 추상(abstractins)과 고정불변한 개념들을 통해 진행된다. 그러나 중국적 사유는 기능적 특성에 따른 대립과 구분만을 고려할 뿐이다. (무엇이 절대 보편적으로) 옳으냐 그르냐, 또는 (절대 보편타당한 것이) 있느냐 없느냐를 문제 삼지 않고, 서로 연결되고, 조합하

---

11   이런 상대주의적 사고는 기원전 4~3세기의 道家와 名家철학자들에 의해 특히 발달하였다. 5세기부터는 불교 중관(中觀, Mâdyamika)학파의 영향을 또한 언급해야할 것이다. 그러나 일련의 긍정과 부정들을 대립시키고 있는 중관학파의 변증법은, 대립물이 서로를 배제하지 않는 중국의 전통적 변증법과 분명히 다른 것이다.

12   13세기 중국 수학자들의 방정식에는 숫자의 위치를 통해서만, 무엇이 미지수이며, 그 미지수가 몇 개이고, 그것이 (또한) 제곱수인지, 정수인지 음수인지를 알 수 있다.

13   Nietzsche, Par-dèla le bien et le mal, éd. Gallimard, 38쪽.

고, 보완하는 대립관계만을 문제 삼는다. 중국적 사유에는 (가변적 현상들의 배후에 있는) 영구불변한 실재가 아니라, (이런 현상 자체들에 자연적으로 생겨나면서부터 부여된 자기발전의) 잠재성과 경향성, 생성과 소멸의 단계적 과정들이 문제가 된다. 불변하는 보편적 법칙성을 찾기보다는 생성발전의 모형과 도식에 더 관심을 두는 것이다.

(서구적 사유방식의 경우처럼) 이성적 추리에 기초하는 정신적 범주들이 중국인들에게 결여되어 있다는 사실은, 결코 그들의 사유방식이 서양보다 열등하다는 것을 의미하지 않는다. (중국인들의 경우에는) 확실히 (서양과는) 다르게, 사고력과 유연성 면에서 상당한 장점을 가진다고 볼 수 있는 또 (다른) 하나의 사유방법이 문제된다고 하겠다. 한문을 쓸 경우 자연히 (서양과는) 다른 정신활동을 할 수밖에 없으며, 서구적 사유의 장점과는 또 다른 특기를 가질 수밖에 없다. (개념들을) 논리적으로 명료하게 구분 짓고 분석해 내는 일보다는, (중국적 사유에서는) 개념들을 서로 접근시켜서 결합해 내는 일이 중요한 것이다.

학교교육을 통해 스콜라철학에만 익숙했던 선교사들은 중국인들에게는 사변적 논리적 추리가 부족하다고 판단하였다. 사실 마테오 리치는, "중국인들에게는 논리가 없고, 그리고 도덕적 선과 자연 상태의 선을, 또한 마찬가지로 후천적으로 획득한 선과 자연에 의해 부여된 선을 구별할 줄 모르기 때문에"[14]라는 식의 말을 하고 있다. "중국 사람들 대부분은 머리는 꽤 좋지만, 세련된 변증법적 사유를 할 수 있

---

14   *Fonti Ricciane*(『마테오 리치 전집』), vol. 2, 77쪽.

는 사람은 별로 없다"[15]고 푸케(Foucquet) 신부는 자기 나름대로 중국 사람들을 평가하였다.

　반대로 중국 사람들은 그들의 입장에서 바라보았을 때, 선교사들이 너무나 "종목마다 갈라놓고", "이해할 수 없는 수만 가지 추론을 한다"[16]고 힐난하였다.

　『천주실의』에서 마테오 리치는 중국인들에게 실제로 스콜라철학의 규칙에 따라 추론하는 방법을 가르치고자 하였다. 그 책에서 그는 서로 배타적이며, 따라서 서로 융합할 수 없는 실재적 존재들(réalités)이나 고유성질들(qualités)을 대비적으로 열거하였다. 산 존재와 죽은 존재, 지각되는 존재와 안 되는 존재, 몸체가 있는 존재와 없는 존재, 유기체적 존재와 무기체적 존재, 이성을 가진 존재와 없는 존재, 영혼과 육신, 실체와 속성……. 이러한 온갖 (대립적) 구분은 세상의 만물을 분류하는 '포르피르의 나무'(만물분류도) 안에 포착된다.[17] 리치는 고전시대와 중세 스콜라철학에서 전승된 모든 논리기반을 그대로 쓰고 있다. 아리스토텔레스의 사인설(四因說),[18] 세 부류의 영혼(식물적 생혼(生魂), 동물적 각혼(覺魂), 이성적 영혼(靈魂))론,[19] 고급존재의 하급존재 포용의 세 유형(물체의 경우: 무한히 큰 것이 자체 안에 작은 것을 포용하고, 본성의 경우: (인간의) 이성적 영혼은 (동물의) 지각적 영혼을 혼연히 포용하고, 고유기능(vertues)의 경우: 천주는 자체 안에 만물의 본성을 포용한다),[20] 7유형의 존재[21]: 시작과 끝이 있는 존재(소

15　푸케 신부의 편지, 1701년 南昌 발신, LEC(예수회宣教師書簡集) V, 165쪽.
16　『佐辟』, 9쪽.
17　『天主實義』, 462쪽.
18　같은 책, 390쪽.
19　같은 책, 430쪽.

멸적 물체), 시작은 있으나 끝이 없는 존재(천주에 의해 창조된 인간의 영혼), 시작도 없고 끝도 없는 존재(천주, 하느님)······. 서양의 정신사에서 실체와 속성의 대립적 파악은 너무나 기본적인 것이기 때문에 그런 사고의 틀에서 벗어나려면, 상당한 애를 먹지 않을 수 없다. 이런 대립적 파악은 인도유럽어에서 당장 눈에 드러나는 명사와 형용사의 대조적 관계(차이)에서 잘 드러나고 있다. 이런 (서양)언어의 사용은 틀림없이, 감각적 (현상)세계의 늘 불안정하게 변하는 모호하고 다양한 현상들(즉 다양한 형용사로 표현되는 속성들)과 (그것들과 근원적으로 다르며) 독립적으로 구분되는 영구불변한 관념적 실재의 존재(l'existence de réalités permanantes et idéales)를 (간의 구별을) 쉽게 믿게끔 하였다. 그러나 중국인들의 경우,—명사와 (그것을 수식해 주는) 형용사가 조직적으로 구별되는 서양언어를 쓰며 유구한 스콜라철학적 전통의 유산을 이어 받고 있는—17~18세기 (중국에 온) 선교사들과는 전혀 사정이 달랐다. 어형의 변화가 없는 한문(漢文)을 쓰는 중국인들에게는, 그들 선교사들만큼, 추상적 실재의 개념이 그렇게 강한 논리적 필연성을 가질 수 없는 것은 당연하였다. 그러나 (중국인들과는 달리) 이들 선교사들은 실체와 속성의 개념적 구별 없이는 어떤 정확한 사유의 표현도 불가능하다고 여기고 있었기 때문에, 그리스도교의 참뜻(진리)을 입증하기 위하여 실체와 속성의 개념구별을 매우 중요시할 수밖에 없었다. 그런 개념구분을 분명하게 표현하기 위해 마테오 리치는 우회적인 표현법을 썼다. 그는 실체를 "자

---

20   같은 책, 411~412쪽. 또한 리치가 포용의 다른 4종류를 말하고 있는 481~482쪽 참조.
21   같은 책, 483쪽.

립적 존재"(自立者)로, 속성을 "타물에 의존적 존재"(依賴者)로 번역
하였다. 그러나 (주어와 종속어 간의 형태상의 구별이 없는) 한문은 그
런 명확한 개념구분을 나타내 주지 못하기 때문에, (리치의 자의적인)
그런 개념구분은 중국인들의 눈에는 근거 없는 허구적 조작으로 보
였다.

   이런 개념구분, 즉 범주를 정확히 증명하기 위해서, 리치는 사고
의 도식은 결국 언어표현에서 연원한다는 것을 잘 보여주는 다음의
한 예를 들고 있다. "'희다'와 '말'이라는 낱말로 구성된 '흰말'이라는
표현을 살펴보자! 말은 실체(自立者)이고 흼은 속성(依賴者)이다. 비
록 그 흰색이 없어도, 말은 존재한다. 만약 말이 없다면, 그 흰색은 반
드시 있을 수 없으니, 따라서 속성(依賴者)인 것이다. 이 두 범주(부
류)를 비교하면, 무릇 실체가 우선이요 귀한 것이고, 속성은 그 다음
가는 것이요 천한 것이다."[22]

   '흰말'(白馬)의 예는, 틀림없이 "흰말은 말이 아니다"(白馬非馬)[23]
라는 유명한 역설을 늘어놓았던 명가(名家)철학자 공손룡(公孫龍, 약
기원전 320~250)을 상기시켜 주기 때문에, 리치나 혹은 그의 중국인
협력자들에 의해 채택되었을 것이다. '흼'(白)과 '말'(馬)이라는 이 두
낱말은 모두 똑같이 한문에서 "하나는 색깔에 속하고, 다른 하나는
형체에 속함"으로, 공손룡은 그의 추론에서 이 두 낱말에 같은 지위
를 부여하고 있음을 우리는 주목하지 않을 수 없다. (한문의 경우) 형
체(形)와 색깔(色)은 실체와 속성의 개념구분처럼 서로 (종속적인 관

---

22   『天主實義』, 406쪽, 6~9번째 줄.

23   『公孫龍集』, 卷1. Ignace Kou Pao-koh(顧保可), *Deux sophistes chinois, Houei Che et Kong-souen Long*, Paris: P. U. F., 1953, 20~24쪽과 30~36쪽 참조.

계로) 대립해 있지 않다. 공손룡은 말한다. "말은 아직 흰색과 결합하지 않은 말이고, 흰색은 아직 말과 결합하지 않은 흼이다(馬未與白爲馬, 白未與馬爲白)." 우리들에게 비논리적으로 보이는 이 추론, ―즉 중국 소피스트들이 일찍이 제기한 바 있는―이 어색하고 잘 맞지 않는 추리는, 그러나 우리가 (서양적) 사유범주를 더 이상 염두에 두지 말고 오직 중국인들이 사용하는 언어의 특성만을 고려해 볼 때, 자명하게 그 의미가 이해될 수 있다.

마테오 리치는, 자기 눈에는 논박할 여지없이 자명한, 정신의 절대적 자율성과 이성적 추리능력을 가진 영혼의 존재를 증명해 줄 물증을 찾자면, 실체와 속성의 개념구분이 절대적으로 필요하다고 보았다. 그 증거물이란 바로 정신의 추상능력인 것이다. 오직 정신(神)만이 정신적인 것(神)을 파악할 수 있다고 리치는 말하고 있다. "우리가 어떤 것을 이해하려면, 자기의 마음으로 그것을 받아들여야 한다. 그것이 형체를 가지고 있으면, 우리는 반드시 그 형체를 떠나서 그것을 정신화한 다음에, 그것을 마음에 간직할 수 있다. 만일 여기에 황소가 있고, 우리가 그 황소의 본성적 실체(性體, 즉 소의 개념, idée du boeuf)를 파악하려고 한다고 하자. 그런데 (감각적 대상인) 소의 황색만 본다면, 그것은 소(의 본성적 실체)는 아니고, 소의 색깔일 뿐이다. 소리만 들어 본다면, 소(의 실체)는 아니고 소의 소리일 뿐이다. 소의 고기 맛만 본다면, 소(의 실체)는 아니고 소의 고기 맛일 뿐이다. 그런즉 무릇 소(의 본성적 실체)란 스스로 소의 소리, 색깔, 맛 등의 형체적(즉 감각적) 양태를 떠나서 그것을 정신화한 것(즉 추상적 관념, idée)에 있음을 알 수 있다."[24] 실체(substance)의 개념과 소(boeuf)라는 하나의 플라톤적 관념(une idée platonicienne)에 대한 이런 그의 설명은 (당시) 적지 않은 (중국) 문인들의 어안을 벙벙하게 만들었을 것이다.

이런 중국과 서양적 사유의 기본특성들의 비교에 의해 바로 방브니스트의 분석은 확증된 셈이다. 인도-유럽언어의 구조는, (현상적 경험세계의) 감성적 가변적 실재에 대하여, (그것과 질적으로 다른) 초험적으로 불변하는 관념적 실재들이 대립하고 있다는 기본생각을 희랍적 그리고 기독교적 사유의 근저에 형성시켰다.

장-피에르 베르낭(Jean-Pierre Vernant)은 다음과 같이 기술하고 있다. "중국이나 인도 철학자들의[25] 세계와는 반대로, 희랍 철학자들의 세계는 존재(l'être)와 생성(변화, le devenir), 이성적으로 파악되는 것(l'intelligible)과 감성적으로 느껴지는 것(le sensible) 사이의 근본적인 이분법을 전제하고 있다. 그들은 단지 반명제적 술어들(termes antithétiques) 간에 존재하는 일련의 대립관계만을 제시할 뿐만이 아니다. 선명한 대조를 이루고 있는 이들 대립개념들은 개념의 짝으로 분류되어 이율배반의 완전한 체계를 이루며, 상호 배타적인 실재들의 두 측면을 나타내고 있다. 한쪽은 존재, 일자(一者), 불변, 유한(有限), 정확하게 확정된 인식의 영역이고, 다른 한쪽은 생성, 다수(多數), 불안정, 무한, 부정확하고 유동적인 생각(想念)의 영역이다."[26]

플라톤은 말하였다.[27] "영혼은 신과 같은, 불사(不死)적, 이성으로 파악되는, 단일한 모습의, 불가분의, 자기 자신과 언제나 똑같고 언제

---

24 『天主實義』, 437쪽.

25 인도와 중국의 상호 접근성이라는 주제는 (철저한) 검증이 필요한 주제이다.

26 Marcel Detienne et Jean-Pierre Vernant, *Les Ruses de l'intelligence: la métis des Grecs*, Paris: Flammarion, 1974, 11쪽.

27 Platon, *Phédon*, éd. Garnier, 1965, 134쪽.

나 비슷한 그런 존재와 매우 유사하다. 육체는 인간적인, 사멸적, 이성으로는 알 수 없는, 여러 모습의, 가분적인 그리고 자기 자신과 결코 비슷할 수 없는 그런 존재와 매우 유사하다."

희랍인들은 순수하고 영원한 관념의 (높고 완전한) 세계가 있고, 인간세계는 바로 그 (완전한) 세계의 매우 조잡하고 일그러진 모습일 뿐이라고 상상하였다. 기독교적 사유는 그 뒤를 이어 여러 세기를 지나면서 다음과 같은 대립적 사유를 더욱 심화시켰다.

신의 왕국과 이 (현실 인간의) 사바세계, 이성능력을 가지고 영구불멸하는 영혼과 다시 먼지로 되돌아가는 육체, 창조적인 정신과 단순한 물질.

생성이나 감성적 존재와 대립하는 존재(être)나 실체(substance)에 관한 (서양적) 생각들이 결단코 (절대) 보편적인 것일 수 없다. 우리가 한 문명권에서 다른 문명권으로 자리를 옮기면, 이런 개념들의 자명성은 사라지고 만다. 한문의 낱말들이란 고정 불변하는 추상(im-mobiles abstractions)이 아니라, (끊임없이 상호) 변화 · 율동하는 관념들(des notions dynamiques)을 제시해 주고 있다. 이 율동적 관념들은 오직 상보적 대립과 상호작용을 통하여 (그때그때 상대적으로 다르게) 규정될 뿐이다. 중국의 철학자들은, 이성과 로고스(logos)를 통해서만 밝혀진다는, 영구불변의 실재(또는 眞相)를 밝히는 일이 아니라, (이 경험적-감성적인 현실세계 안에서) 성장발전하고 다시 소멸해 가는 현상들 그 자체와 씨름하고 있는 것이다. 인간 본성(性)에 대한 중국인들의 생각은 바로 (인간이) 자연(본성)과 합치하는 성장발전의 당위성(또는 당위적 질서)을 일깨워 주고 있다. 이것이 바로 맹자(孟子)가 "자기의 본성을 다하라"(盡性), 즉 '인간은 자기에게 부여된 (도덕적)

선의 잠재성을 다 이루어 내야 한다'라고 말한 이유인 것이다. 이와 마찬가지로 아주 중요한 개념인 '이'(理) 또한 결코 개체적 존재들이나 세계를 떠나서 그들 밖에 존재하는 불변법칙을 말하는 것이 전혀 아니다. '이'란 그와 정반대로 (구체적인 개개의 존재들이나 세계 안에) 내재적인 구성적 조직이나 전개발전의 원칙을 의미하는 개념이다. 우리는 이제 마테오 리치가 (성리학의) '이'(理) 개념을 (서양의) 실체 (substance)개념의 일종으로, 또는 플라톤철학의 '에이도스'(eidos, 관념적 실재)와 동등한 개념으로 이해함으로써 생겨난 오류를 파악하게 되었다.

　　마테오 리치는 원래 중국인들의 (그가 보기에 엉성한) 개념추리를 조소하기 위하여 다음과 같이 말하였다. "예를 들어 지금 여기에 수레 만드는 사람이 있고, 그의 머릿속에 수레의 '이치'(理)가 갖추어져 있다고 가정한다면, 왜 그는 (자기 머릿속의 이치(理)로부터) 당장 수레를 만들어 내지 못하는가? 그는 반드시 질료가 되는 목재, 도끼와 톱 같은 도구, 기술자의 솜씨가 갖추어진 뒤에야 비로소 수레를 만들어 낼 수 있다. 어찌하여 (太極, 즉 理의) 신묘한 이치가 처음에는 거대한 온 천지를 조화(造化)시켜 낼 수 있으면서, 이제는 힘이 미약하여 작은 수레 하나를 만들어 내지 못하는가?" 이 논박적 질문에 대하여, 리치의 각본에 의해 등장한 (중국)선비는, 중국의 전통적 관점에 따라서 대답하였다. "내가 이해하는 '이'(理)는 먼저 음양(陰陽)과 오행(五行)[28]을 낳고, 그런 다음에 천지만물을 조화 생성한다. 따라서 만물의 생성에는 순서가 있다."[29]

28　　오행(五行)은 나무(木), 불(火), 쇠붙이(金, 청동), 물(水)과 흙(土)으로 상징된다.

마테오 리치는 이 중국인의 대답을 대수롭지 않게 생각하며, 그대로 옮겨 적어 놓았던 것이다. 왜냐하면 이런 주장은 리치의 눈에는 너무나 황당하여, "자연예지의 섬광"이 조금이라도 번득이는 ─즉 '이 세상만물이 존재하는 데는 반드시 그 원인이 있어야만 한다. 그 원인이 유일한 창조주 하느님(Dieu, 天主)일 것이다'라는 ─단순한 추론을 통해서도 충분히 논박될 수 있다고 여겼기 때문이다. 그러나 정반대로, 이 세상만물이 하느님에 의해 창조되었을 수 있다는 생각은, 바로 중국인들에게는 매우 익살스런 사고 발상으로 보였음에 틀림없을 것이었다. 사실 자연현상이란 (그 현상과 분리될 수 없는 자체 안에 고유한 원인, 즉 '도'의 무한한 변화변동에 따라) 자연스럽게 일어난다고 생각하는 중국인들은, 단순한 자연적 메커니즘의 운동변화가 자기 밖에 있는 (외부)작동자의 촉매에 의해 추진된다는 가상을 할 수가 없었다. 중국인들은 이 세계를 움직이는 원동력을 이 세계 자체로부터 분리시키는 이분법을 거부하였다. 그들에게는 (세계의) 질서는 자연에 내재적인 것이었다. 여기에서 또한 언어적 특수성이 (배경이 되어) 미치는 암시적 영향력이 다시 문제가 될 수 있다. 어형변화를 통해 동사의 주어와 목적어가 명확히 구별되고, 능동형과 수동형적 표현이 가능한 언어를 가진 (서양)문화권에서는, 행위자와 행위의 대상 간의 대립구분의 발달, 신의 인격성과 여러 권능들에 대한 매우 엄격한 개념규정의 형성, 그리고 능동적으로 활동하는 정신과 수동적

---

29 『天主實義』, 409쪽. 틀림없이 서양철학의 영향을 상당히 받은 馮友蘭도 理氣를 아리스토텔레스의 형상과 질료 개념과 접근시킴으로써, 똑같은 오류를 범하고 있다. Feng Youlan, *History of Chinese Philosophy*, Derk Bodde 번역, Princeton, 1953, vol II, 547쪽.

으로 주어진 물질의 구분 등이 훨씬 수월하였다. 이제 중국 사람의 입장에서 볼 때, 적어도 여기 (서양문화권에 존재하는) 언어와 사고 간의 낯선 대칭적 평행선이 눈에 띄지 않을 수 없다. 한문에서는 어떤 말을 겨냥한 언명이 있는 경우, 그 말이 (그 경우 우연적으로) 주어가 된다. 그리고 주어, 동사, 보어를 연결해주는 어형변화의 확정된 형식, 즉 어떠한 (문법적 어형변화에 의한) 필연적인 연결 관계가 없다. 모든 한문 문장에는 일반적으로 비인격적인 색체가 (말하자면, 인칭적 표현 형태가 될수록 적게) 나타난다. 중국인들이 상상하고 있는 그대로라면, 자연의 운행은 비인격적(즉 인간의 주관적 의지와는 무관한 것)이며 (인간을 포함한 모든 세상만물들에게 모두 똑같이) 공평무사한 것이다. 하늘(天, 자연)은 무심(無心)하게 움직일 뿐인 것이다.

언어의 구조와 형식들이 명백히 중국과 서양의 사유를 각각 다른 방향으로 이끌어 왔으며 서로 각각 독립적인 거대한 체계를 이루는 지성적 종교적 전통의 형성 발전에 초석이 되었다. 물론 이것은 이두 문명권 사이의 상호 의사소통이 불가능하다는 말은 아니다. 마테오 리치는 16세기 스콜라철학을 완전히 반대적 독창성을 가진 언어(즉 漢文)로 성공적인 번역을 하기 위하여 대단한 노력을 기울였다. 마찬가지로, 그보다 훨씬 앞서서 불경의 번역자들은 인도의 심리학과 형이상학의 정화(精華)를 한문으로 표현하였다. 7세기의 인도학과 범어학의 거장인 현장(玄壯)은 그 당시 인도의 가장 저명한 대가들과 같은 수준이었다. 그러나 이국의 사고형식을 꿰뚫고 들어가 자기 것으로 만드는 일은 소수의 사람들만이 해낼 수 있다. 몇몇 개별적인 예외적 경우가 있기는 하지만, 그것들이 (이질 문화권 간의) 총체적 대립이라는 엄연한 특징을 치지도외할 수는 없는 것이다. 서구 언어의 문법이 (절대) 보편적일 수 없듯이, 또한 (서구의) 이성적 추론 역시 더 이상 보편타당한 것일 수가 없는 것이다.

이들 (예수회) 선교사들은 천국과 현세, 영원불멸한 영혼과 사멸하는 육체, 초월적 진리(또는 眞相)와 감성적 현상들 간의 (이분법적) 대립구도를 통하여 세계와 도덕과 철학의 의미를 아주 깊게 이해하였다. 그리고 그들은 유라시아대륙의 다른 끝에 있는 (중국이라는 다른) 하나의 고도로 발달된 문명세계와 접촉을 갖게 되었다. 이 (중국) 문명은 개별적인 관점에서뿐만이 아니라, 오랜 전통의 과정을 통하여 총체적 근본적으로 다른 기초 위에서 발전되어 온 것이다. 그것은 그리스도교사상이 말하고 있는 이분법적 층차로 구분되는 세계 대신에, 모든 것이 하나로 융합(회통)되는 일종의 포괄적인 세계를 제시해 주고 있다. 모든 것들—주도적인 관념, 도덕, 종교, 정치 등—이 서로 밀접히 연관되어 있고 상호 반향을 일으켜 주고 있기 때문에, 다른 것과 연관 없이 어느 하나를 (추상화하여 그것만을) 배타적으로 파악할 수 없는 세계인 것이다. 이들 (서양) 선교사들은 말하자면 아주 다른 인문주의적 전통을 가진 (중국)세계에 발을 들여 놓았던 것이다.

1700년을 전후로 한 예론(禮論)논쟁에서 이들 유럽인은, '중국의 의례들은 미신이기 때문에 기독교와 합치할 수 없다'는 주장, 아니면 '이들 예식들은 전혀 세속적이고 정치적인 것이기 때문에 기독교사상과 융합할 수 있다'는 주장들을 둘러싸고 매우 격렬한 논쟁을 벌였다. 사실 그 논쟁에서는 매우 폭넓게 제기되어야 할 문제가 아주 부당하게도 오직 유럽인(즉 가톨릭교회의 선교정책입안자)들의 사고의 틀 속에서만 의미를 갖는 간단한 문제로 축소되었다고 하겠다. 그리스도교사상은—정말 그리스도교신앙이 배태 발전되어 왔으며, 원하든 원치 않든 그 신앙이 귀속해 있는―(서양)세계와는 전혀 다른 구조를 가지고 있는, (중국의) 정신적 그리고 사회정치적 체제와 과연 융합(회통)될 수 있는가 하는 크고 본질적인 문제가 제기되었어야 했을 것이다.

　(중국의 경우) 개별적인 몇몇 사람들의 기독교로의 귀의가 아무리 (선교사들의 눈에) 합당하고 훌륭하게 보였다고 할지라도, 문제의 핵심은 변함이 없다고 하겠다. 천주의 교리(즉 그리스도교사상)가 결국 중국의 매우 소중한 전통, 즉 사회, 도덕, 국가질서를 위협한다고 생각하는 중국인들의 수가 여전히 너무나 많을 수밖에 없다고 한다면, 그것에는, 서양 사람들이 자주 들먹이는 것처럼, 중국인들의 단순한 외국인 적대감정의 반응이 문제가 되는 것이 아니다. 따라서 중국인들의 주장을 미리 차단하고 막지 말고, 차라리 그들의 생각에 귀를 기울이고 그것을 알아보는 데 힘든 수고를 하는 것이 보다 더 합당한 도리였을 것이다.

참고문헌

『佐辟』.

『天主實義』.

『公孫龍集』.

梁漱溟,『東西文化及其哲學』, 上海: 商務印書館, 1929.

Arthur F. Wright, "The Chinese Language and Foreign Ideas", *Studies in Chinese Thought*, Chicago, 1953.

Cassirer, "Pathologie de la conscience symbolique", *Journal de Psychologie*, 1929.

Émile Benveniste, "Catégories de pensée et catégories de langues", *Etudes philosophiques* IV, 1958(*Problèmes de linguistique générale*, éd. Gallimard, 1966에 재수록).

_____, "Tendances réecentes en linguistique générale", *Journal de Psychologie*, 1954, vol. 1-2(*Problèmes de linguistique générale*, Paris: éd. Gallimard, 1966에 재수록). Feng Youlan, *History of Chinese Philosophy*, Derk Bodde 번역, Princeton, 1953.

Georges Mounin, *Les Problèmes théeoriques de la traduction*, Paris: éd. Gallimard, 1963.

Ignace Kou Pao-koh(顧保可), *Deux sophistes chinois, Houei Che et Kong-souen Long*, Paris: P. U. F., 1953.

Jacques Gernet, *Chine et Christianisme*, Paris: éd. Gallimard, 1982.

Marcel Detienne et Jean-Pierre Vernant, *Les Ruses de l'intelligence: la métis des Grecs*, Paris: Flammarion, 1974.

Nietzsche, *Par-delàle bien et le mal*, Paris: éd. Gallimard, 1971.

Platon, *Phédon*, éd. Garnier, 1965.

S. Ullmann, *Précis de sémantiques française*, Berne: A. Francke, 1952.

S. Wells William, *The Middle Kingdom*, New York, 1888.

W. T. de Bary, *Sources of Chinese Tradition*, New York: Columbia University Press, 1960.

Fonti Ricciane(『마테오 리치 전집』).

LEC(예수회宣敎師書簡集).

찾아보기

만물일체 107, 402
맥킨타이어 275-277, 284-293, 295,
　　296, 298, 299, 301-308, 340, 341,
　　409
맹자 7, 56, 71, 105, 115, 119, 145, 188,
　　201, 258, 321, 329, 349, 430
멸인욕 144
목적인 49
무위 157-159, 372-374, 382-386, 395

[ㅂ]
바스코 다가마 221, 401
반고 46, 236, 237
발리냐노 222
범중엄 330
베버 313, 333, 335
변증법적 발전 312
본연지성 8, 117, 118, 143, 148, 166,
　　175, 178, 191, 192, 196, 197, 200,
　　320, 348
본표기인 124
북해약 125, 137, 139, 162
분수리 143, 145
뻬이르피트 273

[ㅅ]
사고전서 35, 224, 225
사물화 339
사베리오 222
사서오경 227
사원인설 14, 48, 50, 107, 182
사이버네틱스 359, 398
사이비 학문 335
상관적 사유 382
상선벌악 217
샌델 284
생리학적인 자연 321

서광계 5, 70, 88, 90-92, 225, 228, 278
서세동점 306
선화사 9, 223
송명 이학 13, 16, 24, 42, 47, 50, 53,
　　105, 408
수오지심 213
순수이론 85
순수이성 186, 188
신유학 8, 10, 141, 145, 321, 333, 334,
　　349
실용 111, 124, 139, 140, 161
실천행위 85

[ㅇ]
아노미 292, 341
아리스토텔레스 11, 14, 16, 17, 19, 39,
　　40-42, 45, 47, 48, 50, 53, 61, 99,
　　105-107, 109, 165-168, 180-182,
　　184, 187, 204, 252, 254, 256, 263,
　　276, 278, 285, 287, 290, 291, 296-
　　298, 300-306, 310, 319, 341, 347,
　　391, 405-408, 418, 419, 425, 432
아시아적 가치 328, 329, 331, 332
아우구스티누스 64
아퀴나스 11, 13-17, 19, 22, 23, 25, 40,
　　172, 181, 182, 185, 254, 263, 298,
　　300, 301, 305, 310
양명학 146
에우다이모니아 296, 297
에이도스 431
역사적 존재 276, 341
연역법적 추론 87
예수회 2, 4, 5, 9, 12, 32, 33, 34, 41, 67,
　　68, 69, 73, 84, 88, 99, 134, 220,
　　222, 228, 245, 258, 259, 260, 264,
　　273, 278, 401, 416-418, 425, 434
오류가능성 290